A Study of
the Thoth Tarot

決定版 魔術師の
トート・タロット

Leon Sharira
レオン・サリラ

Gakken

魔術師

人生をタロットの霊とともに歩み、
宇宙の基底から隠された能力を引き出す者。

Copyright © Ordo Templi Orientis and AGM Urania. All rights reserved.
Thoth Tarot is a trademark of Ordo Templi Orientis.

カバーデザイン　芦澤泰偉＋明石すみれ

Contents

Prologue 8

本書の使い方 1

第1部 時を超えるタロット

第1章 タロットの歴史 16

1. タロットとカバラ（魔術） 16

2. 世界のタロットカードとその研究の系列 17

第2章 『ブックT』からはじまったタロット革命 20

第3章 トート・タロットの誕生 24

1. 20世紀最大の魔術師と呼ばれたクロウリー 24

2. 新しい時代（アイオーン）を創造するためのタロット 28

第4章 カバラ思想との関係 31

1. カバラの神性の三重の運動 31

2. カバラ思想の3つの流れ 33

3. クリスチャン・カバラとトート・タロット 34

Column▶ 神秘学 38

第5章 偉大な知恵の宝庫 40

1. 神話の原理に接続したタロットの霊 40

Mythology▶アリアドネの糸 42

2. 絶対的結婚と第三アイオーンの開花 45

Column▶ 言葉の持つ意味 48

第6章 タロットの霊フールとの接触 50

1. タロットの霊とは 50

2. タロットの霊と接触するための視覚化瞑想レッスン 52

フールの視覚化瞑想レッスン 53

第2部 ヴェールを脱いだ魔術師のトート・タロット

第1章 トート・タロットを現代に甦らせる 58
魔術師のトート・タロットを解読するための7つの法則 60

第2章 魔術師の神殿 90
1. 魔術師の神殿を知る 90
2. 魔術師の神殿をパスワーキングする 91
Column▶生の探求と魔術師の神殿 103
Mythology▶聖杯探求(1) 119
Column▶聖杯探求(2) 123

第3章 カード解説 125
❶メジャーカード 125
「#0. The Fool フール」 126
Column▶迷宮神話とトート・タロット 136
「#1. The Magus 魔術師」 137
「#11. Lust 夜明けの女神」 145
「#5.The Hierophant 高等司祭」 150
Mythology▶オシリスとイシスの伝説 155
「#4.The Emperor 皇帝」 158
「#2.The Priestess イシスの探索」 163
「#3.The Empress 女帝」 168
Column▶錬金術の三元素 173
「#8.Adjustment 真理の女神」 174
Column▶真理の女神 179
「#15.The Devil パーンの祝祭」 180
「#13.Death 黒い太陽」 185
Mythology▶サトゥルヌス 191
「#16.The Tower 稲妻の塔」 192
Mythology▶バベルの塔 196

Mythology▶ノアの方舟　197

「#12.The Hanged Man オシリスの死」　199

「#14.Art 異世の大釜」　204

「#9.The Hermit 賢者」　210

　　Mythology▶オルフェウスと冥界　216

「#7.The Chariot 戦車」　217

「#10.Fortune 運命の輪」　222

　　Mythology▶オイディプス王の物語　229

「#6.The Lovers 兄弟」　230

　　Mythology▶アダムとイヴ　235

「#21.The Universe 楽園回復」　237

「#20.The Aeon アイオーン」　243

　　Column▶「#16.The Tower」と「#20.The Aeon」に見る
　　霊的真理の認識体験について　248

「#19.The Sun 太陽」　250

　　Column▶ソドムとゴモラ　256

「#17.The Star 螺旋の星」　258

　　Column▶バビロン捕囚とバビロンの星　264

「#18.The Moon 月」　265

❷マイナーカード　271

スートカード　271

・ワンド　272

・カップ　310

・ソード　350

・ディスク　392

　　Column▶土占い（ジオマンシー）　435

ロイヤルティカード　438

・ワンド　440

・カップ　456

・ソード　473

Mythology▶メデューサを退治するペルセウス 477

・ディスク 490

第4章 クロウリーの地平と本書の地平 506
Column▶タロットの大宇宙を探求する 514

第3部 タロットリーディング

第1章 ステップアップのためのレッスン方法 516
はじめに 517

タロット日記をつける 524

第2章 ベーシック編 530
ワンオラクルスプレッド 530

3枚法 533

第3章 アドバンス編 539
ケルト十字法 539

ホロスコープ法 550

第4章 カウンセリング編 564
変容のための7つの扉 564

わたしは誰! 571

テンプルスプレッド 579

第4部 魔術師のトート・タロットを読み解く鍵

キーポイント 588

用語解説 622

アレイスター・クロウリー年表 631

タロット研究をより深めるために―文献紹介― 634

Epilogue 642

注 646

Prologue
向こうからやってくる！

　タロットの前に立つ人は、大別すると2つのタイプになると思われる。一つは、偶然、あるいは人に教えられてタロットを手にし、カードの意味や種類、歴史などを知りたいという動機を持つ人である。もう一つは、タロットの前に立ったとき、その絵が心に食い入ってきて、タロットがその人をとらえて離さなくなる人である。トート・タロットは、特に後者の人たちにとって人生を生きる上で特別なツールになる性質を持っている。

　私とタロットとの出会いは、ずいぶん古いものになる。私は18歳のときに人生の深い迷いに陥り、「生の探求」に向かった。それは、生きる意味を求めての心の旅であり、文学や生の哲学、芸術哲学、キリスト教などを通して遍歴した。そして20代後半、雑誌に載っていたタロットカードの絵に興味をそそられ、実物を数種類手に入れた。しかし、生の探求という立場からそれらを検討してみると、文学や生の哲学、宗教ほどのスケール感や完成度はなく、がっかりさせられたものだった。それでも、オズワルド・ウィルト版のタロットとチャーチ・オブ・ライト発行のエジプシャン・タロットに触れたときには、心魅かれるものを感じた。

　ところが1971年、長らく絶版だったクロウリー＝ハリス版トート・タロット*1が再発行され、これを手にしたときには度肝を抜かれた。そのとき、はじめてタロットというものに納得できるものを感じたのだ。そこには、人間と内的な宇宙エネルギーが出会い、渦巻き、そして高度な芸術的テクノロジーがあふれていた。トート・タロットカードを開いた瞬間、自分の心も開くのがわかった。「ドーン」という心のこだまとともに、カードの意味が向こうから勝手に飛び込んでくるようだった。それ以来、このカードは意識の向こうからやってきて、私から離れることのないものとなった。

　私がタロットを知り、学びはじめてから、すでに40年を超える月日が経過する。しかしこの過程の中で、タロットに魅かれ、タロット

を日々使用しながらも、これがいったい何であるかということに長らく明確な確信を持てないでいた。もちろんこれまで世の中にはたくさんのタロットの解説書が出回り、海外の文献も含め、かなりの数の書籍に目を通してきたつもりである。しかし、どんな書籍や文献を精読しても、タロットがいったい何であるかというその正体や本質に迫り、私を納得させてくれるものはなかった。それは、私のこれまでの人生の探求と体験が、それらの書籍の解説が示す意味だけのものとは思えずにいた。もしタロットのすべてが、そのように一般的にいわれている意味しか持たないとすれば、私はこんなにも長くタロットに立ち止まり、タロットに人生をかけてくることはなかっただろう。

　世界にはおびただしい種類のタロットが制作されており、これからも毎年新たに制作され続けることだろう。マイナーな発行も含めれば、その数は誰にも把握できない。私もこれまでに300セットを超えるタロットカードを収集した時期もあった。しかしその中でも私の心をとらえてずっと離さないのは、トート・タロットだけだった。何が私をトート・タロットに魅きつけさせ、その後、私の人生をかけさせるほどのものになったのだろうか。

　それは、トート・タロットに「隠された力」を発見したことからはじまる。

　この私の考えと類似した考えを、ゴールデンドーン系第四期魔術師ガレス・ナイトは、タロットが人類を魅きつけてきた理由として「ある秘密の力」がそこに隠されているからだと言った。そして、タロットは生きた人格であり、目に見えない霊的人間であると指摘している[注1]。簡単に言うと、タロットには「タロットの霊」がいて、それこそが隠された力だということである。そして、タロットの霊とは、メジャー・アルカナの0番のカード、「#0.The Fool フール」のことだと指摘してくれた。

　タロットカードに触れるのがはじめての人は、「何を言っているのか」と思われるかもしれない。しかし、実はこれがタロットとつきあっていく上でとても重要なことなのである。

　タロットは、自分の努力によって人生が充実するのではなく、タロットの霊とともに生きることを通して人生は充実するのだと教えてくれ

9

る。

　事実、トート・タロットを制作したアレイスター・クロウリーとレディ・フリーダ・ハリスは、トート・タロットこそがタロットの霊の語りかけによって制作されたものであると自覚していた。

　そして私もトート・タロットに触れることによって、タロットが不毛な人生を根源的に変えて、圧倒的に充実した人生をもたらすものであることに確信を持った。以来、トート・タロットの研究と実践は、その後の私の全人生を賭けさせるほどのものとなった。トート・タロットは単なる占いのカードではない。それはタロットの学びと実践を通して、人生を創造的に生きる道を開いてくれるものである。

　これまで、私はタロットの霊フールとともに人生を歩み、トート・タロットを長年研究してきた。世界中で最も難解といわれてきたトート・タロットだが、私はこれまでの先人たちの見解を超えて、新体系による「魔術師のトート・タロット」を構築した。

　これによって、「人生、いかに生きるか」をテーマに、現代の精神的な限界を超え、創造的な人生を甦らせることができるトート・タロットになると考えている。

＊1　クロウリー＝ハリス版トート・タロット
　　　1971 年に再発行されたトート・タロットは、マクマートリー版。
　　　現在使用されているジェラルド・ヨーク版は 1977 年から発行がはじまった。

本書の使い方

　魔術師のトート・タロットはもちろん、トート・タロットでは、カードの読み方に正位置、逆位置は採用しない。トート・タロットは、人生全体の中でタロットの霊が導き、見守ってくれる人生の舞台（ステージ）としてカードをリーディングするのであり、カードの単純な正逆の位置の出方によって、人生を善いか悪いかという二者択一ではとらえない。

　本書では、トート・タロットを学ぶ初心者を考慮し、タロットカード0番の「フール」とタロットの霊「フル（HRU）」を区別して表記せず、すべてフールで統一している（第1部第6章を参照）。

　また、トート・タロットのマイナーアルカナ・カードをリーディングする際に必要となるカバラの生命の木の表記は、「生命の樹」ではなく「生命の木」を用いる（第2部第1章「7つの法則」参照）。

　すべてのカードは「　」付で表記している。

11

トート・タロットのカード構成

　トート・タロットは 78 枚で一つのパックを構成している。タロット・パックに入っているすべてのカードをまとめて、デッキという。

　デッキには、メジャーアルカナと呼ばれる 22 枚のカードと、マイナーアルカナと呼ばれる 56 枚のカードがある。正式名称はメジャーアルカナ・カードとマイナーアルカナ・カードであるが、本書では名称を簡略化するためメジャーカード、マイナーカードと表記する。

【メジャーカード】

　0 〜 21 のローマ数字が振られた 22 枚のカードを指す。

　「#0.The Fool フール」を表記した場合、メジャーカード 0 番のフールを意味する。

【マイナーカード】

　本書ではマイナーカードと表記する。

　スートカード（数札）40 枚とロイヤルティカード（人物札）16 枚の計 56 枚のカードを指す。

・スート・カード（数札）：10枚×4種のエレメント=40枚

　本書ではスートカードと表記する。

　エースから 10 までの数札を指す。

　Wands、Cups、Swords、Disks の四大エレメントで構成されている。

・ロイヤルティ・カード（人物札）：4人の人物×4種のエレメント=16枚

　本書ではロイヤルティカードと表記する。

　Queen（女王）、Knight（騎士）、Prince（王子）、Princess（王女）の 4 人の人物札を指す。

　Wands、Cups、Swords、Disks の四大エレメントで構成されている。

魔術師のトート・タロットの
メジャーカードで使用する名称と表記

［メジャーカード］	［名称］	［表記］
0　The Fool	フール	「#0.The Fool フール」
1　The Magus	魔術師	「#1.The Magus 魔術師」
2　The Priestess	イシスの探索	「#2.The Priestess イシスの探索」
3　The Empress	女帝（大地の母）	「#3.The Empress 女帝」
4　The Emperor	皇帝（太陽の父）	「#4.The Emperor 皇帝」
5　The Hierophant	高等司祭	「#5.The Hierophant 高等司祭」
6　The Lovers	兄弟	「#6.The Lovers 兄弟」
7　The Chariot	戦車（聖杯の騎士)	「#7.The Chariot 戦車」
8　Adjustment	真理の女神	「#8.Adjustment 真理の女神」
9　The Hermit	賢者	「#9.The Hermit 賢者」
10　Fortune	運命の輪	「#10.Fortune 運命の輪」
11　Lust	夜明けの女神	「#11.Lust 夜明けの女神」
12　The Hanged Man	オシリスの死	「#12.The Hanged Man オシリスの死」
13　Death	黒い太陽 （オシリスのアイオーンの死)	「#13.Death 黒い太陽」
14　Art	異世の大釜	「#14.Art 異世の大釜」
15　The Devil	パーンの祝祭	「#15.The Devil パーンの祝祭」
16　The Tower	稲妻の塔	「#16.The Tower 稲妻の塔」
17　The Star	螺旋の星	「#17.The Star 螺旋の星」
18　The Moon	月	「#18.The Moon 月」
19　The Sun	太陽	「#19.The Sun 太陽」
20　The Aeon	アイオーン	「#20.The Aeon アイオーン」
21　The Universe	楽園回復	「#21.The Universe楽園回復」

名称の（　　）内は、ときにそれを使用。

第 **1** 部

時を超えるタロット

第1章 タロットの歴史

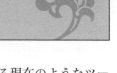

　運命をリーディングする「タロット」と呼ばれる現在のようなツールがいつごろから歴史上に現れたかは定説がない。エジプト起源説、ユダヤ起源説、インド起源説などあるが、いずれともいえない。

　しかし、タロットが古代社会や中世期の遺物としてではなく、今なお私たちの興味を魅きつけて離さないのは、カードの持つさまざまな神秘的象徴が魅力あふれるものだからであろう。私たちがその象徴の意味と、それが人間に働きかける作用を学ぶとき、私たちの意識を原意識*2にまで還元してくれる。タロットとは、この惑星（地球）に「人間意識」が誕生してからの、人間が抱くことのできた「象徴言語」の集大成ともいえよう。その象徴言語は、人間と大宇宙、人間と人間、人間の内面と外面、かつ、人間と大自然を取り巻いている無限エネルギーと私たちの交流の記号であり、言葉以前の言葉、アート以前のコミュニケーションの印(サイン)である。

1　タロットとカバラ（魔術）

　タロットの成立は、客観的な資料ではおよそ15世紀の北イタリアだとするのが一般的である。初期のタロットはおもにゲーム用として使われ、いつしかロマ（かつてジプシーと呼ばれた人々）が占いに用いるようになったといわれている。しかし、それは俗説であって、実際にロマたちがどの年代からタロットを使い出したのかははっきりしていない。

　そもそもタロットは何をするためのツールなのかという、タロットの総体的な意味を追求する過程で、タロットとカバラ（魔術）は結びついた。しかし、実はそれは比較的最近になってからである。いずれにしても、初期のころのタロットとカバラ（魔術）は、直接関係がな

かったというほかない。15世紀の魔術書やハインリッヒ・C・アグリッパの『神秘哲学について』などにもタロットの記述は出てこないので、それはおそらく間違いないことであろう。

それが18世紀に入ると、クール・ド・ジェブランがタロットのエジプト起源説を唱え出したことで、タロットに対する考え方が急速に魔術的、神秘的になってくる。そして数々のエッティラ版タロットを制作したJ・B・アリエットによって、錬金術やヘルメス哲学とタロットが結びつけて考えられるようになった。

タロットとカバラ（魔術）が完全に結びつくのは、19世紀に入ってからである。最初の研究者はエリファス・レヴィであった。彼はメジャーカードとヘブライ語との照応関係を克明に研究したが（『高等魔術の教理と祭儀』）、この段階ではまだまだ矛盾が多く、対応関係が十分とはいえなかった。レヴィに影響されて、それ以降、タロットとカバラの関係に関心を持ち、それを追求する研究者たちが続出する。なかでもフランス系の魔術師たち、パピュスやスタニスラス・ド・ガイタ、タロットを制作したオズワルド・ウィルトなどが有名である。

古代ユダヤ教の密教にはじまったカバラは、大宇宙から切り離されてしまっている人間意識を変容させ、大宇宙に結合させるための理論と修行体系である。19世紀末以降は、ユダヤ教と切り離されて、さらに広く発展した。その発展した系列のカバラにトート・タロットは関連する。しかし、タロットとカバラはもともと同一の体系ではなく別の体系であるため、見事な照応関係を見出せはするが、決して完全とはいかず、いくつかの矛盾点を克服できずにきた。

＊2 原意識
　　人間の意識が文化価値によって条件づけられる以前の意識。悩みを持つようになる以前の意識をいう。ここでは、人間が大宇宙とともに直接結びついていた時代の意識を指し、意識の元型という概念化されたもの以上の意識をいう。

2　世界のタロットカードとその研究の系列

「トート・タロットとは何か」を考える前に、世界のタロットカードの基礎となっている理論を紹介しておきたい。現在、タロットの代表的な研究家であるメアリー・K・グリーア[注1]らの見解によると、カー

ドを制作する理論的な背景は、3つに大別される。

✤フランス系タロット

　フランス系タロットと呼ばれるカードは、実際はフランスだけでなく、イタリアやスペインなどヨーロッパ各地で幅広く制作されている。

　タロットの体系理論がフランスの研究家たちの理論に基づいているため、フランス系と呼ばれている。

　その特徴はメジャーカードとマイナーカードを分けて、そのまま使用する考え方と制作方法である。メジャーカードはすべて絵札で描かれ、人間の成長とそのプログラムを表す。マイナーカードは人物のカードを除いて、象徴図を使用しない数札になっている。

　中世から引き継がれる占いカードとして構成されている。

［代表的タロット］

マルセイユ版タロット、クラシック版タロット、スイス 1JJ 版タロット、オズワルド・ウィルト版タロット、ダリ版タロットなど。

✤英語圏系タロット

　イギリスとアメリカ系列のカードで、大多数の出版物はアメリカで発行されている。

　タロットの歴史の中では、第一次タロット革命とも呼べる。この理論は、メジャーカードとマイナーカードを一体化し、その体系の確立に成功したタロット論である。

　すべてのカードを絵札か象徴図にし、さらに、ヘブライ世界の魔術体系カバラの考え方に基づいて構成された。それは、心理学的なカウンセリング、自己認識と自己発見、占いなど総合的に使えるツールとして矛盾なく完成している。

　英語圏系タロットで最初に公になったカードは、1910 年にロンドンのライダー社から発行されたウェイト＝スミス版で、一般的にはライダー版タロットと呼ばれている。タロットカード全体を完全に絵札にした世界最初のカードといえる。すべてのカードが絵札になったことで、初心者でもカードをリーディングしやすくなり、今日でもタロットを学ぶ際の入門用として高い人気を誇っている。

　この理論の土台になったものは、1888 年ロンドンに成立したカバ

18　　第1部　時を超えるタロット

ラ系魔術結社ゴールデンドーン（黄金の夜明け団）の『ブックT（Tの書)』に基づくタロットの理論体系である。ところが、ライダー版タロットそのものは、考案者のアーサー・エドワード・ウェイトがゴールデンドーンを脱退し、「脱カバラから聖杯探求へ」を目的としてタロットカードを制作したため、カバラ体系にこだわる人たちからは、カードの絵に多くの不満が出た。

　そのため、英語圏系タロットには2つの系統が生まれた。カードが誰でも読みやすい、ライダー版を継承した作画でタロットを制作する人たちと、基本的にカバラ体系から逸脱せずにカードを制作する人たちである。

［代表的タロット］
ライダー版系：ライダー版タロット、アクエリアン版タロット、モーガン・
　　　　　　　グリーア版タロット、ハンソン・ロバート版タロットなど。
カバラ系　　：ゴールデンドーン・タロット、トート・タロット、ボータ版タロッ
　　　　　　　ト、イエガーの瞑想タロット、光の侍従会タロットなど。

❖フェミニストのタロット

　フェミニストのタロットは、自費出版のものが多く、一般的に完全な掌握はできないといわれている。制作者のほとんどは女性で、女神伝説を典拠に制作されているものが多い。

　まれにしか占いには使用されず、心理学的なワークと自己のハイヤーセルフ[*3]につながる目的で使用する人が多い。メジャーカードは、22枚とは限らず、もっと多いものも、もっと少ないものもある。また、丸版カードが多いのも特徴である。

［代表的タロット］
マザー・ピース・タロット、月の娘タロット、アマゾン・タロット、バーバラ・ウォーカー版タロットなど。

*3 ハイヤーセルフ
　　自己意識を高い意識と低い意識の2つに分割し、高い意識をハイヤーセルフと呼ぶ考え
　　方。守護霊や天使という概念に置き換えても、ほぼ同じである。日本では1987年ころ
　　からスピリチュアルワークを求める人たちが使いはじめた。

第2章
『ブックT』からはじまったタロット革命

　英語圏系タロットの中で、カバラ理論に基づいて制作されているトート・タロットは、その誕生の背景に、魔術結社ゴールデンドーンの存在を無視して語ることはできない。

❦ ゴールデンドーン・タロット

　魔術結社ゴールデンドーンは、1888年3月1日に、ウィリアム・ウィン・ウェストコット、マグレガー・マザーズ、ウィリアム・ロバート・ウッドマンの3人によって発足した。その教義は、西洋儀式魔術のカバラを中心に、当時ヨーロッパでブームであった神智学や薔薇十字団伝説、錬金術、西洋神話、土占い、占星術などを総合させたものであった。そこから誕生したタロットカードがゴールデンドーン・タロットである。しかし、ゴールデンドーン・タロットにおいてもメジャーカードとマイナーカードの一体化は十分とはいえず、マイナーカードの大半は、絵札でも象徴図でもなく単なる数札のままであった。

　ゴールデンドーンが発足してからタロットとカバラの関係は研究に研究を重ねられ、改訂に改訂を重ねた上で『ブックT』として集大成された。クロウリーのトート・タロットもこの『ブックT』を重要なベースにして制作されている。

［ゴールデンドーン・タロットカード］

「#1.THE MAGICIAN」

「カップの3」

❖ライダー版タロット

　ゴールデンドーンの流れの中で最も高い完成度を示したカードは、1910年にイギリスのライダー社から出たアーサー・エドワード・ウェイト制作のライダー版タロットである。このライダー版タロットの出現によって、タロットの歴史は飛躍的に発展した。

　それ以前は、フランス系タロットが中心で、素朴で娯楽のためのカードとして使用され、タロットが本来何を意味するカードなのかよくわからなかったようである。人々の共通見解を得るには十分とはいえず、理論的にも十分に確立されていなかった。

　ウェイトは、それをメジャーカードとマイナーカードを一つの統一した宇宙論として完成させ、すべてのカードを絵札に変えた。これはタロットの歴史を変える画期的なことであった。その後の英語圏系のタロットと呼ばれるものは、すべてウェイトのタロット理論に沿った形で制作されるようになった。

　ライダー版タロットは、さまざまな見方や考え方が錯綜していたタロットの世界に人々が共通した見解を持つことが可能なテーマを与え、「人間がいかに生きるべきかを探求する」ためのツールとしてタロットを変容させた。そして、タロット運命学を確立し、その考え方に基づいて、その後多くの新しいタロットカードが制作される基礎をつくった。

［ライダー版タロットカード］

「#1.THE MAGICIAN」　　「カップの3」

第2章　『ブックT』からはじまったタロット革命　　21

❖ トート・タロット

　アレイスター・クロウリーは、ライダー版タロットでは解明できない決定的な問題点に突き当たり、それまでのタロット理論のどのようなものにも満足できなくなった。

　クロウリーが突き当たった問題とは、タロットが新しい精神的な時代を切り開く訓練体系でなければならないということである（彼はそれを「ホルスのアイオーンを実現する」という認識でとらえた）。そしてタロットを秘教と神話の原点まで掘り下げて考え、その結果制作されたのがクロウリー＝ハリス版トート・タロットである。

　トート・タロットの解説書である『トートの書』は、1944年に発表されたが、カード化はクロウリーの死後22年経った1969年である。トート・タロットには他のカードとは異なる素晴らしい特徴がある。それは、クロウリーがタロットと西洋の秘教的なシステムであるカバラを、トート・タロットを生み出す上で宇宙論的な体系に統合化することに成功したことである。

　そしてその統合された体系は、未来の人間の生き方を完全に変える力を持っている。しかし、トート・タロットを解説した『トートの書』は難解すぎたため、クロウリーの死後、それを読み解ける人が多くはいなかった。そのため、トート・タロットがどのようなもので、それをどのように使用すべきかという研究は活発に進まなかった。

［トート・タロットカード］

「#1.The Magus」

「カップの3」

❀現代におけるトート・タロットの研究

　しばらくの間タロットの世界から忘れ去られていたトート・タロットは、1980年代以降、アメリカのエンジェレス・アリーンやジェームス・ウォンレス、ミカエル・スナッフィンなどによって改めて研究が進められ、現代のトート・タロットの理論と使用法が確立されてきた。それまでのトート・タロットは、カバラの秘密の教えとしてとらえられていたが、カバラだけに限定しないトート・タロットの仕組みと考え方が発表されるようになった。それは主として「人生の13の障害」[注2]をトート・タロットを使って克服するという考え方である。そして、人生の13の障害の克服の先に第三アイオーン（時代）が生まれてくるととらえるタロット理論である。

❀本書、新体系「魔術師のトート・タロット」の確立

　1991年、イギリスの魔術師ガレス・ナイトが、マルセイユ版をもとにタロットの世界を立体的な「四重構造の内的宇宙論」として確立した[注3]。それは、タロットを壮大な宇宙論としてとらえる優れた考え方であった。ガレス・ナイトの考え方をふまえながら、タロットが古い生き方のパターンを完全に変えて、新しい生き方を生み出すための訓練体系としてとらえ直すことによって、彼とは異なるタロット理論が開けた。私は、ガレスが主張したタロットの霊とタロット理論は、人生の根源的な変容にはまだ弱く、第三のアイオーンを実現するには十分ではないと判断したのである。それは、彼の体系と理論には「存在の変容」という視点が欠落しているからである。私はそれらの問題を解消し、「人生の生き方を変容するための行動学」として、「魔術師の神殿」体系をトート・タロットに適用した。この魔術師の神殿体系は、宇宙の基底から到来するタロットの霊フールと結びつくことができるものであり、人生を根源的に変容させる力を持っていると確信している。

第2章　『ブックT』からはじまったタロット革命　23

第3章
トート・タロットの誕生

1　20世紀最大の魔術師と呼ばれたクロウリー

　アレイスター・クロウリーは1875年10月12日、イギリスのヴィクトリア時代の最盛期に、シェイクスピアと同じウォリックシャー州レミントン・スパーに生まれた。特権階級の家に生まれた彼は、経済的に恵まれ、高等教育を受け、その階級の利点を享受して育った。彼の父エドワード・クロウリーと母エミリーは、キリスト教同胞派のプリマス・ブレズレンと呼ばれるキリスト教原理主義派のメンバーで、その方針にしたがって息子を厳しく育てた（両親はプリマス・ブレズレンの中でもエクスクルーシブ派に属し、規律は最も厳格だった）。

　幼少期のクロウリーは、自分の父親を深く信頼していたといわれている。11歳のとき、彼は最愛の父を癌で失くし、この喪失が若いクロウリーにとってすべてを変える出来事となった。さらに、彼はそれまで教えられてきた信仰教義に疑問を持ちはじめ、母親との間に衝突が生じるようになり、2人の関係は悪化していった。

　20歳のとき、彼は父親の多額な遺産を相続し、自分の考える通りに自由に人生を送れるようになった。自由の身を謳歌すべく、彼は自分の名前をエドワード・アレクサンダー・クロウリーからアレイスター・クロウリーに変えた。

　ケンブリッジ大学のトリニティ・カレッジ（学寮制）に入り、作家になるための技術を磨きながら詩と文学への愛に目覚めた。彼は成熟するにしたがってタロットと錬金術に強く関心を持つようになり、形而上学*4を幅広く追求するようになった。

　23才のころには、秘教的な魔術結社ゴールデンドーンに入団し、魔術作業の修得に本気で取り組みはじめた。クロウリーは、自分が持つ魔術の才能を開花させながら成年期に達し、優れた詩人、小説家、演劇のプロデューサー、登山家、芸術家、そして魔術師となり、充実

した日々を過ごした。

1904 年 4 月 8 日、突如彼は聖守護天使エイワス（クロウリー自身が『トートの書』でほのめかしている通り、タロットの霊フールのこと）の来訪を受け、新しい時代の到来を証明する『法の書』を 3 日間にわたる自動書記によって伝授された。「ペンをとり白紙に向かうと、部屋の隅のほうから〈声〉は『左肩を越え』て聞こえてきたのである」[注4]。そこで伝授されたものは、おもに 3 つある。

・新しい時代（第三アイオーン）の到来を指導する「テレーマ哲学[*5]」
・魔術的宇宙論
・性的分離を超える絶対的結婚論

クロウリーは、1904 年の『法の書』の発表をもって、これまでの古い 2000 年期の時代（オシリスのアイオーン）が終わり、新しい 2000 年期の時代（ホルスのアイオーン）がはじまったと宣言した。

新しいアイオーン（霊的周期）という哲学とその教えは、クロウリーの人生観の重要な焦点になった。彼は、来るべき時代が「拡張された意識の時」の到来を告げると信じていたのだ。来るべき時代の拡張された意識とは、個人が宇宙の創造者と共同作業をして、今後の宇宙創造をはじめる時代がやってきたということである（たとえば、昨今の自然エネルギー問題や大自然と共生する新しい生活スタイルの追求運動などは、その考え方の一つである）。

この驚くべき文明史的な思想は、彼の晩年に作成されたトート・タロットによってさらに明確に展開されている。

『法の書』の発表から 30 年以上の時を隔てて、1938 年にふたたび聖守護天使エイワスはクロウリーの弟子レディ・フリーダ・ハリスとクロウリーに働きかけた。2 人はおよそ 5 年の歳月をかけてクロウリー＝ハリス版トート・タロットと、その解説書である『トートの書』を 1943 〜 1944 年に完成させた。他の追随を許さぬ出来栄えの絵は、ハリスが描いた。彼女は専門的な画家ではなかったにもかかわらず、クロウリーのラフスケッチをもとに推敲に推敲を重ね、他に類例のない完成度の高いタロットカードを制作した。カードが完成すると、彼女

第 3 章　トート・タロットの誕生　　25

はそれを見て、「これは私が描いたものではない。作画中にエイワスが現れ、自分の筆を動かしたのだ」と言った[注5]と伝えられている。

クロウリーはもともと既存のライダー版タロットやマルセイユ版タロットなどを更新したかったといわれている。しかしホルスのアイオーンに関するクロウリーの見解に基づいて、新しいタロットを作成するように彼を説得したのは、レディ・フリーダ・ハリスのほうだった。彼女はクロウリーがカードで提示しようとするあらゆる象徴と、その象徴が意味する詳細な説明を聞き取りながら、彼とともに思考の渦中に溶け込み、密接な作業を繰り返しながら、このカードの制作に取り組んだ。

長年、タロットとカバラを探究してきたクロウリーは、ゴールデンドーンの魔術システムからタロットカードのデザインと基本的な仕組みを学び、彼独自の魔術の学院「テレーマの僧院」の哲学にしたがってカードを再創造した。『ブック T』とテレーマの僧院の2つのシステムを統合したトート・タロットは、さらにはレディ・フリーダ・ハリスの巧みな絵で作画され、私たちをたまらなくゾクゾクさせる。その内部に秘められた意味は非常に複雑であるが、そこに表された美と知恵を一度経験すると、他のすべてのタロットカードは見劣りしてしまうほどである。トート・タロットは、テレーマの哲学とゴールデンドーンの体系をはるかに超えた魅力に満ちたタロットである。

1944年、クロウリーの多様な文筆活動の最後のものとなった『トートの書』が刊行された。『トートの書』は、広範囲にわたる彼の魔術の知識とその経験の記録である。また、カードの詳細な分析を含むタロットの奥義であり、タロットカードの歴史と構造への案内にもなっている。しかし、タロットの神秘思想に関して、クロウリーと同等の知識と経験を持っていることを前提に書かれた書であったため、一般の人にとってはあまりに難解であった。それでも、クロウリーとトート・タロットについて、より深い理解を求める人々には重要な一冊である。

クロウリーはこれらの作業を終え、3年後に72歳で人生の幕を閉じた。トート・タロットと『トートの書』は彼の人生の集大成といえ

るものである。『トートの書』は生前に発表されたが、肝心のトート・タロットは、クロウリーとハリスの生前にカード化されて発行されることはなかった。

　カード化されたのは1969年のことである。『トートの書』初版の発行に関わった弟子のL・マクマートリーの尽力によるものであったが、出来栄えは十分に満足のいくものとはいえず、原画の美しさは損なわれていた。それを同じく弟子のジェラルド・ヨークが画像の再撮影を行い、ほぼ原画に近いものとしてカード化した（1977年）。このカードが現在私たちの入手しているものである。

　クロウリーは、使命を感じて生きた人だった。その使命は、多くの人たちが生まれながらに覆われている自分の精神的な覆いを取り去り、個人の意志と想像力によって完全に自由な人生の旅に出る道を切り開くことだった。彼はこの思想をより多くの人たちに伝えるために突き動かされ、トート・タロットを完成させた。

*4 形而上学
　　ここでは、眼に見えるもの、手に触れるものを超えて本質を探求することをいう。

*5 テレーマ哲学
　　古いオシリスのアイオーンを完全に変革し、ホルスのアイオーン（第三アイオーン）を
　　創造する考え方と宇宙論。

2 新しい時代(アイオーン)を創造するためのタロット

　タロットの歴史の中でも、それまでのタロットとはまったく異なるトート・タロットは、アレイスター・クロウリーによって人間意識、考え方などが一段進化した新しいアイオーンを誕生させる目的で制作された。それは、これまでの人間の生き方と考え方の限界を克服し、新たな存在状態（人間の生き方）を生み出すためのものである。

❖2000年周期を持つ3つのアイオーン（霊的成長の周期）

・**第一 イシスのアイオーン**：有史以前〜紀元前300年ころまで

「#2.The Priestess」

　紀元前2000年期に相当する文化の形成時代。人間の個人意識はまだ曖昧で、民族を統合するものとして民族神が考えられた。個人は民族に従属しながら、家系や民族的結合を人生の土台として精神を形成していた。各民族にそれぞれの神が存在する多神教の時代で、天体や大地を崇拝した。地域によっては母権制が強かったため、月の女神イシスによって代表される。このアイオーンは、肉体的、生物的成長と発展の時代である。

・**第二 オシリスのアイオーン**：紀元前300年ころ〜1904年まで

「#5.The Hierophant」

　紀元後2000年期に相当する文化の形成時代。上から高圧的な態度で全体を統合する精神のパターンの時代。父権制が強いためイシスの夫オシリスによって代表される。唯一神のもと、民族や血族を超えた世界的な理想を中心に求め、その理想を土台にして生きようとした。最も重要視されたのは、各自が所属する集団統合の理想や目標であった。そのため、この時代もまだ個人は二次的な重要性し

か持たず、規律や儀式、教典のもとに抑圧され、自由な創造は十分ではなかった。歴史的には、破綻した十字軍運動や2度にわたる世界大戦、また現代まで続く底知れぬ心理的不安などを生み出した。存在の内外に抱える矛盾を克服する能力を発見できなかったため、創造的な時代を到来させることはできなかった。

このアイオーンは、観念の構築、規律、目的、理想、思想を形成して生きる時代であり、法典の集成や主義の確立によって社会を統合化した。

・**第三 ホルスのアイオーン**：1904年以降〜現代の2000年期

「#20.The Aeon」

クロウリーは1904年の『法の書』の発表をもって新しいアイオーンのはじまりとした。個人の内面的不安や恐怖を根絶やしにし、個人の精神の自主性と独立性を確立し、自由で創造的な人生を実現するための人間論、文化形成論を主張する時代意識である。クロウリーはトート・タロットを学び、使用できるようになることで、創造的な人生を生きる立場を確立できると考えた。このアイオーンは、グローバルな世界の宇宙論的再創造がテーマであり、そのための人間存在の変容が課題である。

クロウリーのトート・タロットは1944年には完全に完成していたが、時は太平洋戦争末期である。このカードが目的とする、「個人の完全な自主性と創造力の自由な開花」を理解するには、世界精神は熟してはいなかった。そのため前述したように、トート・タロットが完成したとき、それを解説するための『トートの書』だけが発行されたのであった。

その後、25年の月日をかけて、1969年にトート・タロットカードが発行された。時代精神がようやく個人が持つ能力の可能性に目覚めはじめたため、トート・タロットが一般公開される段階にまでなり、次世代の人たちに広く影響を与えるようになった。はじめに多大な影

響を受けたのはビートルズであった。彼らはトート・タロットのメジャーカード、0番を曲にして歌い、レコードジャケットにクロウリーの写真を使用して共鳴を示した。アメリカではボブ・ディランに影響を与え、そこから波及して日本ではニューミュージックやロック時代が到来した。彼らはいずれもメディアや大手の音楽会社に頼らず、個人で音楽をつくり、個人で歌い、個人でライブ活動を行い、個人で宇宙を切り開いてきた。

　クロウリーに端を発する「個人が宇宙を創造する」という自己認識は、今では世界に広がり続け、個人で起業する人たちが続々と現れている。

　しかし、現在もまだ第三のアイオーンは十分には開花していない。自給自足を求める人たちが増え、学生のうちから起業する人も現れ、グローバルなかたちで今までにない新しい仕事や暮らし方を求めるポスト・モダニズムの先へ進もうとする人たちは、神話時代や古代のカオスにつながる生命のより根源的なものを探索している。神話の持つ自己開花の原理を十分に吸収するとともに、神話的超越を私たちに取り戻させてくれるトート・タロットは、今こそ明らかにされ、多くの人々に学ばれていかねばならない。

　クロウリーは、私たちは人間として発達途上の幼児期の段階にいると判断した。トート・タロットのレッスンによって、私たちの意識が「新しいアイオーン」へと移行すれば、私たちの可能性はもっと豊かに広がると彼は考えたのである。

30　　第1部　時を超えるタロット

第4章 カバラ思想との関係

1 カバラの神性の三重の運動

　カバラ思想に共通する宇宙認識は、神に先立つ神性（アングラウンド：無底(むてい)）を認めるという考え方であり、この一致がなければカバラとはいえない。

　この神性は、3つの運動を持つと考えられている（図1）。それは「アイン（無）」「アイン・ソフ（無限空間）」「アイン・ソフ・アウル（無限光）」の3段階に発展する、物事が現れてくる以前の世界（アンマニュフェスト）の運動である。

　カバラでは、この三重の運動は人間の文化を築く歴史の中で、3つの精神的時代を形成しながら創造活動を発展させるととらえている。

　アレイスター・クロウリーが考案したトート・タロットでは、前述した3つの時代を基本的な文化史観から鑑(かんが)みて、エジプトの「オシリスとイシスの神話」の象徴と結びつけている。そして、2000年期ごとにイシスのアイオーン、オシリスのアイオーン、ホルスのアイオーンとし、3人の家族の物語と連結させてとらえたところにクロウリーの独創性がある。

　彼が世界の精神史の3つの時代の発展運動をエジプト神話の元型と結びつけたことで、個人もまた3つの発展段階を経て自己確立し、潜在能力を開花させることができると理解できる（神話とは、弱者が英雄に変容していく「経路」を解明してくれるものである）。

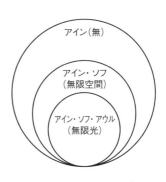

[図1. 神性の三重の運動]

【クロウリーの意識の進化論とその他の思想家の精神的時代論の比較】

ハンス・コンツェルマンの「時」プロテスタントの神学者	イスラエルの時	イエスの時	教会の時
ヨアヒム・ダ・フィオレの「歴史」カトリックの人間論	父の時代 掟・律法の時代	子の時代 信仰・恩寵の時代	聖霊の時代 自由・理解・愛の時代
神秘主義思想の「時代」	民族的・肉体的な時代	教典と儀式の時代	創造的な時代
ゼブ・ベン・シモン・ハレヴィの思想「ユダヤ教カバラ」	植物意識 紀元前 500 年代以前の時代	動物意識 魚座の時代 紀元前 500 年ころ～ルネサンス期の終わりの 1600年代まで	人間意識 水瓶座の時代 1600 年以降
アレイスター・クロウリーの「アイオーン」	イシス のアイオーン 有史以前～紀元前300 年ころ	オシリス のアイオーン 紀元前 300 年～1904 年	ホルス のアイオーン 1904 年以降

2 カバラ思想の3つの流れ

　旧来のカバラは、人間と宇宙の関わりを表すマンダラ図として、「生命の木」と名づけた宇宙体系図を使用して、底無しの運動の中にできた「基底」を、現実世界のものにしようとしていた。

　宇宙の存在に先立つ運動をカバラでは無底（底無し）という。その無底に底をつくる働きによって「基底」が生じる。そして基底が生じると、基底の中に宇宙が創造される。それは「あらゆるものの究極」であり、存在の基底である。タロットの霊フールは、宇宙に先立つ基底として生まれ、そこに宇宙が創造された。その後、人間と宇宙は基底から無底へ転落したが、フールは人間と宇宙全体を救うために、絶対者として無底と基底の全運動を支配している（第1部第5章も参照）。

❀世界には大別して3つのカバラ思想がある

・ユダヤ教カバラ

　最も古いカバラ思想がユダヤ教カバラである。ユダヤ教の律法を守ることを通して、宇宙の基底である神と結びつこうとする。そして、精神の内外に存在する矛盾の解決を図る。

　現代の代表的な研究家には、シモン・ハレヴィや20世紀最大のカバラ学者といわれるゲルショム・ショーレムなどがいる。

・実践カバラ（リチュアル・カバラ）

　近代以降に著しく発展してきたカバラ思想が実践カバラである。ユダヤ教の教義とカバラを切り離し、密儀（魔術儀式）を次々に開発して、ユダヤ教の律法を守ることによってではなく、その儀式の実践を通して基底に近づこうとするものである。

　代表的な実践者は、1888年にロンドンに発足した魔術結社ゴールデンドーンと、それに連なる魔術師たちが挙げられる。そのメンバーには、トート・タロットの作者アレイスター・クロウリー、ライダー版タロットの作者アーサー・エドワード・ウェイトなどがいる。著名人では、ノーベル文学賞作家のW・B・イエイツもその一人であった。

　ゴールデンドーンの流れを汲む末裔たちの活動は、今も英米では活発に行われている。しかし実践カバラは、ユダヤ教カバラのグループ

からは通俗カバラと呼ばれ、あまり評価されてはいない。

・クリスチャン・カバラ（神秘主義魔術・マギア）

1990年代から、実践カバラとは明確に一線を画して発展してきたカバラ思想がクリスチャン・カバラである。私自身は、クリスチャン・カバラを実践している。

もともとカバラ思想には、シェキナーの神概念がある。「礼拝する神ではなく、人とともに歩む神」という神観念である。実践カバラでは実践修行に集中することによって、その側面が大きく後退している。クリスチャン・カバラが実践カバラから分離して発展したのは、「いかに今を生きるか」を考えたとき、「日常を人とともに歩む神」という神観念の後退によって、創造性が非常に弱いことを問題にしているからである。クリスチャン・カバラでは、人とともに歩む神シェキナーを「タロットの霊」としてとらえ、タロットワークとリーディングを通して宇宙の基底と結びつこうとする。

アレイスター・クロウリーの時代にクリスチャン・カバラはまだ明確には生まれていなかった。しかし彼の思想の発展は、すでに実践カバラとクリスチャン・カバラの中間にあったと考えられる。実践カバラでは傍系だったタロットも、クリスチャン・カバラでは中心的な訓練テーマとしてとらえている。

クリスチャン・カバラの流れに属する者には、イギリスの代表的な魔術師ガレス・ナイト、ケイトリンとジョンのマシューズ夫妻などがいる。

3　クリスチャン・カバラとトート・タロット

カバラとは、もともと「口から耳へ」を意味するといわれている。しかし、クリスチャン・カバラでは、「生きざまを学ぶ」を意味する。生き方、生きる方法ではなく、生きる態度、生きる姿勢を指す。ここでいう「生きざま」とは、知識、情報、技術ではなく、人と人とが真剣に向き合って命の交流を行う「生命の伝染」である。したがって、クリスチャン・カバラにおける口から耳へとは、心から心への生命の伝達を指している。

私は、クリスチャン・カバラの本格的な出発点をアレイスター・クロウリーの著作『神秘主義と魔術』としておきたい。なぜなら、クリスチャン・カバラの成立は、クロウリーが制作したトート・タロット抜きにはありえないからである。クロウリーは決して偉大な人間ではなかったが、トート・タロットと『神秘主義と魔術』を残したことによって、また決して凡人ではなかった。特に『神秘主義と魔術』の前口上_{まえこうじょう}は、あらゆる彼の著作群を超えて深い洞察に満ちている。この書で彼が指摘している問題は、クロウリーならではのアイロニーに満ちてはいるが、非常に適切な点に触れている。

「私たちの知るところ、存在は悲哀に満ちている。取り立てて言うほどのことでもないが、悲哀の一例を挙げてみよう。人は皆死刑を宣告された罪人である。ただ死刑執行の期日を知らないだけのことだ。これは誰にとっても不愉快なことである。したがって、万人は、その期日を延期するためなら、できることは何でもするし、仮に判決を覆すことが可能だとすれば。自分の持っているものなど何でも犠牲にするだろう」（『神秘主義と魔術』）

　クロウリーは、宗教を含むあらゆるものを疑ってみることからはじめるべきだと勧めるとともに、すべての宗教の間で意見の一致を見ている点が、1つくらいありはしないかと考えてみるのも無駄ではあるまいと語っている。そして、仮に意見の一致があるならば、まさにそれこそ真に徹底的な考察に値しうる、と続けている。さらに、世界三大宗教のキリスト教、仏教、イスラム教を取り上げ、キリスト、ブッダ（仏陀）、ムハンマド（マホメット）の三者に共通するものが何かあるだろうかと問いかける。そして3人の一致が1つだけあることを指摘する。

「仏陀は、生まれた時は〈王子〉で、死ぬ時は乞食だった。
　マホメットは、生まれた時は乞食で、死ぬ時は〈王子〉だった。
　キリストは、死後幾年も経ってからようやくその名を世に轟かせた。
　3人に共通する点がひとつある──オミッションである。12才から30才までの間のキリストについては何も語られていない。マホメットは洞窟の中に姿を隠

してしまった。仏陀は王宮を去り、長い間砂漠に入ったままであった。
　3人とも、姿を消すまでは全く何も語らず、再び現れるや否や新しき法を説き始めたのだ」（同上）

　クロウリーは、オミッション（失われた人生の期間）の言葉の意味について、「ある日帰ってくると天才的な活躍をする」としている。
　さらにクロウリーは、そのつながりでモーセと聖パウロも取り上げている。

レンブラント・ファン・レイン『モーセの十戒』1659年　ジャマルデガレリア

「モーセは平穏な生活を送っていたのだが、エジプト人を殺害した。それから彼はミデアン（古代北西アラビアの地方）の地に逃れるのだが、そこで彼が何をしたかについては、何も語られていない。ところが帰還したかと思うと、すぐさま彼はエジプト全土を根底から覆してしまう。その後にもまた彼は、シナイ山で数日ほど姿をくらますのだが、今度は〈律法の石板〉を携えて戻ってくるのである。
　聖パウロはどうかというと（彼もまた）、ダマスクスに向かう途上での冒険（著者注：顕神の体験）後、砂漠に入って幾年も過ごし、帰還すると同時にローマ帝国を転覆させるのである。未開人たちの諸伝説のなかにさえ、同じようなことが必ず見受けられる。つまり、これといって特筆すべき点のない凡人が、期間に長短の差こそあれ、しばらく姿を消したかと思うと『偉大なるヒーラー』として戻って来るのである。

　寓話や神話の由来をつぶさに尋ねてゆくうちに、私たちはこの偶然の一致に行

き着く。凡人が行方をくらまして、偉人となって帰って来るのだ。彼らが最初から例外的な人物だったのだろうという論法を支える根拠は何もありはしない。マホメットに才能や野望があったとしたら、まさか35歳になるまでおとなしくラクダに乗っかっていたはずはあるまい。聖パウロはかなりの独創的才能を持っていたが、ここで名を挙げた5人のなかでいちばん見劣りのする男でしかない。しかも彼らには、地位・財産・影響力といったような、権力を握るうえで普通手がかりとなるものを所有していたふしもない。

　エジプトを離れるまでのモーセは、どちらかというと同地の大立者{おおだてもの}の部類に入る人物だったが、戻ってきたときにはただの異邦人に成り下がっていた。

　キリストは、中国にまで赴いて皇帝の娘を妻にしたわけではない。

　マホメットも富を蓄えたり、兵士たちを訓練していたわけではない。

　仏陀も宗教的組織の強化などを行なっていたわけではない。

　聖パウロも、野心あふれる将軍と共に、陰謀を企てようとしたわけではない。

　皆戻ってきた時は貧しき者だったのであり、たった独りで帰って来たのだ。

　彼らの力とは、一体どのような性質のものだったのか。

　不在の間の彼らに一体何が起こったのか」（同上）

　クロウリーは、これらの人物を取り上げて、これといって特筆すべき点のない凡人が、しばらく姿を消したかと思うと偉大なヒーラーとして戻ってくると指摘した。この点を私が取り上げて重要視するのは、この画期的変容こそが、クリスチャン・カバラとトート・タロットを学ぶ目的だからだ。そして本書では、この画期的な変容が起こる道行きは、「魔術師の神殿」（タロットを学び実践する生命共同体）に連なり、魔術師の神殿体系を訓練することによって探求することが可能であると説くのである。

第4章　カバラ思想との関係　　37

- Column -
神秘学

Astronomer

　クリスチャン・カバラは神秘学であり、学問の一分野である。科学が物質的な力と形を学ぶことであるように、神秘学は隠された力と形を学ぶ。しかし、隠された力と形は物理的な認識としてはっきりさせられるものではない。実際、多くの人に隠された力と形の存在は認識されず、的外れなこととして考えられる場合が多い。神秘学を見出すことは、科学のように単純にたやすく論証できるものではない。たとえば物理的な資料は、直接的には隠された力を記録してはいないということである。しかしだからといって、それらが存在しないことを意味するわけではない。神秘学は社会的には承認されることはなかったとはいえ、さまざまな根拠なき批判に屈することなく、確かな活力を持って生き続けた。

　科学的異端か宗教的異端かにかかわらず、多くの時代を通して異端の歴史が形成される。現代のような思想的混乱期には、不幸なことに物事が乱雑な状態のままに置かれ、収拾のつかないほどにもつれて、膨張する。まれにこの中に含まれている真理が、原初期に持っていた力を帯びて、当然の成長のようにして現れてくる場合がある。しかし多くの場合は、その成長の中にある性急な発展と多くの間違いによって、退化と死が運命的に訪れる。

　クリスチャン・カバラの目的は、「現象からの本質の抽出」である。現象から抽出される本質は、永遠の回帰を引き起こす根源的な真理なのである。したがって、まずはじめに私たちは言葉の定義を行い、私たちが扱う学問が他のそれらとどのような相違があるのかをはっきりさせなければならない。この問題を神秘学の文脈でとらえるならば、神秘的と魔術的の相違を定義する必要がある。

> **神秘的**：内的本質の実践的宗教的経験→神への魂のアプローチ
> **魔術的**：内的本質の実践的論理的経験→内的創造への魂のアプローチ

魔術師のトート・タロットでは、関わるものはどんなものでも根本的に内的本質の経験である。さまざまな性質をそれぞれに定義づけることはきわめて重要である。よって相違を明確にすると、神秘的ないし宗教的とは、神への魂のアプローチとその体験であり、魔術的ないし論理的とは、内的創造への魂のアプローチである。神秘学の分野の大半では、神の真実の信仰または誠実さなしに、真理のもたらす力と形の適切な理解に到達することはできない。神の存在を否定しながら学習する人々は、暫定的にも、絶対的にも、より高度なものへ到達する作業には向かない。この目覚めは、人間個人の本質であるに違いないのだ。

　しかし、ここでさらに明確にしておきたいことは、本書は流行しているスピリチュアルワーク一般とは一線を画しているということだ。本書でいうスピリチュアルワーク一般とは、19世紀的なグノーシス派の考えと神智学とを焼き直してパターン化したものである。19世紀後半、多くはヒンドゥー教の思索から生じた精神的メソッドであった。その教えが西洋へ流出し、前世、現世、来世、または他の世界や太陽系、銀河系の存在状態について教えるようにもなった。それはある種の複雑さゆえに魅力ある知的訓練体系であり、同時に古代から存在したものであるかのように魅力ある探求心をもたらす。これらの情報が神秘の達人を語る人たちによって後世に伝えられ、精妙に形成された伝統への関心が育まれる。この伝達からもたらされる唯一の実際的な利益は、莫大な想像力の広がりによって、心の関心が神秘的なものへ向いていくかもしれないということである。情報があまりにも深刻に扱われすぎない限りは、直観的能力の発達への心の準備運動になるかもしれない。しかし残念ながら、通常それらは高度に進化したものを保存しているとして、聖書や哲学よりもさらに神聖であると見なされていたりする。それらの長い膨大な本を読む能力は、「高度な進化」「非凡な力」というよりも、無批判な心と時間の無駄を証明するものとなるだけである。それは、多くの秘教の探求者たちが通りすぎなければならない通過過程なのかもしれないが、そこを無事に通りすぎることができれば無害ではあろう。

第4章　カバラ思想との関係　　39

第5章
偉大な知恵の宝庫

1　神話の原理に接続したタロットの霊

　アレイスター・クロウリーは、すべてのタロットは「#0.The Fool フール」のカードに含まれていると言う。「#0.The Fool フール」は、ギリシア神話のディオニュソスとその妃アリアドネを描いたもので、そこには、タロットを求める者にはタロットのほうから近づいて、その者を救う、という意味が込められている。

　ディオニュソスは、人間を代表して死の国に下った母セメレを救うべく、自分も人間の狂気によって殺され、死の国に下り、神の力によってそこから復活してくる。そして全人類を救うべく、ふたたび天上界の大宇宙から到来してくるのである。

　ディオニュソスの神話では、3つの「死と復活」の話が交差し、三位一体に結合している。

　一つ目は、ゼウス、セメレ、ディオニュソスの間における、母セメレの死と、その子ディオニュソスをゼウスの意図によって救い出す話である。

　この物語の主旨は、神であるゼウスと人間の母性であるセメレが愛し合うが、人間のセメレは、神と人間が同一の存在の立場にはないことが理解できず、神に対等の立場で触れ合うことを求める。その結果、相対者である人間のセメレは、絶対者のゼウスに直接触れることには耐えられず、落雷に打たれて即死する。この場合のセメレは「大地の母」の象徴であり、全人類と大自然の象徴である。

Gustave Moreau ; *Zeus and Semele* ; 1896

40　第1部　時を超えるタロット

しかし、そのときセメレは、神であるゼウスの子ディオニュソスを身ごもっていた。そのディオニュソスは人間の子であるとともに神の子でもあった。彼は生まれながらに、母セメレと神に結びついた、死すべき存在である人間と、全宇宙の運命を救う神という2つの使命を担っている。ゼウスはセメレの胎内の子ディオニュソスをセメレが死ぬ直前に取り出すと、それを部下に育てさせる。

　やがて成長したディオニュソスは、今度は神ではなく人間たちの手によって殺される。しかし彼は、神ゼウスの手により復活させられ、母セメレと逆の道をたどって生き返る。そして今度は全人類と大自然を救うためにこの世界に再来する。

　二つ目は、ディオニュソスの地上における話である。ディオニュソスは地上で人間として生きるが、人間の多くは心に醜い欲望を持ちながらも、表面的には善人のような仮象の生活を送っている。その虚偽を暴くために、ディオニュソスは狂気に翻弄（ほんろう）されたように欲望をむき出しにした行動を取る。人々は、その醜さに耐えきれず、彼を殺害して死の沼に捨てる。

　3つ目は、Mythology「アリアドネの糸」（次ページ）で紹介するギリシア神話『アリアドネの復活』の物語である。この物語の要点は、セメレの話と同様に、アリアドネ個人の話をしているのではなく、「大地の母」という象徴のもと全人類代表の話となる（神話の登場人物は人間の概念の元型の象徴）。ここにもアリアドネの死と復活があり、すべての人間が死の運命から復活する道を示している。

　これらの3つの存在論的な死の問題は、単に肉体的な死の話ではなく、人間の復活と救いに関する3つの側面を表している。本書では、それを人生の変容の3段階としてメジャーカードの解説で取り上げている。

　これらの話は、ディオニュソスを中心にした「神と神の子と人間の関係」を明らかにしている。そして本書では、再来したディオニュソスをタロットの霊フールとしてとらえることで、具体的に私たちにも働きかけてくれるのである。では、人間の本質とディオニュソス（神）の結びつきが集約されたギリシア神話「アリアドネの糸」を紹介する[注7]。

第5章　偉大な知恵の宝庫　41

- Mythology -
アリアドネの糸

　昔、ギリシアのクレタ島にはミノス王がいた。彼は海の神ポセイドンの力によって王位に就くことができた。そのお礼に、ミノス王は、ポセイドンに牡牛を捧げることになっていたが、王はその約束を破った。ポセイドンはその報いとして、王妃パシパエが牡牛に恋い焦がれてしまうという呪いの罰を与えた。

　呪いをかけられた王妃パシパエは牡牛に夢中になり、彼らが交わって生まれてきたのが牛頭人身の怪物ミノタウロスである。ミノタウロスは大きくなるにつれて凶暴になり、手がつけられなくなっていった。

　ミノス王はこの始末に困り果て、建築士ダイダロスに命じて宮殿の地下に迷宮をつくらせ、そこにミノタウロスを閉じ込めてしまおうと考えた。「ダイダロスの館」と呼ばれるこの迷宮は、ただただ真っ暗で、道はよじれ、行き止まりのものもあれば、見せかけの通路もあり、まさに複雑怪奇な地下の牢獄であった。そして、この怪物ミノタウロスへの生贄として、アテネから毎年12人の若者と乙女が献上されるようになった。彼らを待っていたのは、真っ暗な迷宮に閉じ込められ、怪物の餌食になるという残酷な運命であった。こうして多くのアテネの若者と乙女たちがミノタウロスの生贄となった。

　ある日、ミノス王の前に引き出された若者たちのなかにテセウスというアテネの王子がいた。ミノス王の娘アリアドネは、王子を一目見て恋に落ち、王子に「あなたを助けることができたら、私をアテネに連れていって結婚してほしい」と言い、王子と約束を交わした。アリアドネはテセウスが迷宮に閉じ込められる前に、こっそりと赤い糸玉と短剣を彼に渡した。迷宮に閉じ込められたテセウスは、入口に赤い糸を引っかけ、糸玉をほどきながら迷宮の奥へと進んでいった。やがてミノタウロスに出会ったテセウスは、隠し持っていた短剣で見事にこの怪物の頭を切り落とし、赤い糸をたぐって無事に迷宮から脱出した。そしてテセウスはアリアドネを連れてクレタ島を逃れた。

しかし、テセウスは凱旋してアテネに帰り、栄光の王の座につくためには、人の手を借りたと知られるのは都合が悪かった。そこで、途中の孤島にアリアドネを独り置き去りにした。テセウスに捨てられ、絶海の孤島で人間の愛の限界を身にしみて理解したアリアドネのもとに、すべての成り行きと状況を見守っていたディオニュソスが現れる。孤独と絶望を経験し、人間の愛の限界を知ったアリアドネは、ディオニュソスを見出す（出会う）準備ができていた（ここでいう絶海の孤島は「生と死の境」であり、「人間の愛の及ばぬところ」を意味している）。

イーヴリン・ド・モーガン『ナクソス島のアリアドネ』1877年 ド・モーガン・センター

　神の愛を持つディオニュソスを見出したことにより、人間の愛の限界を完全に理解してしまったアリアドネは、ディオニュソスの妃となり、ディオニュソスの絶対的な愛に包まれるのである。ここには、「人間的な愛から神的（かみてき）な愛へ」という、人生の決定的な転換がある。

第5章　偉大な知恵の宝庫

トート・タロットは、どのような絶望の淵からでもタロットの霊を求める者を見放すことなく救う「秘密の力」を持っている。私たちが人生のどのような迷宮の中にいようと、タロットの霊はアリアドネの糸を超えた、神の糸を象徴する四重の葡萄のつるの輪を投げかけ、私たちをタロットの霊の中にしっかりと包み込んでくれる。

「#0.The Fool」

トート・タロットの「#0.The Fool フール」に表現されている牡牛の仮面をつけた巨大な緑の人物がディオニュソスで、葡萄のつるの輪を滑るように飛ぶ白い鳩がアリアドネである。死の国を粉砕し、あらゆるものの究極である「宇宙の基底」から到来してきたディオニュソスは、世界から見失われている人間の魂"アリアドネ"に向かって葡萄のつるの輪を投げかける。アリアドネは歓喜に満ちて、葡萄のつるの輪を滑るようにディオニュソスの心臓目がけて飛んでいく。ここで、人間の不安と思惑に満ちた愛の絆から、決して分離することのない神的な愛の結合へと大転換する人生が訪れたのである。トート・タロットは、タロットに出会う人すべてにこの大転換をもたらそうとする。

タロットリーディングの場では、クライアントは「読み手(リーダー)」との出会いを通して生の探求に招かれる。両者は共同作業を通して宇宙の基底に近づいていく。宇宙の基底を心臓に持つタロットの霊との生き生きとしたつながりの中に招かれることで、人生のはかなさ、むなしさ、不安を完全に克服し、人生の確かさ(永遠性)へと導かれていく。トート・タロットのすべては、ここからはじまる。そして神話の世界でアリアドネが人間との結びつきに絶望し、絶海の孤島でディオニュソスを見出したように、私たちもタロットの霊と結びつき、魂の根源的な不安を根絶やしにしていく。それによって私たちの生のすべてがまったく新しい世界へと導かれていくのである。

トート・タロットは、制作者たちがこのタロットの霊に直接導かれてつくった世界で唯一のタロットカードである。

2　絶対的結婚と第三アイオーンの開花

　タロットの霊フールは第三アイオーンを実現するために到来する。第三アイオーンを実現させることと切り離して考えられるタロットの霊は、どこにも存在しない。なぜなら第三アイオーンの実現なしには、人類の新たな未来の方向性は見えてこないからである。

　タロットの霊、第三アイオーン、絶対的結婚は、不可分の関係にある（図2）。第三アイオーンの根拠は、絶対的結婚を世界の基底として実現していく「魔術師の神殿」にある。そして魔術師の神殿に連なるためには、探求者（魔術師）とタロットの霊フールとの出会いが必要不可欠となる。魔術師の神殿は、「フールの身体」という目に見えない普遍的なものに連なっている。具体的な集団である生命共同体（地上で形成される魔術師の神殿）は、フールの身体の中に包含される。そのようにして一体となった普遍的なフールの身体と具体的な魔術師の神殿は、本書で提起している理論的な魔術師の神殿体系の学習訓練によって、自覚的に現象化されるものである。

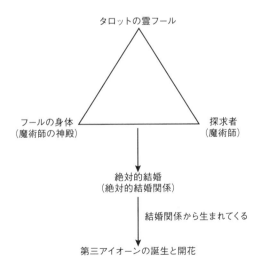

[図2. 絶対的な三位一体を根底に実現]

第5章　偉大な知恵の宝庫

絶対的結婚とは魔術師の神殿の歴史的な実現であり、この2つは構造的に不可分の関係にある。タロットの霊フールは歴史的な魔術師の神殿を通して到来し、そこで起こる絶対的結婚関係*6から第三アイオーンを実現していく。

　タロットの霊フール、第三アイオーン、絶対的結婚関係の三者の構造的一体性を担うのは、魔術師の神殿体系が具体化した歴史的な「魔術師の神殿」である。

　タロットの霊フールとともに生きるとは、魔術師の神殿を歴史的・具体的に形成していくことである。それゆえ魔術師の神殿に連なるには、単に学習者の集まりや交流会、タロット協会などではなく、歴史が変革されていくタロット実存共同体が形成されていかなければならない。それは社会に絶対的結婚関係を実現していく準備であり、失われた楽園を歴史に再興していく運動なのである。世界の再創造とは、エデンの園を新しく創造する運動である。そしてこの創造は、神にしかなしえないことである。

　エデンの園が崩壊し、現在のこの倦怠化したむなしい底無しの不安がただよう世界になったのは、神話によれば人間が悪魔にだまされ、神と分離して、「知識」を根底にして生きることをはじめたからである。私たちが新しいエデンの園にたどり着く道は、魔術師の神殿を通してタロットの霊フールと結びつき、絶対的結婚関係を実現するとともに、天使と悪魔という二分化の領域を超えていくことである。

Michelangelo ; *The creation of Adam (detail),* from The Sistine Chapel ; 1508-1512

　絶対的結婚とは、絶対的存在であるタロットの霊フールと探求者が

結びつき、共生の関係になることで生じる人間関係をいう。これを結婚という言葉で表現しているのは、この関係が必ず第三アイオーンを「産む」関係でなければならないからである。具体的な人間関係のなかの、特に男性と女性の結びつきだけを意味するわけではないため、絶対的結婚関係ともいう。これは人生全体を絶対レベルでとらえる存在の仕方である。そのためには、現実の生の中にタロットの霊フールが浸透してこなければならない。人生が絶対次元でとらえられるようになると、タロットの霊ははじめて歴史や個人の人生と関係する。人生における楽園回復のテーマが具体化するのだ。

絶対的結婚関係は、「フールの身体」に内包された魔術師の神殿体系の訓練を通して実現する。よって絶対的結婚と魔術師の神殿は、共生の関係にある。そのため、一方は他方なしにはそれ自身として存在できない「関係内存在」の関係にある。2つのものは、存在のはじめから関係の内にあり、両者は両者の関係の内ではじめて「それ」として存在する。アダムとイヴの神話では、アダムから肋骨が取られてイヴがつくられ、イヴの中にはアダムの肋骨が存在している。これは共生関係についての古代的な表現方法である。

絶対的結婚とは、地上の結合関係が天上世界での結合関係でもあり、地上の喜びは天上の喜びであり、地上の破壊と悲しみは天上の破壊と悲しみである関係をいう。

タロットはフールとして働く。フールが存在しなければタロットの働きはない。魔術師の神殿に連なることなくして、フールの働きもない。パスワーキングとは、タロットの霊フールがわれわれに至る道であり、われわれが進化するのではない。また、われわれが究極に至るのでもない。タロットの霊という究極が、究極以前のわれわれに働きかけるのである。究極以前から究極に至ることはできない。究極が究極以前に道備えをもたらすのである。

*6 絶対的結婚関係
　本来、絶対的結婚と絶対的結婚関係とは区別して考慮すべきであるが、本書ではすべての関係性を含めて「絶対的結婚」を使用している。

第5章　偉大な知恵の宝庫　　47

- Column -
言葉の持つ意味

【仮象】
　日常生活では住居があり、仕事もあり、健康にも問題はなく、生活は当面うまくいっているように見える。しかし、確信を持てるものが何もなく、不安がつきまとう。つきつめると一切合切が不安で、逃れようにも逃れられないのは自己の存在そのものだという感覚だけが残る。これを「仮象」という（ジッドウ・クリシュナムルティは、これを「錯覚の過程」といった）。

【退廃】
　人生がジリジリと追いつめられていくこと。あるいは言い知れない不安、倦怠感、むなしさを抱えていること。そこから、モラルの根源的な頽廃や不倫（当事者たちのほとんどは不倫が「関係」の根源的崩壊であることを自覚できない）、統合失調症、精神的鬱、いじめなどが際限もなく発生する。

【死】
　単なる肉体の死ではなく、「いっさいの関係からの断絶」「絶対的な孤独」。

【実存】
　今ここに生きる何ものにも代えられない個別性、具体性を持った「わたし」。

【実存共同体】
「わたし」は私個人で今生きている「わたし」であるのではなく、「関係内」を通してはじめて「わたし」を発見し、「わたし」が生きていることを自覚できる生命共同体。

【自己探求】

　本書では、魔術結社のカバラ（主知派、グノーシス派）とは違い、「外部の世界に対して自己自身の態度を決定する能力」を発見することをいう。本書の人間論は徹底的に「関係」を土台にし、関係を抜きにした人間論は観念上のもの、空論として扱う。「関係」がなければ世界は存在しない。したがって、唯一神の神も、最初から「関係」の内にある「三位一体」の神であり（多神は関係の神ではなく、混沌の神である）、タロットの霊フールも探求者が一人で探求するなかに現れてくるのではなく、タロット実存共同体を通して現れてくる。

　クロウリーも所属したグノーシス派のカバラは、「本来の自分」を知ることで人間は救われ、単独者として「一人で立つことができる」と主張する自己探求である。完全に一人になれるので、もはや「死ぬことはない」という。完全なる「非関係的な世界」で、東洋の思想の「無」や「空」と共通する世界観である。そこには、「私を守る」守護霊や「私を養う」天的な存在者たちがいる。

　しかし、タロットの霊フールは「わたし」だけでなく、大自然と地球を救い、宇宙体系の全機構を再創造して救うのである。

　原初の人であるアダムとイヴは蛇の誘惑を拒絶できるほどではなかった。したがって、タロットがもたらす道、本書でいう自己探求とは、原初のアダムとイヴに戻る探求ではなく、「原初の生」に死に、それを超える「創造の8日目」を実現できる新しい生に復活する人生である。それがアダムとイヴも果たし得なかった「絶対的結婚関係」の創造なのである。その絶対的結婚関係から世界の在り方が全面的に変わることを、本書では「第三アイオーン」のはじまりと呼ぶ。

第6章
タロットの霊フールとの接触

1. タロットの霊とは？

　本格的にタロットの勉強をはじめると、日常の常識で物事をとらえているレベルでは想像もつかない驚くべき世界がわかるようになる。これまでにも述べてきたように、実際タロットの背後には隠された秘密があり、その秘密が何百年にもわたって人々をタロットに魅きつけてきている。それこそがタロットの霊フールの存在である。

　この隠された力を引き出す方法は、実は単純である。それは、タロットに対して、「あたかも本当の人間であるかのように近づく」ということである。もしあなたがタロットを生きている一人の人間のように扱うなら、タロットは一人の実在する人間のように、非常に生き生きとその後のあなたの人生をともに歩んでくれるようになるだろう。そして、タロットの霊フールは、あなたがいるところはどこであれ、同時に存在するようになる。

　しかし、このことを真に実現するためには、「眼に見えない《魔術師の神殿》に接続する」という姿勢が要求される。タロットの霊を通して魔術師の神殿と結びついているという「心の姿勢」を確立することができれば、その後、タロットの秘密はあなたに開かれるようになるだろう。どのような理由であれ、この最初のステップを怠るとタロットの霊フールとの接触の道は閉ざされたままになってしまう。

　タロットの霊フールと私たちが触れ合う入口は、トート・タロットの「#0.The Fool フール」にある。
　「Fool」という単語を持つこのカードの名称は、「愚かさ」を意味することとは何の関係もない。これはタロット伝授者たちのカムフラージュである。いつの時代であれ、《偉大な知恵》は、〈それ〉と誰にでもわかるような立派な姿で現われないものである。神話の王子は貧者

50　　第1部　時を超えるタロット

のように現れ、賢者はよぼよぼの老人のような姿で現れる。タロット
では、私たちの前に「愚者」であるかのように現れる。なぜなら、表
面的な上辺だけで物事を判断する人間を寄せつけないためである。タ
ロットの霊フールは、そのようにしてあらゆる時代を通し、上辺にし
か興味を持たない人たちの勝手な解釈によって大宇宙の真理が損なわ
れないようにしながら、人類に最も強力な影響を与え続けている。

　タロットの霊フールは、本当は〈HRU〉と呼ばれている。この呼
び名の発音が現代の英語版カードの〈Fool〉の名称となった。
　タロットの霊がフルであることを最初に公開したのは、19 世紀末
の魔術結社ゴールデンドーンである。彼らは団員向けに配付したタロ
ット教科書『ブック T』の中で、タロットを通して働いている霊が『ヨ
ハネの黙示録』に出てくる「力強き大天使（原文はガブール）」であり、
フルであると指摘している注8。しかし私は、トート・タロットの研究
を通して、タロットの霊がそれ以上の存在であることを発見した。
　HRU の語源については、さまざまな見解があるが、決定的な定説
はない。本書のタロット論に重要な示唆を与えたガレス・ナイトは、
それはエジプト魔術の「ホルス神」が起源であろうと述べている注9。
　私たちは、タロットの霊フールとの接触により、世俗世界からタロ
ットの内に新しく生まれ変わる。それがタロットでいう「復活」である。
フールは、一部の精神集団が教えるハイヤーセルフではなく、外から
やって来て、「わたし」という存在の内に内在化する力である。それ
はタロットを覚えるのではなく、フールがタロットの持つさまざまな
エネルギーに接触させてくれるのだ。そして私たちに人生のあらゆる
問題を解決する力を提供してくれる。

第 6 章　タロットの霊フールとの接触　　51

2. タロットの霊と接触するための視覚化瞑想レッスン

　タロットの霊フールとの接触を図るには、魔術師の神殿（フールの身体）に接続するためのレッスンが必要になる。ここでは魔術師の神殿体系全体を包括するタロットの霊フールの「視覚化瞑想レッスン」を紹介する。

　まずは、心の中に人物の絵図を形成することからはじまる。その絵図を形成するために用いるイメージは、トート・タロットの「#0.The Fool フール」のカードである。

　このカードは、タロットの霊フールを直接表現している。しかし、直接表現しているとはいえ、「#0.The Fool フール」はあくまでタロットの霊フールの象徴であって、タロットの霊そのものではない。したがって、私たちが直接感じるフールの姿は、「#0.The Fool フール」の絵図の通りでなくてもよい。しかし、それでもなお「#0.The Fool フール」の絵図は、フールの実像を象徴しているので、私たちが感じるフールがトート・タロットの「#0.The Fool フール」の絵図とまったく無関係な姿であってはならない。

フールの視覚化瞑想レッスン

　はじめに、デッキから「#0.The Fool フール」のカードを取り出します。目の前のテーブルの上に立てかけて、「#0.The Fool フール」のカードをよく見てください。この作業をはじめるとともに、そのための適切な状態が確保できるように、部屋をきれいにし、静かで落ち着いた時間を確保します。部屋がかたづいていない環境でこのレッスンを行うことは、適しているとはいえません。また不安や感情的な混乱があるとき、外的な騒音などが激しいときは、レッスンを控えるほうがよいでしょう。
　環境に左右されない内面的な深いゆとりが確立するまでは、レッスン環境には気を配るようにしましょう。

　それでは、フールの視覚化瞑想レッスンをはじめましょう。
　椅子または床の上にマットを敷いて座ります。気持ちよく楽に座っていられるよう安定した位置を確保しましょう。
　背筋をまっすぐに伸ばします。視線はまっすぐ前方に注ぎ、静かに眼を閉じてください。両手は股(もも)の上に乗せて休ませ、ゆったりとするようにします。少しの間、筋肉と心をリラックスさせ、優しくゆっくりと呼吸をします。
　自分が呼吸していることや、自分の肉体、周りの環境などが徐々に意識から薄れ、遠のいていきます。そして自分の想像力を通して組み立てようとしているイメージに集中します。ここであなたに求められていることは、自分の心の中でフールの絵を見つめ、それが心と肉眼との間で見えてくるようにすることです（それは記憶した絵を思い出す、ということではありません）。もっと簡単にいうと、フールを心の中で強く感じ取れるようにすることです。

第 6 章　タロットの霊フールとの接触　　53

では、次のステップに進みましょう。

大河のほとりに立っているところをイメージしてください。

水の流れる音が聴こえ、風がそよぐ静けさを感じてください。水草の青々とした香りに気づきましょう。岸辺の近くでは、ワニの尾が跳ねる音が聴こえてきます。コンドルが頭上で旋回し、鳩が若葉をくわえて飛んでいきます。

広い川原の草原では、子どもたちの笑い声が聴こえ、蝶は花から花へと自由に飛び回っています。風は渦を巻いて旋回し、葡萄の葉が揺れています。太陽はまるで光の雫を滴らせたかのように輝き、その下で葡萄もたわわに実っています。そして空はどこまでも青く、高く、透き通った空気が果てしなく流れていくのを感じてください。

すると、フールがチリンチリンと鈴を鳴らしてやってきます。そして世界を圧倒するように輝く、神秘的で音楽のような笑いに満ちたフールをイメージしましょう。

見てください！

フールは背中に袋を背負っています。その中にはこの世界のあらゆる可能性が詰まっています。《創造性》という名の緑色の服をまとったフールが、空間を突き破って風のようにあなたに近づいてきます。フールは足もとに跳ね回りじゃれつく虎を連れています。

フールはあなたの前に立ち、微笑みかけています。フールに触れる

ことで、あなたの中に考えが生まれてきます。さあ、生き生きとそれを感じましょう。

　イマジネーションの耳を通して、フールがあなたに向かって話す言葉が聴こえてくるかもしれません。

　―20分ほどフールとともに大宇宙の楽園の世界を想像し体験します―

　視覚化瞑想レッスンを終了するために、フールに「さようなら」の挨拶をしましょう。挨拶を終えたら、イマジネーションの中でフールから離れ、現実の世界へ戻ってきます。

　虎を連れたフールは楽園への道をたどって帰っていきます。あなたは川辺の道を歩きながら、こちら側へ戻ります。小道を歩くとその道の傍らに大きな岩石があります。大きな岩石の中は扉になっています。その扉を通り抜け、最後にドアをしっかりと閉めましょう。

　そして、自分の部屋でテーブルの上にタロットカードを広げた環境に帰ります。

　ゆっくりと眼を開き、自分の心をいつもの現実に戻します。自分の身体の手応えを確かめ、手足を動かし、頭をシャンとさせます。

　さあ、立ち上がってきちんとカードをかたづけましょう。

　視覚化瞑想レッスンを一日に繰り返し行うことは控えましょう。

　外的世界と内的世界の間を押し開ける「硬さ」をつくることは、非常に大切な作業です。特に生まれつき霊的現象を受け止めやすい人は、バランスが崩れると予期せぬときに白日夢として内的世界からの痕跡が侵入してくる場合があります。しかしこの手順に従い、ひたすら内的世界へ意識を投入し、視覚化瞑想レッスンをしている限り、まったく問題はありません。

　重要なことは、視覚化瞑想レッスンを行う場合、本書で指示した簡単な手順を、常にきちんと行うことです。そうすることで絶えず発達する自分の霊的能力を最善に養成することにつながります。

この視覚化瞑想レッスンは、最初は簡単にいかないかもしれません。しかしそこで、自分にはできないと悩んだり、自信を失ったりする必要はありません。気軽にそこに座り続け、難しく考えすぎないことが大切です。座り続けていてもイメージが浮かんでこない、自分の描いたイメージが生き生きと動き出さないときは、ただ目の前にフールの絵を形成し、そこで待ち続けてみることです。その絵図は、徐々に大きな現実感と躍動感をもたらしてくれるようになります。

　また、視覚化瞑想レッスンの最中に忘れていたことが甦ってきたり、心配事が頭をかすめたとしても、気にせず、しばらく頭の隅に置いておくようにします。そうすることで、その後、適切な時期にそれらの問題を解決できるようになるでしょう。

　まずは、自分の心に何かしら一つの考えが生まれてくると感じるように心がけ、そして、その考えは、自分自身からではなく、「フールからやってくる」と感じるようになることが大切なのです。肝心なのは、その考えが善いか悪いかではなく、それがどこから来たのかということです。

　わかりやすくいうと、その考えは、自分が考えたのではなく、フールから来たと感じるまで、繰り返しレッスンすることです。何度も何度もレッスンしていくうちに、コツをつかめるようになります。しかし、その考えが自分の考えなのか、フールから来たものなのかが曖昧なうちは、まだまだレッスン不足だといえるでしょう。

　しばらくの間、フールの視覚化瞑想レッスンを毎日実行すること。なぜならこれが秘伝を受けたタロット・リーダーになるための最初のステップとなるからです。これを怠らずに続けることが、タロットの霊フールとの真の接触となり、「本物の魔術師」と「曖昧な占い師」の違いを見分けることとなります。ビジネスとしての単なる占い師は、カードの意味を暗記したり、生まれ持った自分の霊感を当てにしているにすぎません。しかしそのままでは、タロットの背後で働いている本当に偉大な知恵の宝庫と結びつくことはできないでしょう。

第 2 部

ヴェールを脱いだ魔術師のトート・タロット

第1章
トート・タロットを現代に甦らせる

　トート・タロットの制作者アレイスター・クロウリーが解説し、ま
とめた『トートの書』は、卓越したタロットの解説書であるが、トー
ト・タロットを解明する上で十分なものとはいえず、このタロットの
最終的な目的である第三アイオーンの実現は『トートの書』だけでは
難しいと本書では考えている。トート・タロットは、アレイスター・
クロウリーとレディ・フリーダ・ハリスとがタロットの霊の直接的な
導きのもとに制作されたが、『トートの書』のほうは必ずしもそうで
はなく、クロウリーの個人的な研究の体を成しているからである。そ
のため、『トートの書』は解説書としての完成品とはいえない。それ
は、各カードの解説でまとまらないものを多くの補遺によって断片的
に補っていることからもわかる。事実、クロウリー自身も『トートの
書』を試論だと語っている[注1]。

　トート・タロットと『トートの書』のずれは、トート・タロットが
レディ・フリーダ・ハリスとの共作であったのに対し、『トートの書』
はクロウリー単独の著作であるために生じたものと思われる。結論か
らいえば、制作時点の年代では、クロウリー一人だけではタロットの
霊はまだ十分に現れてくることも、働きかけてくることもなかったの
である。このことは、『777の書』や『魔術』などの著作からも明ら
かに判断できることであろう。

　私の考察する限り、トート・タロットと『トートの書』の間にある
問題は、トート・タロットが有機的全体構造を持っているにもかかわ
らず、『トートの書』の解説は集合体構造のもとに解説されている点
にある。この「有機的全体」と「集合体」の違いは決定的であり、非
常に重要な点である。その重要性を説明しておきたい。

　まず、集合とは、いくつかのものを一つに集めることをいう。その
集合を集めたものを集合体という。集合体とそれを構成する各要素の
関係では、各要素は集合体より優位に立つ。『トートの書』でのトート・

タロットの解説とタロットの構造論は、基本的に集合体構造として論じられている。そして、有機的全体というのは、生物体のように多くの部分が集まって一つの生命として全体を構成することをいう。各部分が密接に結びついて、互いに影響を及ぼし合う構造である。この場合、部分よりも全体が優位になる。

本書の解説とレッスン方法は、タロットの有機的全体を魔術師の神殿体系という立体構造としてとらえ、その立体構造に基づいて学習を進めていく。

「#0.The Fool フール」はタロットの全体から人生すべての領域を支配している。その次に「#1.The Magus 魔術師」が優位に立ち、続いて「#11.Lust 夜明けの女神」「#8.Adjustment 真理の女神」「#14.Art 異世の大釜」「#21.The Universe 楽園回復」がそれぞれのファミリーカードやマイナーカードに対して優位に立つ。

本書では、トート・タロットのカードが示す象徴の意味を検討し、カード全体を総合的に分析した結果を提供している。その方法は、ゴールデンドーンとテレーマの魔術哲学の基本的な資料を分析し、各カードに表されている象徴がどのように体系的にカードの意味を決定し、形成されているかを明らかにすることである。さらにクロウリーがトート・タロットの内に秘儀化したさまざまな象徴の複雑な対応関係と、とらえがたい内容の秘密を明らかにする。

トート・タロットに秘儀化された象徴体系は、ゴールデンドーンが完成させたタロット体系とクロウリー自身がまとめ上げた体系の2つの大きな源泉から得られている。

クロウリーが秘教的なタロットカードとその象徴の対応関係を完成させるにあたり、研究の枠組みをつくる上で、ゴールデンドーンのタロット体系が与えた影響は多大であった。公文書の形でゴールデンドーンの「内陣魔術師」に与えられた『ブックT』には、全タロット78枚のカード一枚一枚が、特別な象徴の一大体系としてまとめられている。しかし『ブックT』は、最も基本的な象徴の対応関係を示しただけで、特にメジャーカードについては深い情報をほとんど提示していない。実際のゴールデンドーンのメジャーカードを個人的に利用するには、秘儀は手作業で写し取ることによって内陣魔術師に与え

第1章　トート・タロットを現代に甦らせる　59

られた。クロウリーがトート・タロットのメジャーカードを制作するにあたり、『ブックT』から影響を受けることはほとんどなかったが、マイナーカードのデザイン構成では多くの影響を受けている。メジャーカードの多数の象徴の組み合わせ方と、その意味に関するさらに多くの詳細な記述は、ゴールデンドーンの入門儀礼のシステムから得ている。

クロウリーはゴールデンドーンから得た情報と、独自に完成させたテレーマ哲学の神話を結びつけ、トート・タロット全体の構成と各カードの象徴と象徴の組み合わせをまとめ上げた。トート・タロットを解読する上で、テレーマ哲学の神話を理解するために特に注目すべき資料は、『トートの書』の他に、同じ聖守護天使エイワスの直接的な指導によって書かれた『法の書』が第一に挙げられる。また、『777の書』『神秘主義と魔術』も重要である。

本書は、『トートの書』を解明するだけでは、第三アイオーンを実現するという目的を実現できない重要な問題点があることをつきとめた。クロウリーがテーマとした「ホルスのアイオーン」の到来は、現代ではもはや有効とはいえず、新しい時代の創造は「第三のアイオーン」として把握され直さなければならない。それは、クロウリーが生きた時代背景とわれわれ現代人の時代背景が、すでにあまりにも大きく異なっているからである。（第2部第4章参照）。本書では、タロット全体にわたる有機的体系として、魔術師の神殿体系を確立した。この体系こそが、トート・タロットを現代に甦らせることができるものと確信している。

❖魔術師のトート・タロットを解読するための7つの法則

タロットの総合的な宇宙論において、従来までトート・タロットを超える完成度を示すタロットは他にはないといわれてきた。そこでここでは、ゴールデンドーンをふまえて現代に至るまで研究と実践が進んでいるトート・タロットの最新の理論と使用方法を、可能な範囲で完全に解読し、実践する7つの法則を解説する。

トート・タロットを魔術師のタロットとして自由に使えるようになるために最も重要なことは魔術師の神殿に連なることだが、魔術師の

60　　第2部　ヴェールを脱いだ魔術師のトート・タロット

神殿は、一言でいえば7つの法則を有機的に統一したものである。

ここで7つの法則の概略を紹介しておく。

•••• 7つの法則 ••••

第1の法則：魔術師の神殿体系
第2の法則：テレーマ哲学の神話との対応
第3の法則：象徴学との対応
第4の法則：カバラの生命の木との対応
第5の法則：ヘブライ文字との対応
第6の法則：占星学との対応
第7の法則：人生の13の障害との関係

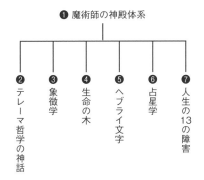

第1の法則：魔術師の神殿体系

タロットの学習とレッスンは、生の探求者がタロットの霊フールと出会い、ともに生きることによって、人生の根源的な障害を乗り超えていくことができるようにするのが目的である。そして、「今を完全に生きる」という魂の深化をもたらそうとする。それは古代の神話を形成した人々の自己確立の体系にも対応するとともに、それをさらに

発展させ、現代の条件に合うように進化させたものである。

　私がタロットに関わりはじめてからずっと目指しているのは、「圧倒的なタロットを確立する」ということである。もちろん、ここでいう「圧倒的」とは、人生に対して圧倒的な力（変化）をもたらすことである。タロットによってびくともしない人生を見出し、人生の諸問題の中で揺るがない生き方を確立することである。

　本書では、長い人生探究と瞑想体験の末、タロットの霊フールを見出し、誰もがタロットの霊フールと結びつける学習方法として、魔術師の神殿体系を確立させた。

　ここでいうタロットの霊フールは、神話形成の時代に発見された古代ギリシアのディオニュソス祭儀に連なるもので、その本質は、「生の仮象と退廃を打ち砕く根源の力」としてとらえることができる。この場合の仮象は、感覚的に実在するように見えながら、それ自身は客観的な実在性を持たないむなしさ、頼りなさを意味する。したがって、ここで紹介するタロットの目的は、人生の仮象と退廃を打ち砕く根源の力をもたらそうとするものである。本書ではそれを「存在の変容」と呼んでいる。トート・タロットに表された象徴体系は、これを教える象徴で満ちている。体系化された魔術師の神殿の学習は、私たちの精神が生の仮象と退廃を打ち砕いて純化されていく、変容と発展のパスワーキング（道行き）を実践させてくれるものである。その具体的な内容は、第2部第2章「魔術師の神殿」で詳しく解説する。

第2の法則：テレーマ哲学の神話との対応

　トート・タロットの神話の題材は、エジプト神話やギリシア神話、あるいはヘブライ神話から取り上げている。これらの元型は、第三アイオーンを実現するために神話の題材をつくり変えた「テレーマ哲学の神話」である。本書では、テレーマ哲学の神話と魔術師の神殿体系を結びつけ、神話の主人公たちが一つの統一したエネルギーを私たちに与え、私たちの人生全体を変容させる働きをしてくれるように構成してある。トート・タロットの神話の特色は、エジプト神話やギリシア神話などの古代神話をそのまま取り入れているのではなく、テレーマ哲学の神話に基づいて再構成していることである。

第3の法則：象徴学との対応

　私たちがタロットに魅きつけられる最大の魅力は、大宇宙と人間が一体化して生きていたころの古代神話の生命力を、タロットに描かれた象徴を解き明かし、実践的に身につけることによって、現代に甦らせることができるからである。神話という人類の普遍的な生命潮流から、無限ともいえる生きるエネルギーを、今でも引き出すことができる。アメリカの神話学者ジョーゼフ・キャンベルによれば、「神話こそこの宇宙の無尽蔵なエネルギーが、人類の文化現象に流入する秘密の入り口だといっても過言ではないだろう」そして、「神話象徴はプシュケ（著者注：魂）の自然発生的な所産であり、象徴内部に連綿と生きながらえ、損なわれもせず——人間の何十万年にもわたって歴史を築き上げてきた——初源の創造力を温存している」[注2] と言っている。

　その集大成がトート・タロットであり、その概念は元型的イメージと呼ばれ、世界中どこでも同一であることがユング派などの心理学者によって承認されている。たとえば西洋では、運命の開花を薔薇の花の開花としてとらえてきた。一方、東洋では、それを蓮の花の開花としてとらえてきた。薔薇か蓮かの違いはあっても、運命の開花を花が開くととらえる共通項が見られる。これを意識の元型イメージと呼ぶ。タロットの象徴は、この全地球上に普遍的に見られる集合的な神話イメージの意識の元型を根底にしている。このことが、人生の問題解決と心のヒーリングに威力を持ち、私たちに確かな道しるべをもたらしてくれるのである。

　トート・タロットで使われている象徴は、単なるデザイン上の意味ではなく、クロウリーが研究した万物照応表である。『777の書』をベースに、厳密にヘブライ文字と生命の木の対応関係において採用されている。これらの具体的な関連と意味は、第2部第3章「カード解説」で説明する。

第4の法則：カバラの生命の木との対応

　現代カバラは19世紀末の魔術結社ゴールデンドーンが採用していた「生命の木」の宇宙体系に対し、さまざまに進化し発展を遂げてき

た。トート・タロットで使われている生命の木の体系は、ゴールデン
ドーンが修行体系として採用していたころのままである。

　本書では、魔術師の神殿体系を用いて、メジャーカードの考え方を
宇宙論と行動学として、タロットを理解するようにしている。そして、
第4の法則の生命の木との照応関係は、マイナーカード全体を有機的
に理解するために使用している。

　生命の木（図3）には、10個の球体が描かれている。一つの球体
をセフィラーと呼び、それが複数になるとセフィロトと呼ぶ。各セフィ
ラーには、ヘブライ語の名称がついている。セフィラーとは、人間の
内面的な欲求が思考と結びついて成長発展し、具体化していく過程の
順序を示したものである。生命の木の体系図は、人間の欲求が日常生
活に表れてくる意味と状況を示している。

《各セフィラーの持つ意味》
❖1　ケテル（王冠）
　スートカードの4枚の**エース**が対応する。

　色彩は**白色光**（白い輝き）で表される。

　私たちの内に創造的欲求が発生し、それがさまざまに具体化するた
めに分かれていく以前の状態である。それは例えていえば、植物が芽
生え成長して各肢体の区別化が生じる前の、「種」の内部での活動の
状態であり、それ自体で完全なる万物の根源をなすものである。

　ケテルは「存在の王冠」と呼ばれる。頭上に戴く王冠同様、五感の
作用と頭脳の働きを超えていることを表す。「王冠」は完全な万物の
根源であり、その王冠の輝きの中で、存在は完全性のまま成長してい
くのである。

　占星学では、ケテルはそれぞれの惑星ではなく「宇宙そのもの」の
運動を表す。しかしトート・タロットの場合、これに**海王星**を割り当
てる。海王星は、私たちのこの世界よりも大きな全体との一致を見出
すことによって、思い通りにいかない自分の限界を超越する能力を表
しているからである。

　したがって、ケテルは何もかもが心の中から生じてくる、その完全
な源泉である。4枚のスートカードのエースは、四大エレメントが人

64　　　第2部　ヴェールを脱いだ魔術師のトート・タロット

[図3. 生命の木]

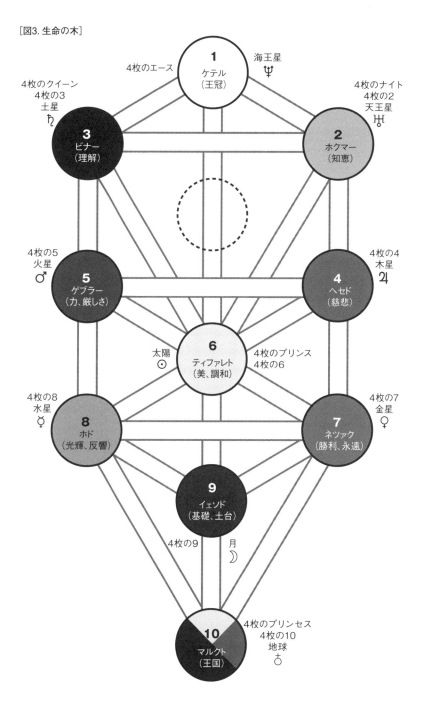

第 1 章　トート・タロットを現代に甦らせる　65

間の内面で湧き起こる強力な経験であり、パワーにあふれ、根源的な働きをする。

✤2　ホクマー（知恵）

　スートカードの4枚の**2**のカードと、ロイヤルティカードの4枚の**ナイト**のカードが対応する。

　秘教結社ゴールデンドーンは、黄道12サイン全体とホクマーとを同一視して、色彩に灰色を割り当てた。本書でも同様、ホクマーに対応する色彩は**灰色**（グレー）とする。

　このセフィラーは、インスピレーションの作用という微妙な働きを示す場所である。ホクマーは、カバラでは「知恵」と呼ばれ、インスピレーションによって私たちの経験や知識を統合する「最も高度な知性」を表している。最も高度な知性とは、創造的な欲求が具体化し、何ものかが形になって現れようとするとき、それに対立してくるものを統合し克服する力のことをいう。したがって、ここには「克服する力」として、ナイトが割り当てられる。

　ホクマーは生命の木の右側に位置し、右側は「男性性の柱」で、その頂点は父性的な力の作用を表す。トート・タロットでは、**天王星**を割り当てる。

　またトート・タロットの基礎をなすテレーマ哲学では、ホクマーはテーリオン（獣：「用語解説」参照）ともいわれる。この獣は、欲望にともなう混乱、獣性のことである。したがってテレーマ哲学では、ホクマーの知恵とはこの混乱を克服する力である。テレーマ哲学において、ホクマーにはテーリオンとハディト（カルディア語ではセト。オシリスを棺に閉じ込め、死に至らせる神。「用語解説」参照）が割り当てられる。

✤3　ビナー（理解）

　スートカードの4枚の**3**のカードと、ロイヤルティカードの4枚の**クイーン**のカードが対応する。

　色彩は**黒**で表され、惑星は**土星**が割り当てられる。

　このセフィラーは、建築に例えれば設計図を作成する作業に当たる。「物事の原理」が確立する場である。

ビナーは「大いなる母」と呼ばれ、彼女の下に広がる７つのセフィラーを生み出す源泉(海)である。生命の木は、１－２－３のセフィラーが上向きに三角形を形成している。そして、４－５－６と７－８－９が形成する三角形は下向きである。１－２－３の３つのセフィラーは、他のセフィラーよりも高位で、「至高の三角形」と呼ばれる。上向きの三角形を形成する３つのセフィラーは、その下に位置する７つのセフィラーとの間に、ギャップをつくっているのである。

　生命の木における最初の行動的ないしは男性的な衝動がホクマーだとすれば、ビナーは最初の受容的ないしは女性的な衝動となる。ビナーは理解のセフィラーのため、ホクマーがテーリオン(獣性)の力によって狂気に駆られ、ヴィジョンを追求するときには、そのための分別の声として作用する。本書での「理解」の性質は、人生経験とそれらを通してもたらされる自覚に関連する。ホクマーとビナーの２つのセフィラーは、もう一方なくしては成り立たず、ともに作用し合い、実現可能な計画を練ることができる。

　テレーマ哲学では、ヌイトとベイバロン(緋色の女。時間と周期の女神——愛の成熟。「用語解説」参照)が割り当てられる。『ヨハネ黙示録』ではベイバロンは大淫婦を表すが、魔術用語のベイバロンは、テーリオンの獣性を受け止め理解する成熟した愛を表す。

　このビナーとホクマーとの関係を、テレーマ哲学の神話の人物を使って対応させると、以下のような関係になる。

ビナー	ホクマー
ビナーのヌイトには	ホクマーのハディトが対応
ビナーのイシスには	ホクマーのセトが対応
ビナーのデメテルには	ホクマーのハデスが対応

❖4　ヘセド（慈悲）

　スートカードの４枚の**4**のカードが対応する。

　色彩は**青**で表され、惑星は**木星**がこれに対応する。

　このセフィラーは、建築物を建てる際の、設計図に基づいて作業チームを組む作業に当たる。

　ヘセドと次に解説するゲブラーは、２つで一組を形成している。他

の言葉で表現すると、拡大と収縮の関係になる。

　ヘセドは、生命の木の右手の男性的な側面に位置し、絶えず愛と寛大さを表す。そして、それは「積極性の柱」の上に位置する。このセフィラーは、無条件の愛、慈悲、思いやり、喜びなどを表す。慈悲は存在を認め、受け入れ、育て、守る、生命力を拡大する働きを持つ。

　ホクマーがビナーなしにはつり合いを取ることができないように、ヘセドは生命力を拡大し、その拡大が生命力の分散になって失われていくことのないように、ゲブラー（収縮）とつり合いを取る必要が生じる。

❖5　ゲブラー（力、厳しさ）

　スートカードの4枚の5のカードが対応する。

　ゴールデンドーンと同様に、このセフィラーには、色彩を**赤**、惑星は**火星**を割り当てる。

　ゲブラーは、あらゆる属性の否定を意味するが、それは「変化させる」という意味での否定である。それは、建築でいえば、準備から実際の作業に入ることだが、そのような「観念から行動へ」や、「構想から実現へ」という変化、前の状態から別の状態に進むことである。

　このセフィラーは以上のことをふまえて、識別力、審判、規律、力を発揮する、区別する、などの概念が適応する場である。それは最善の形を取れば（実現への）忍耐を発揮し、最悪の形を取れば（他のものを破壊する）残酷さとなる。

　もし宇宙が際限もなく膨張し、顕現し続けたら、秩序を維持することはできないだろう。たとえば人間でもライオンでも、それが生物として際限なく生き続けたら、怪物のように巨大化し生命を維持できなくなる。そこでゲブラーは収縮という運動を起こし、変化や区別・区切りというステージを起こして、新たな現象、新たな生命を誕生させる次のセフィラー、ティファレトへと続いていく。

❖6　ティファレト（美、調和）

　スートカードの4枚の**6**のカード、ロイヤルティカードの4枚の**プリンス**のカードが対応。

　色彩は**黄色**で表され、惑星は**太陽**が割り当てられる。

ティファレトは、生命の木の中心点に位置し、私たちの真実の自己を表している。それは単純に私たちが立っている地点である。他のセフィラーのエネルギーすべてのなかで、指示すること、汲み取ることの両方を必要とされる。つまりティファレトは、その他のセフィロト全体を把握する車のドライバーのような役割を求められる。どこに行きたがっているのか、いつブレーキをかけるのか、いつアクセルを踏むのか、どこで曲がるのかなどすべてを決める。

✤7　ネツァク（永遠、勝利）

スートカードの4枚の**7**のカードが対応。

色彩は**緑**で表され、惑星は感情の領域を表す**金星**を割り当てる。緑と金星の対応は、ネツァクが、人々が愛や興奮、芸術として理解しているすべてのものを含むことを意味する。また、物質的な世界（図5）では、世俗的な世界で仕事をすることを意味する。

ネツァクは、創造性を刺激する感覚、能力の開発と欲するものを追及するセフィラーであり、永遠（永続性）を求める欲求である。

✤8　ホド（光輝、反響）

スートカードの4枚の**8**のカードが対応。

色彩は**オレンジ**で表され、惑星は心の領域を表す**水星**が割り当てられる。

このセフィラーは、人体では神経系と消化過程を管理する。

ホドは、ネツァクから指示された衝動を受けて、その衝動を砥石で研いで光らせる働きをする。「来たっ！」という感覚を経験するとき、それは自分のネツァクがホドによってコントロールされていることを表し、思考が鮮明になったことを意味する。

ネツァクとホドを隣り合わせると、タロットカードの全体の枚数である78という数字になる。したがって、ネツァクとホドのセフィラーを結ぶことが、タロットの学習の一つの目的となる。カバラは数字の組み合わせをこのように使用して読み解いていく。

✤9　イェソド（基礎、土台）

スートカードの4枚の**9**のカードが対応。

色彩は**シルバー**または**すみれ色**で表される。

惑星は**月**が割り当てられる。

イェソドの意味する基礎とは、人間の自我（エゴ）を仮面（ペルソナ）で隠す、または、イメージを世俗世界に提示して、それによって素顔を隠す、私たちの側面のことである。それは善くも悪くも私たちの強さと弱さの両方を偽ることとなる。エゴは炎に似て、ほどよく身体を温めるが、火傷させることもある。

このセフィラーは、スピリチュアルな存在の土台であり、イマジネーション、本能、夢、ファンタジー、霊的目覚め、直観などを支配する。

第一の意味は、月のイマジネーションと結びつくこと。しかしそれは人間の潜在意識を表し、月は下に位置するマルクトに下弦し、ビナーに向かって上弦していく。それは多くの場合、混乱や破壊的な夢をもたらす。

❖10　マルクト（王国）

スートカードの4枚の**10**のカード、ロイヤルティカードの4枚の**プリンセス**のカードが対応。

色彩は四大エレメントを表す**レモン色**、**オリーブ色**、**あずき色**、**黒**の4色で表される。惑星は**地球**が割り当てられる。

マルクトは、生命の木の根底で王国を意味する。すべての他のセフィラーが現れる場所で、現実に体験している私たちの日常生活である。

元型界のマルクトは神の世界であり、神性が現れる神の王国である。

創造界のマルクトはスピリチュアルな世界であり、霊が働く天の王国である。タロットの霊フールは火と水の領域から魔術師と結びついて働く。

【未顕現な世界と生命の木のカバラ四界】

カバラは、世界が創造されるプロセスを未顕現な世界が顕現してくる運動としてとらえ、未顕現な世界は3段階の運動を通って顕現化するととらえている。その未顕現な世界が顕現する世界として「生命の木」を伝って流出してくるときは、4段階を経て具体化すると想定している。未顕現世界の最も上位の働きはアイン（無）であり、アインはアイン・ソフ（無限空間）となって下降し、さらにアイン・ソフはアイン・ソフ・アウル（無限光）となって下降する（第1部第4章参照）。そして、そのアイン・ソフ・アウルから下に生命の木の世界が創造される。それら全体のエネルギーの運動は「流出（issue）」と呼ばれる。

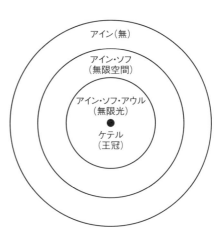

[図4. 未顕現な「否定的な3つのヴェール」]

未顕現な状態の3つの働きは「無底」と呼ばれたり、人間の五感ではとらえられない隠されている働きなので、「否定的な3つのヴェール」と呼ばれたりする。五感では感知できないので「否定」という表現が使われ、見える世界からは隠されているので「ヴェール」という表現が使われる（図4）。

第1章　トート・タロットを現代に甦らせる　　71

未顕現な世界は 10 個のセフィラーで形成される「セフィロト」というプロセスを通って下降し、生命の木の順路となって顕現する。セフィロトとは、人間の内部で働く宇宙運動の 10 作用を表す。したがって生命の木とは、未顕現な心の中にある宇宙運動が成長し、具体的に目的を達成する順路である。

　生命の木はカバラ四界と呼ばれる 4 つの世界を形成し、その世界を 4 段階（元型界→創造界→形成界→物質界）に下降して物事が顕現する（図 5）。それは、人間の内的宇宙運動が創造的目的を達成するプロセスでもある。

　さて、カバラ四界は最も上位世界が「火の領域」にあたる元型界（カバラ用語ではアツィルト界）と呼ばれ、その下位世界は「水の領域」にあたる創造界（ブリアー界）、さらにその下が「風の領域」にあたる形成界（イエツィラー界）、そして一番下位の世界が「地の領域」にあたる物質界（アッシャー界）と呼ばれる。カバラ四界のそれぞれには、1 本ずつの生命の木が配置され、世界は 4 本の生命の木によって構成される。そのため、かつては生命の木は「生命の樹」と表記されてきたが、近年は 1 本の生命の木によってカバラ四界全体を説明する学習法（図 6）を取るようになってきたため、「生命の樹」という表記法はあまり使わなくなった。本書でも、「生命の木」の表記法を用いている。

[図5. カバラ四界の「生命の木」]

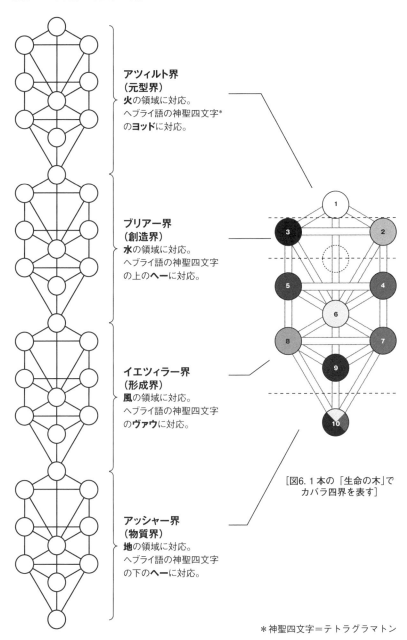

**アツィルト界
（元型界）**
火の領域に対応。
ヘブライ語の神聖四文字*
の**ヨッド**に対応。

**ブリアー界
（創造界）**
水の領域に対応。
ヘブライ語の神聖四文字
の上の**ヘー**に対応。

**イエツィラー界
（形成界）**
風の領域に対応。
ヘブライ語の神聖四文字
の**ヴァウ**に対応。

**アッシャー界
（物質界）**
地の領域に対応。
ヘブライ語の神聖四文字
の下の**ヘー**に対応。

[図6. 1本の「生命の木」で
カバラ四界を表す]

＊神聖四文字＝テトラグラマトン

第1章　トート・タロットを現代に甦らせる　73

第5の法則：ヘブライ文字との対応

　トート・タロットでは、人間のあり方と大宇宙の結びつきを把握する方法として、旧約聖書時代のヘブライ文字をメジャーカードに適用している。旧約聖書の時代、日常語はアラム語が使われ、ヘブライ文字は祭司用語に限定して使われていた。そのため、文字がそのときどきの社会風潮や流行によって左右されることなく、今日的な哲学概念（ロゴス）として用いることができた。

　ヘブライ文字は、「1文字」でアルファベット、意味、数字を表している（表1）。

表1. ヘブライ文字とタロット

ヘブライ文字	読み方	意味	メジャーカード対応	占星学
א	アレフ（数値：1）	【牡牛】その鼻息の息吹から生命力や霊を意味し、文字の形は天と地の間に立つ巨大な人間を表す。	#0.The Fool フール	♅ △
ב	ベス（数値：2）	【家】最も親密なコミュニケーションを学ぶ場。書きものをする場。	#1.The Magus 魔術師	☿
ג	ギメル（数値：3）	【らくだ】自己充実。独立心。内的な力と知恵の所有。	#2.The Priestess イシスの探索	☽
ד	ダレト（数値：4）	【扉】人生において許す、守る、保つという意味。入口と出口。母親の子宮。	#3.The Empress 女帝	♀
צ	ツァダイ（数値：90）	【釣り針】演出家。制作者。構想的。リーダー。	#4.The Emperor 皇帝	♈
ו	ヴァウ（数値：6）	【釘・針】つなぐ。合同する。治療する。調和、安定。	#5.The Hierophant 高等司祭	♉

74　第2部　ヴェールを脱いだ魔術師のトート・タロット

ヘブライ文字	読み方	意味	メジャーカード対応	占星学
ז	ザイン（数値：7）	【剣】分離、分割。分析的。批判的。	#6.The Lovers 兄弟	♊
ח	ケス（数値：8）	【フェンス】自分自身を内側に守る。自分のフィーリングを大切にする。	#7.The Chariot 戦車	♋
ל	ラーメド（数値：30）	【牛突き棒・伸ばしている腕】教えること。バランス維持の方法を修得する。	#8.Adjustment 真理の女神	♎
י	ヨッド（数値：10）	【手】他者に助けの手を差し伸べる。サービス。治療する。	#9.The Hermit 賢者	♍
כ	カフ（数値：20）	【握りこぶし・スプーン】すべてを求めること。一番大事なものをつかみ取ろうとする。出かけろ！	#10.Fortune 運命の輪	♃
ט	テト（数値：9）	【蛇・鞭】女性的な力。しなやかさ。適応性。	#11.Lust 夜明けの女神	♌
מ	メム（数値：40）	【水・海】深遠。非常に重い。底知れない。ミステリアス。より大きな新しい人生へ解放される（より自由な大海へ注いでいく）。	#12.The Hanged Man オシリスの死	♆ ▽
נ	ヌン（数値：50）	【魚】増殖。多産。生殖器(Sex)。死。	#13.Death 黒い太陽	♏
ס	サメク（数値：60）	【支柱】支え。土台。中心。四隅を表す。「家の土台」に同じ。	#14.Art 異世の大釜	♐
ע	アイン（数値：70）	【眼】眼に見えるものや手で触れられるものだけを信じる。表面的な理解。幻想。	#15.The Devil パーンの祝祭	♑

第1章　トート・タロットを現代に甦らせる　75

ヘブライ文字	読み方	意味	メジャーカード対応	占星学
פ	ペー（数値：80）	【口・スピーチ】バベルの塔。混乱やカオスは相容れない考えと信念が生む。	#16.The Tower 稲妻の塔	♂
ה	ヘー（数値：5）	【窓】ヴィジョンを組み立てる人。展望家。最先端。新しい希望。	#17.The Star 螺旋の星	♒
ק	クォフ（数値：100）	【後頭部】古い過去の経験の記憶を心の背後のくぼみに蓄える。	#18.The Moon 月	♓
ר	レーシュ（数値：200）	【顔】社交性に富む。オープンマインド。率直。考えを正直に述べる。	#19.The Sun 太陽	☉
ש	シン（数値：300）	【歯】さまざまな異なる考えや資料を噛み砕き、新しい関係や新しいものが生まれる。神聖文字の「火」でもある。霊的気づき。	#20. The Aeon アイオーン	♇△
ת	タウ（数値：400）	【十字架】四隅、印、署名などの象徴。全体性。主体性。人生の目的と使命の確立。	#21.The Universe 楽園回復	♄

第6の法則：占星学との対応

　トート・タロットには占星学の記号が書き込まれ、完全に占星学に対応して制作されている。またタロットの世界全体を表す「#0.The Fool フール」のカードには、主人公のディオニュソスが占星学の記号がついたコインをぎっしりと詰め込んだ袋を背負っている姿が表現されている（第2部第3章「カード解説」参照）。これはタロットと占星学のつながりが、私たちの潜在的な能力を現実の場でどのように生かすかを把握するために有効であることを物語っている。

　トート・タロットと占星学のつながりを理解するには、基本的な12サイン（星座）と10大惑星のつながりを理解することで、より深く的確にカードをリーディングすることができるようになる。

【12サイン（星座）】
　サインは宇宙の恒星天を意味し、個人の欲望の性質と心理的な状態を12のタイプに分類したものである。サインとタロットカードとの関係は表2に詳細を列挙した。

表2. 12サインとタロットカードの関係

12サインとタロットカード			
♈	牡羊座	メジャーカード対応 #4. The Emperor 皇帝	マイナーカード対応 ワンドの2、3、4
エレメント ：火 支配星 ：火星 キーワード ：活動性 人体対応 ：頭 ハウス ：第1ハウス 対照サイン ：天秤座			＜肯定的な特色＞ パイオニア的　実行する　競争好き　衝動的　熱望する 勇気　独立的　ダイナミック　今を大事にする　すばやさ ＜否定的な特色＞ 横柄　短気　乱暴　軽卒　尊大　自己中心的　無愛想 中途半端

第1章　トート・タロットを現代に甦らせる　　77

12 サインとタロットカード			
♉	牡牛座	メジャーカード対応 #5. The Hierophant 高等司祭	マイナーカード対応 ディスクの 5、6、7
エレメント ：地 支配星 ：金星 キーワード ：安定性 人体対応 ：喉と首 ハウス ：第2ハウス 対照サイン：蠍座		<肯定的な特色> 忍耐強い 保守的 家庭的 官能的 徹底的 着実な 頼りになる 実際的 芸術的 忠実 快適さ指向 <否定的な特色> 自堕落な 強情 動きがのろい 独断的 自分のやり方 にこだわりすぎる 独占欲 欲張り 物質主義		
♊	双子座	メジャーカード対応 #6. The Lovers 兄弟	マイナーカード対応 ソードの 8、9、10
エレメント ：風 支配星 ：水星 キーワード ：多芸多才 人体対応 ：肺、手、腕 ハウス ：第3ハウス 対照サイン：射手座		<肯定的な特色> 二元的 気性が合う 好奇心が強い 融通が利く 器 用な 表現力に富む 気転が利く 文学的 発明の才が ある 利口 <否定的な特色> 変わりやすい 恩知らず すぐ気が散る そわそわした ずるい 集中力の欠如 中途半端 しゃべりすぎる		
♋	蟹座	メジャーカード対応 #7. The Chariot 戦車	マイナーカード対応 カップの 2、3、4
エレメント ：水 支配星 ：月 キーワード ：献身 人体対応 ：胸と胃 ハウス ：第4ハウス 対照サイン：山羊座		<肯定的な特色> 粘り強い 直観的 母性的 家庭的 感じやすい 伝統 的 助けになる 共感的 情にもろい 記憶力がよい <否定的な特色> 考え込む 神経過敏 簡単に傷つきすぎる 否定的 操 作的 用心深すぎる 怠惰		
♌	獅子座	メジャーカード対応 #11. Lust 夜明けの女神	マイナーカード対応 ワンドの 5、6、7
エレメント ：火 支配星 ：太陽 キーワード ：知的魅力 人体対応 ：心臓と背中 ハウス ：第5ハウス 対照サイン：水瓶座		<肯定的な特色> 劇的 楽観的 理想主義的 偉ぶる 野心的 創造的 威厳のある態度 ロマンチック 気前がよい 自信のある <否定的な特色> 虚栄心が強い 地位にこだわる 子どもっぽい いばる 独裁的 バカにされるのを恐れる 厳しい 自慢したがる もったいぶる		

12 サインとタロットカード			
♍	乙女座	メジャーカード対応 #9. The Hermit 賢者	マイナーカード対応 ディスクの 8、9、10

エレメント ：地 支配星　　：水星 キーワード：実際的なこと 人体対応　：腸 ハウス　　：第6ハウス 対照サイン：魚座	＜肯定的な特色＞ 勤勉　勉強好き　科学的　几帳面　識別力のある　実情 調査　厳しい　清潔　人道的　完全主義 ＜否定的な特色＞ 批判的　狭量　陰気　心配性　病気と貧困を恐れる　知っ たかぶる　気難しい

♎	天秤座座	メジャーカード対応 #8.Adjustment 真理の女神	マイナーカード対応 ソードの 2、3、4

エレメント ：風 支配星　　：金星 キーワード：調和 人体対応　：腎臓 ハウス　　：第7ハウス 対照サイン：牡羊座	＜肯定的な特色＞ 協調的　説得力がある　気さく　平和愛好者　洗練された 公正な　芸術的　如才ない　社交的　態度が柔らかい ＜否定的な特色＞ 気まぐれ　無関心　陰謀を巡らす　ことなかれ主義　す ねる　煮え切らない　批判的

♏	蠍座	メジャーカード対応 #13.Death 黒い太陽	マイナーカード対応 カップの 5、6、7

エレメント ：水 支配星　　：冥王星 キーワード：強烈さ 人体対応　：生殖器 ハウス　　：第8ハウス 対照サイン：牡牛座	＜肯定的な特色＞ やる気を与える　洞察力がある　秘密的　実行力がある 情熱的　工夫に富む　断固とした　科学的　調査する 徹底的 ＜否定的な特色＞ 執念深い　神経質　秘密主義　威圧的な　暴力的　皮肉 的　疑い深い　嫉妬深い　狭量

♐	射手座	メジャーカード対応 #14. Art 異世の大釜	マイナーカード対応 ワンドの 8、9、10

エレメント ：火 支配星　　：木星 キーワード：目に見えるよ 　　　　　　うにすること 人体対応　：尻と腿 ハウス　　：第9ハウス 対照サイン：双子座	＜肯定的な特色＞ 率直　哲学的　自由を愛する　寛大　運動競技的　気前 がよい　楽天的　公正　宗教的・理想主義的　学究的 熱狂的 ＜否定的な特色＞ 論争的　大げさ　しゃべりすぎる　ぐずぐずする　自堕落 鈍感　気短　ギャンブル好き　ずうずうしい　向こう見ず

第 1 章　トート・タロットを現代に甦らせる　　79

12サインとタロットカード			
♑	山羊座	メジャーカード対応 #15. The Devil パーンの祝祭	マイナーカード対応 ディスクの2、3、4
エレメント ：地 支配星 ：土星 キーワード ：大望 人体対応 ：膝・骨 ハウス ：第10ハウス 対照サイン ：蟹座		<肯定的な特色> 用心深い 責任感 厳正 事務的 完全論者 伝統的 実際的 勤勉 節約的 まじめ 頼もしい 因習的 <否定的な特色> 傲慢 非寛容 宿命論的 心よりも考え 頑固 断定的 むっつりしている 抑制的 冷淡 地位の追求 野心家 すぎる	
♒	水瓶座	メジャーカード対応 #17. The Star 螺旋の星	マイナーカード対応 ソードの5、6、7
エレメント ：風 支配星 ：天王星 キーワード ：イマジネー 　　　　　　ション 人体対応 ：足首 ハウス ：第11ハウス 対照サイン ：獅子座		<肯定的な特色> 独立的 発明的 寛容 個人主義的 進歩的 独創的 科学的 論理的 人道的 知的 利他的 <否定的な特色> 気まぐれ 神経質 些細なことに退屈する 冷淡 反抗 的 自分の意見に固執しすぎる エキセントリック 過 激 非人間的	
♓	魚座	メジャーカード対応 #18. The Moon 月	マイナーカード対応 カップの8、9、10
エレメント ：水 支配星 ：海王星 キーワード ：理解 人体対応 ：足 ハウス ：第12ハウス 対照サイン ：乙女座		<肯定的な特色> 情け深い 創造的 共感的 感情的 犠牲的精神 直観 的 内省的 音楽好き 芸術的 <否定的な特色> 先延ばし しゃべりすぎる 憂鬱 悲観的 感情に左右 される 抑制的 臆病 実際にうとい 怠惰 しばしば 誤解されたと感じる。	

【10大惑星】

トート・タロットでは、太陽から冥王星までの10惑星を取り入れており、メジャーカードとの対応を表している（表3）。

惑星は行動のさまざまなエネルギーの使い方を表す。

表3. 10大惑星とメジャーカードの対応

10大惑星とメジャーカード	
太陽 #19.The Sun 太陽	太陽は、個人の欲求を表す。 太陽の主な要素は「個人」を意味し、指導権と成功の資質を表す。 また、男性原理を表し、父性、男性一般などを表す。 健康、生命力、権威とボス、地位、肩書き、資格、そして大企業、進歩、プライド、エネルギー、アイデンティティーの感覚と豊かな経験能力などを求める。 ＊太陽の行動は、強力で活力に満ちている。
月 #2.The Priestess イシスの探索	月は、感情を表す。 女性原理を表し、母、妻、女性一般など。 また、本能、気分、受容性、変動、フィーリング、習慣のパターン、反射的な行動などを表す。 個人的な興味、欲望、必要性、魅力、成長と豊かさ、触れたい欲求、感じやすさと気持ちを表す。 ＊月の行動は、柔軟性に富む。
水星 #1.The Magus 魔術師	水星は、理性、思考と知的な能力、コミュニケーション能力を表す。 知性、気づき、器用さ、合理化、伝達、言葉、意見、感覚的知覚、また、旅行（特に短期旅行）、兄弟姉妹、事務をすること、会話、書くこと、手紙と郵便、ビジネス、技術などの意味に関連している。 ＊水星の行動は、素早く、変わりやすく、移り気。
金星 #3.The Empress 女帝	金星は、心地よいものを表す。 芸術、文化、美学、所有、パートナー、美しさ、魅力、社交性、喜び、調和。 色彩、詩、絵画、宝石、歌、ドラマや音楽などに関心を持つ。 金星は、感情的な接触、優しさ、人格、結婚、そしてあらゆる種類の結合を決める力を表す。 ＊金星の行動は、優しく、調和的。

10大惑星とメジャーカード	
♂ 火星 #16.The Tower 稲妻の塔	火星は、動物的な性質、欲望、性的なエネルギーを扱う。断定的なこと、建設、仕事、闘い、そして競争などを表す。 外科と手術、戦争、事故、発火すること、暴力、鉄などを表す。 ＊火星の行動は、突然で、自己主張的、分裂的である。闘いにおいて火星のエネルギーは破壊と憤りに使うこともできれば、勇気と強さに用いることもできる。
♃ 木星 #10.Fortune 運命の輪	木星は、拡大願望を表す。 富、レジャー、ビッグ・ビジネス、より高度な考え。楽観主義、最高のものの成長、繁栄と怠惰などを追求する。また、より高度な教育、哲学的な論理、熱望、ヴィジョン、理想主義、スポーツ、幸運、長距離旅行などを意味する。 ＊木星の行動は、社会経験や学習を通じて自分を広げること。
♄ 土星 #21.The Universe 楽園回復	土星は、社会の枠組み、決まりを表す。 形式、鍛練、責任、組織、野心、キャリアへの能力、限界や遅滞など。 また、理論、科学的な法則、成熟、物事の深さ、忍耐、社会とのタイミング、伝統、因習性、通説に従うこと、時間の生産的な使用などを決める力を表す。 土星は真実、集中などの原則や知恵などを表す。 ＊土星の行動は、ゆっくりで永続的。
♅ 天王星 #0.The Fool フール	天王星は、日常の生活意識を超えたものへの関心を表す。 伝統の破壊者であり、発明の才、独創性、科学、電気、占星学、心理学、航空機などを表す。 また、未来派的で人道主義者、知的、エキセントリック、放浪的、理想主義的。これは創造的な意志、突然の変化、革命と個人主義などにつながる。 ＊天王星の行動は、自主的で、突然で、予想外である。
♆ 海王星 #12.The Hanged Man オシリスの死	海王星は、献身的な愛情や神秘的な領域への関心を表す。女性的魅力、夢、幻想、妄想、霊性、神秘性、予感、創造的な作用などを表す。 また、透視力、詩歌への愛、色彩、ダンスなどによって表される。 ＊海王星の行動は、微妙で、段階的で、ときどき知らぬ間に進行する。

10 大惑星とメジャーカード	
♇ 冥王星 #20.The Aeon 永劫	冥王星は、銀河との接点を表し、人間以外の大宇宙とつながっている。 伝統的には地下世界を支配し、それは隠された自分自身の中の未知の世界を含む。 変容と再生の惑星であり、より深いものを求めていることを表す。 大衆、浪費、原子力および犯罪などを表す。 それは恐怖症、強迫観念、伸び悩み、変化、誕生と死、孤立、強制などにもつながる。はじめと終わり、発生、復活、そして退化を意味する。 ＊冥王星の行動はゆっくりで重々しく、不確実で回避不能。

【サインに対する惑星のルーラーとイグザルテーション】

占星学上の意味の共通性から、サインと惑星の関係には対応関係がある（表4）。トート・タロットは占星学のシステムをタロット体系に採用し、カードを人生全体の中でさらに深くリーディングできるようになっている（表4を使用したカードの読み方と、関連するカード同士の関係は、第2部第3章「カード解説」参照）。

［表の読み方の例］

太陽（☉）は、獅子座（♌）でルーラーになり、水瓶座（♒）でデトリメントする。そして、牡羊座（♈）でイグザルテーションし、天秤座（♎）でフォールになる。（他の読み方も同様）。

［表の用語説明］

❖ルーラー（支配星）

12サインはそれぞれルーラーを持っている。ルーラーとサインは同じ基本原理から派生していると考えられ、ルーラーはその支配するサインの性質と調和する。

❖サブルーラー（第2支配星）

占星学では太陽と月は各サインのルーラーとして別格である。

5惑星（水星・金星・火星・木星・土星）しか発見されていなかった当時は、1つの惑星が2つのサインのルーラーとして割り当てられていた（二重支配）。後に天王星・海王星・冥王星が発見され、それ

第1章　トート・タロットを現代に甦らせる　83

表4. ルーラーとイグザルテーション

	ルーラー（支配星）	サブルーラー（第2支配星）	デトリメント（敗）	第2デトリメント	イグザルテーション（興）	フォール（衰）
☉	♌		♒		♈	♎
☽	♋		♑		♉	♏
☿	♊ ♍		♐ ♓		♒	♌
♀	♉ ♎		♏ ♈		♓	♍
♂	♈ ♏		♎ ♉		♑	♋
♃	♐	♓	♊	♍	♋	♑
♄	♑	♒	♋	♌	♎	♈
♅	♒		♌		♏	♉
♆	♓		♍			
♇	♏		♉			

それ水瓶座・魚座・蠍座のルーラーとなった。

しかし今日でも土星は水瓶座がサブルーラー、木星は魚座がサブルーラーであり、火星は蠍座と非常に性質が似ていて共同しているため、この場合のみ火星は蠍座がコ・ルーラー（サブルーラーより関係性が強い）と見なされている。

❖ デトリメント（敗）

惑星がディグニティ（ルーラーの位置）の180度反対側のサインにある場合、これを「デトリメントになる」という。天体本来の力が発揮できず不利になる。

❖ イグザルテーション（興）

サインと惑星が非常に深く（強く）調和することで惑星のエネルギーが最も建設的に働く。これをイグザルテーションという。イグザルテーションのサインに惑星があるとき、この強力な能力が発揮される。

❖ フォール（衰）

惑星がイグザルテーションのサインの180度反対側のサインにあるとき、フォールという。惑星本来の性質をうまく表現することができず、惑星のエネルギーが活発に機能しない。

【デーカン（区分）】

現代の占星学とトート・タロットで採用されている占星学の違いは、基本的には占星学のハウス（出来事の場）とアスペクト（惑星同士が結びつく関係）を考慮せず、それらのかわりにサインのデーカン（区分）を採用するという考え方にある。

黄道十二宮（星占いの12星座のこと）には、牡羊座から魚座までの12サインがある。それぞれのサインは30度ずつで構成され、全体で360度になる。デーカンの考え方は、1サイン30度の星座を、さらに10度ずつ三分割して、最初の10度をその星座の「第1デーカン」、次の10度を「第2デーカン」、最後の10度を「第3デーカン」として詳細に星座の性質を分析する。たとえば12サインの最初のサインは牡羊座にあたる。その最初の10度を「牡羊座第1デーカン」、次の10度を「牡羊座第2デーカン」、最後の10度を「牡羊座第3デーカン」として扱う。その他のサインも同様に区分され、マイナーカード全体に割り当てられている。

表5. ロイヤルティカードとサインのデーカンの関係

エレメント	カード	支配する領域
ワンド (Wands)	ナイト	蠍座の第３デーカン～射手座の第２デーカン
	クイーン	魚座の第３デーカン～牡羊座の第２デーカン
	プリンス	蟹座の第３デーカン～獅子座の第２デーカン
	プリンセス	北極圏の天空[7]の第一の四分円を支配 蟹座、獅子座、乙女座を支配
カップ (Cups)	ナイト	水瓶座の第３デーカン～魚座の第２デーカン
	クイーン	双子座の第３デーカン～蟹座の第２デーカン
	プリンス	天秤座の第３デーカン～蠍座の第２デーカン
	プリンセス	北極圏の天空の第二の四分円を支配 天秤座、蠍座、射手座を支配
ソード (Swords)	ナイト	牡牛座の第３デーカン～双子座の第２デーカン
	クイーン	乙女座の第３デーカン～天秤座の第２デーカン
	プリンス	山羊座の第３デーカン～水瓶座の第２デーカン
	プリンセス	北極圏の天空の第三の四分円を支配 山羊座、水瓶座、魚座を支配
ディスク (Disks)	ナイト	獅子座の第３デーカン～乙女座の第２デーカン
	クイーン	射手座の第３デーカン～山羊座の第２デーカン
	プリンス	牡羊座の第３デーカン～牡牛座の第２デーカン
	プリンセス	北極圏の天空の第四の四分円を支配 牡羊座、牡牛座、双子座を支配

[7] 北極圏の天空
クロウリーのテレーマ
哲学では、天空を支配
するのは北極圏の女神
ヌイトである。そのた
めクロウリーの万物照
応表に照らし合わせる
と、各エレメントのプ
リンセスのカードは図
7のような天空の支配
権を有する。

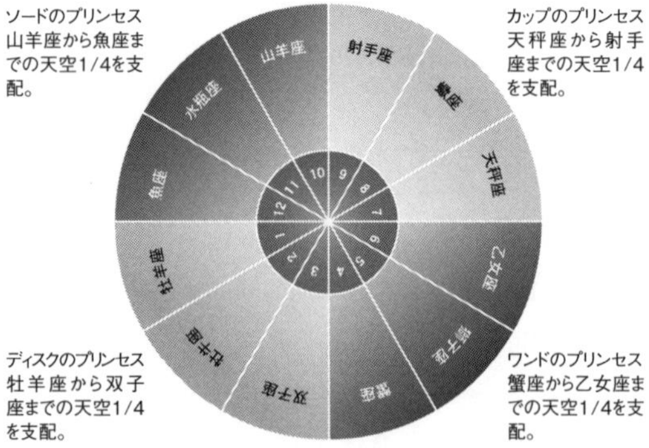

ソードのプリンセス
山羊座から魚座ま
での天空1/4を支
配。

カップのプリンセス
天秤座から射手
座までの天空1/4
を支配。

ディスクのプリンセス
牡羊座から双子
座までの天空1/4
を支配。

ワンドのプリンセス
蟹座から乙女座ま
での天空1/4を支
配。

[図7.
プリンセスの天空支配権]

［図8. トート・タロットのサインとデーカンの全対応］

◎出た各カードは、以下のことを指摘してくれます

メジャーアルカナ　＝私に人生のどんな能力を与えようとしているのか。

マイナーアルカナ　＝私はこの経験から何を学ぶのか。

ロイヤルティカード＝この経験は私をどのように導こうとしているのか。

第7の法則：人生の13の障害との関係

　トート・タロットには、人間が避けては通れない「人生の13の障害」とそれを完全に乗り超える「創造的な能力」を見出す方法が封じ込められている。エンジェレス・アリーンによれば、トート・タロットは、人生の基本的障害として、実際的な13の障害を暴き出した唯一のタロットカードである。この13の障害は、マイナーカード（スートカード）に描かれている（図9）。

　人生の13の障害を完全に理解し乗り超えることは、魔術師の神殿に秘められているエネルギーを引き出し、あなたの中に眠る膨大な創造的能力を掘り起こしてくれる。そのエネルギーは、人間の意識を蝕むもろさや恐怖を完全に克服する力ををもたらしてくれる。

　人生の13の障害は、エジプトのオシリスとイシスの神話に関連している。オシリスはエジプト世界を統治する神であった。しかし、弟セトの妬みによって類まれな美しい箱（棺）の中に閉じ込められ、殺されてしまう。これは、絶対的ともいえる権力の形成と結びつく思想体系や信念の限界を意味している。

　妻イシスは、死の川ナイルに流されていたオシリスを探し当て、生き返らせるが、ふたたびセトに発見され、オシリスの身体は14のパーツに分断されてしまう。性器を除く13のパーツはイシスによって探索され、結び集められてオシリスは復活する。このオシリスとイシスの物語は、人の欲望（何らかの権威を追求する）は思考の形成と結びつくことによって増強され、欲望が人生に障害をつくり出すことを伝えようとしている。トート・タロットはこの神話に表された13の障害を、スートカードを通して具体的に明らかにしている。そしてクロウリーは、オシリスとイシスには見つけられなかった最後の14個目のパーツを、オシリスとイシスを完全に乗り超えたホルスのアイオーン（第三アイオーン）を実現することをテーマに、トート・タロットを学習する目標として据えた。

[図9. 人生の13の障害を表すマイナーカード]

Swords（思考・判断・コミュニケーション）						
Swords 3 悲しみ	Swords 5 敗北への恐怖	Swords 7 無益	Swords 8 考えすぎる	Swords 9 自己批判	Swords 10 目的の破滅	

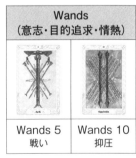

Cups（感情・潜在意識・イマジネーション）		
Cups 5 完全な失望	Cups 7 安逸を貪る	Cups 8 心の空しさ

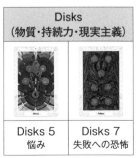

Wands（意志・目的追求・情熱）	
Wands 5 戦い	Wands 10 抑圧

Disks（物質・持続力・現実主義）	
Disks 5 悩み	Disks 7 失敗への恐怖

第1章 トート・タロットを現代に甦らせる　89

第2章
魔術師の神殿

1. 魔術師の神殿を知る

　生の探求者（タロット学習者）は、タロットの霊フールの導きのもと、魔術師の神殿を中心に、神殿を取り囲むように位置する4つの国を順番にパスワーキングしていく。4つの国は、迷宮神話が教えてきた基本的な自己確立の原理である【分離→変容→大宇宙との融合→王の帰還】の法則に対応している。

　世界の神話の物語の構成と、物語が意図する神話の法則は、どこにでもいる平凡な人物が、ある日自分のいる「荒れ地」とは異なる世界があることを知らされ、異なる世界の中心に向かって旅をする。そして旅の途中で賢者や仲間と出会い、試練を通過した後、世界の救済者に変容して帰ってくることが定説である。それらは基本的に以下の10項目のテーマによって構成されている。

　　1. 日常生活　　　　6. 試練、仲間、敵
　　2. 冒険への誘い　　7. 最も危険な場所への接近
　　3. 冒険からの拒否　8. 最大の試練
　　4. 賢者との出会い　9. 報酬
　　5. 戸口の通過　　　10. 帰路

　やがてこれらは神話と祭儀を構成し、伝承する人々の「迷宮神話」や「神の仮面の神話」として、自己確立の原理を伝承すると考えられるようになった。その自己確立の原理が、探求者が英雄に変容するためにたどる【分離→変容→大宇宙との融合→王の帰還】というパスワーキングの法則である。

　全体をとらえやすくいうと、魔術師の神殿体系すべてを包括しているタロットの霊フールがいる。中央に位置する神殿はメイガス（魔術師）によって支配され、その神殿内には強力な宇宙エネルギーを有す

る特別な4人の守護人が存在する。4人の守護人は、メイガスの能力の4つの側面を代行しながら各々の国を支配する。

「フールの身体」である魔術師の神殿は、タロットの学習体系だけでなく、タロット学習者の生命共同体として具体的な場を形成する。それは学習者である個人が集まって、個人の同意のもとに形成されるものではなく、フールがフールの人々として人を招き、フールのもとに形成される。フールのもとにフールの人々が集められ魔術師の神殿を形成することは、タロットを体験し、タロットを生きる上で決定的に重要なことである。そして、具体的な場に魔術師の神殿を形成して、魔術師の神殿体系をレッスンし、ついには第三のアイオーンを社会的に実現していく考え方を「魔術師のトート・タロット」という。

かつては、神話を形成し、神話から切り離されることなく生きる民（主として神話の民族）がいた。神話の民が変わると神話の話も変わっていった。神話の民と切り離された神話は、単なる人生訓かヒューマニズム論に終始し、内容も文学作品以下となっていく。

神話の民のいない現代では、神話は死滅し、歴史を刻むエネルギーを持たない。タロットの制作と学習を通して神話の元型は再興され、ふたたび新しい息吹のもとに歴史を創造できるようになる。フールの人々があり、フールの身体（タロット実存共同体）があり、それに連なりながらタロットを学ぶことで可能となる。つまり魔術師の神殿に連なり、魔術師の神殿体系に沿ってタロットを学ぶことである。

本書を手にした読者は、このことを学びはじめたことによって、魔術師の神殿に連なる第一歩を踏み出したのである。

2．魔術師の神殿をパスワーキングする

✲タロット全体を代表するフールとメイガス

「#0.The Fool フール」と「#1.The Magus メイガス」は、占星学の「太陽と月」の関係に似ている。太陽は世界に表現できるエネルギー全体を表し、月はそれをどこで、誰に、どのような方法で表現するかなどの具体的な手順を示す。同様に、「#0.The Fool フール」はタロットの霊として魔術師の神殿を支配し、神殿を人格化したメイガスが中心となって、神殿内のすべての人物を有機的に結びつける働きをする。

第2章　魔術師の神殿　　91

第1のサークル
「火の国」

The Fool

「魔術師の神殿」

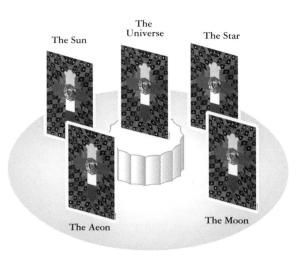

第4のサークル
「地の国」

[図10-1. 魔術師の神殿 立体体系図]

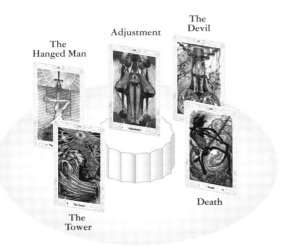

第2のサークル
「風の国」

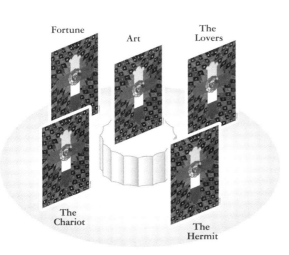

第3のサークル
「水の国」

第2章　魔術師の神殿　　93

[図10-2. 魔術師の神殿 平面体系図]

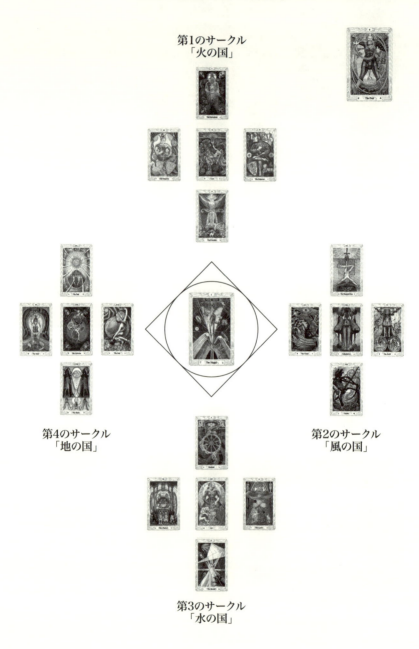

94　第2部　ヴェールを脱いだ魔術師のトート・タロット

フールは大宇宙としてあらゆる出来事を掌握しているが、大宇宙の霊体であるため、ホルスの鳩（聖霊）として「#1.The Magus 魔術師」が支配する神殿の上方から神殿内に入り、光り輝くメイガスとなって実体化する。

　４人の守護人は、それぞれが統括する国を持つ。その国を「火の国」「風の国」「水の国」「地の国」と呼び、それぞれの国がサークルを形成している。１人の守護人のもとには４人のファミリーが存在する。たとえば火の国の守護人は、「#11.Lust 夜明けの女神」であり、そのもとに連なる４人のファミリーは「#5.The Hierophant 高等司祭」「#4.The Emperor 皇帝（太陽の父）」「#2.The Priestess イシスの探索」「#3.The Empress 女帝（大地の母）」である。

　魔術師のトート・タロットでは、「#0.The Fool フール」を生きているタロットの霊フールととらえるように、「#1.The Magus 魔術師」～「#21.The Universe 楽園回復」までの残りの 21 枚のカードも、人間を超えた大宇宙の人物としてとらえ、それらとしっかり関係を結ぶという学び方をする。出発点は第１のサークル「火の国」の【分離】の法則からはじまる。霊的存在として生きる基礎となる心の神殿を、自分という存在の土台となるようしっかりと確立する作業からはじめていく。それが秘儀志願者の本当のタロットの学び方である。

❖ ４人の守護人が統括する４つの国

　第１のサークル「火の国」：【分離】の法則に対応
　第２のサークル「風の国」：【変容】の法則に対応
　第３のサークル「水の国」：【大宇宙との融合】の法則に対応
　第４のサークル「地の国」：【王の帰還】の法則に対応

　魔術師の神殿を取り巻く４つの国は、自己確立の原理である【分離→変容→大宇宙との融合→王の帰還】という古代からの神話の法則を吸収して形成されている。これは、分離なくして突如「変容」が起こるわけではなく、変容なくして「融合（合一）」という魂の深化が起こることは不可能であることを示している。そして、変容が起きた後に「大宇宙がやってくる」。つまり、相対的でもろい世界に絶対的な世界がやってくる。その後、この荒れ地の世界に、探求者はタロットの霊フールとともに「王として帰還」し、創造活動をはじめる。

【**分離**→変容→大宇宙との融合→王の帰還】

第1のサークル「火の国」

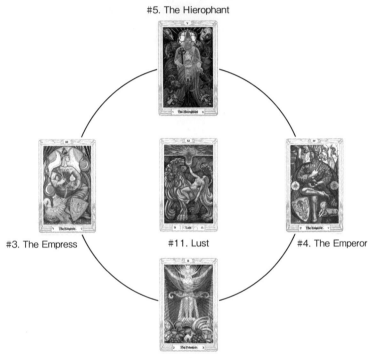

守護人：「#11. Lust 夜明けの女神」
テーマ：「苦」という囚われの状態に閉ざされた現実を乗り超える
「（新しい太陽）ホルス探求の旅」のはじまりは『分離』という。分離とは、聖別されることである。聖別とは、今いる世界から「別の世界へと出てゆくこと」であり、一般的な社会心理構造からの『分離』を意味する。

　この生の探求の第一段階である『分離』は、神話の世界では「境界超え」「識閾の外へ」という言い方によって知られている。エジプト神話から旧約聖書の神話へ転換する、「神の民」が形成されていく歴

史の流れのなかでは、モーセに率いられた民が新天地を求めて、「葦の海」を渡り出エジプトする話に代表される。

では、なぜ今の「この世界」の心理構造からの『分離』が必要なのであろうか？　なぜ「この世界」からの「境界超え」が必要であり、私たちはこの世界の「識閾の外へ」と出て行かなければならないのだろうか？

それは、20世紀の預言的哲学者ベルジャーエフがいみじくも指摘したように、〈世界〉において「人間精神は囚われの状態にある」からである。この世の基本的なあり方は、関係が疎くなり、警戒心ばかりが働く非調和的状態によって生き生きとした人間性が崩壊している。神話でいう「この世は〈荒れ地〉」だと、生きている自覚の根底から気づいたからである。

したがって、われわれが真に生きようとする道は、〈世界〉を超え出て上方へ、あるいは深部へ赴くことであり、〈世界〉の内に自分の居場所を求めることではなく、「精神の内なる運動」（「境界超え」によって真の道を内面的に探求すること）に目覚めることである。しかし、そこには人間の側における「精神の囚われの状態」への苦しみ、悩みの「自覚」が痛切に起こっていなければならない。精神が「この世」の必然性のなかで鈍感であっては、境界を超えた「変容」は起りようがなく、「この世」の「生命力の豊かさ」は崩壊していくばかりである。

それには、探求者がこの世の「精神の囚われの状態」の苦しみ、悩みを、内的に生き抜かなければならない。それこそが、モーセが出エジプトという使命を迷うことなく断行する前に、ミディアンの地での40年間にわたる（失われ、隠された）オミッションの期間を必要とした意味であろう。

この、「この世の矛盾」への痛切なる自覚体験が、「生の探求者」に真の道への探求を促し、探求への第一歩、「この世」の囚われの状態からの『分離』が、明確な自覚のもとにはじまるのである。

第2章　魔術師の神殿　　97

●**第1のサークル「火の国」では、『分離』を2つの側面からとらえる。**

1. ライフワークの発見：個人が使命を自覚できるまでの、潜在的な可能性への目覚め。
2. 自己の内面を、鏡のように他者の中に見出し、一般的社会心理構造と自分の求めるものとの価値観の違いが明確になり、この世の心理構造からの「分離」がはじまる。

　魔術師の神殿から第1のサークル「火の国」へ至る入口には、守護人「#11.Lust 夜明けの女神」が待ち受け、探求者を「火の国」に導き入れる。

　「火の国」には図のような所定の位置に、「#5.The Hierophant 高等司祭」「#4.The Emperor 皇帝」「#2.The Priestess イシスの探索」「#3.The Empress 女帝」の4人のファミリーがいる。この最初の4人の人物は、人間が生きるための根源的な生命力の原理を表す（この「根源的な生命力の原理」ということを体感的に理解できないと、聖杯探求、すなわち生の探求にならない）。

　最初のサークル「火の国」が「根源的な生命力の原理」であるとは、たとえば車を発進させる際、スピードが上がってからではなく最初に一番強力な馬力が必要なように、真実の人生を求める最初の出発点では、脇目もふらないほどの探求への燃え上がる関心が必要だということである。宇宙のビッグバンの瞬間や、地球であればマグマの活動からすべてがはじまるというのも同様である。それら「火」の象徴は、人間にとって「始原の生命力」に結びつく働きかけをしてくれる。

　ここでは守護人「#11.Lust 夜明けの女神」が、明らかに最初の『分離』のイメージである。最初の『分離』の体験をわれわれが主体的に起こすことは、非常に困難である。それは、自分自身の既成の野心と分離すると、それまで自分を支えてきた基準が失われるように感じられ、自己喪失感に囚われるからである。それを避けたいので、われわれはタロットの教えを自分の都合のいいように受け止め、解釈する。生まれながらのわれわれは、それまでに抱えてきた野心、今までの考えから決して離れようとはしない。

　「#11.Lust 夜明けの女神」の7つの頭を持つ獣は、今までの考えや野心の上に、さらに似た考えや情報、教えを積み重ねて、野心をいっそ

う強くしようとする本能を象徴する。「宇宙の存在」というものに1対1で向き合うことができる道は、獣の後ろの"13の光輪を持つ頭"によって象徴される。それは、裸体の女神の顔と光輪を持つ尻尾の頭とが向き合っているように、（秘儀の）探求者が「有縁の関係」において秘儀参入者との出合いを結んでいくことである。それを自覚し実践する場が、「火の国」となる。

「有縁の関係」とは、たとえば釈迦は法蔵菩薩を通して阿弥陀仏となり、親鸞は法然において阿弥陀仏を見出し、暁烏敏は清沢満之において親鸞の教えた他力の道を見出したこと。同様に、イエスは洗礼者ヨハネを通して神の子となり、使徒ヨハネやペトロはイエスを通して父なる神を知った。

「#11.Lust 夜明けの女神」は、1体の獣に連なって人と人との有縁の知恵がもたらされることを示す。人には、この獣のような社会において、絶対の1人の知恵があるということである。その知恵によって、魂の道に出してもらうのである。てんでに好きなことや異なることを言い合う、その個人的なこだわり、執着心の「異」が打ち砕かれるところに、ただ偉大な宇宙の力ひとつが生きて働いている。ただ神の子の力ひとつが働いているのである。

探求者は、この第1のサークルで「これまでに体験してきたむなしさ」「人生に手応えを感じられないこと」「心の底から湧き起こる興味がないこと」などの原因を探り、学ぶ。感激した体験もいつしか消え去り、ふたたび孤独感を抱いて、味気ない人生に戻ってしまう。その人生のパターンから「分離」することをはっきりと自覚することが目的である。

神話では、主人公の「旅のはじまり」を意味し、今まで住み慣れた故郷を後にして、自分の知る境界の外の広い世界に出て行く。神話での「故郷を後にする」ことは、血縁関係やビジネス的なつながり、ナショナリズムからの「分離」を意味する。それ以上の、絶対的な存在に目覚めるのである。

☆「#11.Lust 夜明けの女神」：火の国の守護人

「#11.Lust 夜明けの女神」は、魔術師の神殿の中で「#1.The Magus 魔術師」の後ろに自分の領域を持ち、火の国への入口を守っている。

第2章　魔術師の神殿　　99

「#11.Lust 夜明けの女神」の後ろには、第1のサークル「火の国」が存在している。守護人は自分の国のサークルの中心に自分の所定の位置を持っている。

火の国を統括する「#11.Lust 夜明けの女神」は、世間の常識の枠組みのなかだけで判断しようとする心のあり方、ありきたりの習慣に沿って物事を考える生き方を、カードの絵にあるように、ライオンの足の下でバラバラにする。そして力強く目覚めた創造力と、自分の内面に目覚めた心の底からの興味を育み、存在の自由を求めて異なる世界（世俗的な社会意識とは別の価値意識を根底にして生きる世界）を探求する。ここでは、これまでとは違う人生への態度、自主性、主体性が目覚める。

★「#5.The Hierophant 高等司祭」：火の国の1番目の人物

第1のサークル「火の国」の正面にいる最初の人物は、「#5.The Hierophant 高等司祭」である。

この人物は、新しい世界への探求が学びからはじまることを指摘している。今ここで起こっている現象、今社会を心理的に成り立たせていることの本質、ドメスティックな人間関係のメカニズムを学び、新しく目指すものを知る。そのことを象徴しているのが高等司祭の頭の後ろにある「五弁の蓮の花びらの窓」である。これは、進むべき方向をつかむことができるようになるまで学び続けることを示唆している。

新しい人生のはじまり（イニシエーション）は、気ままな自由やわがままの追求といった自己満足を求める旅ではなく、「永遠の私」を探求することである。

★「#4.The Emperor 皇帝（太陽の父）」：火の国の2番目の人物

「#5.The Hierophant 高等司祭」の右手にいるのは、「#4.The Emperor 皇帝」である。ここでは、1番目の人物、高等司祭の領域で学んでわかったことを、探求者自らが進んで実行できるように促してくれる。

「#5.The Hierophant 高等司祭」の学習からはじまった分離の旅は、「#4.The Emperor 皇帝」であらためて学習したことを実行することを表す。それを象徴しているのが「#4.The Emperor 皇帝」がいただく金の王冠である。しかし、それは今いる組織、家族、教育機関、人間関係のな

かでのみ実行される。ここではまだ、今いる組織の外や今ある人間関係の外へ出ていくことはない。学んだことを今いる場所で実践し、確かめ、修正する力をつける領域である。

★「#2.The Priestess イシスの探索」：火の国の3番目の人物

3番目の人物である「#2.The Priestess イシスの探索」は、「#5.The Hierophant 高等司祭」の対角線上に位置する。ここでは、「#4.The Emperor 皇帝」で実践したことにより自分の学びの有効な側面とそうでない側面、またこれまでに学んできたこと全体の限界を知る。その限界を超えて進むために、さらなる新しい探求と学びを求めて旅立つ。たとえば、日本のサッカーチームで一流のプレーヤーになった選手が、さらに高度なプレーと技術を求めて、海外のチームへ移籍するといったチャレンジ精神あふれる学びの行動である。

この領域では、イシスが女神の地位を捨てて旅立ったように、今までの組織や人間関係を離れ、独立して未体験のものや新しい人生を探求していく。テーマは、より深い人生とは何か、より本当のものとは何か、である。この領域では「#5.The Hierophant 高等司祭」の学びを超えて、さらに学ぶ。

★「#3.The Empress 女帝（大地の母）」：火の国の4番目の人物

4番目の人物「#3.The Empress 女帝」は、「#2.The Priestess イシスの探索」の先、「#4.The Emperor 皇帝」と対角線上で向き合っている。「#2.The Priestess イシスの探索」での新たな探求によって、新しい人間関係が生まれる。この新しい人間関係の広がりを通して、さまざまな新しい体験をする。人間関係の広がり、人の世話を焼く、人を育てることによって、「#4.The Emperor 皇帝」のとき以上に成熟する。「#3.The Empress 女帝」は、一方で「大地の母」でもあるため、「#4.The Emperor 皇帝」のときのように「人の上に立とう」「人をリードしよう」とするだけではなく、「人を守り、人を支えられる」ようになる。知識や情報以上に、新しい人間関係を通して成熟する新たな体験の場である。これを経験することで、探求者の知識や経験も今まで以上に他の人々に通用するようになり、考えと行動がより実際的になる。その象徴は、全体が緑の色彩の構成によって表されている。

「#4.The Emperor 皇帝」のときには、自分の考えにこだわり、自信を持ちすぎていたが、この領域では、他者のことも理解し、他の価値観や考え方にも今まで以上に配慮するようになる。また、他者との違いのなかで自分の立場の守り方もわかるようになる。

　これらの段階の経験を経て、探求者は守護人「#11.Lust 夜明けの女神」のもとへ戻り、「分離」の価値を十分に理解して、風の国へ進む。「分離」からはじまる生の探求は、聖杯探求にたとえることもできる。守護人「#11.Lust 夜明けの女神」の主人公ヌイトは、聖杯を高々と掲げている。これは聖杯探求が、自分の内面の獣性を克服して「永遠の私」を探求することを意味している。聖杯探求者は、火の国の学習を超えて、さらに広い世界へと自由を求めて旅立つ。

- C o l u m n -

生の探求と魔術師の神殿

「#11.Lust 夜明けの女神」の【分離】とは、探求を意味する。不安
と虚無の「この世界」から離れて、探求者が本当に自分と結合できる
場所（または人物）を探求することを意味する。「#3.The Empress
大地の母」は「#4.The Emperor 太陽の父」を見出し、接触し、絶対
他者に出会う体験へと向かう。そしてタロット実存共同体である「#8.
Adjustment 真理の女神」に連なり、明確なその一員として魔術師と
なる道を歩みはじめる。絶対他者はタロットの霊フールとして、タロッ
ト実存共同体を通して魔術師とともに歩む。

やがて魔術師になった探求者は、タロット実存共同体を建設する作
業に参画する。それは、衣食住医を超えた「意味」を世界に創造する
活動である。その活動が本物である限り、魔術師は絶対的結婚関係を
築く具体的な相手をフールから与えられる。フールは常にタロット実
存共同体の中と、絶対的結婚関係の間に存在して、そこから魔術師に
直接働きかけてくるのである。

「#2.The Priestess イシスの探索」のナイルの果てまで旅することは、
「辺境の地」まで探求することを意味する。辺境というのは、必ずし
も地域的・空間的辺境の意味ではない。**自らがことの中心であろうと
は思わず、心を低くし、探求の苦しさを覚悟し、真実を求めるとき、人
はおのずと一般の人々の興味とは離れた「寂しいところ」「人里離れた
ところ」に向かわざるを得なくなる。その場所こそがその人にとっての
ナイルの果てであり、タロットの霊フールが復活してくる「聖なる場所」
になる。**それぞれが出発した人生の舞台で傷つき、生と死が同時に存
在していることを深く自覚し、本当に生きるための価値を追求してい
くとき、愚者の姿をしたタロットの霊フールが現れ、一人ひとりが
「フールの身体（魔術師の神殿）」の中に包み込まれていくのである。

【分離→**変容**→大宇宙との融合→王の帰還】

第2のサークル「風の国」

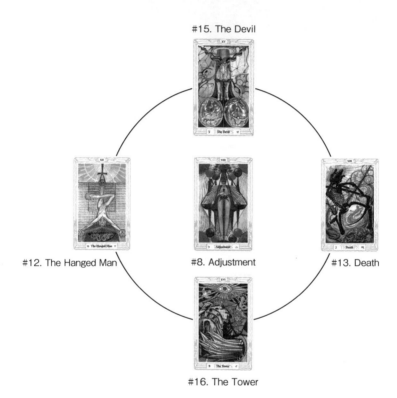

守護人：「#8.Adjustment 真理の女神」
テーマ：「生と死の結合」
　　　　　表層意識から内面的な世界への旅（イニシエーション）
　エジプト神話では、オシリスが死の川に流され、イシスによって救出され復活するが、ふたたびセト（ハデス）に見つかって14の体に分断され、遠くはシリア（地の果て）までも投げ捨てられる。これは、人生のイニシエーションの過程を表している。

●**第2のサークル「風の国」では、変容を2つの側面からとらえる。**
1. 理想・目的の追求とその達成。または賢者（師）との出会い。
2. 意識の変容を体験し、潜在能力に目覚める。

　火の国で分離を経験した探求者は、ふたたび魔術師の神殿に戻り、そこから風の国へ導いてくれる守護人「#8.Adjustment 真理の女神」と出会う。風の国も同様、所定の位置に「#15.The Devil パーンの祝祭」「#13.Death 黒い太陽」「#16.The Tower 稲妻の塔」「#12.The Hanged Man オシリスの死」の4人のファミリーがいる。この4人の人物（4枚のカード）は、古い人生と決別し、新しい人生への土台を築くためのイニシエーションを表す。
　第2のサークル「風の国」のテーマは、意識の変容である。火の国で、今までの自分の人生の向かう方向とは完全に分離した。完全な分離とは、今まで重要視していた価値観にまるで興味がなくなることである。有名になる、お金持ちになる、そういったことが人生をどれほど無意味なものにするかに気がついていく。生き方、物事の判断の仕方が別の次元から生まれ、別の世界へと意識が広がっていく。そして、今まで考えてきた人生の価値観が完全に破壊され、転倒させられる。別の言葉でいうと、絶対者が現れて、相対的な私はその前に挫折する。しかしここで挫折を経験することは重要である。なぜなら、挫折を経験しなければ宇宙はやってこない。絶対的な宇宙の到来により、探求者は「異なる（価値観の）世界」に目覚める。
　一部の宗教家に言わせると、エゴを手放すということになる。手放すと表現すると、すんなりと手もとから離れていくように錯覚しがちだが、相対的なものにしがみつくエゴは、ずっと変わらず自己主張をし続けるのだから、それほど生やさしいことではない。
　この領域で挫折を経験することで、思いもよらない世界がやってくる。しかし、その世界はもともとはじめから存在していた。この魔術師の神殿に踏み込もうとした瞬間、つまり探求をはじめた瞬間から存在していたのだ。自分なりの方法で探求の意味を理解したと思い込んでしまった人、途中で探求をやめてしまう人、弱い自分、新しい自分が怖くなったり、気づきたくないと思って脱落していく人もいる。だからこそ、この領域でイニシエーション（意識の変容）が起こるのである。

第2章　魔術師の神殿　　105

★「#8.Adjustment 真理の女神」：風の国の守護人

「#8.Adjustment 真理の女神」は、魔術師の神殿の中で「#1.The Magus 魔術師」の向かって右手に位置し、「風の国」の入口を守っている。風の国のサークルを形成し、その中心に自分の所定の位置を持っている。この風の国の守護人は、魔術師の神殿そのものをも意味しており、天上界から救いの手を差し伸べている。探求者の探求が真実のものであれば、タロットの霊フールの導きにより必ず魔術師の神殿に招かれる。

魔術師の神殿そのものを表す「#8.Adjustment 真理の女神」は、「#0.The Fool（フール）」とペアを成す。したがって、「#8.Adjustment 真理の女神」は、ディオニュソスのパートナーであるアリアドネということにもなる。

天秤は、天上界から差し出された救いの腕である。フールは、メイガス（ここでは導師）にその身を変えて、この世俗世界に働きかける。そして「#8.Adjustment 真理の女神」の天上界から差し出された天秤と結合して、新しい生の基盤が探求者の内面に形成される。その結果、この領域において今後の人生の土台が確立されるのである。同時に「#8.Adjustment 真理の女神」の性質そのものが、魔術師の神殿の土台になる。

風の国のテーマは、ドメスティックなものから解放され、生きる主体を確立することである。人生の学びの中心をどこにするか、どこで学ぶか、誰との学びの絆を人生の土台にするか、について探求する場となる。

★「#15.The Devil パーンの祝祭」：風の国の1番目の人物

第2のサークル「風の国」の正面にいる最初の人物は、「#15.The Devil パーンの祝祭」である。「火の国」で一番大切なものに目覚めた探求者は、自分の探求するものに関する権威者を発見し、弟子入りする。その権威者のもとで働き、実践的に学ぶ。ここでは理論的、原理的な学びから踏み出し、存在の確かさ、認識の主体性を問われる学びが行われる。そして探求者の内面、魂の複雑さが明るみに出されていく。だが彼は、自分が社会的に一番いいと思うところで成功する。

探求者は仕事や学業を経験して社会的な試練を通過し、社会的基準

106　第2部　ヴェールを脱いだ魔術師のトート・タロット

ではひとかどの人物になる。その成功願望のもとに隠された欲望と矛盾、複雑さをまざまざと見せつけられる。その象徴が「#15.The Devil パーンの祝祭」のカードに描かれた大木の２つの根である。これは心が表と裏に二分化されている様子を描いている。

★「#13.Death 黒い太陽」：風の国の２番目の人物
「#15.The Devil パーンの祝祭」の向かって右手に２番目の人物、「#13.Death 黒い太陽」が存在する。この領域では、探求者は努力しても到達できないものの存在に気づき、既知の世界を超えるものに目が開かれる。そして「人生の変容」に対するヴィジョンが確立する。しかしそれと同時に、実際には変容していない苦しみと矛盾、むなしさに悩むようにもなる。人生の確かさを求めるために、考えていることとは裏腹に性的な欲求もしくは頼れるものを求める欲求が強くなる。探求者は隠れたむなしさ、味気なさ、孤独感などを体験する。

★「#16.The Tower 稲妻の塔」：風の国の３番目の人物
「#15.The Devil パーンの祝祭」の対角線上に存在し、「#13.Death 黒い太陽」の先にいるのが「#16.The Tower 稲妻の塔」である。探求者は風の国をパスワーキングしながら導師のもとで学ぶことにより、「意識の根源的変容」が起こる。探求者は、一瞬のうちに自分の考えと心が完全に倒錯していたことをすべて知る出来事が起こり、心は破壊される。

「#16.The Tower 稲妻の塔」は、意識（の内容）を浄化させる作用を持つ。この人物の視覚化訓練は、霊的目覚めへの通路の開通として用いることができる。もし「#16.The Tower 稲妻の塔」のエネルギーを適切に受け止められるなら、私たちの意識は根源的にひっくり返され、「人生を見る目」に光明と変容とがもたらされる。

「#16.The Tower 稲妻の塔」に描かれているように、雷は古代から人間の想像を超えた現象であった。どのような民族にとっても、雷が神に見えてしまうという普遍的な意味を持っていた。そのため雷神の代表的な存在であるゼウスは至高の神とされ、雷電（雷と稲妻、雷鳴および電光のこと）に乗って、ユダヤにもエジプトにも現れる。

★「#12.The Hanged Man オシリスの死」：風の国の4番目の人物

　風の国の最後の人物「#12.The Hanged Man オシリスの死」は、「#13. Death 黒い太陽」の対角線上に存在し、「#16.The Tower 稲妻の塔」の先にいる。「#16.The Tower 稲妻の塔」によって、完全に今までの価値観の土台を打ち倒された探求者は、もはやすべてにおいて身動きができなくなってしまう。タロットの霊フールが導くままに、ただその変化に従うほかない。探求者の意識は一度死に、タロットの霊フールによって再生する。

　「#12.The Hanged Man オシリスの死」は、厳しい窮地に立たされているように見えながらも、両手を広げて三角形をつくり、足は十字に組んで、全身で三角形の上に立つ十字架という秘教のサインを形成している。ゴールデンドーンによると、その意味は「水の領域の上に昇る新しい太陽」である。その意味を敷衍（ふえん）するように逆立ちしている人物の頭脳には、海底の奥のさらに奥の地底に眠る巨大な蛇から、内的宇宙の光線が放射されている。それは霊的生命の内に宿る内的活力である。彼の人生は、これからとてつもない転換をしていく。

　探求者はこの地点までのパスワーキングで、大宇宙（タロットの霊フール）からの直接的な介入によって、この世界を生きる意識の大転換を遂げた。そして、大宇宙から切り離されたむなしさと不安を根底とする意識から、タロットの霊フールの内に新しく生まれた内陣魔術師として、新しい世界の創造活動に参加していく。「#12.The Hanged Man オシリスの死」を体験した探求者は、その体験が本当に内陣魔術師としての本物の体験であるかどうかを確認するため、守護人「#8. Adjustment 真理の女神」のもとへ行き、そこにいる導師から内陣魔術師の認定を受ける。そして、次の「水の国」へパスワーキングを進める。

【分離→変容→大宇宙との融合→王の帰還】

第3のサークル「水の国」

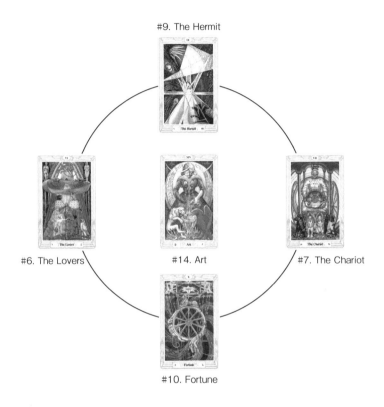

守護人：「#14.Art 異世の大釜(ことよ)」
テーマ：「聖杯の獲得」
　　　　運命との出会いによる自我の解体と再編成（融合）
　異世(ことよ)の大釜はケルトの伝承では「大いなるものの実現」を意味し、古代ウェールズの神話物語『マビノギオン』によれば、平凡なギオン・バッハを偉大な預言者タリエシンに変える魔法の大釜と同じものとされる。

第２章　魔術師の神殿　　109

● **第3のサークル「水の国」は、大宇宙との融合を3つの側面から とらえる。**
1. 四大エレメントの葛藤を超える力を見出す
2. 真の自己の発見（火の国で鏡のように見たものが本物となる）
3. 絶対的結婚関係への目覚め

　魔術師の神殿から第3のサークル「水の国」への入口には、守護人「#14.Art 異世の大釜」が待ち受け、探求者を水の国に導き入れる。水の国には所定の位置に「#9.The Hermit 賢者」「#7.The Chariot 戦車」「#10.Fortune 運命の輪」「#6.The Lovers 兄弟」の4人のファミリーがいて、サークルを形成している。

　水の国は、古い自我の死を迎えることにより生まれ変わることのできる、大宇宙と融合する場所である。それはかつて私たちが認知したことのない、概念を超えたものとの融合となる。ここでは探求が実り、個人の意識が崩壊して大宇宙と結び合わされ、世界全体が明確になってくる。火の国でエゴを自覚し、風の国でそれが完全に破壊されたため、なんとなく見えていた世界がはっきりと見えてきて判断に迷いがなくなる。

　風の国でタロットの霊フールと出会い、意識の変容を経験した。その経験なしには、水の国に踏み込むことはできない。風の国で生じた意識の変容は、そのままの状態ではまだ孤立した小宇宙で無力なため、水の国で大宇宙との融合を経験する。ディオニュソスの葡萄のつる（神の糸）をしっかりとつかみ、今いる自分の世界を生きるために、自己の存在を通して地球の内部（存在の深淵）へと深く探求していく。意識の変容により欲望を浄化された探求者は、はじめて存在の深淵に向かって突き進むことができるのだ。そして存在の深淵に分け入った探求者は、絶対他者と結びつき、小宇宙を超えた絶対的結婚（または絶対的結婚関係）へ導かれる。

★ **「#14.Art 異世の大釜」：水の国の守護人**
　第2のサークル「風の国」でタロットの霊フールとの結合を感じ取れるようになり、水の国ではそれを実感しながらタロットの霊フールとともに「この世のものではない（天上の）平安」に従って行動する

ようになる。この平安は、フールとともにいるという実感からくる。

第3のサークル「水の国」は、人生のオミッション期間（脱落していて隠された期間）である。この期間は水の中に生きているようなもので、一般の人々には気づかれることがない。人が水の中を覗き込むだけの興味があれば、はじめてそこで何かを感じ取り、理解してもらえる難しい領域である。この守護人のテーマと課題は、心の構造と働きの内に、自力と他力が同一性化することである。すなわち、自力と他力の差別性と同一性を吸収した、絶対的結婚体験が開始されるのである（絶対的結婚の実際の実現は、「#20.The Aeon アイオーン」～「#19.The Sun 太陽」へのパスワーキングによって起こる。）

守護人「#14.Art 異世の大釜」のカードの絵の象徴は、聖杯探求物語（Mythology119 ページ／ Column123 ページ参照）から取られている。なぜなら聖杯探求物語もまた、この世を超えて異なる世界を旅し、この世にはない永遠の創造力を求める探求物語だからである。

★「#9.The Hermit 賢者」：水の国の1番目の人物

守護人「#14.Art 異世の大釜」に導かれて水の国に入って最初に出会う人物は、サークルの正面にいる「#9.The Hermit 賢者」である。風の国で「#12.The Hanged Man オシリスの死」を経験し、「#8.Adjustment 真理の女神」が差し出した腕をつかんだ探求者は、タロットの霊フールと自覚的につながることができるようになり、背負った荷が軽くなっている。フールの力によって生き、フールとともに創造していくことができるため、この世の衣食住医の営みは、些末なことで、もう重く感じることはなくなったのだ。

「#9.The Hermit 賢者」は、占星学では乙女座に対応し、そのルーラー（支配星）は水星である。タロットで水星は「#1.The Magus 魔術師」にあたる。すなわちここで、「#12.The Hanged Man オシリスの死」からはじまった探求者の内陣魔術師としての自覚は、精神的にも具体的な生活においても、確実に変容し、完全に確立される。

また「#9.The Hermit 賢者」はヘブライ文字ではヨッドにあたる。ヨッドは「点」を象徴し、その文字の形は点火する炎の姿である。すなわちヨッドの「点」は新しい世界のはじまりを意味する。何もかもが変わり、ここから新しい世界が生まれてくる。そしてそれを表してい

るのが、賢者の前に描かれている蛇が巻きつく卵、「宇宙卵」である。この卵は、次の「#7.The Chariot 戦車」の「アメジストの円盤」の象徴につながっていく。

☆「#7.The Chariot 戦車」：水の国の2番目の人物

「#9.The Hermit 賢者」の向かって右手の人物は「#7.The Chariot 戦車」である。この領域には、とてつもなく深い安心感、生の成熟がある。この生の成熟により、人生の核になる新しい何かが動き出し、新しい何かが生まれてくる。衣食住医への不安はなくなり、重荷もなくなった今、次の変化の成熟過程に至ったのである。

「#9.The Hermit 賢者」のカードにある宇宙卵（蛇が巻きついた卵）は、「#7.The Chariot 戦車」に至るとアメジストの円盤に変わり、回転をはじめる。クロウリーは、このアメジストは占星学の木星を象徴すると言っている。木星は成長と発展を意味し、次の「#10.Fortune 運命の輪」がそれに対応する。「#7.The Chariot 戦車」の人物と接触し、彼の考えを学ぶことで内面的に成長し、人生が発展する機会につながることを示している。それによって他の意見や経験、価値観などをつき合わせる機会も生まれ、狭かった心の判断は、次第に大きく広がっていくようになる。これは、次の「#10.Fortune 運命の輪」の木星（拡大・発展）の意味につながっていく。

☆「#10.Fortune 運命の輪」：水の国の3番目の人物

この人物は「#9.The Hermit 賢者」の対角線上に存在し、「#7.The Chariot 戦車」の先にいる。「#10.Fortune 運命の輪」では、「#7.The Chariot 戦車」でアメジストの円盤として表されていたものが、いよいよ大きな「運命の輪」で描かれている。アメジストの円盤において内面的な成熟を遂げた探求者に応じ、ここでは探求者の自覚の向こうから、すなわち自覚の範囲外から重要な新しい知らせがやってくる。探求者にとって、今までよりさらに専門的に物事に突き進み、学習する道が開けたり、仕事が発展したり、新しい機会、新しい可能性につながる。人によっては、今までにはなかった大がかりな旅行に行く機会に恵まれることもある。いずれにしても探求者の人生はこの領域で非常に大きく発展する。

112　　第2部　ヴェールを脱いだ魔術師のトート・タロット

★「#6.The Lovers 兄弟」：水の国の4番目の人物

「#6.The Lovers 兄弟」は、「#7.The Chariot 戦車」の対角線上に存在する。前の「#10.Fortune 運命の輪」の動きによって、新しい出会いや協定、契約などの動きが生まれる。事業を興している人は店舗や事務所を増やしたり、結婚によって人生が開けたりする人もいる。

この領域では、探求者の人生を創造するレベルに応じて、各自の大きな理想を共有する生命共同体が形成されていく。新しい動きの広がりが、「#6.The Lovers 兄弟」のカードの中では「オルフェウスの卵（翼のついた蛇がからみついた卵）」で表されている。この卵は、「#9.The Hermit 賢者」のときには翼をつけてはいなかったが、ここでは翼が生えている。つまり、その成長と発展の過程が示されている。そして、この卵はふたたび水の国の守護人「#14.Art 異世の大釜」に戻り、これから新しい第三アイオーンを生きていく人生の大きな根源的な力（カードの中では「賢者の石」と呼ばれる）になる。また、「#14.Art 異世の大釜」は賢者の石と呼ばれる通り、ここまで来た探求者は自分の導師の魂を十分理解できるようになる。

【分離→変容→大宇宙との融合→王の帰還】

第4のサークル「地の国」

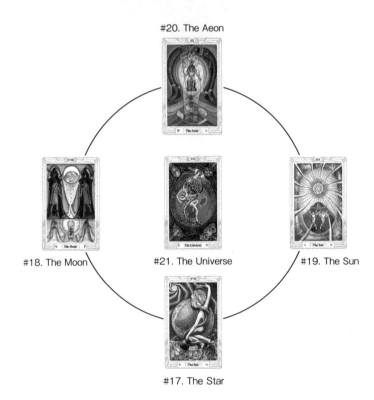

守護人：「#21.The Universe 楽園回復」
テーマ：新しい世界（第三アイオーン）の実現

　　　　　人間の欲望の働きの虚偽性を理解した私たち（探求者）は、心の中の蛇から完全に自由になり、新しい歴史形成のために、ふたたびこの世界へタロットの霊フールとともに「帰還」する。

　魔術師のトート・タロットの目的は、クロウリーが言うホルス（第三）のアイオーンの創造であり、移行である。生命の確かさを心の外部に求めてきた私たちが、心の深層に魂の神殿（聖地）を確立することにより、新しい人類の時代の創造に参加する。

●第4のサークル「地の国」では王の帰還を2つの側面からとらえる
  1. 心の中に聖地を確立する
  2. 絶対的結婚関係を出発点として新しい楽園世界を創造する

「水の国」をパスワーキングし終えて、魔術師の神殿に戻った探求者は、第4のサークル「地の国」に至る入口で守護人「#21.The Universe 楽園回復」と出会い、地の国へ導き入れられる。地の国には所定の位置に「#20.The Aeon アイオーン」「#19.The Sun 太陽」「#17.The Star 螺旋の星」「#18.The Moon 月」の4人のファミリーがいる。この4人の人物（4枚のカード）は、天上から到来する地上の世界（新しいアイオーンの世界）の活動を表している。

　第4のサークル「地の国」では、あらゆる物事が具体化してくる。水の国の守護人「#14.Art 異世の大釜」によって、タロットの霊フールとの結合を通し、大いなる業（大宇宙と小宇宙の結合。絶対的結婚関係のはじまり）が実現すると、探求者は意識の中の古いパターンを完全に終わらせ、新しい人生と生き方を具体的に創造していく。

　同じ生活環境、同じ仕事、同じパートナーといっても、今までと違う自分の道を歩み、新しく踏み出すことができるようになる。自分の中に別のエネルギーが生まれ、教えてくれるので（別の一人格となる。これがマクロコスモス）、自分が考えることではなくなる状態となる。しかし、ここで探求者が話す言葉や考え方を周囲が受け入れてくれるか否かは、また別の問題である。ただ、具体的な現実に接触することで、現実を再創造して、別の現実を生み出すことができるようになる。

☆「#21.The Universe 楽園回復」：地の国の守護人
　最後のサークル「地の国」は、失われていた人生の楽園が回復する領域である。

　『創世記』にある「神話の楽園」は、宇宙の創造と発展の場であったが、ここ「楽園の回復」は、神的な宇宙の創造の場として、人生全体が変容することを指し示している。それが守護人「#21.The Universe 楽園回復」の役割である。新しい宇宙的創造の舞台として、探求者の人生が確立する。「#21.The Universe 楽園回復」の象徴は、処女マリアが宇宙的な神殿の上で巨大な蛇の頭を踏みつけ、宇宙の舞踏を踊る姿を

第2章　魔術師の神殿　　115

描いている。巨大な蛇は「#11.Lust 夜明けの女神」でヌイトが乗っていた獣の別の姿でもあり、原初の楽園においては、イヴに続いてアダムを堕落させて人間を衣食住医の苦しみに閉じ込めた力である。それをマリアが打ち砕き、その勝利によって宇宙の舞踏を舞う。処女マリアには、今までとは根本的に違う人生がそこからはじまるという意味がある。

★「#20.The Aeon アイオーン」：地の国の1番目の人物

　守護人「#21.The Universe 楽園回復」に導かれて、第四のサークル「地の国」に入ると最初の人物は正面にいる「#20.The Aeon アイオーン」である。ここからは、探求者の人生において意識の変容だけではなく、新しい時代がはじまる。ここで水の国のテーマ、大宇宙との融合を別の角度から見ると、古いものの死（今までの人生に対する意識と、古い生き方のパターンの死）を意味している。古いものの死は、実は第2のサークル「風の国」でも起こった。風の国での死は、魔術師の神殿と探求者の導師との関わりのなかでの死であり、それは「第一の死」にあたる。これは内面的な死を意味しており、地の国の死は、探求者の人生全体にわたる死と変容である。これは「第二の死」にあたる。「#20.The Aeon アイオーン」では、内面だけではなく、生活や仕事、すべてが根源的に変わる。すなわち、「存在の変容」がここで進行しているのである。しかし「#20.The Aeon アイオーン」では、この変化はあくまでも変化のプロセスであり、具体的な変容の内容はまだ模索している状態である。

★「#19.The Sun 太陽」：地の国の2番目の人物

「#20.The Aeon アイオーン」の向かって右手にいるのが「#19.The Sun 太陽」である。この領域では、前の「#20.The Aeon アイオーン」での死と変容の中身が具体化する。「#19.The Sun 太陽」で、変容して新しくなったものの具体的な目標、具体的な協力者、具体的な職業などが明確になる。新しく大きな理想がはっきりしたことによって、「#19.The Sun 太陽」の登場人物は勝利の舞踏を踊っている。「#19.The Sun 太陽」が踊っている相手は、「#21.The Universe 楽園回復」のマリアである。ここでは「存在の変容」が確立し、絶対的結婚も実現した

のである。蝶の羽根を持つ2人の新しい人の後ろには、緑の山が見えるが、それは回復する楽園がある場所である。

★「#17.The Star 螺旋の星」：地の国の3番目の人物

「#17.The Star 螺旋の星」は、「#20.The Aeon アイオーン」の対角線上に存在し、「#19.The Sun 太陽」の先にいる。このカードの人物、女神ヌイトは夜空の星を象徴し、金のカップから流れる水に全身をひたし、その水を銀のカップに経由させて、大地と海の間に注いでいる。ここでは、金のカップが前の「#19.The Sun 太陽」のエネルギーに相当し、銀のカップが次の「#18.The Moon 月」のエネルギーに相当している。

　バビロンの星が天空を旋回しながら近づいてくるのは、天上の世界の運命的な「時」の流れと、地上での探求者の人生の変容の「時」の流れが一致して結びついた運動をしていることを表している（テレーマ哲学では、バビロンはヌイトと対になって働く）。宇宙的な流れと地上的な流れが合流して、新たな世界を創造しようとしているのである。女神ヌイトの髪が長く蛇行して地上に垂れているのは、具体的なプログラムが形成されていく進行の流れを象徴している。いずれにしても「#17.The Star 螺旋の星」の役割は、「#19.The Sun 太陽」のエネルギーを大地と大海の間に注ぐことである。それによって、若い「#19.The Sun 太陽」が成熟して力を獲得していく。

★「#18.The Moon 月」：地の国の4番目の人物

「#18.The Moon 月」は「#19.The Sun 太陽」の対角線上に存在し、「#17.The Star 螺旋の星」の先に存在している。

　ここでは、地平線に2つの門柱を持つ楽園へ続く道への入口と、2人のアヌビス、2頭のジャッカルがいる。ジャッカルの夫婦は仲がよく、一生を添い遂げるという。2頭の夫婦は共同で子どもの世話をし、一人前に育て上げる。その基本的な意味を理解させるために、カードの作者はここにスカラベを太陽の象徴として描いている。「#17.The Star 螺旋の星」のヌイトが大海に注いだ新しいエネルギーを、スカラベが夜の間に肥料として集め、大きな球体をつくり上げている絵図である。ここでは、「#17.The Star 螺旋の星」でつくり上げた新しい人

生のプログラムを、「#19.The Sun 太陽」で実現した絶対的結婚関係を土台にして、完全な協力のもとに楽園建設に取り組んでいく。

「#19.The Sun 太陽」は新天地を実現させるため、「#18.The Moon 月」で同じ人生の目的をわかち合う人との協力と理解を得るという時間のかかるプロセスを経て、最後の成熟を遂げていく。これは「#19.The Sun 太陽」に実際的な実力を与えていくプロセスである。ここで探求者は、絶対的結婚関係を核として、さらに大きな生命共同体の建設へと向かって進む。

成熟と充実のプロセスを経て、「#19.The Sun 太陽」は「#21.The Universe 楽園回復」を実現する。そして探求者は、生の完全な変容と勝利を達成する。それらの経緯を考慮した上で、アレイスター・クロウリーは、「#21.The Universe 楽園回復」のマリアが勝利の舞踏を踊っている相手は「#19.The Sun 太陽」であると言っている。

魔術師のトート・タロットを使用し、タロットの霊フールの「神の糸」の導きによって、魔術師の神殿を訪れ、火の国から地の国までをパスワーキングすることで、クロウリーが宣言したホルス（第三）のアイオーンがスタートする。そして、新しい時代が形成されていく。それは、古い「救済の時代（第二アイオーン）」から、新しい「創造の時代（第三アイオーン）」への移行なのである。

- Mythology -
聖杯探求（1）

ミシェル・ガントレット
『アーサー王と円卓の騎士』1472年 フランス国立図書館

■聖杯の出現～主として「#11.Lust 夜明けの女神」の一側面～

　ある聖霊降誕祭の日、「円卓」の騎士の一同がキャメロット城にて会していると、突如聖杯の幻が現れ、部屋の中を漂い消えていった。これは冒険への呼びかけであった。そこでアーサー王の甥であるガウェインが立ち上がり、「私は探索を提案したい。いざ、あの聖杯の探索に乗り出し、全員がヴェールを外した聖杯を拝もうではないか」と言う。そして一同は聖杯探求に乗り出すことに賛成する。しかし、アーサー王は一致団結して探求に行くことを善しとせず、一人ひとりで森に入り、個人で探求の旅に出るように促した。

　探求の旅に出た彼らは、森に入り、それぞれが選んだ暗く、一筋の小道さえないところから出発したのだった。

　円卓の騎士が聖杯探求に旅立つ前、赤い鎧を着けた見知らぬ青年がやってきた。彼は川を流れてきた赤い大理石から剣を引き抜くことに成功し、隠者から「お前はランスロットの息子ガラハッドである」と告げられる。

第2章　魔術師の神殿　　119

かつてランスロットは「聖杯の城」の姫エレインを煮えたぎる湯の中から助け出した。エレインは魔法の力でアーサー王の王妃グイネヴィアに化けてランスロットと交わり、ガラハッドを産んだのである。

　聖杯探求の旅がはじまり、騎士たちは長い間国中をさすらった。そして彼らは多くの冒険や森の隠者たちとの出会いの末、聖杯の真の意味を知る。

　ランスロットは聖杯発見まであと一歩というところまで迫るが、王妃グイネヴィアに対する不倫の愛のために聖杯は姿を消してしまう。ガウェインも同様に成功しかけるが、世俗のけがれのために結局は聖杯を取り逃す。

　最後まで探索を続けたのはガラハッド、無垢なる愚か者パーシヴァル、そして罪は犯したものの気の優しいボースであった。3人は聖なる都市サラスにたどり着き、聖杯の奇跡を目撃する。荒れ地は癒され、ガラハッドは死に、パーシヴァルは新たに聖杯の守護人となり、残されたボースはアーサー王の待つキャメロット城に戻り、すべての出来事を王に話した。

　「聖杯」のテーマは、人生が「荒れ地」であることをはっきりと自覚し、そこからの脱出の旅をすることである。荒れ地とは、人生を全体（社会）のために「～すべし」「～すべからず」として従わせる生き方のことをいう。聖杯は宇宙の中心にある生命の泉であり、そこから永遠のエネルギーを時間の世界に注ぎ込むことによって荒れ地を癒す力である。

■パーシヴァル伝説～「#0.The Fool（フール）」のカードの一側面～

　聖杯探求物語の初期のヴァージョンでは、ガラハッドは登場せず、パーシヴァルのことを聖杯の騎士と呼んでいた。トート・タロットでも、「#0.The Fool（フール）」の主人公の一面はパーシヴァルを表すとクロウリーは述べている。

　そこで、パーシヴァルについてもう少し触れておく。

　パーシヴァルは、ウェールズの遠隔地、アーサー王の宮廷から遠く離れた場所で子ども時代を過ごした。彼の母親は英雄的な歌や物語を彼から遠ざけていたが、母親の努力にもかかわらず、パーシヴァルはある午後、森林を通り抜けるアーサー王の騎士の数人を目撃した。そ

のとき、今までとは違う外の世界に遭遇したのだった。今まで目にしたこともなかった騎士という存在に出会い、その光景にパーシヴァルは目がくらみ、彼らを天使だと思ったのだった。母親の狼狽とは裏腹に、パーシヴァルは心躍らせてキャメロット城に行き、アーサー王の円卓の騎士になることを決心した。

母親は、パーシヴァルが選んだ危険で猛烈な生活を考えると心が痛んだが、無邪気で探求心の強い息子を思い留まらせることなどできないだろうと悟り、新しい手織の胴着と、いくつかの助言を贈り物にして息子を見送った。

キャメロット城に着くと、すぐにパーシヴァルはすみやかに騎士にしてくれるよう頼んだ。それを見て周りの者は彼の無知を笑ったが、アーサー王は親切にも、台所の下働きからはじめて、ランクを上げることによって権利を獲得しなければならないことを説明してやった。若いパーシヴァルは、行くところすべてで混乱を引き起こしたが、大部分の人たちは愛情で彼を見守ってくれた。そして成熟したパーシヴァルは、やがて騎士の身分を受けることとなった。

騎士になりたての若いパーシヴァルは、ボートで釣りをして重傷を負わされたという男と偶然出会った。見知らぬこの男は聖杯城の「漁夫王」といわれる人であった。漁夫王は自分の城の近くの寄宿舎をパーシヴァルのために提供した。パーシヴァルは感謝したが、アーサー王の城の付近には何キロにもわたって城がないと聞いていたので、驚き、当惑もした。

聖杯の城にいる間、パーシヴァルは「聖杯の神秘的な行列」を目撃した。聖杯が目の前を通りすぎ、そして隣の部屋へ入っていっても黙ったままでいた。それは、彼がかつて見たこともない不思議ですばらしい光景であった。パーシヴァルは礼儀正しくあるべきだと考え、聖杯に関するどのような質問もせずに我慢した。もしパーシヴァルが聖杯への興味と関心とを示し、問いを発していたら、漁夫王と彼の荒れ地は癒されていただろう。

翌朝、パーシヴァルが目覚めると城の中にはただ一人、自分だけが残されていることを知った。当惑したパーシヴァルは自分の馬に乗り、城を去ることにした。彼がはね橋の終わりに近づいたとき、橋が勝手に閉じはじめた。橋を渡り終えるには、馬とともにそれを飛び越えな

ければならなかった。

パーシヴァルは質問をしなければならないときに質問をせずに済ませてしまったこの重大な過ちを、後に思い知らされることとなる。

後年、異世(ことよ)の聖杯の城を見つけ出すことに何年も費やした。

ついにパーシヴァルは、アーサー王の最も偉大な騎士の一人になった。パーシヴァル、ガラハッド、ボースは、「3人の選ばれし者」として知られ、協力し合って「聖杯」にたどり着いた（初期の記述ではパーシヴァルが英雄であり、ガラハッドは後の文学で物語の中に追加された）。パーシヴァルと彼の仲間たちは、聖杯の城への2回目の訪問に成功したのだ。

ガラハッドは傷ついた王を癒し、国土の呪いを取り払った。聖杯の神秘を深く探求したガラハッドは、もはやそれ以上生きることを望まず、大いなる美しさのなかに死んでいった。

モリス商会
『The Arming and Departure of the knights, one of the holy grail tapestries』
1895-96年 バーミンガム美術館

聖杯王（漁夫王）はボースを「メッセンジャー」と命名し、世界にこのニュースを伝えるよう命じた。それからパーシヴァルを「異世(ことよ)の言葉の看守」と命名し、聖杯の守護者としての聖杯王の地位を譲ったのである。

- Column -
聖杯探求（2）

■聖杯探求物語／ピラミッドの都市

　聖杯探求物語は、古代ケルト（ウェールズ）に起源をもつ生の探求物語である。「アーサー王物語」の延長から、円卓の騎士たちが、生きる確実さを求めて人生の旅をする神話が構成された。

　聖杯探求の資格を持つ者は、アーサー王の円卓の騎士たちに限られる。騎士のうち、ガラハッド、パーシヴァル、ボースの３人が聖杯の街サラスにたどり着き、世界が滅びずに救われる宇宙の聖杯（心臓）を獲得してサラスの神殿に据える。

　３人の聖杯の騎士は錬金術の三元素に相当する。探求者が円卓の騎士に限られたのは、魔術の志願者は必ず魔術結社（実存共同体）に参入を許されていなければならないのと同じである。そしてサラスは、天の異世に相当する。これは古代神話が伝える「生の探求」の法則を見事に伝えるものとして、魔術探求修行の元型になっている。ゴールデンドーンにおいてもそれは外陣の名称であり、内陣の名称は「ルビーの薔薇と金の十字架」とし、彼らの目的が聖杯探求で追求されたものと同一であることを示している。

　クロウリーのテレーマの僧院では、象徴を主としてエジプト神話に位置づけたため、聖杯の街サラスにあたる場所を「ピラミッドの都市」と名づけた。本書の体系では、それは「魔術師の神殿」にあたる。

　この場所は「聖守護天使の知識と会話」に達した内陣魔術師（アデプタス・マイナー）が、アビス（深淵）を超えて到達する地点である。

　アデプトはここに到達すると、「神殿の首領」としてこの都市の守護人になる。したがって「神殿の首領」は、アデプタス・マイナーのさらに上位の位階となる。

　スートカードの「ディスクの３」は、このピラミッドを表す。したがってここは「ビナー」の場所である。「第三アイオーン」とは、マルクトのこの世にビナーを到来させることでもあり、それはクロウリーの言ったピラミッドの都市を建設する方向へ進んでいくことをいう。

第２章　魔術師の神殿　　123

第3章 カード解説

❶ メジャーカード

　タロットとメジャー・アルカナに対する考えにはさまざまなものがある。それが実際どのように解釈されてきたかについて、アルフレッド・ダグラスはみごとな解明を行っている[注3]。しかし本書において重要なことは、生の探求者であるわれわれ自身が、タロットのメジャー・アルカナをどのようにとらえ、考え、身につけるかである。

　メジャーカードは全部で22枚ある。この22枚は、大宇宙そのものの霊的なエネルギーがわれわれ一人ひとりに働きかけてくる22の知恵と力を象徴する。それはテレーマ（大宇宙の救済意志）の言葉としてわれわれに語りかけ、その語りかけてくる実体はタロットの霊フールである。メジャーカード全体は、タロットの霊フールが宿る有機的神殿体を構成するため、アルカナ（秘儀）と呼ばれる。われわれはメジャー・アルカナを解読することによって内面的な獣性と外面的な障害を克服し、創造的な新たな人生を自由に生きられるようになる。

　メジャーカードには占星学の記号、ヘブライ文字、数学、神話の神々、カバラの象徴や色彩などが書き込まれているが、それらの意味や人生における読み解き方などは、各カードの解説で詳述する。

◆アルカナ（秘儀）とは、人間の欲望という荒れ地からの救済と、新天地の創造をいう。古い創造の第7日目を超えて、新しい創造の第8日目を開示する学びである。

メジャーカード ✤ タロットの霊

#0. The Fool フール
いつでもどんな困難にも必ず救いの力をもたらす

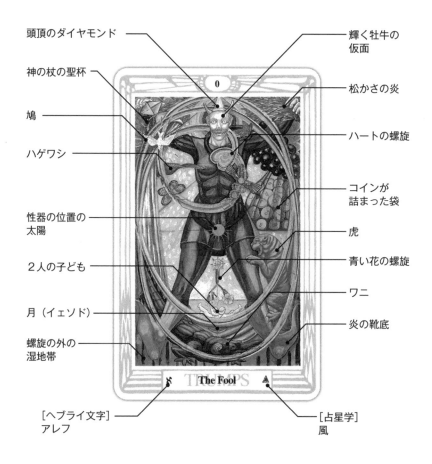

- 頭頂のダイヤモンド
- 神の杖の聖杯
- 鳩
- ハゲワシ
- 性器の位置の太陽
- 2人の子ども
- 月（イェソド）
- 螺旋の外の湿地帯
- ［ヘブライ文字］アレフ

- 輝く牡牛の仮面
- 松かさの炎
- ハートの螺旋
- コインが詰まった袋
- 虎
- 青い花の螺旋
- ワニ
- 炎の靴底
- ［占星学］風

126　第2部　ヴェールを脱いだ魔術師のトート・タロット

【カードのテーマ】王の復活と再来

「#0.The Fool フール」のカードの主人公ディオニュソスは、死の国を打破して復活する。

　このカードは、人生の根源的な悩みと恐怖——絶望と行きづまり、むなしさ、孤独、死や破滅への恐怖——から私たちを解放し、完全に充実した人生をもたらしてくれることを表す。

　ディオニュソスは、牡牛の仮面を被って復活するが、牡牛のヘブライ文字は「アレフ」に対応し、それは「天と地を結合させる」という意味を持つ。彼は人間の心の狂気と、心の倒錯を打破し、小宇宙（人間）と大宇宙（マクロコスモス）の結合を実現する。手には、松かさの炎と聖杯の水を持ち、火と水のバプテスマ（人間が神になろうとする欲望の浄化と意識の再生）を行うために地上に到来した。頭頂にダイヤモンドを乗せているのは、私たちの頭脳に革命を起こすことを表している。そして、人の創造的な能力が「ここ」から生まれてくるのである。

【背景】

　フールは、人間を「混迷と退廃」のなかから救済するために、四重にからみつく葡萄のつるの輪（人間の愛を象徴するアリアドネの糸を超えた「神の愛の糸」）を地上へ投げかけ、死の世界を克服した栄光の神ディオニュソスとして天界から到来する。

　ディオニュソスはレルネーの沼底（オシリスにとってのナイル川／死の世界）から、この現実の世界へ復活する。日常世界の心理を表す恐怖は、虎に姿を変えて彼の足にかじりつくが、彼はそれをものともしない。

　ディオニュソスは死を乗り越え、錬金作業*8を行うために生者の世界へ復活する。両手には火と水を高く掲げ持ち、この世界全体に対して錬金術を行っている。彼の従者であるハゲワシは、この世界の腐肉を浄化すべくディオニュソスの胸の辺りを旋回している。そしてディオニュソスの心臓からは、カデューシャスの杖（ヘルメスの杖。「#1.The Magus 魔術師」を象徴）が生まれ、全世界に対するヒーリングがはじまる。そして、日常は毛虫という状態から蝶に変容し、ディオニュソスによる新たな世界の創造活動がはじまる。

【解説】

　探求者や旅人といったイメージの強い「#0.The Fool フール」のカードを、創造者というイメージに変えたのがトート・タロットの独創性である。また、トート・タロットは、タロットを世界探求の物語としてではなく、新しい世界創造の時代のはじまりとしたことでタロット革命を成したのである。

　世界はすでにつくられてここに「ある」。よってディオニュソスは、無から有の世界創造を行うのではなく、「世界の変容」を行うのである。それは、生きる意味を喪失しているこの世界を、新たな意味に再創造することをいう。

　「#0.The Fool フール」のカードが表すように、世界はまばゆい光の下から沼地へと転落し、腐敗し、澱み、混乱した世界になった。ここではそれらを総括して、虎をその象徴としている。

　虎は人間の恐怖を表し、その身体の縞模様は、ミノタウロスがひそんでいたクレタ島の迷宮*⁹を象徴する。トート・タロットでは、この世の日常のありようを、底知れぬ不安を抱えた人間の心理的恐怖としてとらえている。このカードで、恐怖はディオニュソスの緑色の洋服にかじりついている。トート・タロットのテーマは、人が恐怖から完全に自由になり、異なる世界を創造することである。作者アレイスター・クロウリーは、そのことを「ホルスのアイオーンを創造する」と言い、彼よりも新しい時代に生きる本書では、テレーマの神話哲学を超えて「第三のアイオーンを創造する」と言い換えている。

❖神と人間の間の存在

　ディオニューソスとは、何者なのか？

　恍惚と驚愕の神、激情と至福なる解放の神、その出現が人間を半狂乱へと追い込む狂気の神。すでにしてこの神は受胎と生誕においてその本質の神秘性と矛盾性を告知している。

　この神はゼウスと死すべき人間なる女との間に生まれた子であった。けれども女がこの子をなお生み落とすに先立ち、彼女は天界なる夫の雷電に打たれて燃えつきたのだ。

　　　　　　──ワルター・Ｆ・オットー『ディオニューソス──神話と祭儀』注⁴より引用

キリストが歴史上に現れるおよそ500年以上前、ディオニュソスは当時の世界の中心であったギリシア社会の神話の中で、神と人間の間の存在として誕生した。

　かつて神と人間の間に誕生した者はいなかった。だからこそ、ディオニュソスの誕生は、新たな世界創造であり、神の進展であり、人間の発展なのだ。そして、ディオニュソスの出現がまったくの新しい世界創造であるためには、ディオニュソスのような存在が歴史上で継続しなければならない。なぜなら、神と人間の間の存在がディオニュソス一代で終わるのならば、彼は単なる変種であって、新たな神の世界創造にはならないからである。事実、ディオニュソスのような存在は、歴史的には「神の子にして人の子」と言われたイエス・キリストの出現へと継承されていく。どのようなときも、人間を根源的な腐敗と恐怖から解放する者は、神と人間の間に生まれた存在である。

❀仮面の神

　ディオニュソスは仮面の神である。仮面は神を表し、世界の諸宗教やアニミズムには、おびただしい数の仮面の神像がある。それらのどの仮面よりも強烈で、どれよりも抜きん出て仮面の神と呼ばれるのがディオニュソスである。

　人が仮面を前にすると畏怖するのは、仮面が神聖さに通じているからである。だから人は、仮面を前にするとそれから目をそらせなくなる。日本の能は、人物の動きを最小限に抑えることで、見る者に仮面の与える力を最大限に引き出そうとする。それは人間の日常を超えた異世に通じる。タロットのディオニュソスもまた、異世のエネルギーを日常に引き出すことによって、人間を小さき力（日常生活）から解放させようとする。

❀葡萄酒の神、狂気の神

　ディオニュソスの地上での行動は、既成の価値基準に囚われることがまったくなかったことから、人間たちからは狂気に満ちているように思われた。ディオニュソスは、決まりきった生活、無感覚な慣習、怠惰な日常が仮象であるため、問答無用にそれらを破壊した。人間たちがあんなにも大切にした居心地のよい世界、きちんと整えられた世

界、人畜無害な努力によって築き上げられた世界を、無限の歓喜、無限の狂気によって木っ端みじんに粉砕した。

ディオニュソスの到来には、音楽、舞踏、預言が渦巻き、葡萄酒があふれる。彼とともに太古の世界があふれ出てきて、存在の深みが姿を現す。彼に触れると人は自分の中に眠る狂気に目覚め、世界の何もかもが変貌を遂げる。

ディオニュソスの狂気は人間の狂気であり、人間の転落性である。そしてディオニュソスが人間を転落した混迷と退廃の中から全面的に解放するためには、人間の手によって殺されねばならない。

❖死にゆく神

ディオニュソスの本質にある矛盾と対立は、人間が持つ本質的な矛盾と対立である。人間が日常の転落性の深みに全面的に気づくためには、人間の手によってディオニュソスが殺されねばならないということが絶対に必要なのである。

人間はディオニュソスの狂気が自らの狂気にほかならないことに気づかず、幼児として眠るディオニュソスを殺害し、レルネーの沼へ捨てた。

人間が自らの本質にある矛盾と対立から解放されるためには、人間が神の前には生きていけない存在であることに目覚めなければならない。ゼウス神と人間の母セメレの間に生まれたディオニュソスは、誕生の際に父ゼウスの落雷によって、母セメレが殺される（その様子を描いたものが「#16.The Tower 稲妻の塔」である）。ディオニュソスは母を取り戻し、人間そのものを救うため、人間の手によって殺され、奈落の底まで降りていかねばならない。

ディオニュソスは殺され、レルネーの沼底に身を沈めていた。それは彼が生を支配するだけではなく、死の世界をも支配するために冥界へと降りていったことを意味する。

ディオニュソスは人間の存在を全面的に取り戻すため、奈落の冥府へ降りていく。やがてディオニュソスは、新しき世界の王として復活し、死をも支配するのである。

130　　第2部　ヴェールを脱いだ魔術師のトート・タロット

❖牛の神、来臨する神

　ディオニュソスは角を生やし、野牛の姿に変わり、突如闇の中から踊り出てくる。彼は神の息吹を象徴する牡牛のように突進して復活し、顕現する。古代ギリシアでは、牡牛は生と死を支配する神聖な動物だとされていた。

　彼は、小さき力（日常世界）の内に異世の創造的な力をもたらす新しきディオニュソス、「#0.The Fool フール」となった。タロットの霊フールは、復活して天界からふたたび到来した栄光のディオニュソスであり、絶えず来臨する異世の力である。

＊8 錬金作業
　　トート・タロットの錬金作業とは火と水の洗礼を指し、人間が欲望を人生の土台として生きる相対的な存在を克服し、タロットの霊フールの力によって絶対的な生き方ができるように再生すること。

＊9 クレタ島の迷宮
　　迷宮は原初的には人間の内臓と腸の運動を表し、人間が肉体的には他の食物を取り入れて人体を構成するように、自己確立のためのパスワーキングとしてマンダラ図の迷宮神話をつくり上げてきた。

象　　徴	意味の要点
復活して天界から再来するディオニュソス	圧倒的な力の到来によって、奈落の底に沈んでいる状況の人を救う。完全な救いの到来。根本的な安心感をもたらす。
輝く牡牛の仮面	ディオニュソスが復活する際に被っている。牡牛のヘブライ文字は「アレフ＝א」で「天と地を結合させる」という意味を持つ。
頭頂のダイヤモンド（角錘型はピラミッドの都市）	ピラミッドの都市は人間の脳を超えた所に存在する。頭脳の働きが革命的に変化する、とてつもない直観の衝撃。高度な精神（心の完全な充実）。心が透明で輝いている。あらゆる存在との結びつきに目覚める。
緑の衣服	生命の活力。活発な生命力の働き。新鮮さ。新しい創造活動がはじまる。
フールの頭の後ろの虹の輪（虹の輪は神の座を表す）	フールは神の英知である。後ろの虹は、頭脳の中に大宇宙の基底が存在していることを象徴。フールは宇宙の基底（創造以前の世界）から到来し、誰かによってつくられた創造物ではない。0番というカードの数字もまたそれを象徴している。虹の輪は火（神）と水（人間）の錬金術から発生する。

第3章　カード解説　　131

象　徴	意味の要点
黄金のフール	神の勝利（神は暗黒の力に勝利したこと）。 フールは新しい太陽（占星学では創造力を意味）として、創造力とその喜びを失っている人間の世界に楽園（「#21.The Universe 楽園回復」）をもたらすために到来する。
神の杖の聖杯と 松かさの炎	火と聖神の洗礼を行う。聖神が地上に生命共同体を創造する。この炎によって自我が焼失する。
葡萄とそのつる	生気を失った人間を救済する神の愛の糸。ここから神と人間の共同作用による新しい天地創造、第三アイオーン（時代）がはじまる。魔術師の神殿体系のパスワーキングを葡萄のつるで表している。
葡萄	人生の豊かさ。喜び。新しい愛の誕生。夢中になる。
占星学の記号がある コインがつまった袋 （天体はフールが創造した）	コインは 19 種類ある。それはヘブライ文字の三母字を除く、複字と単字の 19 文字で構成されている（12 サインと 7 大惑星を表す）。天地創造の続行。内的な宇宙の誕生。本質的な能力や潜在的な能力を実現する。
二重構造の三角形	大宇宙の中に生まれる小宇宙の世界のはじまり。人間が大宇宙に包まれて根本的な安心感に目覚める。このカードは、ヘブライ文字[*10] の三母字の最初の文字アレフを指す。アレフは風でもあるが、最初の文字であることによって、大宇宙の風で霊を意味する。
三重の卵形の螺旋の輪	人生の 3 つの側面（愛すること、つくること、育てること）の潜在力の発展。
2 人の子どもと 青い花の螺旋	[3 つの青い花] 祝福の花。不死を象徴するアマラント。神と人間と世界が三位一体に結合すること。 [子ども] 新しさと絶対性を象徴。2 人は絶対的結婚関係を象徴する。 フールは、魔術師の神殿と結合し、絶対的結婚関係を生み出すことで第三アイオーンを実現する。
2 人の子どもの抱擁	自然のまま。朗らかな性質。快活さ。共生的生き方の実現。
ハートの螺旋	物体運動の宇宙ではなく、宇宙の愛と生命の養生する力によって世界が創造されていく。
金星の鳩、ハゲワシ、蝶、 カデューシャスの杖の螺旋	生と死のサイクルが存在の変容を促す象徴。

象　徴	意味の要点
鳩	ディオニュソスの妃アリアドネの象徴（一般的には金星や聖母マリアの象徴とされる）。人間の愛を表すアリアドネの赤い糸に対して、葡萄のつる（どのような状況の中でも困難を察知して救う神の愛の糸）がディオニュソスの象徴。
ハゲワシ	「#0.The Fool フール」の古い名称「ル・マト」に関連した、エジプトのマウトからきている。マウトはハゲワシを意味し、その首の形は渦を巻くようで、旋回する宇宙を象徴している。翼を持つ姿は風を象徴し、宇宙の第五元素である天空につながる象徴。
ナイルのワニ	天空のハゲワシに対し、対称となる地底を意味する。暴君ファラオの行動を動物化した。ドラゴンと同一であると解釈され、迷宮を表す虎の先にいる、死の世界。人を自分の支配下に置こうとする心の頑なさから解放する。
月	生命の木のイェソドを表し、恐怖の克服を意味する。
螺旋の外の湿地帯	ナイル川の湿地帯。死の川。この世。 人間はただ一つの約束事を破ったことで、地底に転落し、死ぬべき存在になった。ここからあらゆる障害が生まれ、ディオニュソスはこれを打破する。
炎の靴底	欲望の浄化。紀元前のバビロニア時代の宗教観では、ものを燃やすことのない炎は神の存在を表す。燃やす必要のある欲望が存在しないのである。迷いのない自信。スピーディーな行動。歓喜。
乳房	ヌイトの乳房を表す。乳房は自分が新しく創造したものを大切に守り育てることを意味する。
ワニと虎がいる螺旋	虎は恐怖、ワニは死の象徴。古い力や過去の影響から完全に脱する。本能的な欲望の克服。
月とその上の 2人の子どもの関係	月はディオニュソスの母セメレを象徴し、特別な存在になりたいという、死を招く人間の欲望を表す。2人の子どもはディオニュソスとセメレの天と地の婚姻を表し、死を招く根源的なむなしさを克服する。
背景の光のしずく	天（神）から降る、ゆるしと恵み。錬金術によって起こる。
フールの両手の周辺の 多くの渦巻	火と水の錬金術によって生じる、宇宙のあけぼのの風。霊性による運動である。フールが新しい夜明けをもたらす。

第3章　カード解説　　133

象徴	意味の要点
虎	その模様は迷宮の螺旋を意味し、ディオニュソスが導く変容の過程の一つを象徴。ディオニュソスが与える変容の3段階は、ネコ科の動物で表される。 【変容の3段階】 豹：快楽願望。夢の追求とずるさを乗り超える。 虎：本当に生きようとすることへの恐怖の克服。 ライオン：欲望の完全な浄化と創造力の開花。
性器（ルートチャクラ）の位置にある太陽	ディオニュソスは、タロットの霊フールを象徴。性的能力を創造力へと転換するために、タロットは地上へやってきた。次から次へと、新しい創造力が生まれること（「創造の時代」のはじまり）。

ヘブライ文字*10：アレフ	「牡牛」「鋤の刃」を意味する。鋤の刃は大地に刃を振り下ろすことから、天と地の結合を意味する。またアレフの文字は、上下がシンメトリーに構成され、大宇宙と小宇宙の結合を意味する。「上にあるものは下にあるものと同じ」という意味を象徴。
占星学：天王星（♅）と風（△）（空）	軽くなる。もっと自然になる。過去の束縛を脱する。限界を超える（過去の最高のものを超える）。
△二重の三角形	神と人間の結合を表す。「霊化」の実現。

*10 ヘブライ文字
　　アレフ、メム、シンが三母字（マザー・レター）である。ヘブライ語22文字は全体が3つの母字、7つの複字（ダブル・レター）、12の単字（シングル・レター）によって構成される。3つの母字は四大エレメントの風、水、火に、7つの複字は七大惑星の太陽～土星に、12の単字は占星学の牡羊座～魚座までの12サインに対応する。母字に地のエレメントに対応する文字がないのは、人間のすべてが大地で生きているからだといわれる（第2部第1章「7つの法則」参照）。

風　　水　　火
アレフ　メム　シン

項　　目	意　　味
一般	独創的な潜在能力が生かされる。予期できず、計画もされていないなかで既存の状態をひっくり返す状況が生まれる。混乱している状況を創造の場に変える。自信を持ち、非常に前向きに物事に望む。圧倒的な力で望む。新しいライフサイクルをはじめる。未知の世界に飛び込む。人生を信じきった自由さ。重要なことを決定する。メンタル問題の成功。
仕事	ゼロからのスタート。多様な可能性を楽しむ。新しいことを考えるために休暇を取る。新しいことをはじめる気になる。心理学、詩人、ベンチャービジネス、旅行家、探検家、ミュージカル俳優、ヨーガ・インストラクター、エアロビクスなど。 ［否定的な場合］ 専門的経験の不足。まとまりのないプラン。無責任。
交際と人間関係	春の訪れのようなワクワクする出会い。自然な気持ちでアプローチする。心からの一致。恋を楽しむ。新しい新鮮な出会い。つきあいに心を開く。試しにつきあってみる。自分の思い以上に相手がこちらを思い、相思相愛になる。
否定的な警告	このカードには基本的に否定的な意味はないが、この世そのものは相対的なので、以下のことには警戒しなければならない。無謀かつ衝動的な行動や選択。愚行と無分別。間違った信念を変えない。思い込み。非現実的。現実から離れて躁鬱になる。きれいごと。カルトにはまる。未熟。現実を知らなさすぎることによる失敗。理想ではだめだと考えること。悲観しすぎて崩れる。いろいろな新しい物事に手を出すが、最後まで何もやり遂げることなく、絶えず環境や仕事を変えることばかりを考える。
キーノート	新しい自分の可能性を求めて大胆に冒険をすべきとき。人生の霊的な旅、人生を決定的に変える第一歩のはじまり。ぐずぐずせずにタロットを信じて行動すること。特に「#1.The Magus 魔術師」のカードがその先に出ると、考えていることはきっと実現するだろう。

メジャーカード ❖ タロットの霊

第3章　カード解説　135

- Column -
迷宮神話とトート・タロット

　トート・タロットが重視する神話の基本的な形態は、人間の歩む道を象徴する「迷宮神話」である。迷宮神話とその痕跡としての迷宮図を、古代から人間が生き方を求めて成熟と変容を実現した自己理解の内容の図像表現ととらえたからである。

　迷宮（der Labyrinthos：ラビリントス）は、外部への開口部を持つ円形または正方形の幾何学図形で表される。その図形を描く線は、人生の生き方を求めてたどる通路と境壁を表すと考えられる。

　具体的な迷宮図は、紀元前13世紀ごろに現れてきたといわれる。

　最も有名な迷宮神殿は、クレタ島のミノス王のためにつくられたとされる怪物ミノタウロスの牢獄で、「ダイダロスの館」と称されるものである。

　迷路とは、途中で迷い、決して戻ることのできない道をいうが、迷宮は必ず戻ることのできる道をいう。ヘルムート・ヤスコルスキーの『迷宮の神話学』では、迷宮の通路の特徴を次のように列挙している。

1. 十字路がないので通路を選択する余地がない。
2. 常に振り子のように180度方向転換する。
3. 最大限に迂回して、迷宮を歩む者は内部空間全体を歩く。
4. 迷宮を歩む者は迷宮の中心の側(そば)を繰り返し通過する。
5. 通路は一本道であり、必ず中心に至る。
6. 迷宮の中心から唯一の出口への通路をたどり外部へ出られる。

#1. The Magus (メイガス) 魔術師
コミュニケーションが必ず問題を解決する力をもたらす

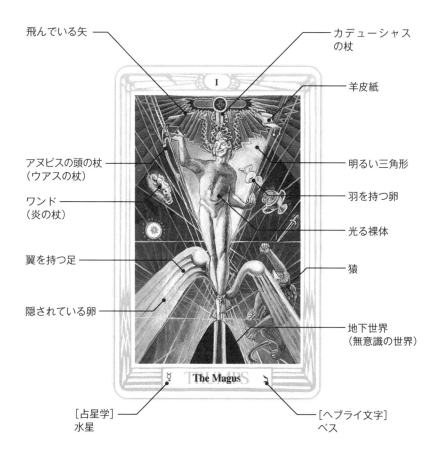

- 飛んでいる矢
- カデューシャスの杖
- 羊皮紙
- アヌビスの頭の杖（ウアスの杖）
- 明るい三角形
- ワンド（炎の杖）
- 羽を持つ卵
- 光る裸体
- 翼を持つ足
- 猿
- 隠されている卵
- 地下世界（無意識の世界）
- ［占星学］水星
- ［ヘブライ文字］ベス

第3章　カード解説

メジャーカード ❖ 魔術師の神殿

【背景】

　神と人間の間に生まれたフール（ディオニュソス）は、魔術的な創造を行うために日常世界への具体的な行動に移る。死から復活した新しきディオニュソスであるフールは、霊体なので、世界に具体的に働きかけるために言葉または技術という形で働きかける。それがこの「#1.The Magus 魔術師」である。

　ここでは「#0.The Fool フール」は聖母マリアに到来した鳩、聖霊である。マリアは聖霊からの働きかけによってイエスを生んだ。「#0.The Fool フール」は聖霊の鳩に姿を変えて、魔術師の神殿に来臨する。「#1.The Magus 魔術師」のカードでは、魔術師の神殿の天井が開き、フールが聖霊の鳩となって神殿内に降下してくるところをメイガス（魔術師）が喜びを持って見上げ、迎え入れている様子が描かれている。

【解説】

　聖霊の鳩として魔術師の神殿に迎え入れられた「#0.The Fool フール」は、巨大なカデューシャスの杖[*11]から「#1.The Magus 魔術師」として肉体化する。カデューシャスの杖は、天上・地上・地下を貫いて直立している。それは、存在するものすべての問題を根本的に解決して、変容させるという意味である。新しい時代、新しい人間と人間の関わり方がはじまろうとしている。カデューシャスの杖には2匹の蛇がからみつき、一方は「男性性と生」を、もう一方は「女性性と死」を表す。これは、生と死の心理的な葛藤を錬金術的に統合する、治療の杖を表すのである。

「#1.The Magus 魔術師」は、足に翼を持ち、エジプトの魔法の神トートの化身である猿を従えている。それはゴールデンドーンの万物の照応関係では、ギリシアの大神ゼウスの使者ヘルメス・トートになり、ユダヤ伝承では死を見ることなく天界に帰った預言者エノク[*12]にあたる。同時に、カデューシャスの杖の蛇がメイガスの頭から牡牛の角が生えているように描かれていることから、彼は復活のディオニュソスであることがうかがえる。メイガスは、復活のディオニュソスと表裏一体を成す「霊の身体」の役割をする。

❖魔術師の神殿

　メイガスのいるところは、魔術師の神殿内であり、タロットの霊フールの身体の中である。この身体の中の空間はピラミッド状の形*13をしている。しかし、フールの身体は永遠の次元の生きものであるため、ときに拡大し、ときに縮小する動態であり、絶えず運動している。それはピラミッドでありながら無限の形状といえる。ここは錬金術が行われる場所であり、日常世界からは離れた異世である。人はここではじめて「生きて存在すること」の総体と接触する。

❖魔術師の神殿の内部

　ピラミッド状でありながら無限の形状を持つ内部は、全体が濃い藍色で表現され、光に満ちあふれている。カバラの秘教では、人間が存在の総体と出会い、それと交流し、それを理解する場はピラミッド形状の内部だと教える。その代表的なものがクフ王のピラミッドである。そこは王の埋葬の場ではなく、秘儀参入の儀礼を通過し、人が天上・地上・地下に及ぶ存在の総体と触れ合うための場なのである。

　私たちが「#1.The Magus 魔術師」と接触するのは、異世の力を使って天上・地上・地下の三界をヒーリングし、世界を再創造する。

　ここでは異世の力を日常で使うためのさまざまなツールが空間を飛翔している。私たちがはじめに使用するのは、アラジンのランプである。ランプをこすり、自分の考えを実現してくれる巨人が現れるという方法で異世の力を引き出す。

　魔術師の神殿を構成するエネルギーの元型は、自由（火の国）、秩序（風の国）、相反するものの錬金術的結合（水の国）、そして新たな世界の確立（地の国）などを創造するエネルギーによって形成される。

【神殿内で探求者が修行して身につけるものは以下の3点である】

①古代の魔術的な会合と訓練。

②タロットレッスンを通して、物体としての場を持たない魔術的な元型の魔術師の神殿に連なること。

③それを理解し、十分にその創造的なエネルギーを取り扱えるようになって形成する実際の創造的な場（家庭、会社、店、その他のコミューン）。

第3章　カード解説　　139

これら3点すべてが、意識の上昇と発展にともなって縦の関係が確立されたとき、人生のあらゆるレベルはこの世界を律する宇宙の愛の力（テレーマ）によって調和する。

✤儀式のための武具

これらのツールは、闘いのための武具ではない。魔術師が儀式で用いる用具類は「魔術武具」である。ここでは神殿内を飛翔するコインやカップ、巻き物などがそれを表す。「#1.The Magus 魔術師」の本体は復活した新しいディオニュソスである。それはわれわれの意識のすべてを地下世界の勢力[14]から解放し、魔術の王国を創造するように導く。魔術の王国とは、人が欲望とは異なるエネルギーを土台にして生きる人間関係の場である。その「場の確立」が、タロット魔術の目的である。その場を形成することで、人ははじめて本当に生きはじめる。

「#0.The Fool フール」と「#1.The Magus 魔術師」を結ぶ象徴は、鳩とカデューシャスの杖である。鳩が外部から飛来することによって、タロットの力はタロットの霊フールがもたらす恩恵であることを教える。そしてその恩恵は、カデューシャスの杖が意味する地下世界の圧力からの人間の解放である。この地下世界は意識の地下世界、意識が織りなす悩みと恐怖の螺旋である。この魔術的恩恵は、タロット実践者がパスワーキング（道行き）を通して存在を変容させることによってもたらされる。

✤魔術武具の役割

魔術師の神殿を心の中に確立することは、日常の眼に見える世界を生きる確かさの基盤になる。この神殿の力が、日常を創造的な場に変える。神殿内を飛翔するコイン（地）やワンド（火）、ソード（剣）、カップ（水）などの魔術的武具は、「#1.The Magus 魔術師」が使用するアイテムである。彼はこれらのツールを用いて、神殿の力（自由、秩序、相反するものの錬金術的結合、新たな世界の確立など）を具体的に実現する。そして私たちを地下世界の勢力から解放する。また「#1.The Magus 魔術師」は、人を地下世界の勢力から解放するだけではなく、古い創造の第7日目を超えた新しい創造の第8日目[15]を開始する場

をわれわれにもたらす。

*11 カデューシャスの杖（旧約聖書『民数記』第21章参照）

エジプトのファラオの圧政下から自由になるため、イスラエル民族はモーセに率いられてエジプトの地を脱出し、葦の海を渡ってカナンの地を目指した。その途中、一行は毒蛇の大軍に襲われて次々に死んでいく事態に陥った。そのときモーセは神に祈り、青銅の蛇をつくってそれを棹の先に掲げた。そして「それを仰ぎ見る者は救われ、それを見ない者は死ぬ」と神から告げられる。それにちなんだ魔術的な治療の力を表すのが、カデューシャスの杖である。カバラ思想を源流にするトート・タロットでは、カデューシャスの杖はエジプト伝承やギリシャ伝承が持つ意味以上に、イスラエル伝承の「神の救済意志」を表す神の権威の象徴である。

ベンジャミン・ウエスト『The Brazen Serpent』ボブ・ジョーンズ大学美術館

*12 預言者エノク

旧約聖書『創世記』第5章24節には、「エノクは神とともに歩んでいたが、いなくなった。神が彼を取り去ったのである」と述べられている。死については触れられていないため、エノクは死なずに直接天界へ昇ったと信じられ、後にエジプトのトート神やギリシアのヘルメス・トート神とともに、キリストの先駆的な役割を持つようになった。

*13 ピラミッド状の形

三角形と四角形の組み合わせで構成される。三角形は神聖を意味する天上界の象徴、四角形は四大エレメントを意味する地上世界を象徴している。それは「天地が合一している場所」の意味であり、テレーマ哲学では「ピラミッドの都市」とも呼ばれる。

*14 地下世界の勢力

トート・タロットが指摘する「人生の13の障害」のこと。

*15 創造の第7日目を超えた新しい創造の第8日目

創造の第7日目とは神の第一の世界創造である。ここではアダムとイヴが転落した。創造の第8日目とは、神の第一の世界創造を超える第二の世界創造である。それは神と人間の新たな進化を意味する。すなわち、新しい時代、第三アイオーンが生まれるのである。

象　徴	意味の要点
地下世界の山の上から上昇するメイガス	意識の地下世界（苦を押し殺している）の完全な打破、克服。「人生の13の障害」への勝利。
翼を持つ足	羽根は軽やかな心（素早く動くことができる）と天真爛漫さ。素早く知覚する。欲望が働く前に素早く行動する。
意識の深みから飛翔するカデューシャスの杖	カデューシャスの杖の翼は、永遠への迷宮マンダラ（螺旋、迷宮、舞踊）を表す。意識の地下世界から上昇する、最も高度な太陽と光のメンタルパワー。すべてが明らかになった意識の全体性の目覚め。
明るい三角形	人生の13の障害を克服する三重の知恵。「自分自身と向き合うための」「今あるままの自分であるための」「今あるままの自分を超えて進むための」、3つの心の葛藤を統合する。宇宙的な意識と日常生活の意識を結びつける。
四大エレメントで手品をする	現実への軽快さ、独自のアプローチ方法をする。四大エレメントの力を最も適切に操作する。
ワンド（炎の杖）	火のエレメント：意志の力。アラジンのランプの象徴。
カップ	水のエレメント：感情の働き。
ソード（剣）	風のエレメント：心の働き。
コイン	地のエレメント：実行と実現。
羽を持つ卵	第五元素。精髄。四大エレメントを統合する空間全体、天空（第五元素の発見と実現が、四大エレメントの統合となる）。
アヌビスの頭のついた杖（ウアスの杖）	人の心と人生を更新させる力を持つ。古代では蛇を退治する杖といわれ、人生の障害を克服して更新させる力。
飛んでいる矢	生命の木のケテルの位置にあるホルスの目に向かって飛んでいることから、物事をはっきりさせようとする力。タイミングをつかむ。迷わない。一途。
羊皮紙	科学、情報、文筆能力など。記録する。情報を集める。
マントヒヒ	エジプトの魔法の神トート*16が連れていた猿、ヘルマニュビス（「#10.Fortune 運命の輪」参照）。素早い動きをするので、水星を象徴する。直観的性質。本能的。猿科の動物は物まねがうまいことから、役者の意味になる。

象　徴	意味の要点
上を見上げて微笑む姿	聖霊の鳩を迎え入れる笑顔。他者から認められる。コミュニケーションの際の信頼、謙虚さ。
地下世界（無意識の世界）	失われた本当の自己を探求する迷宮の旅の核心。迷宮の中心にいる怪物（牛頭人身のミノタウロス）は、本当の自己を引き裂いている根本的な原因の象徴である。メイガスはその怪物の力から私たちを解放する（死の力からの解放を行うのはフール）。
光る裸体	神殿の入口のヴェールがフールによって取り除かれ、自由になる。エジプトやギリシアで神々の使者であったヘルメス・トート*17 は、テレーマ哲学のなかで復活したディオニュソスと合一し、タロットの霊フールの身体に変貌する。この世の新しい光。決して傷つかない心。
黄金の身体	触れるものは何でも黄金に変えるギリシア神話のミダス王の力を表す（ミダスタッチ）。成功。目的が達成する。メイガスに触れる者すべてを変貌させる。
足もとの羽根の下に隠されている卵	「#0.The Fool フール」が背負っていた袋の中のコイン。隠されている新しい可能性、新しく生まれてくる世界。

[ヘブライ文字]ベス	「家」を意味する：欲望を完全に超えた意志で結合する。家族を形成する。魔術師の神殿体系をパスワーキングする「タロット実存共同体」を建設する。
[占星学]水星（☿）	「#1.The Magus 魔術師」は、その全身と蛇で錬金術の三元素の一つである水星のポーズをとっている。技術。技巧。巧みさ。器用さ。コミュニケーションを図って意思疎通する。
占星学の関連で意味を強め合うカード	ルーラー：双子座「#6.The Lovers 兄弟」ルーラー：乙女座「#9.The Hermit 賢者」イグザルテーション：水瓶座「#17.The Star 螺旋の星」
魔術師の神殿との関係	宇宙そのものであるタロットの霊フールの身体。また魔術師の神殿の支配者。宇宙：「#0.The Fool フール」魔術師の神殿：「#8.Adjustment 真理の女神」

メジャーカード　魔術師の神殿

項　目	意　味
一般	コミュニケーションを図る。入門する、はじめる。活気。解決。意志の力。集中。生命力。熟練。自己実現。主張する。巧みさ。ずるさ。問題を解決する。
仕事	イニシアチブを取る。仕事に熟練する。集中力があり、やり手であることを証明する。成功する。テストに受かる。抜け目なく巧妙なやり方で交渉し成功する。競争に勝つ。
交際と人間関係	うっとりしている。魅力的で相手を引きつける。問題を巧みに解決する。一歩前に進む。交際に誘う。自信を持って他者にアプローチする。
否定的な警告	あらゆる意味で、何らかの権威を追求する。ごまかし。嘘。卑怯(ひきょう)。むなしい。親切ぶる。能力の誤用と欠乏。成し遂げることができない。臆病。優柔不断。

	リーディングのポイント
基本的なリーディング	一つしか方法がないと思い込まないこと。目的に到達する前に計画を数回改める必要が生じるだろう。しかし、あなたは結局成功することとなる。
否定的な場合のリーディング	あなたは自分の想像しているものをつくることができる。したがって、物事を積極的に考えること。そして、創造的に行動すべきである。あなたには失うものなど何もない。

＊16 魔法の神トート

エジプト神話の書記の神。人間の体にトキの頭、あるいはヒヒの頭を持つ姿で表される。元来は月の神で、暦の計算をつかさどり、後に学問全般をつかさどる神。文字を発明したといわれる。　トートは神々の書記であるが、それは神々の従者を意味するのではなく、あらゆる神の知恵の源泉の意味を持つ。その天界の知恵が人間の意識レベルでは魔法と呼ばれる。

Thoth-Wisdom and Learning, The Scribe

＊17 ヘルメス・トート
　　ギリシア神話のオリンポス12神の一柱。翼のついた帽子、翼のついたサンダルを履き、手には蛇がからまった杖を持つ。ユーモアにあふれ、機敏で口が巧み、そのため商売と雄弁をつかさどる神ともいわれている。そして神々の使者として、霊魂を冥界に導く死者の案内人でもあった。また文化の変遷のなかでエジプト神話はギリシア神話に吸収され、ギリシア人はエジプトの神トートとヘルメスを結びつけ、ヘルメス・トートと呼ぶようになる。それは、エジプトの知恵とギリシアの知恵を統一したという意味である。

#11.Lust（ラスト）夜明けの女神
才能を生かす道が開かれる

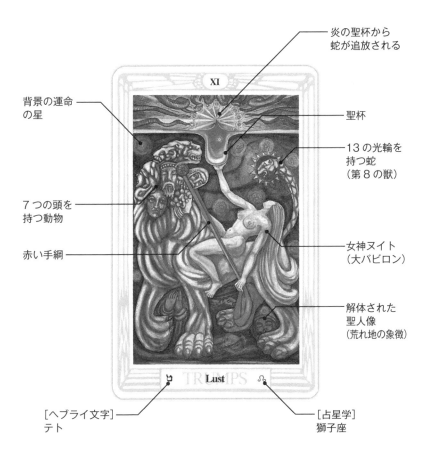

- 炎の聖杯から蛇が追放される
- 背景の運命の星
- 聖杯
- 13の光輪を持つ蛇（第8の獣）
- 7つの頭を持つ動物
- 赤い手綱
- 女神ヌイト（大バビロン）
- 解体された聖人像（荒れ地の象徴）
- [ヘブライ文字] テト
- [占星学] 獅子座

メジャーカード　火の国

第3章　カード解説

【背景と解説】

「#11.Lust 夜明けの女神」は第1のサークル「火の国」の守護人であり、四大エレメントを超えた魔術師の神殿の中で、人間の本能的な7つの欲望を支配する。中心人物は天空の母ヌイト＊18であり、大地の母を意味するイシスが成熟し、天空という新しい進化した世界を生む母に変容した姿である。ヌイトは7つの欲望の頭を持つ獣（テーリオン）に乗っているが、彼女はこれらの欲望を克服した新しい天空（世界）を生み出そうとしている。

獣の頭は、人間が持つ邪悪さ、蓄財、無分別、野心、情欲、欺き、幻想の追求の7つの欲望の働きで構成されている。これは、己の虚しさゆえに自分以外の何者かになろうとする欲望であり、その何者かという目標を持つことで人生が結論づけられている。人生を結論の鋳型にはめ込むことは非創造的である（足もとで決まりきった考えを持つ聖人像が解体されている）。

獣の頭の一番上にある顔は、その進む道が競争や無慈悲さへの道であることを示している。

獣の尻は、魔術の護符「ライオンの頭を持つ光の力」となって目覚めている。それは獣の八つ目の頭になっており、創造の第8日目（永遠の恒星天「銀河」の創造。天空の女神ヌイトがそれを象徴する）を表している。今までの創造の7日間は、旧約聖書『創世記』で世界が7日間で創造されたことを伝えている。創造の第8日目は、創造の7日間の限界を完全に克服し、新しい人間の歴史を創造することを示している（Mythology「アダムとイヴ」参照）。

獣の尾の、獅子頭の光の力は、7つの欲望の頭のほうに向いている。それは、欲望の正体を完全に理解していることを示す「欲望への死と再生」を表す。そのため、獅子頭の光の力は、13（死と再生の意味）の光を持つ人間の獣性への理解と、それとはまったく違う生き方への目覚めを表している。それが高く掲げられた「聖杯の太陽」である。この聖杯の太陽は、「10の光線」と「子宮の中の生命の粒子」を持つことによって、「#10. Fortune 運命の輪」を示していることがわかる。私たちが目指す最初の探求の段階が、聖杯の太陽に象徴される、人生で向き合う最も重要なテーマをはっきりさせることなのである。したがって「#11.Lust 夜明けの女神」が支配する「火の国」が、魔術師の

神殿の探求者にとって秘儀に向かって進む第一段階になる。

　ライオンのような胴体を持つ獣は、裸の女神ヌイトに停止させられ、「新しい人生の創造へ向かう旅」がはじまった。神話の元型の最初のテーマである「世界との分離」とは、「向かう方向の転換」である。もっとも、ここでいう「転換」とは、目標を決めて生きるのではなく、常に光によって新たに発見しながら生きることを意味する。

*18 ヌイト（ベイバロン――偉大な愛ともいう）
　　古代エジプト神話の天空を支配する神。夜空の神ともいわれる。ヘリオポリスの神話では、風の神シューと湿気の神テフヌトの娘である。兄であり夫でもある大地の神ゲブとの間にオシリス、イシス、セト、ネフテュスをもうける。つまり、神話ではイシスの母であるが、トート・タロットではヌイトとイシスは同一人物として扱われている。夫ゲブと抱き合っているところをむりやり風の神シューによって引き離され、天と地が離されたとされる。指先と足先で大地（ゲブ）に触れ、弓なりになった腹部に星（天の川）が輝き、大気（シュー）がこれを支える。トート・タロットでヌイトを直接表現しているカードは、「#11.Lust 自由」「#17.The Star 螺旋の星」「#18.The Moon 月」「#20.The Aeon アイオーン」の4枚である。

［ヌイトとゲブ］

象　　徴	意味の要点
髪を長くたらし、聖杯を掲げて狂喜する女神ヌイト	大地の母イシスがその存在を超えて天空の母ヌイトに変容した姿。情熱。無上の喜び。すばらしいと感じるものに夢中になる。生を愛すること。性的な恍惚。情熱を傾けられるものを見出したこと。
7つの頭を持ち、ライオンのような胴体を持つ動物	動物的な活力。獣性。他の何者かになろうとする本能的な欲望。ヴァイタリティー。野性的。多面性。演技力。ドラマチックなものを好む。混乱の統一。
7つの頭を持つ獣をヌイトが手綱で停止させている	7つの頭に象徴される欲望を停止させて、その正体を見きわめる。東洋では獅子に乗る文殊菩薩であり、煩悩を取り去る知恵とされる。自分の多くの欲望が、事態を混乱させていることに気づく。狂喜が7つの欲望を停止する。

象　　徴	意味の要点
13の光輪を持つ獅子頭の蛇（第8の獣）	至高の神アブラクサスの象徴。魔術の護符を象徴（「欲望」のほうを向き、尻尾からの光でそれを照らす）。欲望の正体を完全に理解すること。欲望を寄せつけず迷いがなくなること。第8の獣は『ヨハネ黙示録』第17章より。
13の光輪を持つ獣の頭と蛇の体	欲望への「死と再生」を意味する（頭部の13の光は獣性への死、蛇は復活の象徴）。護符の象徴が13の光を持つ光輪によって表されるように、欲望の働きを見きわめ、それに対して死に、欲望による影響を受けない存在状態に脱皮。過去の記憶と経験を土台にして生きた人生に終止符を打つことを意味する。
赤く燃える炎の聖杯（子宮）から光の花が生まれ、蛇が追放される	自分に一心不乱になることで、性的なエネルギーを創造力に転換。死と再生。破壊と更新。しかたなく生きる人生から本当に喜びを感じる人生に目覚める。
紫色の背景に浮かぶ運命の星と解体された聖人像	決まりきったことや形骸化したもの、一般的な価値観、ドグマティックなものを踏みつける。
赤い手綱と赤い聖杯	ヴァイタリティー。迷わない集中。
666の獣	数字の6は太陽を象徴。3倍大の太陽を表す。「#1. The Magus 魔術師」の3倍大の水星が「#0.The Fool フール」と結びつき、探求者の心に魔術師の神殿が形成されはじめる。『ヨハネの黙示録』を引き継いだクロウリーのタロット思想は、タロットが第三の新たなアイオーンを到来させるための魔術的なタロットであることを宣言している。

[ヘブライ文字]テト	「蛇」を意味する：しなやかさ。適応力。強さ。女性的な影響力。古いものを脱ぎ捨てる。宇宙的な生命力。
[占星学]獅子座（♌）	生の喜び、ヴァイタリティー。勇気。創造力。ロマンを求める。
占星学の関連で意味を強め合うカード	ルーラー：太陽（☉）、「#19.The Sun 太陽」
魔術師の神殿内の位置	火の国のサークルの守護人。第一段階はここに到達すべく生の探求をはじめる。そして探求は「#5.The Hierophant 高等司祭」からはじまる。

項　目	意味
一般	愛の創造力を探求し、その力によって獣性に束縛された心が自由になる。「これだ！」と思う一人、一つの仕事、一つの経験に情熱的に打ち込む。勇気を持って臨む。ヴァイタリティ―。生命の愛、力、情熱、大胆さ。他の人を理想に向かって巻き込むカリスマ性。
仕事	仕事への強い意欲。献身的に仕事をする。リスクを負っても仕事をする。創造力を発揮する。強いやる気。創造力を生かせる。演劇、役者、映画などのエンターテインメント能力。またそれらに出演するチャンス。
交際と人間関係	愛の告白。プロポーズ。パワフルな関係。情熱的な間柄。魅惑的。受胎、懐妊を意味する場合もある。否定的な場合：性的放蕩。行きすぎた行為。
否定的な警告	「#11.Lust 夜明けの女神」のエネルギーを使う弱さや無力さからくる不安定と浪費。近く熱意や情熱が欠乏する可能性。燃え尽きて回復するための休息が必要。 性的虐待。性的堕落を意味する場合もある。自分の快楽を追求し続けることで、他者を無視し、傷つけないよう注意が必要。弱さ。意気地がない。敗北感。

	リーディングのポイント
基本的なリーディング	あなたの決断は、自分がしなければならないことの途中で起こるどんな障害に遭っても、それを成し遂げる耐久力を与える。自分の情熱が本物であることを信じていれば（タロットを学んでいる人は、行うべき意志がタロットの霊フールから来ていると信じていれば）、その情熱が勝利をもたらす。
否定的な場合のリーディング	状況を皮肉っぽく受け取らないように。成功したいのならば、最初に何があなたを熱中させたのかを考えてみる必要がある。迷わずに全身を投入し続けなければ、うまくいくものもうまくいかなくなる。

メジャーカード　火の国

#5. The Hierophant 高等司祭
ハイエロファント
知らないことを学ぶ、誠実な家族関係を築く

メジャーカード　火の国

- 9本の薔薇の刺（とげ）
- 薔薇の花びらの窓
- 中心のペンタグラムの中のホルス
- 逆さのペンタグラムの中のイシス
- 窓を囲む蛇
- 仮面の顔（仮象のこと）
- 鳩
- 大きなペンタグラムの中のオシリス
- 左手の指のサイン
- ［ヘブライ文字］ヴァウ
- ［占星学］牡牛座

150　第2部　ヴェールを脱いだ魔術師のトート・タロット

【背景と解説】

　火の国の最初の人物は、「#5.The Hierophant 高等司祭」である。ここでは、新しい世界への探求は、まず「学び」からはじまることを指摘している。なぜならイニシエーション（古い人生を捨てて、新しい生き方に変わる）とは、気ままな自由さやわがままさの追求による自己満足を求める旅ではなく、「永遠の私（星の中のホルス）」を探求することだからである。カードの中心人物は、あご髭をたくわえた高等司祭の姿をしたオシリスである。それは人生の成熟と父性的な力を象徴している。彼はゴールデンドーンの魔術儀式に登場するハイエロファント（高等司祭）であり、魔術への探求者をイニシエーションへと導き、神殿の神秘へ誘い、教育する役目を持つ。そのため「#5.The Hierophant 高等司祭」は、守護人「#11.Lust 夜明けの女神」が手に持つ聖杯の太陽が上昇してくる東の玉座に座り、探求者が変容していくための道しるべを示す役割をする。衣服が黄金色に輝いているのは、高等司祭は東の地平線に立って上昇してくる「#11.Lust 夜明けの女神」の朝日を浴びているからである。高等司祭の後ろには、蛇がその縁を這った出窓が描かれている。神話では、この窓から侵入してくるのはゼウス神である。そのゼウスを表すカードが、次の「#4.The Emperor 皇帝」へとつながっていく。高等司祭の胸にある五芒星の中を駆けているのは、潜在的な子どもで、魔術の探求と学びによって将来探求者が変容した形で生まれてくるホルスである。高等司祭は探求者を「#17.The Star 螺旋の星」に向かって導こうとしている。そこへ至るための第一関門が、この「#5.The Hierophant 高等司祭」である。

　高等司祭は、象の背もたれを持つ牡牛の玉座に座っている。背もたれは、まるで両翼のように描かれており、これは生きる苦役、労働の苦しみから飛び立って解放されることを示唆している。その苦役の無意味さへの十分な自覚が、探求者を異世探索の旅へ向かわせる。そしてすべてが昇華されたとき、「#5.The Hierophant 高等司祭」の四隅の仮面は、「#21.The Universe 楽園回復」の四隅の仮面で翼をつけて生気を取り戻すこととなる。しかし、その生きる苦役からの解放とは、四大エレメントの統一である。そのためには、四大エレメントを超えた第五元素の発見が必要になることを指摘している（第五元素の働く場を確立することが、魔術師の神殿体系のパスワーキングの目的であ

第3章　カード解説　　151

る。そして第五元素は、「#17.The Star 螺旋の星」のカードによって代表的に表されている)。

このカードのテーマは、人生の意味深い経験を学ぶこと、運命をより強く信頼すること、自分の世界観の拡大、反省を通して学ぶことなどである。人間いかに生きるかを学ぶことは、異世探索の旅のはじまりである。

象　　徴	意味の要点
高等司祭	エジプトの農耕と冥界をつかさどる神オシリス。信頼される生活力を得ることと人生の責任が負えるようになること。知恵を学ぶ（仮象という限界からの解放）。指導者。導き手。教育者。
仮面の顔（ペルソナ）	固い信念で覆われている。形骸化した決まり。社会的心理構造。世俗世界のルールを学ぶこと。
薔薇の花びらの出窓	現実を理解することと経験を超える知恵への目覚め。実際の人生経験に即しての学びによって心が開花する。人間性の開花。耳から喉への人体箇所は、牡牛座の人体への対応位置で、ボーカリストや音楽家などを表す。
頭を囲む蛇	過去の考えを脱ぎ捨てる。過去の習慣からの脱皮。ヒーリングされる。脳の働きが変化する学び。 信念に囚われずに学ぶ。
鳩（アリアドネでもある）	聖母マリアの象徴。牡牛座のルーラーである金星を象徴。聖霊。啓示を得る。新しい世界の方向を探す。新しい情報に耳を傾ける。
左手の指のサイン	秘教（仮面の束縛を超える知恵）を教える、祝福をもたらす印。学習者として選ばれる。合格。入学。
３つの輪のある司祭の杖	オシリス、イシス、ホルスの時代を象徴。３つの発展段階を理解する。 過去と現在をふまえて、限界を超える未来を追求。
３つのペンタグラム（五芒星）と３人の人物	オシリス、イシス、ホルスの時代を表し、宇宙的な秩序で人間性を統合すること。絆、結合、信頼の回復。
大きなペンタグラムの中のオシリス	現代の原因となっているオシリスの時代を指す。現在経験している実際の社会心理構造とその限界を学ぶ。実際的なことを学ぶ。現実感覚。

象　　徴	意味の要点
逆さのペンタグラムの中で剣と三日月を持つ女性イシス	イシスの時代を表す。およそ 2000 年前に現在の社会的な基準になっている人間性が確立されたことを示す。三日月は月が牡牛座でイグザルテーションする。歴史や伝統を学ぶ。人生がより安定する。
中心のペンタグラムの中で踊る子どものホルス	子どもは新しさを表す。トート・タロットの学習の目的は、ホルスの時代（第三のアイオーン）の創造と発展である。もっと深く学ぶ意欲を持って臨む。
四隅のケルビム* 19	仮面は、失われていることを象徴。失われているのは、宇宙の創造者と同じ性質の創造力である。創造力が人間の喜びであり、愛となる。宇宙的な力と現実の接点を継承する。伝統を重んじる。組織に入る。
象の両翼と牡牛	忍耐力。我慢。生活力の強さ。現実的・実際的な能力。
父と母と子ども	家族をつくる。組織に従う。関係、絆を通して学ぶ。
9 本の薔薇の刺_{とげ}	人生の試練を乗り超えて人間性を開花させる能力を身につける。 数字の 9 は、生命の木のイェソドで、惑星の月に対応し、ここでは牡牛座に関連している。イェソドは人生の土台を形成する意味であり、牡牛座は、経済力の安定を意味する。
ホルスの右足についたアンク十字♀	「# 17.The Star 螺旋の星」を目指す変容への旅は、学びをはじめたので、すでにイシスの内に妊娠し、探求者の心の中に生まれている。

［ヘブライ文字］ヴァウ	「釘（9 本の薔薇の刺）」を意味する：結合。結びつける。ヴァウの本質は「ソードのエース」で、火と水の統合である。
［占星学］牡牛座（♉）	実際的な価値を求める。安定を求める。伝統と社会性を学ぶ。芸術感覚。
占星学の関連で意味を強め合うカード	ルーラー：金星（♀）、「#3.The Empress 大地の母」イグザルテーション：月（☽）「#2.The Priestess イシスの探索」
魔術師の神殿内の位置	探求者は、守護人「#11.Lust 自由」からこのカードへ進み、次に「#4.The Emperor 太陽の父」に向かって探求を進める。

項　目	意　味
一般	与えられた環境や家族を信頼する。真実の探求。価値ある経験を求める。確信に基づいて行動せよ。実際的な価値と安定の追求。視野が広がる（学び、人との交流、社会経験を積むなど）。信頼されるだけの学びをする。父親のような責任ある現実的実際的な考え方をする。入学。就職。入会。
仕事	仕事に有益な行動を取る。自分の天職を追求。倫理的にハイレベルな仕事。教育関連の仕事。より高い教育を受ける（進学する）。自分自身の能力を信じる。カウンセリングやアドバイザー、ティーチングの仕事。音楽家。
交際と人間関係	深い信頼。交際に自信を持て。関係の調和。この人なら大丈夫という愛のひらめき。家族や社会が認める関係。社会常識をふまえた上で評価できる社会関係。長続きするとは限らない関係の場合もある。
否定的な警告	傲慢さ。自分以外を認めない自己満足と、独断的にすべてを知っているという態度。長続きしない愛。悪いアドバイス。受け売りの知識で当てにならない。プレゼンテーションのミスや物品販売で間違いを伝える。頑固。信念、形式に囚われすぎる。

	リーディングのポイント
基本的なリーディング	今は革新的なことをするよい時期とはいえない。より保守的なアプローチ方法にこだわるべきとき。そして今までの方法をよく学び、意味をとらえ、次の新しい方向が見つかるまで、知識と経験を深めることが大切である。
否定的な場合のリーディング	「すべき」「すべきでない」ということに囚われすぎている。自分の経験を信じること。自分を信じるということは、するべきことをするのではなく、自分が本当にやりたいと思うことをすることである。

＊19　ケルビム
　　　古代ユダヤのバビロン捕囚時代（紀元前6世紀）に失われた、神聖な祭壇の守り手。天使。
　　有翼人身像で描かれる。

- Mythology -
オシリスとイシスの伝説

【エジプト神の家系図】

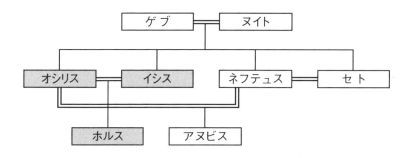

■ オシリス

Osiris-The Judge of the Dead

オシリスは古代エジプトの冥府の神、ヌイトの子。イシス、ネフテュス、セトの4人兄弟の長兄とされる。妹のイシスと結婚するが、弟セトによって殺される。オシリスとイシスの間に生まれた子ホルスが成長して父の仇を討ち、イシスの努力によってオシリスは復活を遂げる。

神話によれば、生産の神として、またエジプトの王として君臨し、人々の絶大な支持を得た。しかし、それを妬んだ弟セトによって謀殺された。オシリスは弟セトの計略によって棺に閉じ込められ、ナイル川に流された。その棺をイシスが発見し、遺体からオシリスを取り出し、それと魔術的に交わってホルスを産んだ。しかし、セトは回収された遺体をまた発見し、14個に切断して13個はナイル川に流し、性器の部分だけを魚に食べさせた。それを知ったイシスは、ナイル川に流された13個の遺体の断片を拾い集めて魔法で1つに戻したという。これがトートの神話に記された「人生の13の障害」の元型である。以後、オシリスは冥界の王として君臨し、死者を裁くこととなる。

その一方で、イシスを通じて遺児ホルスを後見して、セトに奪われた王位を奪還し、これをホルスに継承させることに成功する。以降、現世はホルスが、冥界はオシリスが、それぞれ統治、君臨することとなった。

神の死と復活のモチーフは各地の神話において、冬の植物の枯死と春の新たな芽生えを象徴しており、オシリスにも植物神（もしくは農耕神）としての一面があるといわれる。ギリシア神話のディオニュソス神とその元型が共通する理由である。

■ イシス

Isis-Motherhood and Fertility

イシスはエジプト神話の女神である。ホルスの母。ヘリオポリス神話では大地神ゲブと天空神ヌイトの娘とされる。死と復活の神オシリスの妹であり妻であり、セト、ネフテュスの姉でもある。別の神話によるとラーの娘ともいわれる。イシス信仰は、共和政末期のローマへ持ち込まれて発展し、ローマ帝国全域で崇拝された。

イシスがホルスに授乳する様子などがイエスの母マリアへの信仰のもとになったといわれる。トート・タロットではヌイトと同一視されている。

■ ホルス

Horus- The Rising Sun

エジプトの主神。エジプトでは、ホルスはギリシア名でヘル（Heru）という。タロットの大天使HRU（フル）の語源はここから生まれたといわれている。オシリスとイシスの子で、父を倒したセトを倒して王位に就いた。聖なる蛇とハヤブサが象徴である（「ホルスの眼」にはハヤブサの羽根がつく）。

前述の通り、死亡したオシリスとイシスが魔術的な交わりを行った際に誕生した。沼地で産み落とされたホルスは、内密に育てられたが、父オシリスを殺した叔父セトに発見されてしまう。セトの眷属である毒蛇に噛まれ、ホルスは生死をさまよう。しかし、太陽神ラーに毒を抜いてもらった彼は、その後順調に育ち、セトを倒

して王位に就く。このときに授かった王権を象徴する「眼」は、冥界にいる父オシリスに渡し、そのかわりに神聖な蛇を身につけた。そして父オシリスを冥界の主宰者とした。

イシスに抱かれる幼児の姿はハーポクラテスと呼ばれる（「#20. Aeon 永劫」も参照）。ホルスの眼はウジャトと呼ばれ、あらゆる物事を見抜く力があるといわれている。

弟はジャッカルの頭を持つアヌビス神。父オシリスがあやまってセトの妻ネフテュスとの間にもうけた。

——プルタルコス『エジプト神イシスとオシリスの伝説について』岩波文庫より

#4. The Emperor 皇帝（太陽の父）
エンペラー
学んだことを自信を持って実行する

メジャーカード ◆ 火の国

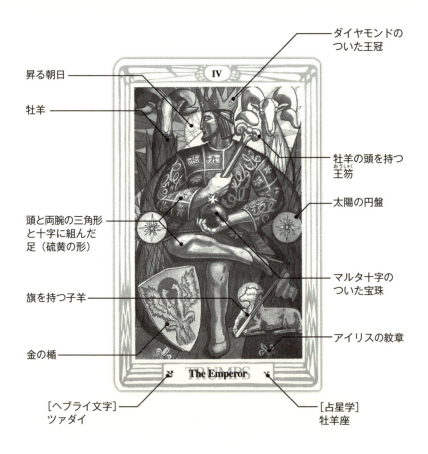

- ダイヤモンドのついた王冠
- 昇る朝日
- 牡羊
- 牡羊の頭を持つ王笏
- 太陽の円盤
- 頭と両腕の三角形と十字に組んだ足（硫黄の形）
- マルタ十字のついた宝珠
- 旗を持つ子羊
- アイリスの紋章
- 金の楯
- ［ヘブライ文字］ツァダイ
- ［占星学］牡羊座

【背景と解説】

　人物像は、エジプト神話では世界を創造する太陽神ラーを、ギリシア神話では大神ゼウスを象徴する。占星学では、太陽、火星、牡羊座などに結びつき、「父性と男性的なパワー」を表している。

　「#5.The Hierophant 高等司祭」のオシリスは、東の地平線に座り、頭の後ろの出窓から太陽が上昇し、陽の光を受けて衣が黄金色に輝いていた。それに続くこの「#4.The Emperor 太陽の父」では、昇る太陽がいよいよ出窓から差し込み、その光が世界全体を満たしていく。これは「#5.The Hierophant 高等司祭」のオシリスの学びを、この位置で社会的に実践することを意味する。つまり、学んだことを自信を持って行い、頭角を現し、リーダーシップを取るなどの能力を発揮することを示唆している。そして探求者は社会経験を積んで実際的な能力を開発していく。社会経験とは「#4.The Emperor 太陽の父」と対角線上に位置する「#3.The Empress 大地の母」との協働作用を通じ、他の存在を人格的に理解することである。

　このパスワーキングで、探求者がリーダーシップを取る自信があれば、探求者は秩序を維持する仕組みの重要性を認め、実際的にものを考えながらも、現実的な考えに妥協しない。そして人の陰に隠れて無難に過ごそうとするのをやめて、表舞台に顔を出す。

　しかし、「#3.The Empress 女帝」と十分な協働作用ができるようになるのは、まだ先のことである。そこに行き着くには、次に位置する「#2.The Priestess イシスの探索」でさらなる学びを必要とする。そのため「#4.The Emperor 皇帝」の太陽のように輝く父の顔は、まだ横顔で描かれている。探求者が発揮する集中力や統率力はまだ一時的なものである。そしてそれは長く続きすぎると燃え尽きてなくなってしまうとクロウリーは警告している。「#4.The Emperor 太陽の父」の能力の特徴は、一時的なことである。したがって、今いる組織の中で能力を発揮すべきで、組織の外や今いる人間関係の外へ出て行っても活躍は長続きしない。

象　徴	意味の要点
赤と金で刺繍された衣服を着る威厳のある男性	強さ、行動力、権威、名声、力などを象徴。占星学では、赤は火星の色彩、金は太陽の色彩。
頭と両腕で三角形をつくりその下で足を十字に組む形	錬金術の硫黄の記号（🜍）。男性的なエネルギーの性質。リーダーシップを取る、率先する、独立、エネルギッシュなど。
上着の蜜蜂模様	勤勉さ。秩序感覚。組織をまとめる力。一時的な集中力。このカードは、次の「#2.The Priestess イシスの探索」でさらなる探求と学びに進む必要性を表すため、あくまでも一時的で突然の激しさを示している。
牡羊の頭を持つ王笏 （おうしゃく）	牡羊座を象徴。リーダーシップの能力。パワーと断定的な意志。勇気。成功。
マルタ十字*20のついた宝珠	団結力。平和と安全を前提条件とした法と秩序。組織を設立する。
ダイヤモンドのついた王冠	意志とパワーの結晶化（考えが固まる、具体化する）。埋もれずに頭角を表す能力。卓抜な頭脳。ビジュアル能力に優れる。自信のある考えで能力を発揮する。
牡羊の頭 （玉座の柱頭の飾り）	ヒマラヤの野生の牡羊を表す。牡羊座との関連を象徴。勇敢さ。頂点を目指す。
赤い双頭の鷲がついた楯	錬金術の金の性質で太陽的、男性的意識。「#3.The Empress 大地の母」が銀を表し、そこに描かれた楯と対になる（銀と接触することで成熟し、能力を磨く）。
星がついた2つの太陽の円盤	輝き。求めた成功が得られる（星は正しさ、継続性の象徴。追求したものが実現する）。実際的、現実的。
勝利の旗を持つ子羊	キリストの象徴。謙虚さによる勝利。どんな困難も乗り越えて勝利する。自分を度外視して、部下を守ろうとする姿勢。自分の強さではなく、ミッションのために強くなる。
昇る朝日	牡羊座で太陽が、イグザルテーションすることを表す。新しいことをはじめる。リーダーシップを取る。頭角を現す。冒険家。探検家。注目される。成功する。
アイリスの紋章*21	王者としての力、統率力。迷いのない決断力。蜜蜂同様、一時的な激しい活動を意味する。集団をまとめる。組織化する。

[ヘブライ文字 ツァダイ	「釣り針」を意味する：イニシアチブを取る。物事を完全に掌握する。構想的。制作する。古代世界では高度な技術を表す。
[占星学] 牡羊座（♈）	リーダーシップを取る。情熱的。開拓者精神が旺盛。猪突猛進。単純な行動。
占星学の関連で 意味を強め合うカード	ルーラー：火星（♂）「#16.The Tower 稲妻の塔」 イグザルテーション：太陽（☉）「#19.The Sum 太陽」
魔術師の神殿内での位置	「#5.The Hierophant 高等司祭」からこのカードに進み、次の「#2.The Priestess イシスの探索」に向かう。

項　　目	意　　味
一般	現実的な判断。自信に満ちた有能な安定感。頼りになる。責任を取る意志。イニシアチブを取る。理屈よりも体験を重視。リーダーシップの力。正しさ。実用主義的。移転。移動。改築。重要な新しい冒険に乗り出す。父親としての行動を取るようになる。
仕事	安定性のある、はっきりとした組織をつくる。合併。計画の実現。明確なコンセプトをつくり出す。指導的な立場に立つ。仕事の規律を守り辛抱する。完全主義を求める。転職、昇進。重要なポストに就く。リーダーシップを発揮。独立。新しい計画に着手。新しいチャンス。ビジュアルアート、写真に興味を持つ。
交際と人間関係	はっきりした合意。安心感を与える支えとなる。十分に信頼できる関係。きちんとした間柄。相互の目的を実現。女性は年上の男性と縁がある。新しい出会いまたは今までの人との結婚。目上の男性との間にある問題の解決。
否定的な警告	大げさな完全主義と大騒ぎをすることにより、すべてを抑圧。また抑圧的な支配と厳しいルールにより、自由と進歩をめぐる争いを起こす可能性。威圧的、権威主義者、名門をかさに着る。狂信的。名声と富に取りつかれる。人使いが荒い。自己中心的（「皇帝」が否定的になると闘い、攻撃、残酷さ、暴力などを率先して行う人になる）。見切り発車。短気。 他の意味では、旗を持つ子羊は弱さと服従を意味する場合もある。これはルールを実施できない、状況をまとめられない。

	リーディングのポイント
基本的なリーディング	あなたがしようとしていることは何であれ、実行すべきは今である。自信を持って迷わずに行動すれば、首尾よく思った通りにいく。
否定的な場合のリーディング	考えていることをまとめ、発表すべきとき。先延ばしにすることは、貴重な時間を無駄にすることと同義である。計画を実行する時期を逃さなければ、成功の可能性は高まるだろう。

＊20 マルタ十字

キリストが張りつけにされた十字架が縦に長く横に短いのに対し、マルタ十字は縦横ともに同じ長さの十字形である。先端はV字になっている。キリスト教修道会のマルタ騎士団が使いはじめ、姉妹（マルタ、マリア）でキリストの弟子になった姉の名前マルタから取られた。マルタは誰よりもキリストに忠実で勤勉に働き、グループの世話をしたことから、それらの意味を象徴するものとしてマルタ十字が使われるようになった。

＊21 アイリスの紋章

歴史上では、紀元前1500年ごろのエジプトのファラオの墓石に彫られていたものが最初だといわれる。古代エジプトでは王家のシンボルであり、アイリスの3枚の花びらは「信仰（ミッションを感じること）・知恵・勇気」を象徴する。

#2.The Priestess イシスの探索
プリーステス
未知の隠されている可能性を追求する

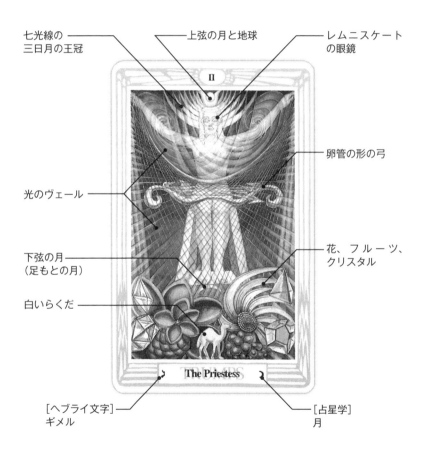

- 七光線の三日月の王冠
- 上弦の月と地球
- レムニスケートの眼鏡
- 光のヴェール
- 卵管の形の弓
- 下弦の月（足もとの月）
- 花、フルーツ、クリスタル
- 白いらくだ
- ［ヘブライ文字］ギメル
- ［占星学］月

第3章 カード解説　163

【背景と解説】

イシスは人生に失敗したために次の探求をするのではなく、さらなる発展と成功のために人生を探求する。

火の国で「#5.The Hierophant 高等司祭」から「#4.The Emperor 皇帝」へ進む意味は、学んだことを実践し、成功することであった。しかし、オシリスとイシスは「#4.The Emperor 皇帝」では成し得なかったより大きな人生の意味を、「#4.The Emperor 皇帝」の意味をふまえて「#3.The Empress 女帝」で創造するために、「#2.The Priestess イシスの探索」で学び、探求する。それは、失われたオシリスの探求である。しかし、その道（「#5.The Hierophant 高等司祭」から「#17.The Star 螺旋の星」を追求する道）は、前後二段に分かれている。その学びと探求は、この時点ではまだ第一関門である。

「#2.The Priestess イシスの探索」は、代表的な象徴である白いらくだで表される。これは、内的な知恵を意味している。つまり、ここでは「#4.The Emperor 皇帝」で実践したことを個人的な体験にとどめ置かずに普遍化し、元型化するのである。「#2.The Priestess イシスの探索」のイシスは、目先の安定を超えて進む。なぜならイシスは、ナイル川をさかのぼり、失われたオシリスを探求したからである。それは、魔術師の神殿のパスワーキングでは、「#5.The Hierophant 高等司祭」で行った観念的な学びや知識的な学びを、それ以上の次元まで押し進めて学んでいくことを意味する。

目先の安定は長続きするものではない。そのため、イシスはレムニスケート（永遠）の眼鏡をかけ、目先の安定を表す光のヴェールの彼方を見すえてそれを超えていく。光のヴェールは、前のカード「#4.The Emperor 皇帝」の朝の太陽を指す。彼女はその太陽の光の先へ進むのである。

オアシスの花とフルーツが描かれているのは、目先の安定ははかなく永続しないからである。足もとの白いらくだとクリスタルは、その目先の安定に執着せずにそれを超えて進むことを示している。女神イシスが裸足で描かれているのは、イシスが女神の地位を捨て、失われたオシリスを取り戻すために地の果て（ナイルの果て・自分の限界）まで探索したその探求心の純粋さによって「低い心」になったことを表している。その低い心が、次に続く「#3.The Empress 女帝」の創造

的な愛の目覚めへと続いていくのである。

「#2.The Priestess イシスの探索」は、人生の意味の探求である。深淵（観念、理念だけの世界）に触れると、人生はむなしい。前のカードの「#4.The Emperor 皇帝」は、知識がもたらす太陽であったが、それだけでは人生は砂漠化（アビス）し、むなしかったのである。「火の国」「#5.The Hierophant 高等司祭」からはじまった「生の探求」の学習は、この「#2.The Priestess イシスの探索」まで来て、その絶頂に達する。それは「自己を捨てる旅」である。

占星学では、月は蟹座でルーラーになるが、蟹座は家庭や心の安心感を意味する。ここでは、探求の果てに低い心になったイシスが、ずっと面倒を見る、世話をする、家庭を築くなどの「創造的な愛」に目覚めるのである。次のカード「#3.The Empress 女帝」の創造的な愛とは、そのことをいう。

第3章　カード解説　　165

象　徴	意味の要点
ヴェールの向こうの女性	エジプトの月の女神イシス。隠された知恵を求める。神秘的。無意識を探求する。ヴェールの先は、物事の真実。
卵管の形になった弓	肥沃さ、生命を与える力、生み出す力、育てる、教えるなどを求めて探求する。
ハープのような弓	芸術家的な能力。魔法のような魅力。人生を探求する真実さから生まれる魅力。竪琴（芸術）の下には人生の深淵がある
武器としての弓と矢	月と狩猟の女神アルテミス（イシスに対応）を象徴。真実を求める。有害なものから身を守る。誠実さ。
光のヴェール	「#4.The Emperor 皇帝」の朝の太陽を表し、目先の安定は長続きするものではないことを伝えている（四角形は、弟セトによって棺の中に閉じ込められた「#5.The Hierophant 高等司祭」オシリスのカードを象徴し、知識や情報だけでは本物ではないことを意味する）。
上向きのイシスの王冠 （上弦の月と地球）	三日月のような形をしているので、本当の真実を理解するために、まず物事に耳を傾ける、相手の主張を受け入れる、主観を交えずに理解しようとする。受容的な性質。
七光線の三日月の王冠	七光線（七芒星）の動きは、ヌイトの子宮を象徴。「#17.The Star 螺旋の星」へ向かって成長する探求と学び。周期的変化に合わせて行動する（イシスは月で、変化することが安定をもたらすことを意味する）。
レムニスケート（永遠）の眼鏡	光のヴェールの彼方を目指す。目先の安定を超えて永遠なるもの、不変なるものを見つめる。幻想、幻覚、誘惑にだまされない目。
裸足のイシス	女神の地位（信念、今の安定）を捨てる。低い心。実際の体験を重視する。
花、フルーツ、クリスタル	オアシスを象徴する花とフルーツは、はかなさや永続しないものを表し、クリスタルは、それに執着せずに超えていくことを表す。
白いらくだ	人生の土台になるもの、本当に当てになるものの探求。実際性と創造的な愛のカードである「#3.The Empress 女帝」の母なる大地に向かう旅。先入観に囚われない。
下弦の月（足もとの月）	裸足のイシスに対応。理屈抜きに自分で歩いて学ぶ。

[ヘブライ文字] ギメル	「らくだ」を意味する：独立心、自己充実、内的な知恵と力で行動する。砂漠（アビス）を渡る使者。
[占星学] 月（☽）	潜在意識、魂の要求、予知、夢、第六感。個人の人格の基礎。本能的な心地よさや不快感。
占星学の関連で 意味を強め合うカード	ルーラー：蟹座（♋）「#7.The Chariot 戦車」
	イグザルテーション： 牡牛座（♉）「#5.The Hierophant 高等司祭」
魔術師の神殿内の位置	「#4.The Emperor 皇帝」からこのカードへ進み、次の「#3.The Empress 女帝」に向かって進む。

項　目	意　味
一般	「本当に生きるとは何か」という視点から、総合的に物事を見る。知恵（物事の矛盾、葛藤の克服）。女性的直観を働かせる。ヴィジョンをつくる。ファンタジー、神秘的なものに引かれる。隠された人生の教えを学ぶ。学問への意欲。心の安心。調和と独立心を重んじる。創造的なサイクルのはじまり。
仕事	セラピーワーク。芸術的かつ霊媒的能力。素直な心に合う仕事をする。レクチャー関係の仕事。学校、先生など教育関係。カウンセラー。仕事で女性が協力者になる。一人で行う。独立など。
交際と人間関係	深い愛情。理解。ずっとつながっている心の結びつき。相互の信頼。あるがままにふるまう。交際への意欲。
否定的な警告	状況に任せてだらだらする。何もせずに奇跡的な変化を望む。冷淡、無関心、理屈に縛られすぎ、現実逃避。経済的苦境。真実を見きわめずに建て前に逃避する。基本的には純粋さの喪失と霊的な性質を否定すること。霊的な原理と物質的な世界との葛藤。

	リーディングのポイント
基本的なリーディング	他者に助言を求め続けていると、間違った方向へ導かれる。自分が探求してきたこと、学んできたことを信じて、自分の理解に従って判断するべきだろう。
否定的な場合のリーディング	今苦境に陥っているが、体験していること以上に、この先にははるかに多くのものがある。結論を出す前に自分の状況をより深く把握するために、ある程度の時間をかける必要がある。

#3. The Empress 女帝（大地の母）
エンプレス

キーワード：他者と接触し、協力し合って新しいものをつくる

メジャーカード　火の国

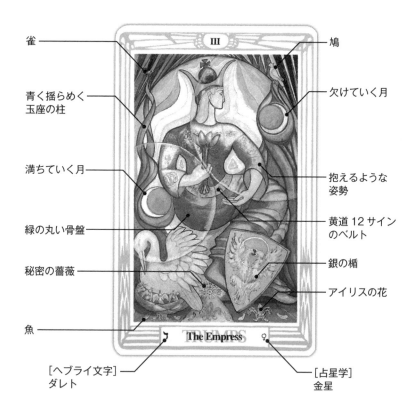

- 雀
- 青く揺らめく玉座の柱
- 満ちていく月
- 緑の丸い骨盤
- 秘密の薔薇
- 魚
- ［ヘブライ文字］ダレト

- 鳩
- 欠けていく月
- 抱えるような姿勢
- 黄道12サインのベルト
- 銀の楯
- アイリスの花
- ［占星学］金星

168　第2部　ヴェールを脱いだ魔術師のトート・タロット

【背景と解説】

　このカードは、イシスが失われたオシリスを探し、ナイル川を下って探索した末に、生い茂るヒースに取り込まれて見えないほどになっているのを発見し、オシリスと交わってホルスを身ごもる状況を表している。しかし殺害者である弟セトの追手を逃れるため、出産に安全な場所をナイルのデルタに確保する。それをおもにジャッカルとヘルメスが助け、イシスはホルスを産み育てる。それをカードのリーディングでは、他者と接触すること、新しいものを産み育てることによって、創造的な能力を具体化すると読む。

　前のカードの「#2.The Priestess イシスの探索」は、学びの普遍化、元型化への旅であった。それがさらに「#3.The Empress 大地の母」では、対角線上に向き合っている「#4.The Emperor 太陽の父」と接触することを求める。「#3.The Empress 大地の母」は両腕を抱えるように湾曲させて、錬金術の塩のポーズをとっている。それは、「#1.The Magus 魔術師」の水銀を介して、「#4.The Emperor 太陽の父」の硫黄（男性性）と接触して創造的な能力を具体化する。つまりこの作用によって、錬金術の三元素である水銀（「#1. The Magus 魔術師」）、硫黄（「#4. The Emperor 太陽の父」）、塩（「#3. The Empress 大地の母」）が構成される。この3枚のカードがすべて出そろったことで、人生の探求段階の古い世界との分離が終わり、新しい方向へのパスワーキングが明確になる。

　占星学では、金星に対応する。金星がルーラーとなるサインは牡牛座と天秤座であり、魚座でイグザルテーションする。それらは、美、自分が持つ能力以外の能力を持つ近しい人と協力し合うこと、一般的な人の目には隠れているところまで配慮して世話を焼くことなどを意味する。すなわち、ここではじめて自分以外の人との愛の関係から何かが具体的に生まれてくる。それを意味しているのが、イシスが手に持つ青いロータス（知恵のある愛）である。知恵は、他者との接触を通して心に芽生えてくるものである。イシスは守護人「#11.Lust 夜明けの女神」のカードに至って、大地の母から天空の母（ヌイト）へと成熟し、変容していく。

　クロウリーは、このカードの人生の道は「『深淵』の上にある道の一つだ」という。「#3.The Empress 大地の母」の創造性を得たところ

から、本当の創造力の開花を意味する「#14.Art 異世の大釜」までの
道はまだまだ遠く、はじまったばかりである。

象　　徴	意味の要点
十字架のついた王冠を被った女性	支配者の十字架をつけた緑の月の王冠を被り、ピンクと緑の衣服を身につけている。月はイシス、ピンクは大地の母デメテルの象徴。母の性質。大地との結びつき。生活力の強さ。実際的なやり手。
黄道12サインのベルト	黄道12サインは天空の女神ヌイトを象徴。新しいものを生む能力。12サイン（すべての人間のタイプ）のつながりは、社交性、さまざまなグループの人々と溶け込むなどの意味になる。
青くゆらめく玉座の柱	パピルスの葉陰でホルスを産み育てるイシスを表す。生命が生まれてきた太古の水、生命の源泉。性的、家族的関係の意味。生命と感情の豊かさや安心感。
身体と腕で抱えるような姿勢	錬金術の塩（⊖）の記号を形づくる。塩は大地の結晶で、物事の「土台と保存」を意味する。自分を無にして相手を愛すること。頼りになるたくましい愛。
ピンクの上着の蜜蜂模様	勤勉、肥沃さ（役に立つ愛）、純粋さ。また、愛や協力、芸術性。ここでは女性の霊的な直観力も表す。
満ちていく三日月と欠けていく月	生成と死のライフサイクル。ずっと面倒を見続ける愛。生活力が強くなる。本能的。肉体的。血のつながりの関係。ドメスティックな関係。
右手に持つ青い蓮の花の王笏	蓮の花はイシスの象徴。「#2.The Priestess イシスの探索」でつかんだ愛を通して、何をすべきかを学ぶ。女性的な創造力。生命力を与える。知恵のある愛。励ます。アドバイスをする。カウンセリングする。面倒を見る。
抱えるように開いた左手	イシスが子どものホルスを抱く姿。受容性。献身。
後ろの雀	隠されている貪欲さ、または性的欲求。欲望に背を向ける。欲望に囚われない。エロスの浄化。
鳩に語りかけるように見つめる	鳩は聖母マリアを象徴。愛の眼差しで物事をとらえる。優しく接する。直観的な預言力。内的な知恵に耳を傾ける。
ペリカンとヒナ	母性的な愛。自分をおいて人の面倒を見る。伝統的な社会性と家族的役割。産みの苦しみと育てること。
緑の丸い骨盤	妊娠。

象　徴	意味の要点
素足	現実主義。実行力のある人。
白い双頭の鷲のついた楯	錬金術の銀の性質。月の作用、女性的な意識を象徴。「#4.The Emperor 太陽の父」と対になって、さらに成熟して豊かになる。泥をかぶって人をかばう。
アイリスの花、魚、秘密の薔薇	薔薇の刺のような痛い思いをして能力が開花する。人間関係の結合は、水の国の「#6.The Lovers 兄弟」を経験し、さらにそれをたどり「#14.Art 異世の大釜」が表す大宇宙との結合が目的であることを示唆。
背景の空色のアーチ	「#11.Lust 夜明けの女神」に向かって開かれていく（創造性と好きなことをする自由）扉を意味する。

[ヘブライ文字]ダレト	「扉」を意味する：母親の子宮のような入口と出口。人生において許す、守る、保つ。内面的な生命の豊かさ。
[占星学]金星（♀）	金星の原理は、理解したい、答えを探したいという人間の欲求を表す。しかしそれは水星の、問いを発したいという心の働きと切り離すことのできない関係にある。金星は、若者が家庭や学校という枠の中から外部世界へと飛び出し、他者との関係を持ちたいと思う心の働きと似ている。調和と愛。特定の相手と仲よくする。女性性。母性。官能性。豊かさ。喜び。芸術性。
占星学の関連で意味を強め合うカード	ルーラー：牡牛座（♉）「#5.The Hierophant 高等司祭」 ルーラー：天秤座（♎）「#8.Adjustment 真理の女神」 イグザルテーション：魚座「#18.The Moon 月」
魔術師の神殿内の位置	「#2.The Priestess イシスの探索」からこのカードに進み、守護人「#11.Lust 自由」が実現し、火の国のサークルが完了する。

第3章　カード解説　　171

メジャーカード ❖ 火の国

項 目	意味
一般	成長、増大、豊富。育てる。創造的な潜在力（可能性）を具体化する。直観的な力。更新。接触することによって新しいものを得る。他のカードとの関連では結婚や妊娠を意味することも多い。生まれる。熟慮。思いやり。社交性。分かち合う。人間関係が生まれる。コミュニティーへの参加。母としての問題や母親との問題を解決する。
仕事	クリエイティヴワーク。成長と発展へのよい機会。職業を変える、転職。ビジネスの傾向とサイクルをつかむ優れた感覚。新しいコンセプトをつかむ。自分に任せられたものをよく育てる。社交性を生かす仕事。女性向け、女性相手の仕事。保育士、シェフ、デザイナー、幼児教育など。
交際と人間関係	交際が生き生きと発展する。楽しい官能的関係。性的な関係を結ぶ。深い信頼。家族に加わる、または子どもを産む。安心感を与える。新しく有望な約束。復活愛。
否定的な警告	際限のない成長またはチャンスを使用しないままに喪失すること。盲愛。押しつけがましさ。貧困や衰え。母親の欠点が持つ愛の性質。息苦しい。心の苦痛。えこひいきが原因。保守的すぎる。不妊。不毛または混乱。虚栄。快楽主義。性的もしくは感情的巧妙さ。家庭内に問題が持ち上がる。

	リーディングのポイント
基本的なリーディング	あなたが長い間温め続けてきたものが日の目を見るとき。さもなければ、沈滞していたものに成長の目覚ましい動きが起きるかもしれない。誰かのサポートが必要なとき、それを依頼された人はあなたを助けようとするだろう。そのときは、素直にすべてを相手に任せること。そうすればあなたの求めるものが得られるだろう。
否定的な場合のリーディング	成功したいのなら、状況が勝手に暴走しないよう、きちんと根回しをしてそれを止めるべきだろう。

- Column -
錬金術の三元素

　錬金術ではもともと、万物は「水銀（☿）」と「硫黄（🜍）」の2つの作用から生まれると考えられていた。しかしパラケルスス（医師、錬金術師）は、この2つの働きを調停する存在として第三の要素の「塩（🜔）」を考えた。硫黄は、万物の能動因（能動的エネルギー／男性的エネルギー）であり可燃的な働きをする。「水銀」は万物の受動因（受動的エネルギー／女性的エネルギー）であり流動的な働きをする。しかし、この2つの働きには一貫性というものがない。そのままでは消え去ってしまう。だからこそ、不燃的な固体であり、一貫性をもたらす「塩」が調停者として必要になると考えた。「塩」は万物の一貫性であり、不燃的な固体（不動性のエネルギー）の要素である。これがパラケルススの三元素説である。

Hermaphroditus

　しかしトート・タロットを研究した本書の見解では、この錬金術の考え方からは創造的な宇宙は生まれてこない。「塩」を万物の一貫因とし、固体と考えるかぎり、能動因の「硫黄」と受動因の「水銀」は、固体の「塩」の中でそれぞれの働きを妥協させられるか、ねじ伏せられる。これでは「硫黄」と「水銀」の真の合一は起こらず、錬金術による万物の創造はなされない。

　トート・タロットでは、この「塩」を「#3.The Empress 大地の母」に対応させている。これは固体ではなく愛であり、大地（固体と同じ意味）ではなく母の要素である。母が意味することは愛だが、愛は無的な働きである。愛とは、愛する者に対する自己の無化である。トート・タロットでは「塩」を愛としてとらえ、無化の働きと考えている。「硫黄」も「水銀」も有として物質的な働きをするが、「塩」は無として「硫黄」と「水銀」を有のまま合一させ、錬金術作業（新しい宇宙の創造）を起こすと考える。

#8.Adjustment 真理の女神
アジャストメント
信頼できる者のもと人生の土台となるべきものを学ぶ

メジャーカード ❖ 風の国

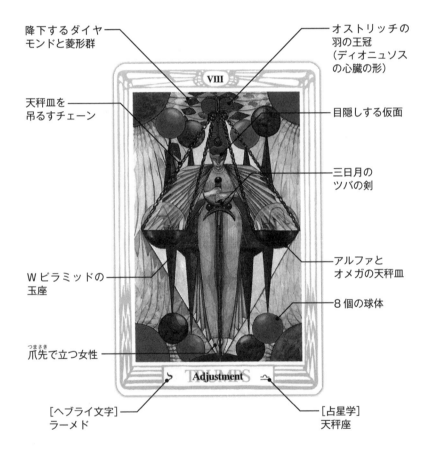

- 降下するダイヤモンドと菱形群
- オストリッチの羽の王冠（ディオニュソスの心臓の形）
- 天秤皿を吊るすチェーン
- 目隠しする仮面
- 三日月のツバの剣
- Wピラミッドの玉座
- アルファとオメガの天秤皿
- 8個の球体
- 爪先で立つ女性
- ［ヘブライ文字］ラーメド
- ［占星学］天秤座

【背景と解説】

　魔術師の神殿のパスワーキングのなかでは、第2のサークル「風の国」の守護人である。

　火の国で培った社会性を生かし、社会との関わりのなかでイニシエーションを通過する。その体験を通して理解すべきことは、他者との関わりの深まりのなかで明らかになってくる。公平さ、正しさ、主観に溺れないこと、客観性、均等などのキーワードによって表される人生への姿勢である。

　描かれている中心人物は、エジプトの太陽神ラーの娘マアト[*22]である。ダチョウの羽が象徴する「真理の女神」である。柔らかくて優雅なダチョウの羽は、その形が左右対称であることから、正義と秩序を意味する女神マアトの象徴となった（自分が経験するあらゆるものに、個人的責任を認識することを示す）。

　また、飛ばなくなった鳥ダチョウは、現実に合わせて過去を捨てるという意味も持つ。それはバランスを取るということ以上に、転換、変化がテーマである。ダチョウが進行の過程で行った変化は2つある。一つは、飛ぶことをやめた。もう一つは、血肉の家族関係に囚われずに自由に群をなし、他のダチョウを受け入れること（そのほうが襲われずに安全）。それは適応能力の高さをも表している。

　マアトは、公平さだけではなく、真理を意味するエジプト語でもある。なおかつ、まっすぐ、まわりくどくないなどを意味する。つまり、世界に秩序をもたらし、それを維持するのである。

　人物が女性なのは、古代では女神や娘がこの世俗世界の象徴だったからである。この人物はすでに起こっている物事を表し、既成のものに対する判断や姿勢を意味している。また、娘が母になる女性的な満足や成熟も意味する。

　数字8の形は、2つの円形の接合でできており、カバラの象徴学では数字の2に変換できる。つまり、人生は生き続けるので静止した安定は存在しないが、絶えず変わり続けることが安定であることを意味する。そこでは爪先で立つほどの注意深さが要求される。

　このカードは占星学では天秤座に対応し、ハウスでは、第7ハウスにあたる。したがって、結婚、異なる人生、異なる物事、潜在的なものの発見、相手を受け入れることで自己確立するなどを意味する。

*22 マアト
真理の女神、正義の女神、秩序の女神。太陽神ラーの娘。翼を持ち、象徴であるダチョウの羽を頭につけている。地獄の裁判では、死者の心臓を一方に乗せ、もう一方には彼女がいつも頭に挿しているダチョウの羽を乗せる。この天秤がどちらか一方に傾くと、死者は怪獣アミメットに食べられてしまい、復活できないという。そして、この天秤の目盛りを計るのは、書記のトートの役割であった。

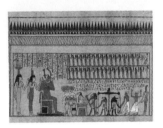

Unknown artist; Osiris witnessing the weighing of the heart of Hor; 300 BC

象　徴	意味の要点
爪先(つまさき)で立つ女性	現実は安定していないので、細心の注意深さと真剣さ、受容性によって取り組むと、統合化される。
全体が青と緑の色彩	青はビナーの海で「天」、緑は地球で「地」の象徴。天地が結合する関係、「場」が生まれる。知恵と熟考。人生の悲しみに触れることで、物事が深く考えられるようになる。大自然との触れ合い。他者との合一により考えていることを実現。
目隠しする仮面	仮面は、ここが神が現れる「場」であること、外側ではなく、注意を内部に集中することを意味する。人の意見や偏見に左右されないようにする（ここでは防衛の仮面）。潜在能力をつかむまで学ぶ。
三日月のツバの剣	識別する直観的な力。適切な識別力。
大地に剣を突き立てる	実際の現実の人生を他者と共有。師につく。伝承された教えを学ぶ。確信できるまで学ぶ。愛する人、または所属する場を完全に信頼すること。剣が「#5.The Hierophant 高等司祭」と同じ位置にあり、この2枚はルーラーが金星であることによって関連している。剣は「ソードのエース」の剣。法（テレーマ）を表し、個人的な好き嫌いに囚われない普遍的な愛による判断を意味する。
アルファ（A）とオメガ（Ω）の天秤皿	アルファとオメガのつり合いが取れているのは、創造神がこの場を支配し守っているから。天秤は優れたビジネス感覚も意味する（交渉や協力関係、また相手の意向をよく汲み取る、合法性、金銭的安定）。

象　　徴	意味の要点
天秤皿を吊るすチェーン	フールの葡萄のつると同じく、神の糸を表す。宇宙の支配者フールの力安定の基盤にする。天来の力。
頭上から吊るされた天秤	ヘブライ文字ラーメド（伸ばしている腕）の象徴で、天上界から差し出された救いの手を表す。「#9.The Hermit 賢者」の癒しの手につながる。本当の豊かさ、心のゆとりによって他者を癒す。
オストリッチの羽の王冠	侵すべからざる正義、秩序。公平。契約、規律。
天から降下するダイヤモンドと菱形群	「#0.The Fool フール」からのギフトにより統一がもたらされる。菱形は、天使の軍団の隊形を象徴。占星学の第4ハウスを象徴し、迷いのない新しい人生の土台を形成する。
すりガラスのような表面	社会関係の複雑さに惑わされることを象徴する。同じ状況が、「#15.The Devil バーンの祝祭」では蜘蛛の巣状の背景として描かれている。
4つの先端を持つWピラミッドの玉座と8個の球体	体系化された考えや思想。制約。法律。丸（女性性）と直線（男性性）の調和、つり合い。結婚。
光線を放つ四隅の輪	4つを合わせて1つの輪になることから、四大エレメントを統合することを学ぶ意味。また、結婚が個人の価値観を解体して、相手と合一できる心の働き学ぶ機会になる意味もある。合一は、人生の土台（第4ハウス）を生む。日常生活の形成とヒーリング、日常の変革。共同で現実を形成。

［ヘブライ文字］ラーメド	「伸ばしている腕」「牛突き棒」を意味する：教えること。安全なところへ導く。向こうから助けてくれる。
［占星学］天秤座（♎）	客観性、秩序、バランス、調和、洗練された美的感覚と社交性。他者と共同経営し合える結合をする。
占星学の関連で意味を強め合うカード	ルーラー：金星（♀）「#3.The Empress 女帝」 金星のルーラーが共通：「#5.The Hierophant 高等司祭」 イグザルテーション： 土星（♄）「#21.The Universe 楽園回復」
魔術師の神殿内の位置	風の国のサークルの守護人。火の国のサークルが終わると、このカードに進み、次に「#9.Hermit 賢者」へ進む。

項　目	意味
一般	現実に合わせて客観的に判断する。明確にする。バランスを取る。公正な立場に立つ。自分自身の責任から逃げない。まじめに理解する。人生の真理を学ぶ。自己批判的に考える。他者との結合が大きな発展をもたらす。大自然に触れヒーリングされる。
仕事	仕事の結果が出る。仕事の目的がはっきりする。よい判断。公正な契約。会計決算をする。財政的安定。自分の蒔いたものを刈り取る。よいビジネスパートナーを得る。職種は、文筆、デザインなどの芸術関係、出版関係、法律関係、カウンセラーやヒーラー。
交際と人間関係	対等な権利を認め合う。現実を理解した適正な合意。バランスの取れた関係。結婚、入籍。実際的な目的のためにいっしょに生きる。ビジネス関係。
否定的な意味の警告	あれこれ深く考えすぎて行動できない。不正行為や偏見。批判的すぎる。不安。現実味が乏しい。長引く裁判でコストがかさむ。組織や決まりにこだわりすぎる。情熱や活力に乏しい。無味乾燥。

	リーディングのポイント
基本的なリーディング	ここには、天から到来したといえるチャンスが働いているが、この状況の肯定的な面と否定的な面を調べるまでは、計画を進めることは差し控えるべき。行動する前に確実な根拠に基づいているかを確認すること。適応性や法律的な義務を調べること。
否定的な場合のリーディング	あなたは一時的に不当と思える状況に立たされるかもしれない。短期間のうちにあなたにできることは何もないだろう。しかし、最終的には正しいことや適切なことが波及していくことだろう。

- Column -

真理の女神
この世と基底を結ぶ土台

　トート・タロットと50年以上もつき合ってきたが、今でもタロットはとてつもなく不思議な世界だと今さらのように思わされる。それは、人生がとてつもないほどにとてつもなく、宇宙がとてつもないほどにとてつもないものだと実感するのと同じ感覚である。

　このカードは、通常「結婚関係」を表す。けれど私たちは、はたしてどこまで人生に結婚があることを理解しており、結婚がどのような出来事であるかを理解しているだろうか。

　天秤の真ん中には〈剣〉が突き立てられている。この〈剣〉は占星学的には明らかに土星（人生には約束を守り抜くという枠組みがある）であろう。このカードを見て「明るくない」という感想を述べる人が多いが、そこには結婚が土星的な人生の要素を担い、それを乗り超えることを要求されていると感じ取るからであろう。このカードの中心的な存在は「女神マアト」であるが、もう一方で天秤と剣で十字架（タウ／土星）が形成されていることも忘れるわけにはいかない。

　「#8.Adjustment 真理の女神」のサークルのパスワーキングをめぐり、2人の人間が出会うことは人生のたいへんな「悲しみ」である。なぜなら、人生は欲望と刺激の追求を土台に形成されているからである。しかし、そこで「魔術師」との出会いがあると、「悲しみ」の皿の反対側には「恵み」の皿が現れる。そして「宇宙的な結婚」が天から降ってくる。それがダイヤモンド状の〈菱形〉である。したがって女神マアトの天秤の目盛りを量るのは、「トート（魔術師）」なのである。

　クロウリーがいう「法のもとの愛」とは、このカードのことである。彼は、「法＝戒め」を守り抜くことなくして「愛」が存在することなどないことを見抜いた。しかし、その生き方を貫くことに破れ、トート・タロットを後世に残してくれたのである。

#15. The Devil（デビル） パーンの祝祭
外的抵抗をものともせず野心を行使して成功する

メジャーカード ❖ 風の国

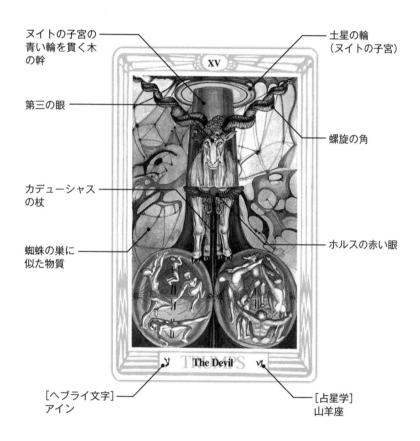

- ヌイトの子宮の青い輪を貫く木の幹
- 第三の眼
- カデューシャスの杖
- 蜘蛛の巣に似た物質
- 土星の輪（ヌイトの子宮）
- 螺旋の角
- ホルスの赤い眼
- ［ヘブライ文字］アイン
- ［占星学］山羊座

180　第2部　ヴェールを脱いだ魔術師のトート・タロット

【背景と解説】

「#15.The Devil パーンの祝祭」は、人生の安定性を確立するために、素朴で野性的な強さが要求されることを表している。これはトート・タロットのなかで唯一、それ自身の内部で変容を経験するカードである。「#15.The Devil パーンの祝祭」の主人公は、ギリシア神話では半人半山羊のパーン神[*23]を象徴し、陽気な騒ぎと官能性を意味する。エジプト神話では太陽神ラーに対応し、生命力とエネルギー（万物の生みの親）を意味する（本能的な真面目さ、単純さ、純粋さ）。

「#8.Adjustment 真理の女神」のカードにあった「すりガラス」は、「#15.The Devil パーンの祝祭」では背景の「蜘蛛の巣」で表されている。それに巻き込まれない「眼」を開かせるのが、「#8.Adjustment 真理の女神」のダイヤモンド状のカットである。現実にどっぷりと浸かって、その中で崩れないことが学ぶべきテーマである。

「#15.The Devil パーンの祝祭」には、火星を象徴する要素が2つある。一つは、カデューシャスの杖についている赤い眼である。火星はこのカードの山羊座でイグザルテーションする。それは、現実を愛するということを表す。悩む暇がないほどにビジネスの問題（社会的な評価）に激しく直面することが、人生の、そして心のヒーリングになることを意味する。それは世俗的に成功するという意味にもなる。もう一つは、鉄の杖である。現実社会の葛藤を通して、信用に値するものを見る眼が精錬される。大木と葡萄の花冠（かかん）は、社会の枠組みのなかで現実の人間関係の矛盾をぎりぎりまで経験することにより、成熟することを表す。大地とのつながりを理解する（社会的に骨太になる）ことが、ここでの経験の意味になる。

2つの男女の球体の根は、現実の深淵の中で眠り、時間の枠組みの中で成熟する、理屈以前の本能的な生命の創造力を表している。パーンの笑みは、この世での成功、ゆとり、楽しみなどがもたらされること、そして、それらが必要であることを意味する。

大木の上方には、木の幹を取り囲んでいる天空の女神ヌイトの子宮を意味する輪が描かれている。ヌイトは「#17.The Star 螺旋の星」の水瓶座に対応し、次の展望が開けるまで社会の枠組みと社会的な評価を受けることを目指せと教えている。一方でそれは、土星の輪の象徴にもなる。土星は、水瓶座では第2ルーラーであることからもつながっ

ている。

　パーンの頭部から螺旋状に伸びる豊穣の角は、人生が植物的であることを表す。なぜなら人は、大地、地球と密接不離の関係にあり、生活をしていく上でたくましさの感覚が希薄になると人生の成長が止まるからである。しかし、2本の角は、社会では「ゆとり」と「戦い」の両面が要求されることを示している。

　山羊は山羊座の象徴で、動物性、囲いの中、集団性、社会性などを表し、土星と火星がそれに対応する。また一方で、現実の社会関係に内在する残忍さと無慈悲さを十分に知る必要を表す。

　否定的な意味では、クレタ島の怪物ミノタウロス*24 を象徴する。新しい世界を生む天の母ヌイトは、探求のはじめにあたる「#11.Lust 夜明けの女神」（これもヌイトのカード）の光を探求する力を育て、ライフワークを見出すまでに成熟させる。

*23 パーン神（ギリシア神話）
　　パーンは羊飼いと羊の群れを監視する半人半山羊の神。醜い容姿を神々に中傷され、その風貌でオリンポスのすべての神々を楽しませたともいわれている。パーン神の声や地を足でバタバタと踏む怪音で旅人が戦慄したことから、心理的などん底に突如突き落とされる恐怖心を意味する「パニック」の語源ともされている。

*24 ミノタウロス
　　Mythology「アリアドネの糸」（42 ページ）および Column「迷宮神話とトート・タロット」（136 ページ）を参照。ダイダロスの館の迷宮の中心にいる怪物。

象　　徴	意味の要点
豊穣の角と第三の眼を持ち笑っている山羊	パーン（大自然、森林）の神。あらゆるものを生産する力。本能的で性的な性質。直観力と豊かな創造力。
螺旋の角	DNA の螺旋形から螺旋の銀河へ伸びる。本能的な欲望の追求から、社会的に評価される大きな理想を追求する。「#11.Lust 夜明けの女神」の自由な力が、この角によって明白に方向づけられている。
葡萄の花冠	感覚的な楽しさを求める。戴冠する者は有能であることの証明。
乱舞しからまり合う男女の2つの球体の根	深淵（社会の混迷）の中で眠り、時間とともに成熟する生命の創造力。社会の人間関係、力関係の混沌とした状況にもまれて耐えることが、創造力が成熟して芽生えてくる土台となること。

象　徴	意味の要点
天空の女神ヌイトの子宮である青い輪を貫く木の幹	深淵から上昇する生命の樹液（活力）。この場合の深淵は、伝統や神話、歴史から学ぶこと。大地は、実際の経験を通して増大する創造力の象徴。
土星の輪	クロノス*25 は天空の女神ヌイトを斬りつけた。それは限りあるもの（制約、限界、束縛）のなかで目的を実現する意味である（これが「成熟」の意味）。社会的な成功。学問的な領域で仕事をする人。地道な努力。訓練、学習、専門職、政治家向きなど。現存するものすべてへの理解。
深淵から上昇するカデューシャスの杖	「#1.Magus 魔術師」の杖に同じ。混迷への勝利者、王として帰還する。成功。深淵から成熟して生まれる光（暗闇の中から生まれる潜在的な新しい可能性の光）。暗闇にチャンスあり。
ホルスの赤い眼	「#20.The Aeon アイオーン」の眼に同じ。現実に触れるという成熟を通して内的な直観の眼とヴィジョンが生まれる（赤は火星を表す。活動の色）。
蜘蛛の巣に似た灰色の物質	冥界の罠。苦悩、狂乱の潜行性と危険。実際の、または想像上の物事のもつれや苦悩。「#8.Adjustment 真理の女神」では、すりガラス状で描かれている。
第三の眼	右につくか左につくかではなく、自分自身の眼や判断力を持つ。内的な気づき（自覚）。二者択一を超える力。迷いの消滅。洞察力。

[ヘブライ文字]アイン	「眼（意識の集中）」を意味する：考えていることを眼に見える形にする。直観。
[占星学]山羊座（♑）	年間の最も大きな暗闇の印。太陽が冬至に再生するとき。野心の実現。根気強さ。固執。着実。安定性。断固とした。
占星学の関連で意味を強め合うカード	ルーラー：土星（♄）「#21.The Universe 楽園回復」イグザルテーション：火星（♂）「#16.The Tower 稲妻の塔」
魔術師の神殿内の位置	守護人「#8.Adjustment 真理の女神」からこのカードへ進み、次に「#13.Death 黒い太陽」へ向かう。

*25 クロノス（時間の神）
　　ギリシア神話の時間を神格化したもの。土星は時間を意味し、クロノスに対応する。クロノスがヌイト（永遠）に斬りつけるのは、一時的なものの価値（社会的な成功）を認めることである。しかしそれは、社会的な成功は永続しないということでもある。なぜなら、時間で斬りつけるとは、限りがあるということだからである。

項　目	意　味
一般	シャドー（苦手なもの、避けたいもの）に直面して束縛から解放され、より自由になる。社会的な成功。本能的、直観的、無意識的な力を利用する（よい意味の場合も悪い意味の場合もある）。休暇を取る。遊ぶ。楽しむ。ゆとりを持つ。暗闇をチャンスにする。成功への努力をする。
仕事	本当に楽しい仕事を求める。ライフワークを見つける。成功する。高いヴィジョンを追求する。改良。専門職、技術職。次の目的を熟考するために、休暇を取る。 ［否定的な場合］ 活動を禁止される。汚職、搾取、陰謀。うしろめたい取引。闇取引。依存心の利用。
交際と人間関係	魅力を感じる。深く激しい情熱を感じる。恋人の約束を交わす。運命共同体的な関係。 ［否定的な場合］ 感情のもつれ。つかの間の愛。誘惑。浮気。略奪愛。憎悪。束縛し合う。闘い合う。性行為だけ。
否定的な警告	節度の欠乏（本能的すぎる）。反抗的。貪欲。権力志向。考え方が固すぎる。誘惑される。甘やかしすぎと堕落。歓楽に溺れる。束縛を受ける結果につながる破壊的な衝動。周囲を苦しめ迷惑をかける。一時的な気晴らし。欲望。

	リーディングのポイント
基本的なリーディング	あなたは自分のことと自分の状況をあまりにも真剣に受け止めているのだろう。自分の体験してきたこと、身につけたことに自信を持ち、楽しむ気持ちで目の前の課題に取り組むほうがいい。消極的にならずに、大道を歩いてその道の権威者に認められるよう心がけるようにする。
否定的な場合のリーディング	あなたは悲観的な考えに囚われすぎている。もしそうなら、それは心が負けている状態である。自分を信じる意識を失うと捨て鉢になって安易に陥ったり、反抗的な道をたどりかねないだろう。

#13.Death 黒い太陽（オシリスのアイオーンの死）

追求してきたものに見切りをつけ
人生のより深い意味を求める

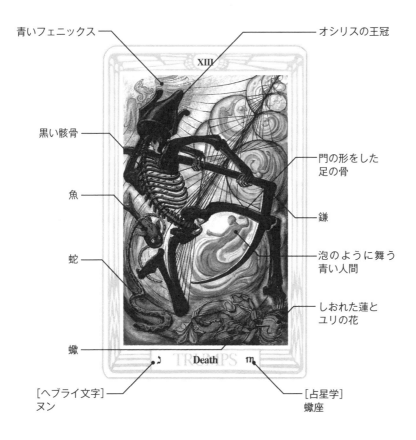

- 青いフェニックス
- オシリスの王冠
- 黒い骸骨
- 門の形をした足の骨
- 魚
- 鎌
- 蛇
- 泡のように舞う青い人間
- しおれた蓮とユリの花
- 蠍
- ［ヘブライ文字］ヌン
- ［占星学］蠍座

第3章 カード解説　185

【背景と解説】

　このカードは、物質的な成功願望や権威を求める意志から離れ、より深いレベルで生命力を交流し合う世界の追求を表す。クロウリーは「#13.Death 黒い太陽」で、科学物質の変化と彼独自の性魔術の立場から、意識の変容の三段階について語っている（彼の表現では、現代の「意識の変容」という概念は「腐敗作用」という言葉になる）。その三段階の象徴を「蠍」「蛇」「フェニックス」としている。

　ここではクロウリーの見方とは別に、「人生の事実」として、意識の変容の三段階に対応するものを解明する。意識の変容は、放っておいても起こる自然現象ではなく、単なる成長でもない。意識の変容とは、発展または探求を通して起こる価値観の変化である。それを感じている私という存在も世界も変容しなければ絶望的だと気づいた人々がいた。それが神話創造のはじまりである。人は神話を創造することを通して、宇宙の創造主に近づいてきた。つまり人は、神話創造を通して創造主と対話してきたのだ。

　世界の内的宇宙とは世界神話のことである。そして、世界神話の一貫したテーマは、日常意識を超えてその外へ出る旅をすること、つまり、意識の境界超えである。「意識の英雄」としてふたたび帰還することが、意識の変容という概念として期待されている（宗教はこれと似たような生き方の変化を「覚醒」と定義してきた）。

　「#13. Death 黒い太陽」で取り上げられている変容の三段階は、どのような人生の変化をいわんとしているのであろうか。

　このカードのヘブライ文字対応のヌンは、魚を意味する。クロウリーは「このカードは魚が際立った象徴だ」（腐ると悪臭を放つ）と語る。魚は魚座の象徴であり、社会内の体験を通して古い意識から新しい意識へ飛躍的な変化を遂げることを示す。スケルトンの骨と大鎌は土星の象徴である。これらの象徴すべてがこの世の社会的な体験として、骨を突き刺す大鎌の一振りごとに起こる心の決定的変化（意識の変容の三段階）を表す。

［意識の変容の三段階］
①「蠍の針」で象徴される死と変容
　　この世の競争と恐怖の痛みを十二分に体験することで起こる、
意識の変容の第一段階である。それは、苦痛を受ける悲しみから
の解放である。
②「蛇の脱皮」で象徴される死と変容
　　自分以外の他の何者かになろうとする成功願望や他者羨望との
決別が、意識の変容の第二段階である。
③「フェニックスの復活」で象徴される死と変容
　　他の2つの段階と異なり、個体が完全に破壊されて別の個体
（鳥）として復活する。しかし、それは同じフェニックスであった。
これは、占星学的には太陽系を超えてしまうことを意味する、個
性的精神の消滅を表す。骨の足が異世への門を構成し、その向こ
うに泡のように青い人間がたくさん誕生している。それは幾度と
なく変容を体験するという意味ではなく、個性的精神を超えた象
徴である。これが意識の変容の第三段階である。
　　人は意識の変容の第三段階を通過すると、もはや個人意識から
は行動しなくなる。これが「フェニックスの変容」である。フェ
ニックスの変容だけが門の向こう側（異世）で起こっている。こ
れは、個人意識から普遍意識への飛躍的変容であることを伝えよ
うとしているのだ。

　しかしここでは、魚座の潜在意識を表す魚が、門の向こう側に行か
ないように描かれている。それは、このカードでは、意識の変容が起
こったのではなく、意識の変容のヴィジョンが生まれたこと（それが
魚の潜在的な意味）を表している。つまり探求者に、変容の必要性の
全貌がはっきりと理解されたのである。実際に意識の変容が起こるの
は、次の「#16.The Tower 稲妻の塔」と「#12.The Hanged Man オシリ
スの死」のカードである。

メジャーカード ✤ 風の国

第3章　カード解説　　187

［意識の変容と存在の変容について］

「生の変容」という概念は、現代の社会的気分である「ニヒリズム」を前提にしており、現代のニヒリズムは「価値のニヒリズム」とその根本気分としての「存在のニヒリズム」に大別されるといわれる。「価値のニヒリズム」は、すべての者が守らなければ普遍的な価値は存在しないという時代的な気分である。「存在のニヒリズム」は、確実なもの、すなわち実在は存在しないという根本気分である。

「生の変容」は全体として前後二段に分けられ、**第一段階が**「**意識の変容**」で、「価値のニヒリズム」を完全に克服することをいう。**第二段階は**「**存在の変容**」であり、根本的な気分である「存在のニヒリズム」を完全に消滅させることである。そして「意識の変容」は三段階を踏み、それを超えた「存在の変容」は「**絶対的結婚関係**」を時代のなかで実現する。「絶対的結婚関係」が人生の「死」の完全な克服になる。トート・タロットでは「意識の変容」をテーマにして「#13.Death 黒い太陽」から「#14.Art 異世の大釜」までを取り上げ、「存在の変容」をテーマにして「#20.The Aeon アイオーン」から「#19.The Sun 太陽」までを直接的に取り上げている。

　ここで取り上げた「気分」という概念は、社会全般を覆う共通する心理構造であり、ハイデガーが時代精神を説明するために使いはじめた概念である。

象　徴	意味の要点
鎌	自発的に快楽を手放す。切り捨てる。
鎌で生命の糸を切る 黒い骸骨	はかなさ、終わり、放棄。身動きが取れず束縛して いるものの結び目を切る。「#21.The Universe 楽 園回復」の鎌につながっていく。自発的に快楽を手 放すと、内面化がはじまる。
オシリスの王冠、 冥界の神	オシリスは、スケルトンになってはいるが、王冠は 依然として被ったままである。王冠の上からフェニッ クスが飛び立とうとしている。これは意識の変容が 起こったことを表すのではなく、人生が生まれ変わ らなければならないという、変容の必要性を知ったこ とを意味している。実際の変容が起こるのは、次の カード「#16.The Tower 稲妻の塔」を体験してから。 ＊王冠を脱ぎ捨てていないのは、頭の中で理解した だけで、本当には体験していないことを表している。 このカードは、心の中で考えているのである。
門の形をした足の骨	新しい人生への入口。物質的なものへの執着を手放 し、永遠のもの、価値あるものへ心が純化されていく。
光の中を上昇する 泡のように舞う青い人間	新しい人生への上昇。人間の形[*26] は水瓶座の天王 星を象徴。天王星は蠍座でイグザルテーションする。 また、ウラヌス（天空）から生まれるのはアフロディー テ（愛）。
蠍	このカードに対応する蠍座を表す。死ぬことと生ま れることを象徴。表層を超えた世界への目覚め。
しおれた蓮とユリの花	はかなさ。新しい人生への前提条件として、今まで の経験や失敗例を腐葉土として生かすこと。
魚と蛇	死と復活（魚は魚座、蛇は蠍座の象徴）。
青いフェニックス	物質的世界の執着を克服し、新しい世界に目覚める （人生の新しい勝利）。より深い意味のあることに関 心が変わる。青は心の変容の色彩。変容、再生、解放。

＊26 人間の形
　　クロウリーは別の考え方をしていたが、人または天使は、伝統的には水瓶座のケルビム（有
　翼人身像）の象徴である。トート・タロットにおけるケルビム（またはエレメントの天使）
　の象徴は、主として「#5.The Hierophant 高等司祭」「#21.The Universe 楽園回復」に
　表れる。それは黄道十二宮のフィクスド・サインを表し、四大エレメントの象徴になる。
　クロウリーの考えによれば、新しいアイオーン（ホルスのアイオーン）とトート・タロッ
　トのケルビムは、ライオン（獅子座）、鷲（水瓶座）、天使（蠍座）、雄牛（牡牛座）に対
　応するという。しかし、この新対応はマイナーカードの象徴との関わりに支障が生じる。
　そのため、本書では従来通りの伝統的な照応を採用し、ライオン（獅子座）、鷲（蠍座）、
　人または天使（水瓶座）、雄牛（牡牛座）とした。

[ヘブライ文字] ヌン	「魚」を意味する：潜在意識。能力の増殖。強い考えが心の中に生まれる。多産。生殖器。ヴィジョンを生む。
[占星学] 蠍座（♏）	変容。古いものが滅び新しいものを形成。深みから高みへの深いレベルでのエネルギー交換を求める。人生のより深い意味を求める。
占星学の関連で 意味を強め合うカード	ルーラー：火星（♂）「#16.The Tower 稲妻の塔」 ルーラー：冥王星（♇）「#20.The Aeon アイオーン」 イグザルテーション：天王星（♅）「#0.The Fool フール」
魔術師の神殿内の位置	「#15.The Devil パーンの祝祭」からこのカードに進み、次の「#16.The Tower 稲妻の塔」へ向かう。

項　目	意味
一般	別れる。自然な終わり。人生の恐れ。無益な固執から離れる。手放すことを強いられる。放棄。快楽の終わり。
仕事	専門の活動を終える。専門の職業を変える。任務を成し遂げる。職業上の目的と計画を棄てる。リタイア。第三者の援助が受けられる。調査、薬学、医者、金融関係、保険などの仕事が適職。
交際と人間関係	関係の終わり。パートナーシップにおいて根本的な変化がはじまる。別れる。性的関係になることとその終わり。失う恐れ。気持ちが冷める。
否定的な警告	前途のない段階。依存。手放すことや変えることを拒む。不安定。頑固。沈滞。自然に手に入るものを強制的に取り去られる。

	リーディングのポイント
基本的なリーディング	このカードは変容の過渡期を表す。すべてのことはよりよい方向に変わっていくだろう。それを喜んで受け入れるようにすること。その変化の状況の中で、自分自身と状況を生き返らせることができるだろう。
否定的な場合のリーディング	あなたが変化の必要性を無視すれば、状況が停滞することを警告している。これらの変化はあなたを解放し、新しい生き生きとした道を開いてくれるだろう。

- Mythology -
サトゥルヌス

ピーテル・パウル・ルーベンス
『我が子を食らうサトゥルヌス』
1636-38年 プラド美術館

　ローマ神話の穀物の神（英詁ではサタン）。ギリシア神話のクロノスと同一視され、土星の守護神ともされる。サトゥルヌスは、わが子に王座を追放されるという預言を恐れ、自己の破滅に対する恐怖から狂気に取り憑かれ、産まれてくる息子たちを次々と食らったといわれる。限りを意味する時間は、私たちに安心感を与えるとともに、私たちを束縛する恐怖でもある。

　この神話は、"時間をかけて今以上の他の何者かになろうとする努力が、おのずと自らを滅ぼす結果に終わる"ことを教えようとしている。そのことを「オシリスの死」に代えて伝えようとしているのである。そして、オシリスはこの世の太陽ではなく、冥界の太陽（黒い太陽）になった。この冥界の太陽は、意識の地下世界とはハッキリと関係を断つことを意味している。

#16. The Tower 稲妻の塔
人生の価値観の根源的な変化と理想の大転換

メジャーカード ❖ 風の国

- 輝くホルスの眼
- オリーブの葉をくわえた鳩
- ドアと窓が壊れて崩れた石の塔
- 稲妻（神の顕現）
- 光るライオンと蛇の合体獣
- 落下する４人の四角い人間
- 下界の炎を噴くドラゴンの口
- ［ヘブライ文字］ペー
- ［占星学］火星

【背景と解説】

「#16.The Tower 稲妻の塔」では、「#5.The Hierophant 高等司祭」の
オシリスから出発して学んできたことが一つの目的を遂げ、重要な変
化をもたらす。これをきっかけに「#13.Death 黒い太陽」から「#12.
The Hanged Man オシリスの死」へと、今後長期にわたる大変動が起
こる。学びはじめの段階では想像もできなかった決定的な発展である
（火星は牡羊座だけではなく、冥王星とともに蠍座のコ・ルーラー*27
である）。火を噴くドラゴンは、異世からのエネルギーを引き出すこ
とと、銀河（宇宙）的エネルギーの到来による人生の変容を示唆して
いる。これは、固定観念の働きを理解して、徹底的に人を締めつけ倒
錯させている古い観念を打破することである。

「#16.The Tower 稲妻の塔」は、自己を浄化する「眼」を象徴し、人
生のヒーリング、革新、修復を意味する普遍的原理である。稲妻の塔
は、変化と目覚めを象徴し、私たちの本質にある人為的なもの、事実
に反するもの、条件づけられたものが根こそぎ分解される。

　火を噴くドラゴンは、霊的な火または生命力で、私たちの人格（塔）
の中の古いパターンを分解し、再構成する力が生まれる。本質の中の
真実のものを目覚めさせ、現れてくるようにする。あらゆるものは結
晶化するが、本質の中の真実ではないものは、人格（塔）から追い出
されるか、投げ捨てられる。

　落下する4人の人物は、自分自身の古い心、感情、直観、物理的な
習慣を象徴し、それはすでに終わったもので、これ以上信ずるべきで
はないもの、本質的な自己ではないものを表す。同時にこの過程は、
古くなり、人為化し、そして大きくなりすぎた自分の生き方を修正、
一新し、変革させるために再構成することでもある。カードの一番上
に描かれた開いた輝く眼は、「ホルスの眼」である。これは、エジプ
トの理解力の神を象徴し、目覚めの状態と自己のより深い真実の性質
を見つめる状態を表している。一度目覚めれば、より偉大な存在その
ものである「神殿」に連なることが求められる。それがカードの一番
下に描かれた火を噴くドラゴンである。それは、風の国の守護人「#8.
Adjustment 真理の女神」のダイヤモンドの菱形でもある。

---

*27 コ・ルーラー（共同の支配星）
　　蠍座には火星と冥王星の2つのルーラーがある。

ライオンの頭部を持つ光輪の蛇（錬金術の魔術的な護符）は、その革新が新しく、拡張された性質であることをより完全で正確に表現するために、古い皮を脱ぎ捨てる蛇の行為に似ていることを教えている。ライオンの頭に光輪があるのは、至高神の象徴で、自分の意識が拡張する（光輪）とき、自分の皮を脱ぐ蛇のように、身の丈に合わないほど大きくなりすぎた欲望を脱ぎ捨てることが求められる。そして、オリーブの葉をくわえた鳩は、古い世界が終わって新しい世界が開けてくるときにもたらされる、内的な希望、祝福の象徴である。

象　　徴	意味の要点
稲妻	天啓：強烈な目覚め。圧倒的に悟る。
ドアと窓が壊れて崩れた石の塔	目的指向の硬化した個性。殻で覆われた意識。硬直した安全指向の態度などの崩壊。拘置所に閉じ込められているような状態。考えていたことが挫折する。「#15.The Devil バーンの祝祭」の大木が倒壊する。
下界の炎を噴くドラゴンの口	深淵の正体を完全に見きわめたことによって生じる大変動。異なる次元から起こる大変動。人生の最下層（サソリ）への目覚め。
崩壊する壁	築き上げてきたものが破裂する。激しい変化。
落下する四角い人間	強い目的意識に囚われて、訓練され、硬化し、ゆとりのなくなった魂が、突然解放されて自由になる。何もかもすべて違う。
輝くホルスの眼	原因のないもの（光、洞察）の到来。ホルスのアイオーンの夜明け。「ハッ」と気づく。決定的なものへの気づき。浄化される。覆われていたもの、隠されていたもの、見たくなかったものを見る。
オリーブの葉をくわえた鳩	救済。新しい希望の到来。
光るライオンと蛇の合体獣	光と影の結合。恩恵としての出来事。「#11.Lust 夜明けの女神」で本当に求めていたものの謎が解ける。
黒い背景	破壊。混沌。疑惑。暗さ。

［ヘブライ文字］ペー	「口」「スピーチ」を意味する。口はバベルの塔の象徴。混乱やカオスは相容れない考えと信念を生む。浄化。
［占星学］火星（♂）	闘争的。破壊的。向こう側の圧倒的強さへの目覚め。奮い立たせる力。活発な力。

占星学の関連で意味を強め合うカード	ルーラー：牡羊座（♈）「#4.The Emperor 皇帝」 コ・ルーラー：蠍座（♏）「#13.Death 黒い太陽」 イグザルテーション：山羊座（♑）「#15.The Devil バーンの祝祭」
魔術師の神殿内の位置	「#13.Death 黒い太陽」からこのカードに進み、次の「#12.The Hanged Man オシリスの死」（古い自己の死）へ向かう。

項　　目	意味
一般	突如ひらめくように理解する。突然の予期しない大変化。並たいていではない変革と再生の力。ライフスタイルや人間関係、職業、家庭などに内面的な大変化をもたらす。それは長い間求め続けてきた変化で、今後長期にわたり状況がよりよくなる。突破。解放。運命の開花（運命によって強打される）。ダイエット、訓練、旅行などを通し自分自身をヒーリングし、立て直すことを考えるのによい時期。衝突と激論。放逐。混沌と大変動。燃え上がる。戦争。
仕事	解雇。破綻。突然のチャンス。急上昇のチャンス。離れ業をする。力作の発表。メンタルヘルスや肉体治療の才能。
交際と人間関係	突然の別れ。感情の爆発。あまりに狭すぎる関係からの脱出。すべてを一掃する嵐が起こる（不自然なもの、自分らしくないものからの解放）。真実への目覚め（本当のことがわかる）。
否定的な警告	急激な大変化にともなう莫大な危険と脅威。無感動（鈍感）。ぐずぐずと先延ばしにすること。意志薄弱。自己欺瞞。現実逃避。交通事故に注意（自分の思いに囚われボーッとしている）。トラブル。

	リーディングのポイント
基本的なリーディング	懸命に努力してきたことは土台から崩れていくだろう。これは一見不幸に見えるが、実際は幸運である。この出来事は、あなたがやっていることを土台から見つめ直し、本当の人生の方向へエネルギーを集中させて、再生する機会をあなたにもたらす。
否定的な場合のリーディング	不運に陥らないよう頭を混乱させないでいる必要がある。出来事の解釈に関してあれこれ迷っていると、状況を複雑にするだけである。現実的に考えること。

第3章　カード解説　　195

- Mythology -
バベルの塔

この塔は古代メソポタミアの中心都市であったバビロン（アッカド語で「神の門」）にあったとされ、古代メソポタミアに多くみられたジッグラトという階段状の建造物だともいわれる。

ピーテル・ブリューゲル『バベルの塔』1563年　ウィーン美術史美術館

バベルの塔は旧約聖書の『創世記』に登場する。

ノアの洪水の後、人間はみな同じ言葉を話していた。人間は石のかわりにレンガをつくり、漆喰のかわりにアスファルトを手に入れた。こうした技術の進歩は人間を傲慢にしていった。実現不可能な天にまで届く塔を町に建てて有名になろうとしたのだ。

人間の高慢な企てを知った神は、心配し、怒った。そして人間の言葉を混乱（バラル）させた。

今日、世界中に多種多様な言葉が存在するのは、バベル（混乱）の塔を建てようとした人間の傲慢を神が裁いた結果であるといわれている。同時に人々が石のかわりに煉瓦を、漆喰のかわりにアスファルトを用いたという記述から、古代における技術革新について触れながらも、人間の技術の限界について語る意味を持つと考えられる。

- Mythology -

ノアの方舟

ノアの洪水と方舟伝説は、旧約聖書『創世記』第6章1節から第9章28節に記載されている。これは時代の違う2つの伝承資料をつなぎ合わせて構成されている。そのため記述には重複や矛盾も多い。

一つはバビロニアの素朴な洪水伝承をユダヤの高度な信仰の神話としてつくり変えたものであり、もう一つはユダヤがバビロン捕囚から解放された後（紀元前500年代）に生まれた洪水伝承である。

物語の概要は、神との約束を破って楽園を追放された人類の始祖アダム。その子孫は世代を重ねるにしたがい、一部を除いてさらに堕落していった。ノアの時代、ノアとその一族以外はすべて、自分たちの欲望を充足させることに明け暮れ、神の声に耳を傾ける者は皆無になっていた。ヤハウェ（神）はこれを憂い、大洪水を起こして全土を刷新することにされた。

ヤハウェはノアに方舟をつくらせ、そこに彼の家族と全土の動物のつがいを乗せて、彼らを洪水から救うことを決めた。古い世界を滅ぼし、ふたたび新しい世界を創造するためである。

ノア（当時600歳）は方舟を完成させると、自分の妻と3人の息子、3人の息子の妻たち（ノアを含め計8人）と、すべての動物のつがい（家畜は各7つがい）を方舟に乗せた。『創世記』によると、方舟の大きさは全長135m、幅22.5m、高さは3階建てで13.5mほどであった。

水は天から豪雨となって降り続き、大地からは激流が噴出した。

大洪水は40日間続き、地上に生息していたものすべてを滅ぼした。水は150日間増え続け、その後穏やかになって水かさが減りはじめると、方舟はアララト山の上に停まった。そこはかつてエデンの園があった場所とほぼ同じ場所である。

さらに40日が過ぎると、ノアはカラスを放った。しかし、カラスは水に浮く動物の腐肉などを漁り、戻ってくることはなかった。そこで肉を食べることのない鳩を放ったが、陸地がないため戻ってきた。7日後、もう一度鳩を放つと、鳩は新芽のオリーブの葉をくわえて舟に戻ってきた。さらに7日経って鳩を放つと、鳩はもう戻ってくるこ

とはなかった。 それによりノアは水が引いたことを知り、家族と動物たちとともに方舟から降りた。そのときノアはすでに601歳に達しており、洪水が起こってから375日が経過していた。

ノアは方舟から降りると祭壇を築き、清い動物を焼き尽くして灰にするという形で生け贄を神に捧げた（一般的に生け贄を捧げる際は、動物を灰になるまで焼き尽くさず、残った肉は自分たちが食べた）。ヤハウェはこの忠実さに対して、二度とすべての生物を滅ぼすことはないと誓い、ノアとその息子たちを祝福し、そのしるしに空に虹を架けた。

キリストは、自分が地上に再来することをノアの洪水にたとえて語っている。

人の子の現れるのも、ちょうどノアの時のようであろう。すなわち、洪水の出る前、ノアが方舟に入る日まで、人々は食い、飲み、めとり、嫁ぎなどしていた。そして洪水が襲って来て、一切のものをさらっていくまで、彼らは気がつかなかった。

——新約聖書『マタイによる福音書』第24章37節（岩隈直訳）

ノアの方舟（洪水）物語は、「7」という数字を基本にして構成されている。7はヘブライ世界では「4＋3」と考えられ、特別な意味を持つ。4は世俗世界やこの世の葛藤を表し、3は神を表す数字、7はこの世の葛藤の真っ只中に神が現出することを示す。ノアの方舟物語は、この世の欲望に囚われて退廃化したところに、神が突然現れる状況を伝えようとするものである。だから物語では、洪水は天からも降り、地からも噴出したと伝えている（天と地が合一した）。「神が突如現れると、それによって救われる人と滅ぼされる人が存在し、そして世界は新生される」ことを伝えようとしているのだ。

⌘われわれ「第三アイオーンの時代」を開花させようとする人間は、創造の第8日目を実現する意味で、「8」の字を使う。

#12. The Hanged Man オシリスの死
ハングドマン
運命と感じたものに身を委ねる

メジャーカード ❖ 風の国

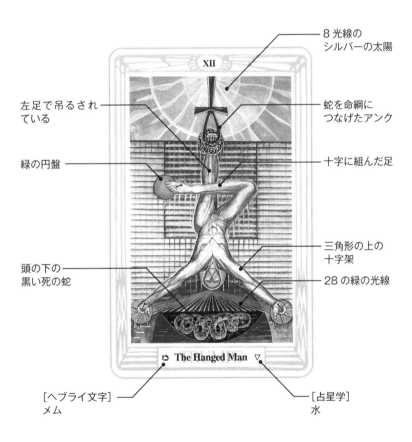

- 8光線のシルバーの太陽
- 蛇を命綱につなげたアンク
- 十字に組んだ足
- 三角形の上の十字架
- 28の緑の光線
- [占星学] 水
- 左足で吊るされている
- 緑の円盤
- 頭の下の黒い死の蛇
- [ヘブライ文字] メム

第3章 カード解説

【背景と解説】

「#12.The Hanged Man オシリスの死」は、対角線上にいる「#13. Death 黒い太陽」で未解決であった、蛇に巻きつかれていた魚（性的欲望）が欲望から解放されて自由になる人生のレベルを表している。人間の本能的な欲望からの解放である。探求者はこの領域ではじめて自分のこと、自己満足からではなく宇宙のこと、タロットの霊フールのことを考えることができるようになる。

頭脳と心が倒錯していたその根底が正常に動き出す。それは「#16. The Tower 稲妻の塔」を経由したことで見えてきた、もしくは、理解することができたのである。これは意識の向こうからやってきた想像を絶する作用である。

「#12.The Hanged Man オシリスの死」の鏡のようなシルバーの太陽は、半太陽である。これは、人の人生は2つに分かれることを示唆している。また、上の蛇と下の大蛇も2つの人生の分離を表している。さらには、海の中の升目の中の升目と深い海底も人生の分かれ道を示唆する。人生の決定的な変化へと向かっていく人と、さらなる迷いの道へと迷い込んでいく人である。

この違いは生の探求において、一対一で向き合う深い信頼関係を築く探求を行ってきた人と、一般的な自己探求を行ってきた人との違いで生じる。一対一で向き合うような真剣な関係のなかで信頼関係を探求してきていれば、「#8.Adjustment 真理の女神」の宇宙的な人生へと目覚めていくこととなる。

このカードのテーマは、魂の暗い夜から、より深く異なる界域への魂の旅である。さまざまな矛盾のなかで磔にされ、自分のやり方を変えることによって解決があることを知る。

象　徴	意味の要点
逆さまに吊るされた裸体の人間	自分個人に対する無力さ。なす術のない無力さ。「#16.The Tower 稲妻の塔」で体験した圧倒的に大きな人生の意味に、無条件に献身する。犠牲的な行動。
左足で吊るされている	いつの間にか現在の状況になっている。取捨選択せずに素直に従う。

象　徴	意味の要点
十字に組んだ足	四大エレメントを表す。世俗的な現実、日常世界。「#4. The Emperor 皇帝」の十字に組んだ足と同じ、ここでは逆立ちしているので、この世で頭角を現す人とはまったく異なる考え方をするようになる。
三角形をつくる腕	神性。永続性。不動の確信をつかむ（人生の深淵を一瞬のうちに理解したことによって不動のものになる）。
三角形の上の十字架	神性の上に世俗的なものが存在していることに気づかなかった。今までの考え方は、価値観が上下逆さまになっていることに気づく。光が暗くなっていた（倒錯しているので人生の見方を根源的に変えなければならない）。経済が霊性に影響を与えるのではなく、霊性が経済に影響を与える。
個性を欠いた飾りのない頭	本質的なものの転換期。自我の喪失。自分の中に何かを取り入れようとする欲望を完全に捨てている。
蛇を命綱につなげたアンク* 28	生命の柱。生命の糸。天の力によって支えられている。自分の人生がこれで終わるわけではない。
明るく緑がかった背景	緑の海（水）は、運命が与える死。人生を信じて心を任せる。心をプレッシャーから解放させる。
頭の下の黒い死の蛇	死の柱。避けられないものに直面して生まれる、今まで知らなかった巨大な能力。異世（ことよ）のエネルギー。
蛇と蛇の間に逆さまに吊るされている人間	生と死の相互に排除し合う柱の間で、身動きが取れない。したがってタロットの霊フールに黙って従う。常に脱皮する頭脳。
青い方眼（四角形）	狭い人生のパターン。強制的な狭い心の思考構造、迷路。地球。この世。
緑の円盤	幸運。救済。再生。釘付けは、再生する前に立ち止まる必要があるため、意識の流れをいったん停止すること。緑の円盤は再生することを象徴。
8 光線のシルバーの太陽	吊るされている状況を逆転して勝利する。8 光線は「#8.Adjustment 真理の女神」であり、心理の探求から解明への変化を表す。
頭の下の丸い海	この海は「#1.The Magus 魔術師」の異世（ことよ）に通じ、そこから巨大な宇宙的人間が誕生してくる。凝り固まった思考パターンを打破し、拘束状態や今ある執着を逆転させ、潜在的無意識に明けわたす。
地底から頭に放射される 28 の緑の光線	隠された宇宙（コスモス・原因のないものの力）に触れたことによって、脳細胞に物理的変化（魔術）が起こる。

[ヘブライ文字] メム	「水（母なる海）」を意味する：浄化と新しいもの、別のものを生む。
[占星学] 海王星（♆）	海王星は魚座の支配星。金星をオクターブ高くした意味を持つ。海王星は内面の自己に関連し、芸術的活動よりも、深い魂の性質や波動の動きを表す。 作家や画家が創造探求の末に絶望的な状況に立ち、そこから立ち上がってくるときに、真価を問われる活動のはじまりを表す。そのときに表層意識を超えて向き合えれば、物事の背後の動きをとらえられるようになる。自分を（根源的なもの、非日常的なものに）明けわたす。大宇宙の働きに捧げる。霊的性質が開く。
占星学の関連で意味を強め合うカード	ルーラー：魚座（♓）「#18.The Moon 月」境界の門を超える。
魔術師の神殿内の位置	「#16.The Tower 稲妻の塔」からこのカードに進み、最後に守護人の「#8.Adjustment 真理の女神」へ戻って風の国のサークルは完了する。

*28 アンク
　不整形な長方の円と十字の形をしている。この象徴はエジプト十字とも呼ばれる。楕円は女神イシスの子宮を表し、十字はタウでオシリスを表す。

項　目	意味
一般	2つの相反するものをじっくりと考える。ジレンマ。忍耐を試される。無力。道の行きづまり。運命を信じることを学ぶプロセス。人生の転換期。余儀なくされた破壊。犠牲を払う。このカードを引くときは、打破すべき制約的なパターンを認識するか、気づくべきことを教えている。これは生に勝利をもたらすカードだが、状況は、一時的にあなたのコントロールを超え、制御しきれないだろう（対処法は、第3部「タロットリーディング」を参照）。
仕事	骨の折れる仕事。不満足な成功。長引く計画。無駄に思える仕事を探す。将来の見通しが立たない。事態が膠着して今後どうなるかわからない。対策として、休暇をとって本当に興味のあることをじっくりと考える。
交際と人間関係	関係の転換期。無駄な努力。向きを変えて交際の輪に入る。今まで当然あったものを犠牲にすることで乗り超えられるというジレンマに立たされる。
否定的な警告	行きづまり。あきらめ。自己犠牲。お決まりのパターンを頑強に主張。責任を追及される。隠れた交際の発覚。複雑な苦難。犠牲になりやすい、だまされやすい人の心理。貧乏臭い心境。弱いパターンの習慣。

	リーディングのポイント
基本的なリーディング	あなたはこの状況を一時的にコントロールできなくなるだろう。この状況のなかで打ち勝つためには、タロットが与えてくれているとてつもなく大きな人生の切り替わりの時期であると信じて、状況に全面的に従うべきとき。
否定的な場合のリーディング	壁に頭をぶつけるように自分を責めたり悔やんだりしてはならない。深刻にならないこと。孤立感を強めないよう自分を追い込まないこと。受け身にならずに進歩のための方法を考えるべきとき。

メジャーカード　風の国

第3章　カード解説　203

#14.Art（アート） 異世の大釜（ことぶ）

理想を分かち合える理解者を得て人生が飛躍する

メジャーカード ❖ 水の国

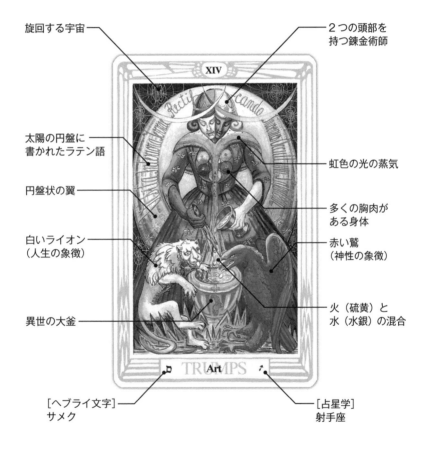

- 旋回する宇宙
- 2つの頭部を持つ錬金術師
- 太陽の円盤に書かれたラテン語
- 虹色の光の蒸気
- 円盤状の翼
- 多くの胸肉がある身体
- 白いライオン（人生の象徴）
- 赤い鷲（神性の象徴）
- 異世の大釜
- 火（硫黄）と水（水銀）の混合
- ［ヘブライ文字］サメク
- ［占星学］射手座

※ライオンと鷲は、2体合わせると、アポロンの聖獣グリフォンとなる。

204　第2部　ヴェールを脱いだ魔術師のトート・タロット

【背景と解説】

　射手座を象徴する狩猟の女神ディアナ（ローマの月の女神。エジプトのイシスの変身）が王冠を被り、黒と白の人物を交互に結合させた姿で描かれて、翼（太陽の円盤）をつけて直立している。右手からは松明の炎を鷲の上に注ぎ、左手のカップからはライオンの上に水を注ぐ。彼女の足もとでは、月の形をした異世の大釜が香水で煙っている。

　黒と白の人物が、顔と手の色を交換して身体を結合させているのは、お互いの性格や人生観の違いを嫌というほど見せつけられることを表している。しかも私たちの心には、相手の行動や判断を見て、即座に善し悪しの判断を下す反応が起きる。愛とは別に、自分のほうにも相手のほうにも、執拗にそれが生じることが完全に理解される。それが、黄金の翼にラテン語で書かれた「地球の内部を訪ねる」という言葉の意味である。ラテン語では、「地球の内部を訪ね、その過程で自己を浄化すれば、隠された哲学者の石を発見する」と書かれている。「地球の内部」とは、自他の心の底の底を指し示している。この心の底は「#12.The Hanged Man オシリスの死」の海底の地層にいる大蛇に触れることを表している。

　ここで、パスワーキングとして次のカードの「#20.The Aeon アイオーン」まで続いていく錬金術的な変化が起きる。それは、相手と自分の性格や人生観が違っても、相互の心の性質は同一だということに気がつくことである。すなわち、お互いの性質の違いによって相手に葛藤を引き起こしているのは、実は相手のほうではなくて自分のほうだということを完全に理解することである。この「理解」が、ラテン語のもう一つの言葉、「哲学者の石」の意味である。生の探求がそこまで至ると、「自他の違いが消滅する」という体験が起こる。それが次のパスワーキングの「#20.The Aeon アイオーン」で起こる生の変容の状態である。

「風の国」で、「生の探求者」が絶対他者との出会いによって「意識の変容」を体験したとすれば、ここ「#14.Art 異世の大釜」で、ディオニュソスの"葡萄のつる"にしっかりとつかまり、自己の存在を通して「地球の内部」へ深く探求していける。その「地球の内部」とは、宇宙の内部であり、「生きている（実存）という存在感の深淵」である。「変容」によって自分の生きているという意識が浄化されたので、は

じめて存在の深層に向かって進んでいける。ここからはタロットの霊フールを感じ取り、フールを実感でき、フールとともに行動するようになる（「タロットの霊」そのものはフール、そのカードを示すときは「#0.The Fool フール」で表す）。フールと行動をともにするので、葛藤が起こってもそれに巻き込まれることなく、観察できるようになったのである。それが人物の絵では、相互に相手の作業する手を見つめる姿で象徴されている。

「#0.The Fool フール」のカードでは、ディオニュソスの頭上で行われていた「火と水の錬金術」（バプテスマともいう）は、このカードでは今や絵の中心に移動し、錬金術が探求者自身の心の内部で起こっていることがわかる。この変化は、古くから錬金術の三段階といわれる過程を通して、次の「#20.The Aeon アイオーン」の生の発展段階へ続いていく。

⌘火と水のバプテスマによって、人性と神性は結合し、人はキリスト化する。

【錬金術の三段階】
第一段階：ニグレド（黒化）
黒い顔と手によって表現されている。自他の違いに対して、相手を攻める態度を取っていたことを発見する。相手への非難する態度を「黒化」として表す。ニグレドは孔雀によっても表されるが、それは衆人の注目に値する特別な存在になりたいという、人間の共通意識からくる。

第二段階：アルベド（白化）
自分を正当化することを意味する。カードの人物が、相互に白と黒の顔と手を交換して描かれているのは、自他ともに自分を正当化し、相手を非難するからである。

第三段階：ルベド（赤化）
これは相互の正当化と非難の識別、葛藤を通して、自他が同一であることに目覚めることを示している。

全体で「意識の変容の第一段階」が完了し、大宇宙と結合する。
白いライオンは、相互に「自分は間違っていない」という自己正当

化の考えを表す。これはトート・タロットに一貫して現れるテーリオン（獣）である。その正体が自己正当化の心の働きであることがここで明らかにされている。

赤い鷲は、相互の摩擦を通してこの葛藤を引き起こしているのが自分自身にほかならないことを完全に理解したことを表している。鷲は蠍座の象徴でもあり、深海の地底を表す星座であることからそれがわかる。これが錬金術のアルベド（白化）からルベド（赤化）への変化である。この発見は、タロットの霊フールによって気づかされたので、次のパスワーキングの「#20.The Aeon アイオーン」へ続くことができる。自他の違いは存在せず、また時間（過去、現在、未来）の違いも存在しないという「存在の変容」が起きる次の体験へつながっていくのである。

象　徴	意味の要点
2つの頭がある錬金術師、狩猟の女神	真実を狩猟する女神ディアナは両性具有者として描かれ、錬金術的な「大いなる人*29」を指す。 光と闇、男性的な性質と女性的な性質をつなぐ。均衡。協力によって大きな夢が育つ。結合によって理解が深まる。欲望や能力追求を超えた、普遍的な人生の意味に向かって発展する。使命の発見、使命の自覚。
多くの胸肉がある身体	非常に豊か。人を育てる力。教育的な能力。
火（硫黄）と 水（水銀）の混合	「#0.The Fool フール」の錬金術的なアート。 水＝死と再生＝人間。 火＝すべてを燃やし尽くす生命の投入（すべてを捨ててぶつかる）＝神。
しゃれこうべと渡烏（わたりがらす）が描かれた異世の大釜	生と死の結合。生死を超えるほど遠く旅すること。中途半端にせず人生の理想を徹底的に追求する旅。新しい人生への発酵過程には、腐敗と死が必要。
白いライオンと赤い鷲	巨大化し、色を交換した「#6.The Lovers 兄弟」の動物。「アルベド（白化）」から「ルベド（赤化）」への変容過程を表す。大きな自信（基底の力）によって、通常の現実をひっくり返すという意味。
鍋から矢とともに上昇する虹色の光の蒸気（香水）	「射手座」の象徴：自己満足を超えた、人生の高い意味の探求。解放されたエネルギー。目覚める霊。上に向かって射る理解力。錬金術によって生じる。

第3章　カード解説　　207

メジャーカード ❖ 水の国

象　徴	意味の要点
太陽の円盤に書かれた ラテン語の文字	「Visita interiora terrae rectificando invenies occultum Lapiden：地球の内部を訪ねなさい。自己を浄化することによって、あなたは隠された『哲学者の石（普遍的精神）』を発見するでしょう」 これは宇宙的な溶剤を意味する。「地球の内部」＝「#12.The Hanged Man オシリスの死」の“海底の地層で眠る巨大な蛇”。
円盤状の翼	翼は「#16.The Tower 稲妻の塔」よりも高いレベルへ上昇する印。それは「新生」から「創造」へという上昇。
蜜蜂模様の緑の洋服	宇宙的、運命的な結合。肥沃さ。「#4.The Emperor 皇帝」と「#3.The Empress 女帝」に出てきた蜜蜂模様が合成され、2人は若返る。それは新しく生き生きしてくることを意味する。
背景の旋回する宇宙	未知の宇宙を創造する。未知の人生を創造する。
緑色の上着	「#0.The Fool フール」の衣の色彩。永遠の絆と呼べるほどの愛と信頼。天からの「神の糸」。
異世の大釜 <rp>ことよ</rp>	「#6.The Lovers 兄弟」のカードの“オルフェウスの卵”（オルフェウスは冥界に下った）。「#8.Adjustment 真理の女神」の場で、探求者は「真理の証人」と一対一で全生命をかけて対決した結果、この“異世の大釜”の力を引き出せるようになる。

＊29 大いなる人
　　テレーマの哲学で、「聖なる守護天使の知識と会話」に達した人をいい、悩みや心の葛藤を克服した状態。

［ヘブライ文字］ サメク	「支柱」を意味する：土台。人生の支えの確立。
［占星学］ 射手座（♐）	より高く何かを得ようと努力する力。大きな理想の追求。ルーラーは木星で成長、発展、保護を意味し、理想の追求を補う。
占星学の関連で 意味を強め合うカード	ルーラー：木星（♃）「#10.Fortune 運命の輪」
魔術師の神殿内の位置	「水の国」の守護人。風の国を終え、「#14.Art 異世の大釜」に進み、次に「#9.Hermit 賢者」へ向かう。

項　目	意　味
一般	最も適切な結合、統合を見出す。チームワークと共同。特定の目的か目標を達成するために力を合わせる。自己の異なった部分の修正と統合。心の中に温め続けてきた考えをはっきりさせ、本心を発表する。感情と知性との結合。いっさい迷いのない行動。2つの正反対なもの、両極端なものの好ましいバランス、節度を示す。 【このカードが出る代表的な3つの例】 ①芸術的な創造を行うとき、人工物を制作するとき。 ②人間関係の二重性、対立関係を克服するとき。 ③男性性と女性性を融合させる過程で、新しいものを創造し、新しい展望を見つけようとするとき。
仕事	矛盾または闘争の解決。息の合う生産的なチームワーク。反対や抵抗が自然に消える。仕事と休みとの調和をうまく取れるようになる。語学や海外関係の仕事。哲学、宗教、芸術、文学関係など。大学院や専門家など。よいマネジメントと取引。調整と協力。根回しの成功。仲裁する。協力による発明。
交際と人間関係	以心伝心の心の調和。深い結合。調和の調節が良好。ともにいるという実感。よい協力と理解関係。ともに成長することを求める。
否定的な警告	相争う。分離。偏見。批判する人。労力を費やしたわりに、あっという間の楽しみで終わる。依存や怠惰。意見の相違がグループを混乱させる、ばらばらにする。ライバル間の競争。トラウマが自己の調和を崩壊させる可能性。節度の欠如。有害なアンバランス。過剰または不足をもたらす自制。

	リーディングのポイント
基本的なリーディング	あなたの人生は新しい可能性に満ちている。しかし実現には忍耐が要求されるだろう。忍耐し待つ時間は、あなた自身もしくはあなたの努力が報われる期間となる。
否定的な場合のリーディング	正直に思うがままを行っても、望むものは得られない。それでも自分で自分を「よくやった！」と誉め、妥協、交渉、温和に事を進めるなどをしていくべきだろう。

#9. The Hermit 賢者
ハーミット

人生の安定、衣食住医以上に価値あるものを求める

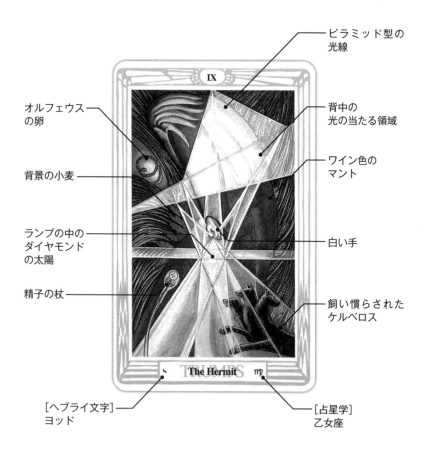

- ピラミッド型の光線
- オルフェウスの卵
- 背中の光の当たる領域
- 背景の小麦
- ワイン色のマント
- ランプの中のダイヤモンドの太陽
- 白い手
- 精子の杖
- 飼い慣らされたケルベロス
- ［ヘブライ文字］ヨッド
- ［占星学］乙女座

【背景と解説】

第 2 のサークル「風の国」で「#12.The Hanged Man オシリスの死」を通過し、「#8.Adjustment 真理の女神」から差し出された腕をつかんだ探求者の荷は軽くなった。「#12.The Hanged Man オシリスの死」でタロットの霊フールにつながることができたため、フールの力によって生きていくことができる。この世における探求者の生活(衣食住医)、労働は苦にならず、生活していくこと自体がテーマではなくなった。

「#9.The Hermit 隠者」のカードは、中心のランプの明かりが象徴である。暗闇は払いのけられ、隠されていたものが明らかになる。このカードは「移行期」も意味している。洞察を得たために、今までの仕事、計画、状況から離れて、新しい何かに移る時期ともいえる。つまり、ある状態が十分に成熟して、別の動きが生まれてくる過渡期であり、その移行期を表している。「#9.The Hermit 賢者」は、次に「#7.The Chariot 戦車」を経て、「#10.Fortune 運命の輪」へと向かう。これは物事が十分に成熟した結果、私たちの運命がそのような発展過程をたどることを意味する。

これまで絶えず、「時」をとらえようとしてきた私たちが、「#10.Fortune 運命の輪」においては、私たちが「時」にとらえられるという意識（意志）の転換が起こる。そこへ向かう意識の成熟と移行過程が「#9.The Hermit 賢者」と「#7.The Chariot 戦車」である。それはもともと私たちが、衣食住医に満足するだけでは満たされない、存在的な心の広がりを持っているからである。

「#9.The Hermit 賢者」は、完成、観照、内省の普遍的原理を表す。賢者は進む道を照らすランプを持つ人であり、人に行く道を教える知恵の指導者でもある。賢者は自分の人生の通過過程を通して得た内的な知恵と人生の経験を、他者をフォローするための貴重な財源とする。

3 つの頭を持つ猟犬ケルベロスは、ギリシア神話の地獄の番犬であり、守護者である。ケルベロスは、私たちが何事かを新しくはじめようとしたり、注意を前方へ向ける前に、事態が完全であることを確かめる必要があることを伝えている。それはケルベロスの 2 つの頭が前方を向いていることと、ケルベロスの頭の 1 つが振り返っていることで、新しくはじめることは、慎重に行えということを教えている。

ケルベロスは、内省と熟考を繰り返しながら、主観に囚われること

なく自己の暗く未知な側面を完全に理解していく、私たちの内省作業の象徴である。その自己は、経験の全体性や個性が実現される前に、探求し、統合される必要がある。内省作業を通してそれらを外面的に表現することを可能にするためには、内面的な本来の価値と倫理を認め、表現することが不可欠である。その性質は、賢者が着ているワイン色の上着によって表現されている。それは血の色を表すエジプト的象徴で、内面的充実感として現れてくる個人の固有の完全性と真実さを表している。

「オルフェウスの卵（蛇に包まれた卵）」は、物質的にも霊的にも新しい形態を生み出す能力を表す。ケルベロスは、現時点で新しい形態を生み出す自由を私たちにもたらすために、過去に未完成のままであったビジネスを完了させるよう促している。「#9.The Hermit 賢者」は、内面的にも外面的にも体験する完成と開始の変わり目の状態を表している。このカードの象徴は、「内省」と「観照」に結びついた意識の状態にあり、独りになるのではなく、むしろ感動的で環境がしっかりと守られている空間を必要とする。光に照らされる小麦の穀粒、明るく映し出された精子は、価値ある重要な物事を体験する必要性を象徴している。もし、それを体験できないと、賢者は孤独でいることを好むようになる。「#9.The Hermit 賢者」は、それらをしっかりと経験することで、外部世界に他者を導き、参加することを容易にするヒーラーであり、知恵者である。

「#9.The Hermit 賢者」は占星学の乙女座に対応する。それは背景にたくさん描かれている小麦によって象徴される。占星学では、乙女座は日常生活の詳細、組織、美などに注意を集中することを意味する。賢者が行う内省作業（瞑想的な姿勢）とは、私たちに「美しい生き方とは何かについて」「完全性というものの本質について」を考えさせることである。自分の日常のあり方の細部と組織化をどのように理解するかは、私たちがどう生きるかという基本的な性質を明確にさせる。

象　徴	意味の要点
顔を背け背を曲げた老人	時の神クロノス、または冥府の神ハデスの象徴。自分自身を熟考する。内的集中。何が本当かを考える。内省。癒す人。
身体でヨッドの文字の形をつくる	ヨッドは「#18.The Moon 月」や「ワンドのエース」にも出てきて、「新しいはじまり、出発への準備、それに向かう情熱」「古いものを焼却して癒す」などの意味を持つ。
ワイン色のマント	経験や力の熟成。集中。勇気。強さ。探求の完成。血を流す苦労からの知恵。
白髪	必要な経験や考え、技術などが次の段階に向かって成熟する。知恵。必要なものを熟知する。迷いがなくなるまで熟考する。
白い手	癒しの手。導師。先生。健康問題を解決する。
ランプの中のきらめくダイヤモンドの太陽	認識の光（「#1.The Magus 魔術師」のアラジンのランプが他者とのコミュニケーションによって磨かれ、大きな光として輝く）。これは、「#8.Adjustment 真理の女神」をランプの光とすることである。地下世界の克服。心の問題を解決する。生活と健康の心配を払拭する。
飼いならされたケルベロス	「ケルベロス（貪食の象徴）」を超えること。３つの頭を持つ地獄の番犬。生きていく上での影の世界（不安）を統合。意識と無意識にまとわりつく世間の一般的な考え方や価値観、過去の不安のすべてを超えること。物質に安逸を求める心を克服すること。
背中の光の当たる白い領域	生きているという力。過去の重荷から解放されて、人生を軽くする。
オルフェウスの卵	この世を超える新しい世界。「宇宙」の普遍的象徴。絶えず新しい星（希望）を誕生させて生成発展。あらゆるものの起源、創造の神秘を探求。「#1.The Magus 魔術師」の隠された卵が大きく育ち、古いものを完成させて新しい可能性に向かう。「完全さ」に向かう過渡期である。
蛇の巻きついた卵	自己憐憫、自分を憐れむ心からの脱却（だから蛇が絡みついている）。この蛇の脱皮から、新しい世界が生まれるのである。

メジャーカード　水の国

象　徴	意味の要点
精子の杖	新しい考えが、心の中で次第に強くなってくる。潜在的な生命力。育てる必要性やよい環境を選ぶこと。手もとまで届かない杖は、まだ生命力が十分には強くなっていないことを表す。つまり潜在的な能力は、十分には発達していないので、衣食住医への不安は完全には克服できず、過渡期を表している。
ピラミッド形の光線	内的なヴィジョンが生まれること、または与えること。霊的自由。啓示を受ける、または与える。
背景の小麦	乙女座の象徴。収穫。完成。豊富。肥沃さ。

［ヘブライ文字］ヨッド	「手」を意味する：他者に奉仕。サービス。癒す。ヨッドはヘブライ文字の点であり、あらゆる文字の基本。仕事と健康が人生のあらゆる問題の基本を示唆している。新しいはじまりに向かう意味でもある。
［占星学］乙女座（♍）	繊細で几帳面。完成。内省。正確さ。清潔感。信頼性。奉仕的な精神。集中。調査。組織化する。収穫。健康問題への関心。
占星学の関連で意味を強め合うカード	ルーラー：水星（☿）「#1.The Magus 魔術師」
魔術師の神殿内の位置	守護人「#14.Art 異世の大釜」からこのカードに進み、次の「#7.The Chariot 戦車」へ向かう。

項　目	意味
一般	熟考し、古いものを完成させて新しい可能性に向かって進む。熟考して本質的なものをつかむ。自分の立場をはっきりさせる。引退、隠遁、退却。真剣に受け止める。事態の真相を究明。人生経験を積む。
仕事	よく練られた考え。明確になった目的に、希望をかける。本当の使命を認識する。自分自身の道を行く。今までの仕事からの引退。他者に経験を伝授。やり残している仕事や企画中のものなどを明確にするために、現在の物事を完了する。
交際と人間関係	真剣に受け止める。成熟した態度を示す。妥協せず自分自身に正直になる。年上との相性がいい。一時的にはっきりと相手と距離を置く、または独身を選ぶ。
否定的な警告	苦しみの深刻化。非現実的。反社会的な行動。気難しい完全主義。現実逃避者。内気。未熟。過去思考的。メランコリー。欲求不満からの性衝動。社会的であることが有益な場合もあるため、外に出て一般社会と交流すべき。秘密主義をやめ、計画または状況を多くの人たちに明らかにするときかもしれない。

	リーディングのポイント
基本的なリーディング	先へ進む前に立ち止り、処理できていない事柄や不完全な部分を確かめ、それをかたづけるべきである。あなたにとって重要なものを守り、そうでないものは捨てることが重要となる。
否定的な場合のリーディング	時間が経つとともに、自分の過去に向き合えるようになり、どんなにこじれている問題もおのずから納得できるようになるだろう。過去とうまく和解することができれば、より明るい未来が待っている。前進あるのみ。そうすれば後悔することはない。

-Mythology-
オルフェウスと冥界

　オルフェウスの妻エウリュディケが毒蛇に噛まれて死んだとき、オルフェウスは妻を取り戻すために冥界に入った。彼の弾く竪琴の哀切な音色に死の川の渡し守カロンも、冥界の番犬ケルベロスもおとなしくなり、冥界の人々は魅了され、みな涙を流して聴き入った。

　ついにオルフェウスは冥界の王ハデスとその妃ペルセポネの王座の前に立ち、竪琴を奏でてエウリュディケの返還を求めた。オルフェウスの悲しい音色に涙を流す妻ペルセポネに説得され、ハデスは「冥界から抜け出すまでの間、決して後ろを振り返ってはならない」という条件をつけてエウリュディケをオルフェウスの後ろに従わせて送り出した。冥界をあと少しで抜け出すというところで、目の前に光が見え、不安にかられたオルフェウスは後ろを振り返り、妻の姿を見たが、それが最後の別れとなった。

フェデリコ・セルヴェーリ『オルフェウスとエウリュディケ』
クエリーニ・スタンパリア財団

　ここに、過去を振り返ってはならない、過去を懐かしんではならない、今でいう復活愛はないという古代の人々の知恵と教えがある。

　その後、オルフェウスは自ら八つ裂きにされる道を選び、永遠に冥界に下っていくのだった。

#7. The Chariot 戦車（聖杯の騎士）
チャリオット
人生の安定によりゆとりが生まれ新しい可能性を追求する

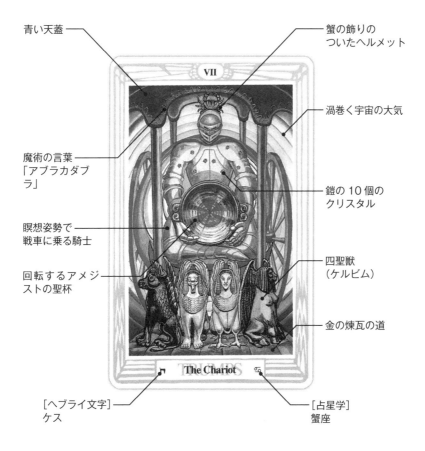

- 青い天蓋
- 蟹の飾りのついたヘルメット
- 魔術の言葉「アブラカダブラ」
- 渦巻く宇宙の大気
- 瞑想姿勢で戦車に乗る騎士
- 鎧の10個のクリスタル
- 回転するアメジストの聖杯
- 四聖獣（ケルビム）
- 金の煉瓦の道
- ［ヘブライ文字］ケス
- ［占星学］蟹座

メジャーカード ❖ 水の国

第3章 カード解説

【背景と解説】

「#7.The Chariot 戦車」は、人生が「#9.The Hermit 賢者」から「#10. Fortune 運命の輪」へ発展するための意識と運命の変化の過程を指す。

戦車の天蓋の海の色は、母なる海の羊水であり、前のカード「#9. The Hermit 賢者」のオルフェウスの卵と同じ意味を持つ。その羊水から新たな魔術的な生命が生まれる動きと変化がはじまる。「#7.The Chariot 戦車」では、アメジストの聖杯の円盤を手にして「#10. Fortune 運命の輪」に向かって進もうとする。戦車は、地的なものから天的なものへの変化、発展の過程であり、実際の運命的な変化は「#10.Fortune 運命の輪」で起こる。

作者クロウリーは「冑の眉庇は下げられている。その顔を見た者は死ぬ」[注5]と述べている。しかし実際は、「#7.The Chariot 戦車」でふたたび「#9.The Hermit 賢者」の衣食住医の心配をする者は、ここから先へは進めないという意味である。なぜならここでは、「#5.The Hierophant 高等司祭」の火と「#7.The Chariot 戦車」の水の両方のエネルギーを通過することによって、意識の生まれ変わり（バプテスマ）が起こらなければならないからである。2枚のカードにはケルビム[*30]の象徴体が使われ、同じ事柄を扱っていることがわかる。それは「#5. The Hierophant 高等司祭」で学んできた人生のものの見方が、錬金術作業によって大きく生まれ変わらなければならないということである。この場合の生まれ変わりとは、考え方の組み立て直しであり、そのことを「#7.The Chariot 戦車」のカードの中では、ケルビムたちがそれぞれ頭と身体を交換し合う絵によって表現されている。

占星学的には蟹座に対応するが、木星は蟹座においてイグザルテーションし、木星のカード「#10.Fortune 運命の輪」の出来事につながっていく。また、蟹座の支配星である月は、牡牛座でイグザルテーションしていたので、ここでは「#5.The Hierophant 高等司祭」の場所で築いた学習と人間関係の絆とを十分に整えて、準備する必要が示唆されている（それは4体のケルビムの身体の16の要素に交換する作業によって象徴される。16は生命の木で「#5.The Hierophant 高等司祭」のパスの数になる）。

象　徴	意味の要点
琥珀色の鎧を着て、瞑想姿勢で戦車に乗る騎士	魂を集中させた力。高く、大きな目標に意識を集中する。目的に心を合わせる（十分な準備の必要が蓮華座法によって示されている）。
蟹の飾りのついたヘルメット	蟹座との結びつきを表す。本当の心の安心感を求める。旅行家。冒険家。探検家。家庭的な考えの人。海外関係。建築家。デザイナー。航空関係の仕事。
回転するアメジストの聖杯	「#9.The Hermit 賢者」の"宇宙卵"が成長して、「#7.The Chariot 戦車（聖杯の騎士）」へと向かい、"アメジストの円盤"へと変容する。このアメジストの円盤は木星を表す鉱石で「#10.Fortune 運命の輪」を表す。蟹座と木星のつながりは、木星が蟹座でイグザルテーションする。ためらいへの警戒。機は熟した。心を開け。実行や実現を目指す。エネルギッシュに行動せよ。
赤いマントの御者と停止している戦車の赤い車輪	赤は火星を表し、意志力、行動を起こす十分な準備を整えることを伝えている。車や機会関係の仕事。コンピューター処理能力。
4本の柱に支えられている青い天蓋	4本の柱は、母なる大地を象徴。安定した力に支えられているという意味。青い天蓋は、母なる海（母親の羊水）の夜の空の色。熱愛するものを実現させたいという強い意志。地の果てまでも旅したことによって、天空が開けようとする。
背景で渦巻く宇宙の大気	永遠の宇宙運動の力。今心の中で吹いている追い風に乗って行動を起こす準備をする。フールの風、世界が変容する夜明けの風。
騎士、聖杯、背景の3つの輪の中心が重なっている。	騎士の中心は太陽叢*31。愛情。心の成熟。内的、外的、宇宙的な目的をすべて一致させ、一体となって成長する。ぶれない姿勢。
四聖獣（ケルビム）	マタイ、マルコ、ルカ、ヨハネの福音書を表す。四福音書を合一する学び（キリスト化する）。
光と闇の中で、身体を四重に交換し合った4体のケルビム	4つの男性的な要素、16の補助要素に細分化する女性的な要素（4つのエレメントを象徴するケルビムは、2体ずつ男性的な要素と女性的な要素に分けられており、上半身を一巡して交換し合うと全部で16体が構成される）。見方に固執せず、手を尽くす。イシスがシリアまで旅してオシリスの体を集め、つなぎ合わせたさま。

メジャーカード　水の国

第3章　カード解説　219

象徴	意味の要点
鎧の10個のクリスタル	次のカードの「#10.Fortune 運命の輪」に向かって行動することを表す。幸運な変化。直観を信じて行動せよ。心理的な面だけではなく、実際に変化が起こる。
鎧	いろいろな観点から私生活と仕事をはっきり分ける。 勇士：断固とした行動力。リスクを負う勇気。 甲羅：自分の身を守る。最小限の守りで安全が確保される。
魔術の言葉アブラカダブラ	前のカード「#9.The Hermit 賢者」は乙女座のルーラー、水星に対応。コミュニケーションや言葉の力を使って問題を克服。隠された可能性を引き出す。鑑定士、瞑想家、カウンセラー、ヒーラーなど。
金の煉瓦の道	努力が実り、道が開ける。成功。実現。

＊30 ケルビム（ギリシア神話ではグリフォンになる）
　　霊的なエネルギーを守る天使で、有翼人身。
　　「#13.Death 黒い太陽」の解説もあわせて参照。
＊31 太陽叢
　　身体の七大チャクラの一つ。

太陽叢

[ヘブライ文字] ケス	「フェンス」を意味する：内側から守る力。紀元前1350年ころのエジプトの神聖な土地アケトアテンの記号文字。文字の形は、2本の門柱がある家と、その上のまぐさという横木を表し、家や神殿の入口を象徴。後に聖杯を意味するようになる。

[占星学] 蟹座（♋）	自分自身の道を進む。自分のフィーリングを大切にする。心にゆとりを保つ。家族愛や仲間意識が強く、情が深い。母性本能が強い。記憶力がよい。
占星学の関連で 意味を強め合うカード	ルーラー月：（☽）「#2.The Priestess イシスの探索」 イグザルテーション：木星（♃）「#10.Fortune 運命の輪」
魔術師の神殿内の位置	「#9.The Hermit 賢者」からこのカードに進み、次の「#10.Fortune 運命の輪」へ向かう。

項　　目	意　　味
一般	出発の用意。冒険を切望する。大胆さ。目的志向。断定的な意志。ふさわしい準備の必要性、それによって勝利する。逆境に打ち勝つ。
仕事	自営。新しい計画を目指す。野心。リスクを負う覚悟。決断。仕事の前進。昇進。新しい仕事を引き受ける。
交際と人間関係	新しい関係。つき合いたい気持ちが強くなる。お互いの目的を受け入れようとする。前に向かって大きくジャンプする。
否定的な警告	行動しない怠慢さや準備ができていないことによる失敗と敗北。過保護。前進と新しい挑戦に応ずることに警戒しすぎている。自制心の欠如は、暴力か自滅的な行動を招く。自制心の欠如を補うために他者を支配し、強制することを意味することもある。

	リーディングのポイント
基本的なリーディング	あなたの内的な試行錯誤は終わり、新しい冒険がはじまろうとしている。ハードワークは成功を保証しているが、結果が成功でない場合は、現状に依存しすぎて楽をしていると考えられる。
否定的な場合のリーディング	今後状況は予測不能で、容易にコントロールできなくなることが予想される。今の自分の姿勢は、自分の目的に近づけるか、目的から遠のいてしまうか、自分自身に問いかけてみる必要がある。その結論に基づいて行動を起こすこと。

メジャーカード ❀ 水の国

第3章　カード解説　　221

#10.Fortune 運命の輪
フォーチュン

努力と行動が評価され予想以上のチャンスが到来する

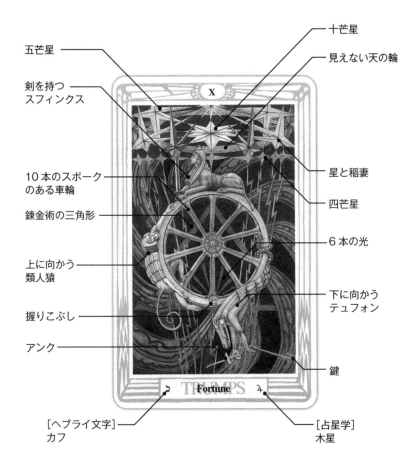

- 五芒星
- 剣を持つスフィンクス
- 10本のスポークのある車輪
- 錬金術の三角形
- 上に向かう類人猿
- 握りこぶし
- アンク
- 十芒星
- 見えない天の輪
- 星と稲妻
- 四芒星
- 6本の光
- 下に向かうテュフォン
- 鍵

[ヘブライ文字] カフ

[占星学] 木星

メジャーカード ❀ 水の国

222　第2部　ヴェールを脱いだ魔術師のトート・タロット

【背景と解説】

「#10.Fortune 運命の輪」は、タロットの霊フールからの恩恵の到来である。これは、意識の向こうからやってくる計算と予想を超えた変化を意味する。計算を超えているものが創造力であり、創造力が創造主の働き、すなわち神的な力である。とはいえ、これはただ単純な突然の変化や思わぬチャンスではない。このカードは「#7.The Chariot 戦車」を前提にしている。戦車は、聖杯の騎士であり、あるグループ、ある家族、ある人物など、探求者の大切にするものへの深い愛と信頼、とてつもない安心の確立を表す。「#10.Fortune 運命の輪」は、タロットの霊フールまたは聖杯の力が、予想や計算を超えてやってくることを伝えているが、そこに至る過程として、「#7.The Chariot 戦車」の長きにわたる探求、人間関係によって築いてきた信頼によってもたらされる。

「#10.Fortune 運命の輪」は、豊富、繁栄、拡大の普遍的原理を表す。**このカードは、運命がもたらす変化を私たちに教える。人は努力することによって人生が変わるのではなく、運命の輪に出会うことによって人生が変わるのである。**私たちは、硬直している身の周りに道を見出すために、車輪のように考えを回転させて新しい変化に出会う。そして、自分の考えを変えられることによって、自分を取り巻く環境を否定的なものから肯定的なものへと転換していくのである。

チャンスをつかむためには、勇敢でなければならない。勇敢であるためには、生を全面的に信頼していなければならない。このカードは、占星学の木星に対応し、常に前向きに物事を考えることにより繁栄していくものであることを示す。

【タロットが教える運命的変化と勝利のための4つの象徴】

物事は変化し人生の車輪は回る。客観的であること、柔軟な対応ができること、創造的にものを考えることが大切である。ここで人生に勝利するための4つの象徴を利用することが肝要である。

①ワニ：肯定的な側面は「#0.The Fool フール」に関連し、ナイル川を突き破って復活することを意味する。硬直した状態の打破、創造力。

②猿：柔軟性とコミュニケーションする力。

③蛇：感情に囚われず、役に立たなくなった古いものを脱ぎ捨てる。
④スフィンクス*32：客観性を表す知恵の剣を持つ。自分の好き嫌い
　に囚われない。

　見えざる運命の輪（内的世界）と日常生活（外的世界）を結ぶ接点
となっているのが、スフィンクスである。そしてスフィンクスは、ラ
イオンと牡牛の身体、人間の顔と鷲の翼を持つ「#5.The Hierophant
高等司祭」の４体のケルビムが合体した姿である。４体のケルビムが
１体のスフィンクスになっているのは、人間の心、感情、肉体、魂の
合一を表す。これは、人間としての「完全性」を意味する。オイディ
プス神話においても、スフィンクスの謎かけの答えは人間である。
「#7.The Chariot 戦車」では、それぞれに身体を交換し合っていた４
体のケルビムは、ここでは完全に合一して、１体のスフィンクスとし
て「神の似姿」になっている。この作用こそが内的世界と外的世界の
分離を超え、統合した１体の世界に人生を変容させるのである。それ
までは、内的世界と外的世界はあくまでも分離しながら、一定のバラ
ンスを築いていた。
　スフィンクスの前に垂直に立てられた剣は、生が過去・現在・未来
に分割されてきたことの終わりを意味する。すなわち、ここで生は切
れ目のないトータルな一連の運動になり、時間の分割を完全に超えた
ことを告げている。したがって生は、ここで過去や経験や観念などの
あらゆる分割から自由になり、生ける１体の完全な生命になったので
ある。それゆえ、生ける運命が動き出し、運命それ自体が到来する。
その象徴が大神ゼウスを象徴する稲妻である。稲妻は、生の目覚め、
創造的な生への目覚め、激しい創造的エネルギーの到来を意味する。
スフィンクスが何の矛盾もなく４体のケルビムの合一でできているこ
とが、生の完全さである。生は時間を超えた永遠への橋渡しをし、現
在が永遠となる。永遠は、過去でも未来でも、過去世でもなく、現在
のなかに完全に調和しているのだ。スフィンクスは自分の行動を完全
に自覚し、心が調和している。それゆえ彼の行動は完全である。彼は
内と外の分離のない、運命的な生のなかにいる。これは、絶対的人間
フールとともに生きる人生の、具体的はじまりである（占星学の第
10 ハウス、マルクトでの実現）。

224　　第2部　ヴェールを脱いだ魔術師のトート・タロット

稲妻となって爆発する星は、私たちの人生をもっと肯定的でより拡大する方向へ変えることができる「可能性への目覚めの経験」を表す。しばしばこれらの体験は、ハッとする体験や絶頂体験、あるいは私たちの意識が拡大し、霊感を受ける場合の前途が急に明るくなる体験とつながっている。

　背景の回転する渦巻（拡大と豊富）は、変化しようとする自発的意志と、リスクを冒しても新しいチャンスを受け入れるという心の状態になったときに到来することを教えている。

　これは、異なる世界、新しい世界を創造するための「時の徴(しるし)」である。そして、次の「#6.The Lovers 兄弟」の、新しい人間関係の形成と深まりへとつながっていく。

＊32　スフィンクス

スフィンクスとは、ライオンの身体と人間の頭部を兼備した空想上の生き物である。古代エジプトをはじめ、オリエント各地で信奉され、ついでギリシアにおいてオイディプス神話と結びついて大きな位置を占めるようになった。その名前の語源については種々の説があり、エジプト語の「ssp＝seshep：（神の）像・似姿」が影響したともいわれている。トート・タロットでは、スフィンクスはギリシア神話のグリフォンでもあり、胴体はライオン、頭は鷲である。アポロンの聖獣（人性と神性の合一）。

象　　徴	意味の要点
10本のスポークのある車輪	「#7.The Chariot 戦車（聖杯の騎士）」の車輪でもある。人生の構造全体（が変わる）。時間と空間全体にわたる成長と発展の法則が動く。前のカード「#7.The Chariot 戦車」で努力した目的が実現。数字の10は、生命の木全体とマルクト（王国）を象徴。
見えない天の輪、星と稲妻	見えない天の輪：「#14.Art 異世の大釜(ことよ)」の賢者の石の力でもある（世界の根源の力）。運命の宇宙的な時間が到来。見えないところにある、絶え間ない周期。宇宙の基底から来る力。 星と稲妻：二重構成の49の数＝天上の徴(しるし)（タロットの霊フール）の力。より大きな可能性への爆発的な気づき。金と銀の星の光芒の49の数によって構成されている（7×7＝聖霊：タロットの霊フールを表す）。

第3章　カード解説　　225

象　徴	意味の要点
輝く電光	ゼウスの到来。「#16.The Tower 稲妻の塔」の性質につながる、想定を超えた変化を与える神聖な力が到来する。
四芒星	ホクマー：木星 9つあることによって、第9ハウスとイェソド（月）の第4ハウスでのイグザルテーションの両方を表す。
五芒星	ゲブラー：火星 第10ハウスでイグザルテーション。
十芒星	第10ハウス。
握りこぶしと6本の光	6は生命の木のティファレトで、物質を超えた目的。社会に強烈に新しい影響を及ぼす。
錬金術の三角形と 車輪の上の3体の生きもの	この世を支配する三角形 。「東方の三博士」注6 に対応し、運命の救いの到来を告げる。 ①スフィンクス（硫黄）：「#10.Fortune 運命の輪」の中心的な象徴。天と地の合一、実現。 ②ヘルマニュビス*33（水銀）：「#6.The Lovers 兄弟」に向かって上昇。新しい人間関係の交流がはじまる。そしてその発展と深まり。 ③テュフォン（塩・愛）：「#7.The Chariot 戦車」を表す。物質的なものに束縛された心と価値観を超えていく。心の完全な安心感が開花する。
剣を持つスフィンクス	四大エレメントである「#5.The Hierophant 高等司祭」の仮面のケルビムの合成獣で、「#7.The Chariot 戦車」のスフィンクスが完全に統合されることを示す。内なる感覚として、迷い、分離の統合により、創造、全体性、存在（実在）などが開花することを意味する。
上に向かう類人猿	「長い剣」ではなく「短い剣」：これは考えをつくることではなく、欲望が織り成す矛盾、葛藤を観察すること。「#1.The Magus 魔術師」のヘルマニュビス。トート神の従者である猿につけられた名称でもある。人間になる変容の象徴体。錬金術の水銀（柔軟性）の働きをする。建設的な力。創造的な精神。発展。隠れていた能力が認められる。
下に向かうワニ頭の 生きもの（テュフォン）	「#0.The Fool フール」に登場した、古代エジプトの神話上の生きものテュフォン（怪獣）。ギリシアの迷宮の怪物ミノタウロスを克服した先に待ちかまえている怪物。絶滅させる破壊的な力。物欲にしがみつく頑固さ。腐食する考え方。過去の離婚。どこにも人生の確かさが見出せないこと。アビスの根源。

象　徴	意味の要点
テュフォンが持つアンクと曲がったヘカの鍵	生命の印と力の象徴。この世（十字）を真に生きる（長方円）。地下から天上に昇るようなチャンスが来る。ヘカ：古代エジプトでは魔術の力をヘカと呼んだ。欲望の浄化によって生まれた力。世界の力の源を指す。ヘカは少年の姿で現れることから、のちにホルス（幼年時代）と同化する。太陽の船の乗組員。太陽が地平に沈むとき、太陽神ラーが失う力の一つ。天国の扉を開く鍵。人生の不動の確かさを開く鍵。
背景のエネルギーの渦巻き	回転する車輪の幅広い影響（「#6.The Lovers 兄弟」へ発展する社会的影響力の拡大）。複雑な広い世界へ出ていく。
紫色の背景	神聖。神的な力。人生が開けると約束されている。

[ヘブライ文字]カフ	「手のひら」「握りこぶし」を意味する：すべてを求め、すべてを受け入れること。周囲に影響を与える。
[占星学]木星（♃）	木星は、自分の行動が正しいという行動原理に従いたい欲求を表す。また人生の疑問を知りたい、理解したいという願望を表す。発展、幸運、繁栄と、社会的な立場の獲得。社会の中で自由を得る。豊富。援助。保護。教育や学習。
占星学の関連で意味を強め合うカード	ルーラー：射手座（♐）「#14.Art 異世の大釜」イグザルテーション：蟹座（♋）「#7.The Chariot 戦車」第2ルーラー：魚座（♓）「#18.The Moon 月」
魔術師の神殿内の位置	「#7.The Chariot 戦車」からこのカードに進み、次の「#6.The Lovers 兄弟」へ向かう。

*33 ヘルマニュビス（類人猿）
　ギリシア神話のヘルメスとアヌビスが融合して、ヘルマニュビスと呼ばれるようになった。したがって錬金術の水銀に対応する。あるがままの事実（ヘルメス）の中にひそむ葛藤（アヌビス）を観察する（ヘルメス）働きをする。
　・猿はヘルメスの象徴であり、顕在的なもの、動物意識を表す。
　・アヌビスは潜在的なもの、人間意識の働きを表す。

項　　目	意　　味
一般	運命の輪が到来したのは、見えない次元の宇宙の基底からであると同時に、「#7.The Chariot 戦車」の深い瞑想の成熟によって外に飛び出したのである。運命の輪は、地球の内部を訪ねた「#14.Art 異世の大釜」と結びついている哲学者の石の力によって回転している。それは創造力のことで、神の働きである。変化。移行。新しいはじまり。幸福。決定的な出来事が起こる。ライフワークが見つかる。成長と変化の流れに任せる。
仕事	運命的に導かれる（なるべくしてなる）。自分の天職を見出す。不運から幸運への転換。仕事または金銭的にまれなチャンス。出版活動。
交際と人間関係	関係が幸福に発展。運命的な結びつき。ふさわしいパートナーを見出す。決定的な出会い。自分の人間関係のパターンを理解するチャンス。ともに成長することを求める。
否定的な警告	運命への宿命論的なあきらめ。不運と暗い時期。自らの手に負えないほどの状況に支配されるかもしれない。自分に不利に働く力に打ち勝つには、個人的な努力あるのみ。

	リーディングのポイント
基本的なリーディング	人生の大きな転機。幸運の時期。午睡の状態から目覚めて立ち上がり、自分の運命に向き合うとき。
否定的な場合のリーディング	チャンスがドアをノックしている。しかし、あなたはそのノックに気づかずに扉を開けていない。急いで扉を開けるべき。さもないと、そのチャンスは二度とノックをしてくれないかもしれない。

- Mythology -
オイディプス王の物語

　紀元前8世紀、スフィンクスはギリシアに再登場する。この怪物は紀元前6世紀には、オイディプス神話と結合している。

　スフィンクスは女怪エキドナの孫娘キマイラの子とも、エキドナとテュフォンの子ともされ、女の顔、獅子の身体、鳥の翼を持っていた。

　スフィンクスは女神ヘラによってクレオン王が統治するテバイに遣わされた（ヘラはクレオンの前の王であるライオス王の同性愛を憎み、テバイに怪物を送ったともいわれる）。

　テバイに遣わされたスフィンクスは、「一つの声を持ちながら、四足、二足、三足になるものは何か」という謎を解くようにテバイの人々に迫った。この謎を解けなかったときには、スフィンクスはテバイの住民の1人を殺した。

ギュスターヴ・モロー
『オイディプス王とスフィンクス』1864年
メトロポリタン美術館

　そこでクレオン王は、スフィンクスを退治した者にテバイの王国と前王ライオスの王妃イオカステを与えると布告した。

　ライオスとイオカステの子オイディプスは、父を殺し母をめとるだろうという予言のために、赤子のときに捨てられていた。しかし成長したオイディプスは、テバイに向かうその道程で知らず知らずのうちに父を殺していた。そして彼はスフィンクスに会い、その謎の答えは「人間」であると正解したため、女怪は自殺した。

　その結果、オイディプスはテバイの王となり、母を妻にした。

　このあまりに有名な伝説は、謎かけと解答というモチーフに、英雄による怪物退治を重ねてつくられている。しかし、オイディプスの悲劇の重要な挿話になったため、スフィンクス伝説といえば、まずこれを指すこととなった。

メジャーカード　水の国

第3章　カード解説

#6. The Lovers 兄弟
ラバーズ
人脈が広がり交流の幅も多彩になり新しい夢も生まれる

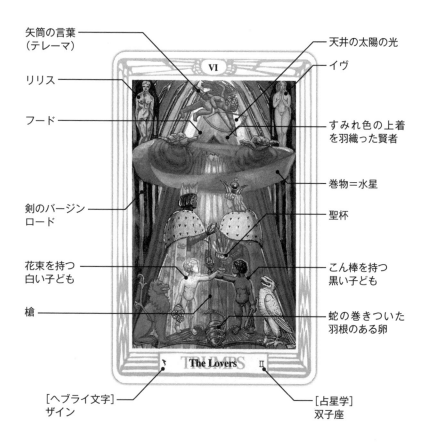

- 矢筒の言葉（テレーマ）
- リリス
- フード
- 剣のバージンロード
- 花束を持つ白い子ども
- 槍
- 天井の太陽の光
- イヴ
- すみれ色の上着を羽織った賢者
- 巻物＝水星
- 聖杯
- こん棒を持つ黒い子ども
- 蛇の巻きついた羽根のある卵
- ［ヘブライ文字］ザイン
- ［占星学］双子座

【背景と解説】

「#6.The Lovers 兄弟」の元型は、旧約聖書『創世記』のカインとアベルの物語で、「分析と融合、同一化を繰り返して全体性を追求する」普遍的原理を表している。作者クロウリーは、「『#1.The Magus 魔術師』のトートの猿は単なる影にすぎない」「このカードが世界の創造を表す」と言う。つまり、猿のような人真似や物事をただ覚えて繰り返すことには何の創造性もなく、人間関係と観念との関係に現れる根源的な欲望の正体を理解し、それを完全に乗り超えた意識から新しい時代の創造がはじまると言っている。

『創世記』によると、カイン（得たもの、豊富）とアベル（虚無）はアダムとイヴが生んだ最初の子どもである。兄カインは農耕民を形成し、弟アベルは遊牧民を形成していった。ある日、カインとアベルは神ヤハウェに捧げものをした。神は弟アベルの捧げものをお喜びになったが、兄カインのものには目もくれなかった。そこでカインはアベルを野原に呼び出し、石で撃ち殺してしまった。それ以来、アベルの血は土の中から神に向かって叫び続けているという。

これは、人類最初の殺人事件として、そして血のつながる「兄弟殺し」として、人々の心に多くの謎とテーマを突きつけてきた。

神はえこひいきをするのか？　神はカインの何が気に入らなかったのか？　兄弟殺しとは何を意味するのか？　神に受け入れられたアベル一族はその後どうなったのか？

世界の文学や映画でも、このテーマをめぐってさまざまな作品がつくられてきた。結論を先取りすれば、人は血族意識、民族意識、性意識を完全に乗り超え、普遍的な人間意識を生み出せるのかという問題提起なのである。

クロウリーはそれを『トートの書』の中で、半陰陽のような形態にもっていかなければだめだと言っている。これからの世界創造は、そこからはじまるという。本書ではそれを「意識のドメスティック性を完全に消滅させる」と位置づけて考えている。

本書の解釈では、カインは自己の力を誇示するために神に捧げものをし、弟アベルは神への感謝として捧げものをしたのである。そのため、神は弟アベルの捧げものを喜ばれ、兄カインの捧げものは排除された。これは二者択一の問題ではなく、この分離、対立がなぜ生じた

メジャーカード ❄ 水の国

のかということが重要である。それは意識のドメスティック性、同族意識から生じるものである。同族意識を心の拠りどころに生きるとき、私たちは異なる者を理解せず、排除し、分断する。その人生態度の誤りを理解し、はっきりさせることが、このカードのポイントである。「#6.The Lovers 兄弟」の象徴は、あらゆるものが対になっている。白と黒の2人の子ども。お互いに向き合っている黒い王と白い女王。子どもの男と大人の男、若い女と年老いた女。水を表す鷲と火を表すライオン。キューピッドとオルフェウスの卵。対になっているのは、交換ではなく、どんな意味でも「要求」がないこと。求めるもののない出会い、交流が起こること。

オルフェウスの卵は、水の国の守護人「#14.Art 異世の大釜（ことよ）」の中で孵化（ふか）する。「#14.Art 異世の大釜（ことよ）」の中ではあらゆる象徴物が大きく描かれ、卵が孵化したことを示している。その象徴の意味は、感謝も自己主張も善い悪いではなく、そのすべてをタロットの霊フールの前に投げ出しなさいということである。そうすれば小さな心のこだわりは解放され、私たちの心の働きは新しい世界を卵のように生み出せるほどにも大きくなるということを示している。したがってこのカードは、「#14.Art 異世の大釜（ことよ）」といっしょに理解しなければならない。

象　徴	象徴の意味の要点
金の王冠を被った 黒い王と赤いライオン	男性的な考えと能力によって行動する。王冠の形は「#4.The Emperor 皇帝」との結びつきを示す。
銀の王冠を被った 白い女王と白い鷲	女性的な考えと能力によって行動する。王冠の形は「#3.The Empress 女帝」との結びつきを示す。
棍棒を持つ 黒い子ども	兄カイン：男性的な本能と潜在的能力に基づく自己主張の行動。肉体的な接触。官能性。
薔薇の花束を持つ 白い子ども	弟アベル：女性的な本能と潜在的能力に基づく感謝の姿勢。信頼の絆。結合の喜び。
お互いに手を取り合う 王と女王	正反対なものの結合。愛。結婚の受諾。
白と黒の子どもが 手を交差する	内的に正反対なものの交流。考えの交換。協力する。
槍	征服。出産力。恋の虜（とりこ）になる。

象　　徴	象徴の意味の要点
聖杯	忠実さ。心のやすらぎ。心のつながりと思いを受け入れる。"関係"の受容。関係の内に果てしないものが開ける。
後ろから祝福を送るすみれ色の上着を羽織った人物	この人物は「#9.The Hermit 賢者」である。両腕に「#1.The Magus 魔術師」を表す巻き物をつけている。神聖さ。聖職者のような力。神の祝福。言葉の交流の必要性（水星の力）。
フードを被った賢者	クロウリーは「有機的生命の発生源を表す」と言う。それは、有機的結合と共生関係を取り戻すことが人生の根本問題であることを示している。
矢を射ようとするキューピッド	結合することを切望する。 [否定的な意味の場合] いたずら好きで気まぐれ。
矢筒の言葉	ギリシア語でテレーマ。思考ではなく、人生にフールの意志が働き出す意味。「ソードのエース」に書いてある言葉。いろいろな考えを一つにまとめ、単純にして伝える。物事の決定。
蛇が巻きついた羽根のある卵	オルフェウスの卵：第五元素（四大エレメントの矛盾を克服する天空）。物事の真髄。この卵は「#14.Art 異世の大釜」で孵化する。人生の秘密。大いなる仕事のはじまり。人生経験から、それ以上のものへの上昇。 ＊感謝も自己主張も、一切合切異世の大釜の中に投げ出せるようになること。それが錬金術である。 ＊紫色の蛇は水星の色彩で、「#1.The Magus 魔術師」と「#9.The Hermit 賢者」と結びついている。完全な共生関係の本質は、本当の言葉の発見にある。
卵に生えた翼	「#16.The Tower 稲妻の塔」の"塔"を超える「関係」のはじまり。それは「#16.The Tower 稲妻の塔」で圧倒的な《眼》として到来した"目覚め"が、具体的な人生を形成する力としてここで育つこと。
赤いライオンと白い鷲	獅子座の火と蠍座の水の結合。愛によって、深く眠る潜在的な創造力が刺激され、新しいものが生まれる。
上部に立っている2人の女性	年老いたほうをリリス、若いほうをイヴとして表している。女性性の闇と光の性質。和解。合意。性格の複雑さの統一。自分より相手を優先する心を持つ。
剣のバージンロード	ヘブライ文字のザインを象徴。分析。明確な決定。一つの考えに縛られず、さまざまな面から考える。関係を通して本当の言葉を見出す。

メジャーカード ❖ 水の国

第3章　カード解説　　233

[ヘブライ文字] ザイン	「剣」を意味する：分離、分割。分析的。批判的。本当の考えを育てる。
[占星学] 双子座（Ⅱ）	相反するものの統合。二元的。対立した一対。交換し合う。相互作用。話し好き。多芸多才。
占星学の関連で 意味を強め合うカード	ルーラー：水星（☿）「#1.The Magus 魔術師」
魔術師の神殿内の位置	「#10.Fortune 運命の輪」からこのカードに進み、最後に守護人「#14.Art 異世の大釜」へ戻って水の国のサークルを完了する。

項　目	意　味
一般	すべてのカードの中で最も広く、最も多くの人々とのバランスを取っている。心からの行動、決心。対立の克服。紛争で対立するものの和解。協働作用。詳細を集める。他社と行動する能力。サークルなどに入るか、辞める。年代、性別を問わずつき合う。人間関係が個人的な成長と発展に欠かせない。分析と統合。結論を出す前に状況を慎重に調べる。重要な決定（たとえば独立や結婚）に関する慎重な計画。縄張り意識を捨て、相手の真意を理解するように努めよ。
仕事	一つの仕事に興味を引きつけられる。他者と協力する。妥協できる。ビジネスの提携。契約の締結。よいチームワークを組む。金運の増大。セラピスト。
交際と人間関係	恋人としての至福。愛、結合、結婚。仲直り。理想のパートナーを見出す。つき合おうとする。相手と本当に打ち解ける。心に従う。はっきり決心する。
否定的な警告	状況の分析不足。衝動的または無知な決心。分析のしすぎによる優柔不断。（剣は切り裂くので）仲違い。不一致。言い争い。無責任。気まぐれ。信頼できない。

	リーディングのポイント
基本的なリーディング	新しい関係がはじまる。現在の人間関係の深まりを体験するようになる。現在自分が知っている以上に、はるかに深く自分を知るよい機会の訪れ。
否定的な場合のリーディング	人との関わり方を変えようとしない。新しい成長を考えて前進しなければ、結合か状況が不安定になり、結束に緊張が生まれて崩れやすくなるだろう。

- Mythology -
アダムとイヴ
人はなぜ楽園を失ったのか

アダム（人）とイヴ（生命）は、旧約聖書の『創世記』に最初の人間と記される人物である。天地が創造された後、アダムとイヴはヤハウェ（神）によって創造され、エデンの園を居住地として与えられた。エデンの園には4つの川が流れ、木々が生い茂り果実が豊かに実る楽園であった。

園の中央には、「生命の木」と「善悪を知る木」があった。そして神は、「園にある木の実はどれでも食べたいだけ食べてよい。ただし、善悪を知る木の実は決して食べてはならない。それを食べたら最後、死んでしまう」と約束の言葉を残された。

ルーカス・クラーナハ
『アダムとイヴ』
1533年 絵画館

神が創造された生き物のなかで蛇は一番悪賢く、その蛇がイヴをそそのかした。蛇は、「まさか神は"園の木の実はどれも食べてはならない"などと言いはしなかったでしょうね」とイヴに尋ねた。すると彼女は、「ええ、園の木の実はどれも食べてよいのです。ただ園の中央にある善悪を知る木の実、これだけは決して食べても触ってもいけない。死ぬからと神様は言われた」と答えた。しかし蛇は、「死ぬことなんか絶対にありませんよ。それを食べるとすぐに、あなたの眼が開き、善悪を知って神のようになれる」と言った。

見るとその木の実はいかにもおいしそうで、食べれば賢くなれそうにイヴには思えた。そしてとうとう彼女はその実を取って食べ、アダ

メジャーカード ✳ 水の国

ムにも与えた。ここから人間の転落がはじまった。アダムとイヴはエデンの園を追放され、人間は苦労しなければ生きられない存在となった。

　人間は生きていく上で、なぜ苦悩と死を避けては通れないのか。生涯をかけてその問題に取り組んだ詩人ジョン・ミルトンは、一大長編詩『楽園喪失』のなかでアダムとイヴの楽園追放を取り上げている。ミルトンはその書き出しで、人間が転落した要因は、神聖な者（神）との約束を踏みにじる魅力に敗れたのだと述べている。

　人の最初の不従順（いやさき）よ、また禁断の樹（そむき）の果（み）よ——その致命の味わいゆえに死ともろもろの禍いとは世に入りエデンは失せた……

——『楽園喪失』藤井武訳（岩波文庫）

　神との約束を犯すという禁断の行為は、致命の味わいなのだとミルトンは言う。善悪を知る木の実を取って食べたことが問題なのではない。ただ一つの約束事を破るという禁断の行為に致命的な転落への魅惑があるのだとミルトンは見抜いたのである。この至上の約束事を破ることによって、神と人間、アダムとイヴ、人間と大地の根本的な「関係性」が失われ、死と諸々の禍が人生にもたらされたのである。

#21. The Universe （ユニバース） 楽園回復
今まで求めてきた最も大きな計画を実現し成功する

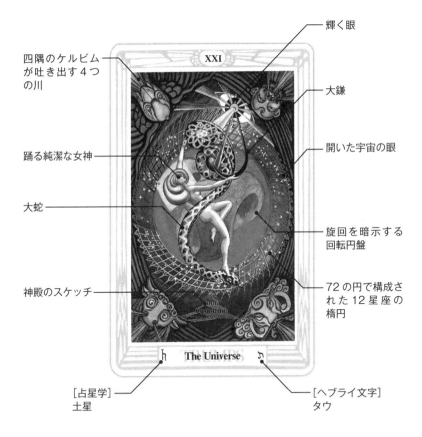

- 四隅のケルビムが吐き出す４つの川
- 踊る純潔な女神
- 大蛇
- 神殿のスケッチ
- 輝く眼
- 大鎌
- 開いた宇宙の眼
- 旋回を暗示する回転円盤
- 72の円で構成された12星座の楕円
- [占星学] 土星
- [ヘブライ文字] タウ

メジャーカード ※ 地の国

第3章 カード解説

【背景と解説】

　このカードは、「#0.The Fool フール」の目的を実現する意味で、タロットの霊フールが地上にもたらす力の完全性、統合された個性の完成を表す。迷宮から大宇宙を求めて旅をしてきた探求者は、勝利の王として帰還し、この世俗世界に楽園を創造しようとする。カードの人物は、人間の根源的な転落性を完全に打破して、蛇の頭の上で勝利の宇宙的舞踏を踊る「聖なる母マリア」である。彼女が踊る相手は、復活して新しく栄光の神の座についたロゴスとの間に、絶対的結婚関係を地上で実現させた「#19.The Sun 太陽」である。存在の変容を実現し、タロットの霊フールとともに歩むことによって生の転落性を乗り超え、全体的な人間として大宇宙（マクロコスモス）の内に生まれ変わった探求者は、栄光の神との絶対的結婚関係を生の土台にして天地創造の第8日目を続行する。かつて神だけが行っていた天地創造は、死の問題を完全に克服した探求者との協働作用に変わる。死を克服した者だけに宇宙創造は可能だからである（神には死がないので永遠の宇宙が創造できる）。**かつて神だけが単独で行っていた宇宙創造が、新たに「関係内」から生まれる時代がはじまること、それが第三アイオーン（大宇宙の第三の霊的な周期）の意味である。**

　マリアの頭の四角形の光雲と、足を十字形にして踊る姿は、逆立ちをしていた「#12.The Hanged Man オシリスの死」が直立した姿でもある。これは大宇宙と小宇宙の合一を表し、以後、探求者は大宇宙とともに行動する。

　真理をつかみ取ろうとすることは、意識の内において創造性に気づいていないので虚偽である。ソウルメイトという考えも、宇宙的な創造性とは切り離されているので虚偽である。「この世」に充足するのではなく、別の世界（第三のアイオーン）を創造する。それが「宇宙的な結合の実現」である。それゆえ、このカードの主人公マリアは、「#19.The Sun 太陽」と結合し、宇宙的な勝利の舞踏を踊る。

　タロットを学び実践する目的は、第三のアイオーンを実現するための活動を行うことである。それは時間の世界に永遠をもたらす作業である。

　四大エレメントを象徴する4体のケルビムは、翼をつけて鼻と口か

ら息を吐き出し、天空へ飛び立っている。天空は女神ヌイトの世界であり、第五元素を表している。四大エレメントの矛盾する働きが完全に統合され、新しい世界が生まれるのである。ケルビムは、「#5.The Hierophant 高等司祭」では仮面であり、生命力のない言葉だけ、考えだけの世界であった。「#7.The Chariot 戦車」では、翼をつけていたが、まだ飛び立つことができなかった。四大エレメントの矛盾は完全には克服されていなかったからである。また、「#10.Fortune 運命の輪」では、四大エレメントはスフィンクスの中で統合されてはいたが、絶対的結婚関係が実現していなかったため（クロウリーは、その状態を四項的な合一と言った）、ケルビムは大地から天空へは飛び立てずにいた。そのため、探求者はまだ自分のほうからは完全な創造活動はできず、チャンスは向こうから来るほかなかったのである。しかしこの「#21.The Universe 楽園回復」では、4体すべてが完全に天空を飛んでいる。大宇宙からの働きかけを待つだけではなく、自分のほうからも大宇宙に積極的に働きかけられるようになった。生の探求とは、欲望が生み出す心の獣性（テーリオン）の克服であり、それは最初の探求のカード「#11.Lust 夜明けの女王」でヌイトが獣に乗る姿で表されていたが、その目的は、ついにここで果たされるのである。

象　徴	象徴の意味の要点
踊る純潔な女神	聖母マリア。考え方のドメスティック性を克服した人間に、タロットの霊フールが内在化することを示す。自己満足と人の目による評価を完全に乗り超える。自由になる。新しいものの創造。新しいものをつくる勝利の喜び。完全な生命を生む力。
大蛇と大鎌	生（眼の光線）と死（楽園の蛇）が組み合わされて世界が再生する。結果を出し、物理的な目的に達しようとする意志力。鎌は時間を象徴し、一時的な体験や満足に自分の心や目的を奪われないことを意味する。
祝祭としての舞踊	旧約聖書『創世記』の楽園伝説には、人間の没落と神の呪いによって、蛇と女（イヴ）の間に果てしなく続く敵意が生まれたと記されている。しかし、舞踊は、その敵意を克服し、生命の完全な喜びを取り戻したことを表す。人生の喜び。戦いの勝利。求めてきたものの実現。

メジャーカード ✤ 地の国

第3章　カード解説　239

象　徴	象徴の意味の要点
輝く眼	生命の木、イェソド（基礎）の月から放射される光。輝く眼：「#16.The Tower 稲妻の塔」にも出てきた宇宙的な力、理解力が到来する。状況全体を明確に理解する。 10 光線：過去のこだわり、不完全さを超える。現実（マルクト）を生んだ能力が、現存すること。
開いた宇宙の眼 （カード全体の輪の形）	あらゆる創造の起源。外的な世界（人生の障害）の十分な体験と理解から新しい創造が生まれる。
宇宙の源泉にある緑色	地球を表す：大地再生。希望の実現。構想の具体化。
青の色彩	土星を表す：（障害の）終わり。求めたものの達成。
網目のような 72 の円で構成された 12 星座の楕円	モーセが葦の海を渡る際に用いた、72 の神の名を使った呪文とされる（72 の神の名の呪文とはシェムハムフォラッシュと呼ばれるもので、クロウリーはそれを、12 サインの 5°角度に円を張ったものという。すると、72 デーカンになる）。古い世界から新しい世界への河を渡ること。タロットの霊フールの力によって困難を乗り超え、新しい時代がはじまる。さらに広い世界へ人生の再創造活動をする。
足もとの神殿のスケッチ	神殿は第五元素が地上化する象徴で、新しい世界の再創造がはじまることを表す青写真。ここから第三アイオーン（創造の時代）がはじまる。歴史や神話を学ぶこと。
四隅のケルビムが吐き出す 4 つの川	エデンの園の 4 つの川のことをクロウリーは四項的合一*[34] と示唆している（「四項的合一」とは、実際的な知識や実用的な技術を学ぶこと）。天地創造の続行がはじまる。単に 2 つの結合ではなく、男性性と女性性、タロットの霊フールと魔術師の神殿、それぞれの相互結合によって生まれる新しい人生の楽園。「#5.The Hierophant 高等司祭」で仮面だったケルビムは、ここで生命力を得て水を吐き出し、長い間の探求の目的が実現したことを表す。
中心の旋回を暗示する回転円盤	失われていたカバラの「生命の木」が生き返ることを象徴。この世界が、転落からふたたび楽園を回復し、生命力を取り戻す。
大蛇の菱形模様	「#1.The Magus 魔術師」のカデューシャスの杖の 2 匹の蛇を象徴。光と闇の統合（光と闇の分離は「この世」）を表す。具体的な目的やその実現への障害の完全な克服。

[ヘブライ文字] タウ	十字架：完成。十字の記号は、人生全体が新しいは じまりとしてさらに「拡張」していくこと。
[占星学] 土星（♄）	社会的背景や条件などの実際の仕組み。人生で遭遇 する問題やそれにどう取り組むべきかを教える。魂 を形成するための実際的経験。収穫。豊富。努力が 実る。達成。
占星学の関連で 意味を強め合うカード	ルーラー：山羊座（♑）「#15.The Devil バーンの 祝祭」 イグザルテーション： 天秤座（♎）「#8.Adjustment 真理の女神」 第2ルーラー：水瓶座（♒）「#17.The Star 螺旋 の星」
魔術師の神殿内の位置	水の国のサークルを終え、地の国の守護人「#21. The Universe 楽園回復」へ進み、次の「#20.The Aeon アイオーン」へ向かう

メジャーカード ❖ 地の国

項　　目	意　　味
一般	状況または計画の完成。生きる喜び。ふさわしい時 とふさわしい場所に存在する。達成。家に戻る。和解。 物事の変わり目。人生の大冒険をする、または単に 旅行する。内面的にも外面的にも新しいものをつく り出そうとする。ケルビム（潜在的能力のこと）は 人生を支配し、私たちの運命を決定するために知識 と学習を実際的に役立てることを象徴。「#0.The Fool フール」とともに最も強いカード。
仕事	仕事を楽しむ。天職を見つける。目的に到達する。 生き生きとして創造的。組織か制度を変える。民族 的または国際的な仕事に興味を持つ。ビッグビジネ スに関わる。エコロジーや環境問題に取り組む。
交際と人間関係	無条件の愛。生き生きとした愛。和解。性的な一致 と満足。ふさわしいパートナーを見出す。性的障害 がある人は、それを克服するカードでもある。
否定的な警告	注意散漫。どっちつかずの不徹底な興味。目的の曖 昧さ。きりきり舞いする。鈍感さ。役立たず。性転換。 性的障害。状況の完成と終結の失敗。未遂。はじめ たものを終わらせるための時間と能力を使い果たし た。やりたいことに邪魔が入る。物質的な欲望の奴 隷になる。状況が終わったので、手放し、あきらめ、 そして進んでいかなければならない。

第3章　カード解説　　241

	リーディングのポイント
基本的なリーディング	発展していくための時間が必要となる。計画、状況に粘り強くこだわり続けること。あなたが目標にこだわり続け、その道を完走すれば、求める結果を得られるだろう。
否定的な場合のリーディング	状況がすぐに解決すると思わないほうがいい。今はどれくらい困難に思えても、粘っていればきっとうまくいくだろう

*34 四項的合一
　人生の探求の時代から、人生の再創造をする時代への移行をいう。
　そのために、実際的、実用的知識と技術を身につける。

#20. The Aeon アイオーン

体験を集大成し、それを超える夢を追求する

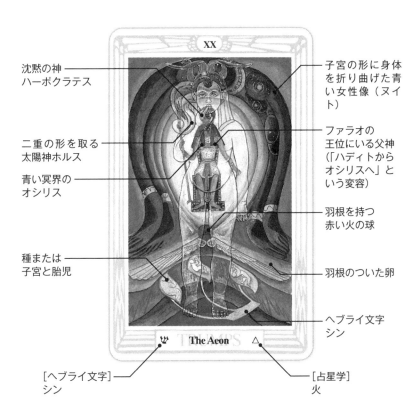

- 沈黙の神ハーポクラテス
- 二重の形を取る太陽神ホルス
- 青い冥界のオシリス
- 種または子宮と胎児
- ［ヘブライ文字］シン
- 子宮の形に身体を折り曲げた青い女性像（ヌイト）
- ファラオの王位にいる父神（「ハディトからオシリスへ」という変容）
- 羽根を持つ赤い火の球
- 羽根のついた卵
- ヘブライ文字シン
- ［占星学］火

メジャーカード　地の国

第3章　カード解説

【背景と解説】

「#20.The Aeon アイオーン」の中心的なモチーフは、「天上の金の卵」と「大きな透明な子どもホルス」である。それは、「#9.The Hermit 賢者」の宇宙卵が、誕生段階に入ったことを示す。

「#14.Art 異世の大釜」で大宇宙との結合を実現し、錬金作用が起こった後、地の神ハディトと天空の女神ヌイトの結合から、火の神ホルス*35（太陽）が誕生する。この誕生によって第三アイオーンの活動がいよいよ具体的にはじまる。クロウリーは、「#20.The Aeon アイオーン」について、従来の伝統からの完全な脱却を試みたと述べている。つまり、オシリスからホルスへの新たな創造の時代は、1904 年（『法の書』の発表）から幕開けしていたということである。「#14.Art 異世の大釜」からはじまった「存在の変容」は、このカードで最終段階を迎えることを表している。

天空の女神ヌイトは、無限の可能性を象徴し、新しい天地創造が続行されていくことを意味する。

地の神ハディトは、翼のついた火の球で表され、永遠のエネルギーを所有して新しい太陽を地上に上げるための推進力を意味している。

黄金の卵は、ホルスの太陽のような社会に影響を与える性格を表し、次の「#19.The Sun 太陽」で新しい太陽となって誕生する。卵から生まれてくるのは、大きな子どもホルスである。しかし、それはまだ透明に描かれていて、いまだ目にすることのできない未知の世界を表している（ホルスは「#19.The Sun 太陽」で姿を現す）。

クロウリーは、「注目すべきは、ヘル*36 という名前は、タロットをつかさどる大天使フル（HRU）と同一であることである」注7 と記している。このカードを通して、「#0.The Fool フール」の力が端的に探求者の今の状況に働くのである。その意味で「#20.The Aeon アイオーン」では宇宙的な大作業が行われる。それをクロウリーは、「このカードは、火によるこの世の破壊を表わす」同注7 と述べる。それが一番下に描かれたヘブライ文字シンが示唆する意味である。「この世の破壊」とは、存在の変容は個人の問題ではなく、新しいグループ、共同体を形成し、社会に新しい影響を与える問題であることを指摘しているのである。このカードの「存在の変容」は、次のカードの「#19.The Sun 太陽」において、絶対的結婚をこの世に実現する。それはまた、

天地創造の第8日目のはじまりをも告げるものである。

象　徴	象徴の意味の要点
子宮の形に身体を折り曲げた青い女性像	エジプトの天空の女神ヌイト。ヌイトは夕べには太陽を飲み込み、朝にそれを新しく誕生させる。はじめと終わり。生むことと再生を表す。 エレメントでは、第五元素の天空に対応し、四大エレメントに含まれる矛盾と葛藤がすべて克服された、新しい世界を生む。
羽根のついた卵	「#6.The Lovers 兄弟」のオルフェウスの成長。
羽根を持つ赤い火の球	ヌイトの伴侶、南の神ハディト（羽根は霊的な浄化、死を表す）。血族的な絆より、使命の優先が新しい太陽を生み出す推進力となる。使命による結合
2つの火の球	家庭と仕事を創造的に両立させる。複眼で物事を見る。多面的な見方。
ヌイトとハディトの結合	新しい時代（の到来）が創造され、それを代表するのが二重の神ホルス。
青い冥界のオシリス	オシリスの時代からホルスの時代へ（霊的な周期の死と生まれ変わり）。大きな変化、飛躍、今までの誤りに気づいて大転換する、など。
二重の形を取る太陽としてのホルス	太陽の力の外的側面と内的側面。「#19.The Sun 太陽」では2人の子どもは蝶に変容している。存在の内側で新しい生き方が育っている。タロットの探求者には、タロットの霊フールの内在化がはじまる。
ファラオの王位にいる戴冠した子どもの神	太陽神ホルスの年長者の側面。古い考えのパターンと過去の達成を捨て、朝ごとに昇る太陽のように新しいものを創造する。 過去へ進む神。顕現した宇宙。凝固した力。外面的壮麗さ。壮大さ。 ＊これらを後にすること。離れること。
カールした髪に水蛇を頭に乗せた沈黙の神ハーポクラテス*37	未来へ進む神。隠された宇宙。古いパターンを乗り超える。頭の水蛇が表す「存在の変容」は、「日々の変容」がなされねばならないことを示す。若くしなやかで疲れを知らない力。
口に当てた人差し指	ハーポクラテスのポーズ。いったん停止せよ。死の問題を完全に克服する。永続性を考える。物事を行う前によく考えること。内省する。瞑想する。

象　　徴	象徴の意味の要点
人間を入れた３つの先端の あるヘブライ文字シン	子ども、成人、老人。３つの局面で問題を打破して、新しいことをはじめる。新しい時代に参加する生のあらゆる段階を意味する。「#9.The Hermit 賢者」のケルベロスの３つの頭が完全に浄化され、全一的、三一的な変容がここで統合される。そして次の「#19.The Sun 太陽」で新生が起こる。それは太陽（絶対的人間）の内在化である。
種または子宮と胎児	今していることが未来の成りゆきを生む原因になる。

[ヘブライ文字] シン	「歯」を意味する：連続的に新しい空気、新しい食べもの、新たな言葉を出し入れすること。さまざまな異なる考えや資料を嚙み砕き、吸収することで、新しい関係やものが生まれることを意味する。また、シンは神聖文字の「火」を表し、現代の概念では霊的気づきを意味する。
[占星学] 冥王星（♇）	銀河との接点を表す。人生の次の章を書くために白紙を準備する。新しさの革命的、究極的、根本的、徹底的など。
占星学の関連で 意味を強め合うカード	ルーラー：蠍座（♏）「#13.The Death 黒い太陽」
魔術師の神殿内の位置	守護人「#21.The Universe 楽園回復」からこのカードに進み、次の「#19.The Sun 太陽」へ向かう。

項　　目	意　　味
一般	変容。新しいはじまり。状況を受け入れ、理解して未来へ進む（希望）。自己発見。霊的な発展。人生に重要な影響を及ぼす個人的な意志決定（たとえば禁煙して身体によいことをはじめるなど）。また人生を変える経験を意味することもある（たとえば死に目にあう、深い霊的経験など）。日々新しくなれ。
仕事	正しい方向へ歩み出す。再編成。新しい方向へ眼を向ける。高等教育へ進む。新しい考えを導入する。家庭と仕事を両立させる。３つの分野で成功する。絶えず新しい工夫を加えよ。
交際と人間関係	関係を新しい眼で見直す。刺激的な行動をする。刺激的な関係に一新する。新しい恋が芽生える。家族が増える。２人の関係から新しいものが生まれる（妊娠、転居など）。相手を理想の人と受け止める。

項　目	意　味
否定的な警告	困難を甘く見る。その決定が人生に否定的な影響を及ぼすかもしれない。自滅的な生活状態に陥る。新しい職業がうまくいかない。個人的な敗北を喫する。自分の目標に失敗する。自分の倫理、信念に反する決定をせざるを得なくなる。重要な人生の決定を下す能力を鈍らせる。妨害される。心理学的問題やトラウマを意味する場合もある。不安からの色欲を警告。

	リーディングのポイント
基本的なリーディング	今までとは別のチャンスが与えられるだろう（カード上では「#10.Fortune 運命の輪」の後の第二のチャンス。「#20.The Aeon アイオーン」のチャンスはより大きい）。責任は引き受け、話を進めるべきとき。話を進めるにあたり言葉を慎重に選び、条件や内容をよく比較検討すること。そうすれば後で撤回する必要に迫られることはない。条件がまとまって話が締結できるのは、次のカード「#19.The Sun 太陽」まで進んだときになる。
否定的な場合のリーディング	悪い選択をしてしまうのではないかと恐れていると、何も決められなくなるだろう。とにかく今の直感を信じて行動すれば、なんてことはないことが多い。

＊35 ホルス
　　『法の書』では、永遠を表すヌイトは第一神格であり、夫ハディト（ハデスのカバラ的表現）は第二神格、子どもホルスは第三神格と決められている。これらはエジプト神話のオシリス、イシス、ホルスの神話を「テレーマ哲学」の考えに従って体系づけたものである。トート・タロットではヌイトはイシスと同一の女神として扱われ、その性質は子どものホルスに受け継がれて「永遠を創造する」。ヌイトは天空に対応し、ホルスは太陽を表す。ハディトはオシリスの弟セトと同一の存在で、人間のエゴを象徴する。「#20.The Aeon アイオーン」のカードでは、ハディト（エゴ）がヌイト（天空の宇宙・普遍的精神）の中で死ぬとホルス（新しい自己・新生した宇宙的生命）が生まれ、創造的なホルスのアイオーン（第三アイオーン）が探求者の人生にはじまる。

＊36 ヘル
　　ヘルはホルスのエジプト語。ヘル・ラ・ハで、太陽の光とエネルギーを表す。

＊37 ハーポクラテス
　　ハーポクラテスは、ギリシア語で幼いホルスを意味し、子どもが指を口にくわえた姿で表される。クロウリーは、ホルスのアイオーンを象徴する神名としてこの名を用いた。

- Column -

「#16.The Tower 稲妻の塔」と「#20.The Aeon アイオーン」 に見る霊的真理の認識体験について

　２枚のカードはともに蠍座（人生のより深い意味の探求）を支配する２つのルーラー、火星（#16）と冥王星（#20）にそれぞれ対応する。

　霊的真理の認識体験には、「超越的体験」と「内在的体験」とがある。「超越的体験」は真理認識の第一段階、「内在的体験」は第二段階である。これらは生の変容体験から見た場合、「超越的体験」は意識の変容に対応し、「内在的体験」は存在の変容に対応する。

　真理認識の第一段階、「超越的体験」とは、精神科医・神谷美恵子[補1]や生命科学者・柳澤桂子[補2]のいう「変革体験」や「神秘体験」であり、価値観の転倒を意味する。探求者がそれまで原罪と考えたその考えすら罪の心から生まれてきたもので、根本的に的はずれだったことを発見する体験である。したがって「価値観の根源的倒錯」が発見され、探求者は「意識が倒錯している全構造」を悟らされるのである。トート・タロットのパスワーキングでは、「#16.The Tower 稲妻の塔」に到達した探求段階が、この「超越的体験」を表している。

　これは古くはキリスト教思想家・綱島梁川[補3]らによって伝えられた見神の体験と同列と考えてよい出来事であり、ある日突如「神が顕現する体験」である。心理的には、人間存在が爆発的に打ちのめされるという体験として、宗教の研究者にはよく知られている。その代表的な例は、神谷美恵子が紹介しているある体験報告である。

◆心の世界の変革

　何日も何日も悲しみと絶望にうちひしがれ、前途はどこまで行っても真っ暗な袋小路としかみえず、発狂か自殺か、この二つしか私の行きつく道はないと思いつづけていたときでした。突然、ひとりうなだれている私の視野を、ななめ右上からさっといなずまのようなまぶしい光が横切りました。と同時に私の心は、根底から烈しいよろこびにつきあげられ、自分でもふしぎな凱歌のことばを口走っているのでした。「いったい何が、だれが、私にこんなことを言わせるのだろう」

という疑問が、すぐそのあとから頭に浮かびました。それほどこの出来事は自分にも唐突で、わけのわからないことでした。ただたしかなのは、その時はじめて私は長かった悩みの泥沼の中から、しゃんと頭をあげる力と希望を得たのでした。それが次第に新しい生へと立ち直っていく出発点となったのでした。

——神谷美恵子『生きがいについて』（みすず書房）

　トート・タロットの学習者であれば、これがアレイスター・クロウリーに聖守護天使エイワスがはじめて現れてきた状況によく似ていることに気づくだろう。

　ところが第一段階では、現代でいう「個の確立」はまだ実現していない。「個」はまだ弱く、不安定であり、時代を創造するエネルギーを獲得してはいないのである。そして「個」は、次の第二段階、「内在的体験」を通過して、はじめてはっきりと確立し、世俗を創造的に生きるエネルギーを獲得できる。それが本書『魔術師のトート・タロット』でいう「タロットの霊フール体験」である。これはそれまで超越的であったものが、内在的に体験される出来事である。「個」は、内在化した「タロットの霊フール」の超越エネルギーによってしっかりと支えられ、世俗の価値観に対して創造的、戦闘的主体に変容するのである。　トート・タロットのパスワーキングでは、「#20.The Aeon アイオーン」に到達した探求段階が、この真理認識の「内在的体験」を表している。この生の確かさの確立段階から、探求者は天地創造の第8日目をタロットの霊フールとともに協働作業によって実現する人生がはじまるのである。

*補1　神谷美恵子（1914−1979）
　　　日本を代表する精神科医。美智子皇后の相談役として知られる。宗教、心理分析、個人的な体験に現れた「神秘体験」を人間の生きがいに重ね合わせて精神科医の立場から研究。文筆家としても社会に大きな影響力を持つ。代表作『生きがいについて』。

*補2　柳澤桂子（1938 〜）
　　　生命科学者。35 年を超える闘病生活を克服し、神秘体験を得る。『いのちの日記』にその体験の詳述がある。著書に、般若心経の新しい翻訳『生きて死ぬ智慧』などがある。

*補3　綱島梁川（1873 〜 1907）
　　　キリスト教思想家、評論家。後にキリスト教では「回心体験」と呼ばれるようになる顕神体験を「予が見神の実験」として、日本人ではじめて発表して大きな反響を呼んだ。

#19. The Sun サン 太陽
長い間心の底で求めていた理想がはっきりと具体化する

メジャーカード ❖ 地の国

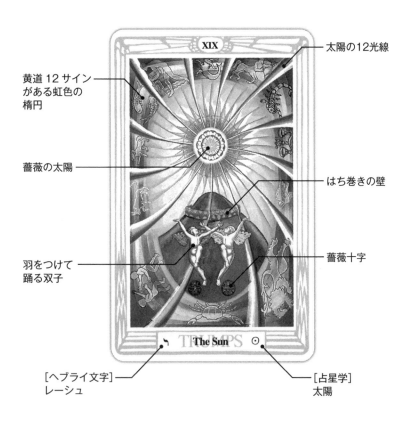

- 黄道12サインがある虹色の楕円
- 薔薇の太陽
- 羽をつけて踊る双子
- 太陽の12光線
- はち巻きの壁
- 薔薇十字
- ［ヘブライ文字］レーシュ
- ［占星学］太陽

第2部　ヴェールを脱いだ魔術師のトート・タロット

【背景と解説】

「#19.The Sun 太陽」の象徴の中心は、創造性を表す緑の山の上で宇宙的な舞踏をする2人の人間である。男性と女性のエネルギーが、1つのエネルギーとなって流れる内的な舞踏であり、男性性と女性性の間にある創造力の無限の貯水地が利用できる意味を表す。ここで「#6.The Lovers 兄弟」からはじまった関係内存在を通しての変化が起こる。内外ともに関係内存在が確立し、そこから創造活動が起こるのである。

神話の元型の「山」は、重要なモチーフを持つ。そのなかでも最も深い意味を表すのは、モーセが十戒を授かった「神の山ホレブ」である。モーセに率いられてエジプトの奴隷状態から脱したユダヤ民族が、葦の海を渡って約束の地カナンを目指して旅をする。葦の海を渡るとモーセはホレブ山へ登っていく。彼はホレブ山で柴を燃やすことのない火を眼にし、「お前の足から靴を脱げ、ここは聖なる地である」との神の声を聞く。何も燃やすことなく火だけが燃えているありさまを見て、モーセはそこが聖地であることを直観した。

カードには山に縄が巻かれ、祭りのなか踊る2人の人物は、ここが神話の元型の「聖地」であることを表している。聖なる山がこのカードに取り入れられているのは、もはや外部に聖地を求める必要がなくなり、私たちの心の中に聖地を内在化したことを表している。探求者が存在の変容を体験したことによって、絶対的結婚関係が完成したことを意味する。三角形の一辺が無限大になると、他の二辺は1本に合一するように、タロットの霊フールの内在化によって、もはや分離することのあり得ない絶対的結婚関係が地上で実現する。絶対的結婚関係は、異世の物質化だったのである。

『創世記』では、天地創造の7日間によってアダムとイヴは創造されたが、彼らは蛇の誘惑に抗しきれず、無底の深淵へ転落してしまった。ここから人間に死の悲しみとむなしさの影がつきまとう人生がはじまった。探求者はタロットの魔術師の神殿体系をパスワーキングすることによって、ついに原初の人間の弱さを克服したのである。探求者は、絶対的結婚関係を実現することによって、アダムとイヴの生き方を完全に乗り超えた。探求者の内で、天地創造の第8日目がスタートする。これから先、探求者はタロットの霊フールとともに創造の第8日目の立場からタロットをリーディングし、実践できるようになる。

数十万年にわたって形成されてきた世界の神話は、私たちの祖先の体験した遥かなる太陽神ラーの旅[*38]である。人はそのようにして人生を生き、生と死を探求し、動物から人間になった。人は限りのない12の門（夜の12時間）をくぐり、12の国（昼の12時間）を超えてきた。その結果が、私たちのこの「人間意識」である。神話の登場人物のドラマは、私たちの英雄のドラマである。彼らは人生に勝利し、文明を築き、文化を発展させ、壮大な人間宇宙、人間の内的宇宙を開いた。タロットはその人間意識、その内的宇宙を現代において再発見し、それに接続しようとする壮大な試みなのである。英雄たちを愛することは、人間を愛することであり、自分を知り、自分を愛することでもある。私たちもまたラーの旅をする。ラーの旅が人間になることであり、人間を再発見することだからである。

　12の夜の門と12の夜の国を通って太陽神ラーの旅も終わり、ラーは復活する。そして昼の12の国を支配する。それは同時にヌイトの子宮の中でホルスのアイオーンが十分に育ち、それが明らかになって世に出る来るべき新しい時代の運命が到来することを意味する。「#11. Lust 夜明けの女神」からはじまった聖杯探求、失われた完全な楽園の探求は、いよいよ最終章に近づいてきた。古いアイオーンとしてラーの神話をつくってきた人生探求の方法も、オシリスの神話をつくってきた人生探求の方法も、その役割を終えようとしている。

*38 太陽神ラーの旅
　太陽神ラーの船は、夜ごとヌイトの足もとから彼女の体内に入り、夜の12の門をくぐって夜の世界を通過し、朝が来るたびにヌイトの頭から昼の世界へ船出して、昼の世界を旅してまた戻ってくる。これは古代エジプト人が、太陽は沈んで夜の国に行き、夜の12時間を夜の12の門の試練として突破することで、弱くなったエネルギーを強くして、ふたたび朝の太陽となって昇ってくると信じていたからである。古代エジプトではこれを太陽神ラーの旅と呼んでいた。自己喪失していた私たちが、存在を取り戻す旅である。それは私たちの外で輝いていた太陽が、内側へ帰還すること。

『太陽神ラーの旅』

象　　徴	象徴の意味の要点
きらめく太陽	生きている喜び。恐怖と悩みの克服。考えの明晰さ。物質的にも精神的にも安心する。
中心に咲く薔薇の太陽	愛の成熟による、男性原理（太陽）と女性原理（薔薇）の結合。愛の成熟による葛藤の終わり。
蝶の羽をつけて踊る双子の子ども	これは、「#6.The Lovers 兄弟」にいた子どもである。存在の変容が具体化したことによって生まれる明るさ。日々、変容によって人生が新しくなる。自発的な喜び。違いを克服する。心の連帯感。
子どもの足もとにある薔薇十字	生き方の変容を遂げ、古い人生を終える。成熟した愛によって新しい生活をはじめる。クロウリーは、「2人は人類が到達すべき次の段階を表す」「薔薇と十字の術式が地上の事物に対して依然有効だということを強調するためである」[注8]と記している。つまり、足もとの薔薇十字は前のアイオーンであり、そしてまた、前のオシリスのアイオーンは消滅するのではなく、第三アイオーンに吸収され、拡大される。
黄道12サインがある虹色の楕円	12サインはヌイトの象徴。完全性。輝かしい未来のヴィジョンを持つ。意識と無意識の間の調和、統合化。社交性。すべてに対して優しく接する。環境や条件の豊かさ。
緑色の山	低地から高地への変化（低地は安楽さを意味し、高地は怠惰さに安住するのではなく、常に新たな創造を行う人生を象徴）。楽園の山（絶対的結合が土台となってはじまる生）、肥沃な土壌（協働作用をする具体的な舞台を見つけ出す）。 * Column「ソドムとゴモラ」256ページ参照
山の頂上を取り巻くはち巻きの壁	変容した後の新しい規律をもとに生きる。新しく生まれたヴィジョンを基準にして生きる。
はち巻きの壁に使われている赤色	高地に到着して、次の創造的な活動を行うためのエネルギー。明確なヴィジョンを使命として生きる。
太陽	人間の顔の象徴。知力（頭脳）を集中する。頭脳がさえる。迷いを吹っ切る。心を開く。生命力。モチベーター。他者の意欲を刺激する。生きる力が、思考や思想、言葉ではないこと。

メジャーカード ❖ 地の国

第3章　カード解説　　253

象　徴	象徴の意味の要点
舞踊	心にあるものを眼に見える具体的な形に表現する。ダンス、スポーツ、舞台、体操、運動競技など。問題を克服して勝利したことを表す。踊る相手は「#21. The Universe 楽園回復」の聖なる母である。それは、絶対的結婚関係の完成が新しい人生を形成していく原動力になることを示す。
緑の山の上で踊る2人の人間	協働で仕事をする。2人以上のチームワークで行う。神の山は永続性の象徴で、死の恐怖の完全な克服がこの協働を生む。
太陽の12光線	「#11.Lust 夜明けの女神」ではじまった新しい聖杯探求の旅が「#20.The Aeon アイオーン」の時代を通過し、新たな12光線として充実した創造力を発揮する。ラーの夜の旅の終わり（私たちの心のラーは恐怖と悩みを克服した）。確信を持った生き方がはじまる。社会のなかに異世が生まれる。

[ヘブライ文字]レーシュ	「頭」を意味する：古代エジプトの象形文字ヒエログリフによる語源では「岩（頭）」を意味し、ファラオの頭を連想させる。率直。心を開く。考えを正直に述べる。自己顕示願望。思考、自己防衛本能の破壊であり、権威の追求、人の上に君臨したがる欲求、野心を克服すること。
[占星学]太陽（☉）	最初のエネルギーで根本的なもの、主要なものを追求する力。人生への勇気。自信。ダイナミックな行動。独創性。創造性。
占星学の関連で意味を強め合うカード	ルーラー：獅子座（♌）「#11.Lust 夜明けの女神」イグザルテーション：牡羊座（♈）「#4.The Emperor 太陽の父」
魔術師の神殿内の位置	「#20.The Aeon アイオーン」からこのカードに進み、次の「#17.The Star 螺旋の星」へ向かう。

項　目	リーディングの意味
一般	太陽の属性は、幸福、豊富、名誉、成功、よい健康の徴。人生の日の当たる側面を楽しむ（日の目を見る）。新しい誕生。気品の高さを尊重せよ。自己成長。頂上を目指す。太陽は自由と解放の象徴。義務や負債から解放。また、自分自身の決定を下してもよい。自分自身の運命を追求する権限が与えられる。
仕事	成功。困難を克服。信念が力を発揮。創造力を発揮。仕事での喜び。未来の計画が約束される。よいチームワーク。自分の求めているものの実現。
交際と人間関係	愛の祝福。仲直り。新しい交際のはじまり。幸せなとき。心からの信頼。お互いが十分に満足する。結婚。絶対的結合関係。
否定的な警告	自分の能力への世間知らずな過大評価。無謀さ。力の浪費。自由と選択の喪失。健康上の問題。貧乏。恥をかく。権利にともなう規制と責任を認めることなく、権利を乱用している可能性がある。足もとの青と緑のコインの象徴から、物質的かつ感情的なストレスがあなたの幸福と健康を妨げているのだろう。

	リーディングのポイント
基本的なリーディング	人生が新しいはじまりの瞬間を迎えている。太陽が地平線の上に昇っている。前に進み、新しい目的に対する報酬を得るための準備をするときである。
否定的な場合のリーディング	結果を出すには克服しなければならないものがあるだろう（十分にエゴを克服していないこと）。しかし最後には成功する。案ずるよりも産むが易し。前向きに行動すること。

メジャーカード　地の国

第3章　カード解説　255

- Column -

ソドムとゴモラ
『創世記』：第18章20節〜第19章29節

　死海周辺にあったソドムとゴモラの2つの町は、もとはとても豊か
で肥沃な地域だった。しかし豊かな生活に慣れすぎた人々は、生きる
喜びや他者への思いやりを失い、ただただ刺激を求めるようになり、
退廃してしまった。貧しい者の叫び、虐げられている者の苦しみの声
が天に届き、神は天使を地上に送り状況を調べ、そこに正しい人がい
なければ滅ぼそうとされた。

　神はカナンの地にいる信仰の厚いアブラハムに天使を遣わし、ソド
ムとゴモラを滅ぼす計画を告げた。なぜならそこには、アブラハムの
甥ロトの一家が住んでいたからである。ここでアブラハムと神の間に
有名な問答が交わされる。

　アブラハムは神に問う。

「もしソドムの地に正しい人が50人いたらどうなさるのですか？」

　神は答える。

「その50人の正しい人のために、その地をすべて許そう」

　さらにアブラハムは問う。

「もし正しい50人に対し、5人欠けたら、5人少ないために町をすべ
て滅ぼされますか？」

　すると神は答える。

「もしそこに正しい人が45人いたら、その45人のために町を滅ぼさ
ない」

　問答はなおも5人ずつ人数を減らしながら続けられ、最後にアブラ
ハムが神に問う。

「もし10人の正しい人がいたら、どうなさるのですか？」

「その10人のために町を滅ぼさない」

　そして、語り終えた神はそこから去っていくのである。

　やがて天使はロトの住むソドムに到着し、ロトの家に滞在してソド
ムの町の様子を調べた。町全体の堕落ぶり、特に性的退廃の様を把握

すると、ソドムを滅ぼされることが決定された。ロトは、叔父のアブラハムほど正しい人ではなかったが、町の民衆ほどには堕落していなかったので、天使はアブラハムの親族だという理由によって、ロトの一家を助けることにした。

そのとき天使がロトに告げた言葉が、「低地に立ち止まってはならない、山へ逃げなさい。後ろを振り返ってはならない」というものだった。

天からは硫黄と火がソドムとゴモラに降り注ぎ、2つの町は壊滅した。ロトの妻は、逃げる途中に後ろが心配で振り返ってしまったために塩の柱となって死んでしまった。

天使がロトに言った「低地へ行くな、山へ逃げろ」とは、今日的な意味の災害対策の方法ではなく、低地（安楽）を求めず、山（神に近づく生活）を目指せという意味であろうというのが、旧約聖書学者たちの一般的な見解である。

メジャーカード ❖ 地の国

第3章　カード解説　　257

#17. The Star スター 螺旋の星
新しい目的を実現するための具体的な計画がまとまる

メジャーカード ❋ 地の国

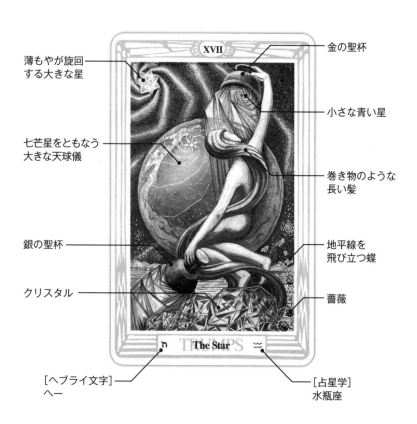

- 薄もやが旋回する大きな星
- 七芒星をともなう大きな天球儀
- 銀の聖杯
- クリスタル
- ［ヘブライ文字］ ヘー
- 金の聖杯
- 小さな青い星
- 巻き物のような長い髪
- 地平線を飛び立つ蝶
- 薔薇
- ［占星学］水瓶座

258　第2部　ヴェールを脱いだ魔術師のトート・タロット

【背景と解説】

旋回しながら天空から到来するバビロンの星[*39]は、ベツレヘムの星の象徴でもある。

宇宙的な時の変化が訪れて、新しい霊的周期が到来する。個人も社会全体も変わる大変化が生じる。このカードで旋回する星は3つある。天空の星は大宇宙の変化の到来を表し、中心の天球儀の中の星は社会の変化を表し、掲げられた金のカップから流れ出る星は、個人の意識の変化を表す。このカードでは、この3つの領域の変化が連動して起こることを指摘している。

そして、新しいアイオーンを生み、育ててきた女神ヌイトの作用もここで終わる。

「#20.The Aeon アイオーン」の第三アイオーンでは、子宮として天空を支配していた女神ヌイトが地上に降り立ち、最後の作業を行っている。ヌイトが地上に降り立ったのは、新しい第三アイオーンを実現する目的のためである。ヌイト（普遍的精神）が地上に降り立つとは探求者が普遍的精神に基づいて世界全体を考えられるようになること。しかし、普遍的精神もまた「#18.The Moon 月」の中で死ぬ。それはフールによる救済から創造への変化が起こるからである。

「#14.Art 異世の大釜」で、異世の力と意味に目覚めた探求者の目的が、ここで新しい霊的周期を実現するバビロンの星となって到来し、いよいよ地球の中（現実の人生）で具体化しようとしている。ヌイトは、異世の絶対的結婚によって生まれた新しい生命をこの大地に与えようとしている。

ヌイトが持つ2つのカップは、アイオーンの変化に生命を与えるヌイトの2つの乳房を象徴し、上方に掲げられた金の聖杯は、前のカード「#19.The Sun 太陽」を表し、大地と大海の間に生命を注ぐ銀の聖杯は、次のカード「#18.The Moon 月」に対応する。「#20.The Aeon アイオーン」の第三アイオーンで新しく生まれた結合関係は、金の聖杯から銀の聖杯へ、天空の女神ヌイトの身体を通って地球へ注がれていくのである。月（銀の聖杯）は上弦、下弦などと変化するように、絶対的結婚を段階的に表すことを示す。

「#17.The Star 螺旋の星」のカードは、「#19.The Sun 太陽」から「#18.

The Moon 月」へ至る螺旋の道である。太陽から月へ至るとは、占星学では月を通して太陽がその創造的な能力を地球に具体化するという意味である。

ヌイトの長い髪が渦巻いてできたものが、地平線の渦巻く雲となる。クロウリーによれば、これは「深淵」を表すという。すなわち、人間の思考*40 という長い習慣である。思考は、いつも蛇のように人生に介入したがる。これを乗り超えるには、ただただ「#19.The Sun 太陽」で生まれた新しい結合関係の成長を見守ることによってだけである。そして地平線の薔薇は、ヌイトの生命が注がれたことで、太陽が開花することを象徴する。

金の聖杯の中で旋回する星は七芒星、中央の天球儀の中で旋回する星も七芒星、そして天上に大きく旋回するバビロンの星も七芒星である。7 という数字は、生命の木ではネツァク（美）である。クロウリーや他の解釈者たちに従って、これまではただ金星の意味とだけ解釈してきた。しかし、それ以上に重要なことは、3×7 = 21 で「#21.The Universe 楽園回復」の新たな宇宙の実現（完全な勝利）への最後の段階を示すことである。魔術師の神殿の火の国の守護人「#11.Lust 夜明けの女神」からはじまった完全な自己と新しい霊的な時代を求める旅は、全体がこの「#17.The Star 螺旋の星」の生き方の確立を目指して進んできたのである。あとは「#21.The Universe 楽園回復」に至るまでの探求者の成熟を待つのみである。

探求者にとって、このカードの「3 つの星の旋回」は以下の三位一体の運動を表す。

1. **天球儀の中の星の旋回**：タロットの霊フールの内在化した力を確かさにして世俗的な仕事をする。
2. **天空に旋回する星**：未来（第三アイオーン）から現在を生きる（3枚法のタロットリーディングで、はじめに未来からリーディングするのもそのためである）。世界の解放と新しい創造を示す。
3. **金のカップの中で旋回する星**：金のカップは「#19.The Sun 太陽」で実現した絶対的結婚関係を象徴する。天と地が一体化した生活のなかから、具体的な世界の変容活動が生まれる。絶対的結婚関係とは、絶対他者（神のロゴス）との天地にわたる一体の

生活で、今ここに生きていることが新しい宇宙の創造活動を生むということ。

　大地に流れ落ちるヌイトの長い髪は、この三位一体の運動が分裂せずに発展していくよう、絶えず理論的に追求しなければならないものであることを示す。

象　　徴	意味の要点
青い裸の女性	天空の支配者、女神ヌイト。大地に降り立ち、探求者の目的、ヴィジョンが実現する段階に入ったことを表す。髪が長いのは、さまざまな思考を練っているため。巻き物のような長い髪は、完全な救済が近いこと。奥儀の成就が近づいている。
大地に降り立つヌイト	立ち位置の完全な変化。「#12.The Hanged Man オシリスの死」がさらに逆転した姿。ビナーの実現。
長い髪	宇宙と魂をつなぐ。心から考えていることを、いっさい他の干渉なしに、実現する方法を探している。インスピレーション。考え抜く力。考えを具体的にプログラミング化し、新しい考えを理論化する。
金と銀の聖杯	天空の水の源泉としての太陽（精神）と月（魂）。二者間での考えの交流。確信をつかんだものを実現できるように心の中で温め続ける。
流れる水	浄化（洗い流す）。余分の情報や干渉を捨てること。新しいものを生む生命力の肥沃さ。
七芒星をともなう大きな天球儀	金星（愛の力を象徴）。天球儀の金星は、愛の確立。愛と恋愛の違いは、人との関わりと世界体験の深まりの問題で、心のあり方の深まりが異なる。
明るいすみれ色	魂の第三変容段階を色の深化とともに象徴。ピンク→ワインレッド→すみれ色。個人的な関係から世界を生きる関係へ、関係のとらえ方が拡大すること。
薄もやが旋回する大きな星	バビロンの星。霊的な光の源泉。神聖な愛を意味する。それに基づいた生き方がはじまる。グループを結成する、または参加する。
小さな青い星	この世の愛。第5ハウスと獅子座が意味する受け取る愛（与える愛の反対）。
足もとのクリスタル	保護。ヒーリングパワー。結晶化した明瞭さ（思いと行動に迷いがない）。

象　徴	意味の要点
薔薇	愛と生の開花。肥沃さ（関心を持ったものを実現する根強さ）。肥沃さは人生の成熟の結果だが、成熟は物事の働き、エネルギー運動の性質を理解できるようになること。
地平線を飛び立つ蝶	変容。再生。生きることが苦痛でなく軽くなること。
カップの中の星を見上げる姿勢と流れ落ちる水	自分の内面の変化を深く見守ることで、あふれてくる生命力。
地平線上の大地の山々	宇宙的なエネルギー、現実を生きること、人間として存在すること、それらが三位一体の関係に確立すること（三位一体とは、3つのものが別々でありながら統一した意志のもとに作用すること）。

[ヘブライ文字]　ヘー	「窓」を意味する：ヴィジョンを組み立てる人。展望家。物事の行方の最先端。
[占星学]　水瓶座（♒）	先見の明がある。豊かなヴィジョンを組み立てる。より高度な観点に立ってものを考える。革新的な考え方をする。博愛主義者。慈悲の愛を実行する。人生の目的と世界に役立つこととを合一する。
占星学の関連で意味を強め合うカード	ルーラー：天王星（♅）「#0.The Fool フール」 第2ルーラー：土星（♄）「#21.The Universe 楽園回復」 イグザルテーション：水星（☿）「#1.The Magus 魔術師」
魔術師の神殿内の位置	「#19.The Sun 太陽」からこのカードに進み、次の「#18.The Moon 月」へ向かう。

項　目	意　味
一般	よい見通し。希望。未来を信じる。調和。より高度な導きを得る。社会に役立つことをする。リーディングでは、星は再生、復活、宇宙の慈悲深い性質などの霊的な概念によって促進された、希望と信頼、自信を表す。秘儀参入を受けることや浄化も、これらの霊的な概念と結びつく。これは、瞑想と内省（内的な自己を探り、調べる方法）のカードでもある。
仕事	有望な計画。仕事の方向を設定する。天職の追求。幸先よくライフワークをはじめる。最先端の仕事。自分でグループをつくる。社会に役立つ仕事をする。

項　　目	意　　味
交際と人間関係	有望な関係。未来への共同の計画。有望な出会い。インスピレーションを感じ合う愛。最高の理解者。愛によって相手の自由を尊重する。
否定的な警告	未来に関わりすぎて現実を取り逃がす。自分を正当化せずに本当の動機を調べようとしたときに隠された不信と懐疑が見つかる。あるいは直面せざるを得ないものへの恐怖ゆえに自分と自分の行動を調べるのは気が進まないことを示す。また、詐欺を象徴し、だまされやすい、単純すぎて簡単に利用される人を指すこともある。

	リーディングのポイント
基本的なリーディング	大きな明るい前途が訪れるだろう。自分から前に進んでステージの中心へ出ていくとき。これは、あなたが本当に輝く星のように注目されることを伝えている。
否定的な場合のリーディング	自信不足が考えられる。それは、あなたの成功の妨げになるだろう。今までの努力が本物であったことを信じて乗り切るとき。どう見ても不利な状況であろうと、宇宙が祝福していることを信じること。そうすれば必ず結果に満足する。

メジャーカード ✤ 地の国

*39 バビロンの星
　バビロンの星は、紀元前6世紀のバビロン捕囚からのユダヤ民族の解放を象徴し、ベツレヘムの星はキリストの誕生によって新しい紀元が訪れたことを象徴している。

ジョット・ディ・ボンドーネ『東方三博士の礼拝』
Adoration of the Magi

*40 人間の思考
　人間の欲望は、思考を使ってその中に宇宙的な生命力を閉じ込めることである。その結果、宇宙の基底との結びつきを失い、言葉のむなしさを体験してきた。

第3章　カード解説　　263

- Column -

バビロン捕囚とバビロンの星

　アメリカの神話学者キャンベルやドイツの有名な歴史学者カール・ホイシによれば、ヨーロッパ精神を築いてきた二大潮流があるという。それはギリシア哲学とイスラエルの知恵である。そしてイスラエルの知恵は、そのモチーフの深さと豊かさにおいて、他のあらゆるものをはるかに凌駕しているとホイシは述べる。

　イスラエルの知恵の根本的な源流は「出エジプト」にあるが、その経過を語る『出エジプト記』の標題は、ギリシア語では「エクソドス（Exodos）」という。これは「中から外へ」という意味の前置詞エクス（ex-）と「道」という意味の名詞ホドス（hodos）を組み合わせたもので、外へ出ていくこと、つまり「脱出」を意味する。

　紀元前1250年ごろ、エジプトのファラオの圧政下から、当時バビルと呼ばれた難民の集団が、モーセに率いられて葦の海を渡ってパレスチナに脱出していく壮大な民衆ドラマである。やがて彼らはパレスチナに到着するとイスラエル部族共同体を形成し、民族的な権力に取り囲まれた狭間の中で、自分たちはそれらとは違う、いかに生きるべきかという生き方の根本原理として『トーラー（律法）』を集大成する。それが後の『旧約聖書』である。当初はそれをエクソドスの指導者モーセの名を取って、『モーセ五書』と呼んだ。それが第一のエクソドスである。

　イスラエル部族連合はその後、ユダ王国とイスラエル王国の2つの王国を形成する。だが、それらは新興の強大な新バビロニアによって滅ぼされてしまう。そして紀元前586年、ついにエルサレムは陥落し、王以下ユダヤ人たちの大半はバビロンへ連行される。これがおよそ50年にわたるバビロン捕囚である。

　紀元前539年、ペルシア王クロス2世は新バビロニア帝国を滅ぼしてユダヤ人ほか諸民族を解放し、「バビロンの星の到来」としてユダヤ世界から大いに称えられた。その解放や発展の時期の到来が、「#17. The Star 螺旋の星」のカードの象徴として取り入れられている。

264　　第2部　ヴェールを脱いだ魔術師のトート・タロット

#18. The Moon 月

何もかもを協力し合える運命的な仲間が生まれる
忍耐の後の「成熟」

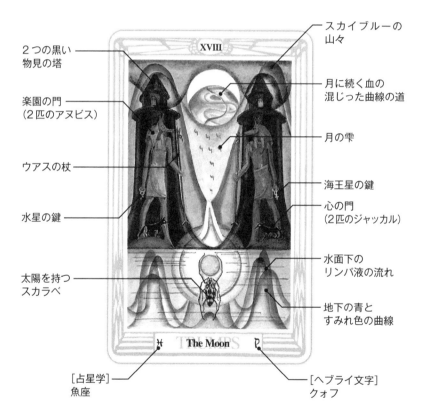

- 2つの黒い物見の塔
- 楽園の門（2匹のアヌビス）
- ウアスの杖
- 水星の鍵
- 太陽を持つスカラベ
- ［占星学］魚座
- スカイブルーの山々
- 月に続く血の混じった曲線の道
- 月の雫
- 海王星の鍵
- 心の門（2匹のジャッカル）
- 水面下のリンパ液の流れ
- 地下の青とすみれ色の曲線
- ［ヘブライ文字］クォフ

メジャーカード ❋ 地の国

第3章 カード解説

【背景と解説】

　探求者はいよいよ探求の最終段階に入る。地平線には2つの物見の塔が立っている。入口には、2人のアヌビス*⁴¹（ホルスの弟）と、アヌビスの動物的象徴である2頭のジャッカルが見張り番をしている。アヌビスとは、神話の元型で、探求者が重要な段階へ移行する際に登場する境界の識閾の守護者だからである。このカードは、よく《カルマ》を象徴するといわれてきた。カルマとは「やり遂げなければならないこと」を意味する。それは、自己保全のために妥協した古いままの自分でいるか、あるいは新しい自分へ変わるため、新しい世界への門をくぐるか、その扉の前に立っているということである。物見の塔は「真実の門」の意味だが、門は、自分の真実を貫くか、それとも安逸な虚偽のままで留まるか、自分の生き方を試される関門である。

　この「門」を超えることで到達されるものは、次の3点である。

①新しい現実が生まれる。

②外部の世界に対する自分の態度が決定し、生きている確かさがはっきりしてくる。

③虚偽の自分から離れることができる。

　探求者がこの門を通過することは、真実の本性を取り戻そうと試みたり、人生を何らかの形で変えようとすることを表すが、アヌビスはそこで探求者の背中を押して勇気を与え、生命力を守ってくれる。そしてジャッカルは、探求者が「真実の門」を通り抜けて新しい経験を望むために、手放さなければならない「古い考え」を食べ尽くしてくれるのである。

　探求者は、「#17.The Star 螺旋の星」を経て「#18.The Moon 月」まで人生の探求をしてきた。「#19.The Sun 太陽」で生まれ変わった探求者の新しい太陽は、「#18.The Moon 月」でその創造的な能力を成熟させ、次の「#21.The Universe 楽園回復」で地球上にその能力を具体化させようとする。それを手助けするのがアヌビスの役割で、アヌビスは成熟の象徴である。

　ユダヤ神話では、「#18.The Moon 月」は「#17.The Star 螺旋の星」のバビロンの星の出現によって捕囚から解放される知らせを受け、カ

ナンの地へ帰還する人類の「帰還の旅」を表している。魂の故郷、カナンへの帰還は「#21.The Universe 楽園回復」が表している。「#18.The Moon 月」の9つのヨッド（点）は、苦役が終わり、新天地への帰還が許された解放の喜びを表している。

　ジャッカルの夫婦は仲がよく、一生を添い遂げるという。現代よりも自然と親しむことがはるかに深く親密だった古代人は、当然それをよく知っていただろう。2頭の夫婦は共同で子どもの世話をし、子どもを一人前に育て上げる。その基本的な意味を理解させるために、クロウリーはスカラベ*42を描いている。それは愛の強さと世話を焼く喜びを意味している。「#18.The Moon 月」では、スカラベの作業は「#17.The Star 螺旋の星」でつくり上げた新しい人生のプログラムを、運命的な出会いによる他者との完全な協力のもとに具体化させる作業をも意味している。「#18.The Moon 月」は、「#19.The Sun 太陽」ではっきりさせた新しい目標を、絶対的結婚関係によって実現しようとする協力の場である。そして、それらの実現と完成が「#21.The Universe 楽園回復」である。そこでは、探求者は生の完全な変容と勝利を「#19.The Sun 太陽」とともに踊っているのである。

　クロウリーが宣言した新しい霊的周期の到来は、このカード「#18.The Moon 月」でその目的を達成し、次のアイオーンへの基礎が形成されていくのである。

*41 アヌビス

Anubis-The
Nether World

アヌビスはオシリスとネフテュスの息子（ホルスの弟）である。オシリスがセトに殺されたときは、オシリスの遺体に防腐処理を施してミイラにした。そのためアヌビスはミイラづくりの監督官とされた。エジプトの祭儀では、実際にミイラをつくったり、死者を冥界へと導く祈禱を行ったりする際に、アヌビスの仮面を被って作業が行われた。さらには、医学の神ともされている（魚座との関連）。死んだ人間の魂（バー）をすみやかに冥界へと運ぶため、足がとても速いとされる。オシリスが冥界の王となる以前は、冥界を支配し管理していたとされ、オシリスが冥界の王となった後も彼を補佐した。

*42 スカラベ

Scarabaeus-
Fertility

古代エジプトでは、スカラベが夜の間に肥料を転がして大きな球体をつくる習性を、朝の太陽神ケプリが地平線に顔を出す姿と似通っていることで同一視され、再生や復活を象徴する聖なる甲虫として崇拝された。

第3章 カード解説 267

象　　徴	意味の要点
2つの黒い物見の塔	物見の塔：「夜」を見張る見張り台。ローマ式時間区分では、夜を4つの見張り時間に分けた。ここでは、「夜が明ける時間」は、春が来る前の時期を象徴する。長い人生の解放の時期（夜明け）が到来したことを告げる。再生への入口。魚座（潜在意識）。悩みからの解放が近い。 ［否定的な場合］ 恐怖、圧迫感への入口。
塔の間の子宮の道	待ちに待った解放の準備。
ジャッカルを連れた2人のアヌビス	重要な段階へ移行する際の、境界の識閾の守護者。識閾の通過者は、まずジャッカルによって浄化され、アヌビスによって浄化の厳しさを癒される。過去の失敗、愚かさ、過ち、後悔、心の傷、他者を苦しめたことなどのすべてが人生に生かされる（「#19. The Sun 太陽」で取り上げた「夜の12の門」でもある）。→人間として成熟し優しくなる。
太陽を持つスカラベ	朝の太陽神ケプリの象徴。復活。意識の目覚め。日の出。スカラベは大地と大海の間に注がれた「#17. The Star 螺旋の星」の銀の聖杯の血を集める。力を蓄える、能力を強めるなどの意味。
スカイブルーの山々	天空の女神ヌイトの太股。ここでは探求者が新しくなる意味ではなく、世界が新しく変わる意味。別の仕事、別の場所を求める。転職。移転。
月のしずく	9つのヨッド（点）。試行錯誤が終わり、解放の時が近づく喜び（「#9.The Hermit 賢者」と関連）。完全な癒し。癒された結果、新しい宇宙が生まれる（「#9. The Hermit 賢者」のオルフェウスの卵）。
月の中に続く血の混じった曲線の道と、水面下のリンパ液の流れ	探求者にとって「この道を通る」という作業を通じ、内面的に見出した新しい太陽（光）と自己の変容が本物であったかどうかが問われる。それが本物であれば、月から滴る9つのヨッド（点）は無上の喜びの表現となる。迷宮、苦しみからの解放。
下を向く三日月	月の否定性を示す。不安、怯え、自信のなさなど。過去を回想する。ここでは、それから解放されること。
ヨッドの形をした9つの血の滴り	欠けてゆく月から生じる、相反する感情をともなう複雑な心の働き（たとえば、ステージを前にして、スターが急に不安になったり、結婚前に女性が逃げ出したくなることなど）。

象　徴	意味の要点
地下の青とすみれ色の曲線	これまでのさまざまな人生経験が、無意識の心の領域で曲線を描いている様。創造的な可能性としての夢。心の中に抱き続けたことが成熟する。人生の過渡期。
子宮	人生をあれこれ検討する過程。曲がった人生の道を直し、険しい道を平坦にする。それは同時に新しい生への胎動でもある。
アヌビスが持つ海王星の鍵と水星の鍵	海王星から水星への変化＝心の中で揺れ動いた不安と悩みの時代の終わり。
アヌビスが持つウアスの杖	権力や力を意味するヒエログリフの形をしている杖で、先端にアヌビスの頭がついている。ここでは、門の通過者の背中を押し、励ます役割をする。
時計台の塔	物見の塔は、夜明けの時間を見守る塔で、現代では時計台の意味になる。真実と虚偽、生と死の紙一重の境目。人はこの境目をくぐり抜けることで真に成熟し、不安定な人生からの脱却を実現する。ジャッカルが腐肉（欲望や自己満足）を食べてくれて、考えは純化して洞察力となる。
門	大地（現実）と大海（心）との間の識閾。この境目に「#17.The Star 螺旋の星」のヌイトは銀の乳房の生命（聖杯の血）を注ぐ。これは、「#11.Lust 夜明けの女神」の聖杯の血（新しい太陽）である。待つことを通して心の変化と充実を体験する。待つことができて、はじめて考えが本物となる。

［ヘブライ文字］クォフ	「後頭部」を意味する：小脳の潜在能力。過去の記憶。カルマ。物事の移り変わり。物事の成熟。時期の到来。
［占星学］魚座（♓）	同情。献身的な愛。潜在意識。潜在能力。秘密。隠されていること。看護師。社会福祉施設。刑務所。保育士。カウンセリングなど。
占星学の関連で意味を強め合うカード	ルーラー：海王星（♆）「#12.The Hanged man オシリスの死」第2ルーラー：木星（♃）「#10.Fortune 運命の輪」イグザルテーション：金星（♀）「#3.The Empress 大地の母」
魔術師の神殿内の位置	「#17.The Star 螺旋の星」からこのカードに進み、最後に守護人「#21.The Universe 楽園回復」に戻って地の国を完了する。

項　　目	意　　味
一般	変化のとき。解放のとき。癒し。修復。浄化。学び。自覚。反省。協力者や助け手の登場。救済を信じる。サービス精神で働く。作業する。準備する。結束する。友人や家族の協力、あるいはセラピーを受けて立ち直る。静かな落ち着いたところへの移動。
仕事	重要な段階。転職する。魚座に関連した職業で、サービス業、看護師、保育士、カウンセラー、芸術家、俳優など。世代交代。肥沃さ。生産する。潜在能力を生かす。 [否定的な場合] 不安定な仕事。失敗の恐れがある。陰謀。詐欺。試練の恐れ。
交際と人間関係	霊的な関係。霊的結合。愛と目標を共有する。人生の目的の共有者。カードによっては古い関係の復活。 [否定的な場合] 不明確な事情がある。あてにならない不思議な関係。浮気。遊び。だまされる。嫉妬に悩まされる。悪縁。
否定的な警告	惑わしと錯覚。暗闇で迷う。錯覚と泥酔の状態に一瞬にして陥る。入口で失敗する。だまされる。裏切られる。甘い言葉で遊ばれる。禁じられた快楽に誘われる。

	リーディングのポイント
基本的なリーディング	あなたの人生の最も難しい局面の一つは終わった。気持ちを楽にして、緊張を解くとき。今あなたがすべきことは、取り残している事柄を処理して、先へ進むだけである。
否定的な場合のリーディング	何が実際に起きているのかを理解するまでは、どんな決定も延期すること。すべてが循環していくように、これもまた通過していくものとしてとらえること。そうすれば、あなたは何をすべきかが明確にわかるようになるだろう。

❷マイナーカード

スートカード
──現在の状況や立ち位置を教える

　スートカードの「スート」とは、フォーマルな場所へ行くときに着用するスーツと同じ言葉で、「一揃いの」という意味である。タロットでは、数字の1～10までを一揃いの単位として扱い、「数札」という。これは全部で40枚ある。

　スートカードは10枚ずつ、四大エレメントで分けられている。それぞれワンド（火）、カップ（水）、ソード（風）、ディスク（地）で象徴される。

　スートカードは、カバラの生命の木の原理を使って、私たちが直面している現実の状況を明らかにする役割を持つ。

　マイナーカードには、スートカード以外に人物が描かれたロイヤルティカードがある。これについては、438ページ以降で解説する。

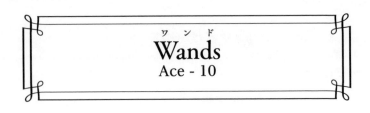

Wands
Ace - 10

（ワンドのスート）

　ワンドは火のエレメントの働きを表す。

　生命の木では一番上の領域で、カバラ四界の「元型界」に対応する。

　私たちの創造活動（生きることを具体的に実現していく行動）は、意志からはじまる。世俗的な世界のなかで物事を引き起こすのに要求される勇気とモチベーションを生じさせるためには、強い意志が必要である。ワンドは、私たちの意志、意図、情熱を象徴的に表す。否定的な場合には、傲慢さ、利己主義、無情さなどとなって現れてくるエネルギーである。

　ワンドのスートは、火のエレメントに結びつけられる。火は、私たちが生きようとする意志を象徴し、欲望と意思の力として働く。それは、私たちの人間形成を活発にする根本的な生命力で、肉体的活力や情熱、インスピレーション、モチベーションなどを供給し、私たちを元気づけるのに最も強い働きをする。しかし、一番弱い状態のときには、完全な疲労困憊と全体的な脱力感をもたらし、さらには鬱状態に陥る可能性もある。

　火は、あなたの家庭に暖かさをもたらす。しかし、制御不能となれば跡形もなく家を燃やしてしまう性質を持っている。

象徴的にいえば、火は、熱であなたの身体の物質的な毒素を焼き尽くすことによって、あなたの生活を浄化することができる。つまり、あなたの心に残っている過去の感情的なトラウマの残骸を破壊し、あなたの感情を浄化するのである。また、脳に蓄積された過去の煩わしい記憶を取り除き、それらを解放することによって、あなたの思考の働きを鮮明にする。私たちは自分が持つ内面的な火を、人を引きつけるために与えられた能力として使うこともできる。あるいは、人を押しのけるための憤怒や敵意としてそれを用いることもできる。これは自分が何者かであろうとする傲慢さである。

創造過程において私たちは、この火のエネルギーに結びつこうとし、それを使おうとする。火は創造もし、破壊もするため、火のエネルギーそのものを扱うことは難しい。私たちの内にある創造的な可能性という熱さを操作する際に、簡単な方法などはない。私たちは、「ワンドのエース」から「ワンドの10」までを経験することで、生の未分化（未成熟）なエネルギーから、それが具体的に明らかな形になるまでの基本的な生命力の働きを理解できるようになる。

◆キーワード

[ポジティブ]

意志（魂の要求）、目的追求、情熱、直感など。

[ネガティヴ]

傲慢、わがまま、冷酷さなど。

ワンドのエース／Ace of Wands
火の根源

＊根源とは、潜在的な能力と欲求を意味する。エースのカードはすべて同じ。

Ace of Wands

【背景と解説】

　このカードは、見た瞬間（または触れた瞬間）、何かをびりびりと感じている様子がわかる。この感覚は、真っ赤に燃えたエネルギーが世界の果てまで振動するほどの衝撃的な共感である。このカードが出たとき、人は衝撃的に何かを見て、問題のすべてがわかり、迷う余地なく必ず新しいことをはじめるようになる。

　「ワンドのエース」は元型的な世界の根源的なエネルギーを表し、新

しいことをはじめるために物事を全体的に把握する能力、新しい方向
への気づき（自覚）、自己実現などを意味する。これは、真理と確か
さを求める生命力の表現である。カードには火の松明が描かれ、炎は
カバラの生命の木の形になって燃えている。それは、あらゆる方向に
向かうエネルギーのダイナミックな爆発であり、内面的に燃え上がっ
て抑えきれない生命力を象徴している。緑色の稲妻は、もはや通用し
なくなった今までの考えの浄化と、すべての曖昧な暗闇を明るみにさ
らして再生することを象徴している。そして根本的なものを発見し、
確実性への目覚めが起きていることを象徴する。

象　　徴	意味の要点
松明	創造的な力。進むべき方向をはっきりさせる。目に見えるようにする。現実化する。理想の追求。問題を浄化、革新、変革する。奮起する。性的な欲望→相手を知る、他人と結合したいというエネルギー（世界は性的である）。
ヘブライ文字のヨッド* 43 の形	「#9.The Hermit 賢者」と関連。人を癒す。衣食住医以上の目的を追求する自覚が生まれること。損得抜きの目覚め、興味。
ヨッドの形に燃える10 の炎	ヨッドの文字の形は子宮の形をしていて、新しい可能性が生まれることを示し、マイナーカードの可能性は、すべて「ワンドのエース」からはじまる。
緑色に輝く稲妻	緑色はネツァクで金星に対応。触れることから起こる、生じる。金星は他者への思いを表す。圧倒的なエネルギーの共感。迷いを吹っ切るハイテンション。またはサプライズする。
赤い背景	赤はゲブラーの色彩であり、火星に対応する。自己の中心(太陽)から生まれる行動。生命力が燃え上がった勢いのある性質。

数字とエレメント	1と火：自己実現（火）の第一歩（エース＝1）がはじまる。
[占星学]火のサイン	イニシアチブ（♈）、生きる喜び（♌）、成長（♐）などのキーワードを持つ。

第3章　カード解説　　275

生命の木のセフィラーと惑星	元型界のケテル（王冠）：あらゆるものを具体的に創造するときの根源の力。物事のルーツ。 海王星（♆）：新しいものへの潜在的な可能性。
関連するカード	ヨッド：「#9.The Hermit 賢者」 海王星：「#12.The Hanged Man オシリスの死」 火のエレメント：「ワンドのナイト」

項　目	意　味
一般	必ず新しいことをはじめると決める。イニシアチブを取る。物事を進める意志力。決断力。対抗するだけの力を持つ。強烈な考え。創造意欲が急激に高まる。自己開発への機会をつかむ。追求するものについて燃え立たされるようになる。
仕事	新しい計画の実行を求める。自営。リスクを楽しんで負う。挑戦によって成長する。
交際と人間関係	新しい交際のはじまり。復活愛。愛に燃える。何事かがはじまるような出会い。性的な関係に夢中。 ［否定的な場合］ 憂鬱な恋、性的な欲望が満たされない。
否定的な警告	せっかち。いらだち。横柄。失敗。延期。時期尚早。事態の悪化。問題のあるスタート。周囲のカードの意味によって肯定的な意味が妨げられる。

	リーディングのポイント
基本的なリーディング	野心を新たに組み立て直して現在の状況にアプローチができる。あるいはまったく新しい事業に乗り出すことができる。ここではじめる新しい冒険に満ちた仕事や人生を、必ずやり遂げると決めて取り組むならば、どんなことでも可能になるだろう。
否定的な場合のリーディング	自ら進んで事情を正直に見つめようとしなければ成功するのは難しくなるだろう。事態を焦らないこと。進むことばかり考えるよりも、いい考えが出てくるまでは、状況をじっと見守っていたほうがいい。

＊43 ヘブライ文字のヨッド
「点」の書体。すべての文字の書き方のはじまりを象徴。生命がそこから生まれてくる「種」「卵」の役割をする。「子宮」でもある。

ワンドの2／Dominion
支配——恐怖の克服

【背景と解説】

　このカードは、生命の木では元型界のホクマー（知恵）で天王星に対応し、占星学は牡羊座の火星に割り当てられる。これは火のエレメントの二極性の原理を表し、一つのものによって、他のものをコントロールする働きである。赤い2本のチベット仏教のドルジェ（金剛杵）は、交差して十字になっている。クロウリーは「ドルジェは、チベット人にとって雷電の象徴であり、天の力の象徴でもあるが、それはそ

の創造的な形態においてより、破壊的な形態において、力を発揮する」[注9]と述べている。つまり雷電の天的な力は、創造する前に、心の中にある獣性（この場合、損得や身の安全を追求する心の弱さ）を克服する力という意味である。だから交差して十字になったドルジェは、迷いや弱さを克服する意志の強さを象徴し、それを吹っ切って創造的な行動に出ていく、はじめの破壊力を表す。これは最も根本的な形における行動の開始である。そして、ドルジェの頭には、落雷を表す雷神の顔がついている。これはつまり、心の中にある「人の陰に隠れて過ごそう」「安全地帯に隠れていよう」とする弱さを消散させようとするカードだということである。

　絵の中心から6本の炎が伸び、このカードの持つ意味に調和を与えている。6は、太陽とティファレトを示す数であり、弱さの克服が、行動する姿勢への調和を与え、また新しい行動を起こす自信につながることを示している。なぜなら、占星学では太陽は牡羊座でイグザルテーション（肯定的な働きを最高に発揮）し、活発に働くからである。背景の青い空間は、このカードの火星エネルギーの爆発がもたらした大気（考え）を表す。その破壊は、創造力のサイクルを動かすことにその目的がある。そしてそれは、新しい考えが生じることを可能にする。

象　徴	意味の要点
交差するチベットの ドルジェ	破壊と創造の揺るぎない力。弱さを克服して考えを まとめる。決心する。心の迷いを吹っ切れる明晰さ。
性器を象徴する落雷の矢印	生殖力と攻撃的なセクシャルパワー。鋭く弱さを断 ち切る。
雷神の顔	恐怖を克服する圧倒的な知恵の力。天来のインスピ レーション。「#16.The Tower 稲妻の塔」のような 目覚め。
2匹の蛇	（古いものの）破壊と更新。
6本の炎	6は太陽のエネルギーを表し、弱さを克服して燃え 上がる意志力が、行動に調和をもたらす。新しい行 動を開始する強い力。
雷神の頭の馬の飾り	「ワンドのナイト」との共通性を表す。理想を実現す るために、弱さを克服して爆発的に行動する。

数字とエレメント	2と火：異なる力（火）を摩擦させて（2）、爆発的 な力にする。
［占星学］ 牡羊座の火星	［牡羊座第1デーカンに対応］：決断する自信。古い ものから離脱し、新しい行動を起こそうとする精神 力。
生命の木のセフィラーと 惑星	元型界のホクマー（知恵）：二極性の葛藤を克服する 知恵の力。 天王星（♅）：新しい方向へ向かう圧倒的な考え。 「ワンドのナイト」の考えと行動を生む状況がある。
関連するカード	ホクマー（知恵）天王星：「ワンドのナイト」「#0. The Fool フール」 牡羊座：「#4.The Emperor 太陽の父」 火星：「#16.The Tower 稲妻の塔」 ティファレト（美）：「#19.The Sun 太陽」ここで は特にイグザルテーションするため。

スートカード ✧ Wands

項　目	意　味
一般	闘うことを熱望する。決めた方向に進む勇気。進んでリスクを負う。実行する意志力。支配。他の人よりも影響力が強い。未来に対して燃え上がる。方向を決める。自発的に主張する。 ［否定的な場合］ 乱暴な前進。思いやりがない。
仕事	競争相手と張り合う。挑戦する。リスクを負う意志を固くする。行動するにまかせる。
交際と人間関係	征服願望。満たされた雰囲気。男性的な態度。支配的と優しさのハラハラさせられるゲーム。 ［否定的な場合］ 恋愛の不運。空まわりする関係。
否定的な警告	思いやりのない攻撃。破壊的な行為。むなしい力の実行。独裁。仕返し。強情。不穏。難病。

	リーディングのポイント
基本的なリーディング	人生を充実させるのに今以上によい時期はない。特にこの瞬間、すべてがあなたの決断にかかっているので、自分自身の洞察力と創造性を信頼するべきである。
否定的な場合のリーディング	降参し屈服するかわりに、よりいっそう努力すべきとき。願望は目標に向けてあなたを後押しするだろうが、そこまでたどり着くことができない可能性もある。それでもあなたは先々のことを考えて、一生懸命働くと決めたほうがいい。

ワンドの3 / Virtue
美徳＝能力の確立

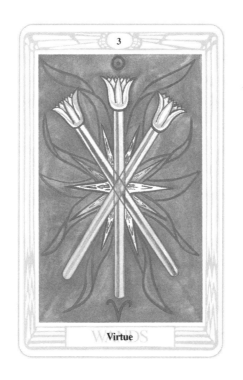

【背景と解説】

　このカードは、生命の木では元型界のビナー（理解）で土星に対応し、占星学では牡羊座の太陽に割り当てられる。「ワンドのエース」と「ワンドの2」を熟考し、それらを結びつけて形にまとめる働きをする。「ワンドの3」ではその図案をつくり、計画を確立するエネルギーとなる。3つの蓮の花の束は、考え、感情、意志が矛盾なく一致し、計画の図案ができあがることと、その能力の確立を象徴する。逆にい

えば、考え、感情、意志に迷いがあるうちは、新しい方向へ進んでは
ならないことを示唆している。

　中心で3本の蓮の棒が交差し、そこからまっすぐな炎とくねくねと
した炎がそれぞれ10本ずつ放射されている。まっすぐな白い6本の
炎は、太陽の影響が調和（ティファレト）していることを表す。また
棒の色が金色であることも太陽を表している。太陽は牡羊座でイグザ
ルテーションするため、自己実現の意欲が最も活発になる。残りの炎
は、「ワンドのエース」「ワンドの2」の2枚のカードのエネルギーを
象徴する。

　10本のくねくねとした炎は、「ワンドのエース」を表し、4本のまっ
すぐなオレンジの炎は、「ワンドの2」を示す。この2枚のカードの
エネルギーは、「ワンドの3（エネルギーをまとめる働き）」で具体的
な形にまとまる。

象　徴	意味の要点
蓮の花が3本咲いている黄色い棒	活力と自分自身の光が開花する。考え、感情、意志の矛盾のない一致。3は確率が持続する意味。
蓮の花の9枚の花びら	生命の木のイェソド（基礎）を表す。物事の土台の確立、安定した力の開花を意味する。本当に求めていたものがはっきりすること。「ワンドの9」を確立する。
中心で10の光線に輝く白い炎の星	成長のもとになる大きな創造的な力。純粋な動機。その人の優れた技巧、能力、手腕が開花し現れてくる。10はマルクトを表し、「ワンドのプリンセス」と共通し、自由、大胆、古いものに囚われないなどの行動を生む状況がある。
背景の硫黄色	［朝の光］：率先する。 ［日の出］：栄光をつかむ。 「#4.The Emperor 皇帝」と同一の背景色。

数字とエレメント	3と火：能力（火）の開花（3）。
［占星学］牡羊座の太陽	［牡羊座第2デーカンに対応］：牡羊座に獅子座の性質が加わる。 開拓者的な精神と前進する推進力（♈）が自信、中心にいる、活力（☉）などの意味をもたらす。太陽はここでイグザルテーションするので「ワンドの3」のエネルギーは、「ワンドの2」より安定している。
生命の木のセフィラーと惑星	元型界のビナー（理解）：何にどのような能力を使うべきかを確立する原理。 土星（♄）：物事を受け入れ、形成し、発表する。 「ワンドのクイーン」の考えと行動を生む状況がある。
関連するカード	ビナー（理解）：「ワンドのクイーン」 「#21.The Universe 楽園回復」 牡羊座：「#4.The Emperor 太陽の父」 獅子座：「#11.Lust 夜明けの女神」 太陽：「#19.The Sun 太陽」 イェソド（基礎）：「ワンドの9」 マルクト（王国）：「ワンドのプリンセス」

項　目	意　味
一般	やりたかったことの考えがまとまる。安定した力の確立。自信を得る。成功。イニシアチブを握る。活力に満ちる。誕生。努力が報われる、希望の実現など。
仕事	仕事の能力が開花する。有益な接触。有望なコネクション。有利な立場に立つ。よい進歩。援助を得られる。商魂たくましく成功する。契約の成立。
交際と人間関係	春が来たような感覚。細やかな絆を結ぶ。有望な関係。精力的にともにいる。調和。関係のルールが一致する。
否定的な警告	とっさに目的をそらす。仕事のミス。うぬぼれ（プライドが高すぎる）。横柄。壮大さ、相手の能力、出される条件のよさに惑わされる。

	リーディングのポイント
基本的なリーディング	探検の領域を今ある環境だけに限定せずに、もっと展望を拡げるべき。あなたの才能と資源のすべてを生かすことを考え、事業の範囲を拡げるよう検討し、物事を大きくとらえること。
否定的な場合のリーディング	今あなたのエネルギーは低下しているようなので、新しい事業をはじめたり、現在の状況を拡張させるには最善の時期とはいいがたい。有給休暇または充電休暇を取り、自分自身のエネルギーが上昇してきたと実感したときに、改めて奮起するのが無難だろう。

ワンドの4／Completion
完成

【背景と解説】

　このカードは、生命の木では元型界のヘセド（慈悲）で木星に対応し、占星学は牡羊座の金星に割り当てられる。車輪には4本の棒が描かれ、それぞれ一方には牡羊座を象徴する羊の頭、もう一方には金星を象徴する鳩がついている。これらは炎の中心で交差し、車輪のスポークのように見える。車輪は、「触れ合うこと」と生命は絶えず進み続ける運動であるという現実を象徴する。そしてこの輪は、木星を表す

第3章　カード解説　285

「#10.Fortune 運命の輪」の車輪も示唆している。そのためこのカードが表す「運動」は、それまでの流れがここで終わり、新しい流れが発展してはじまることを表している。「ワンドの3」で確立したものをさらに発展させ、応用するのである。輪は完成を意味し、鳩はヒナを育てる愛情の象徴である。つまり深く世話をしたものを仕上げることを意味する。そして、エネルギーは次の冒険（牡羊）に向かって解き放たれていく。

　したがって「ワンドの4」は第一に、物事の完成を象徴し、物事への愛の強さが目的を達成させることを表している。第二に、意義を見出した新しい方向へ情熱的に進んでいく前に、現状を仕上げ、完成させる必要性をうながす。このカードの象徴は、今までのものを完成させて卒業し、新しいものを追求していく「愛の本質（金星）」を表している。車輪なので、2人またはチームで車に乗って行動することを想像すればよい。大きく発展するか、状況によっては車の中で休む。

象　　徴	意味の要点
8本の炎の腕を持つ燃える太陽の上で、4本の棒が交差してい黄色の輪	世俗的なもの（4本の棒の交差）から神聖なもの（輪）まで努力すること（8）＝実際的なもの（8）から専門的なもの（輪）へ。完成（輪）と同時に次の創造力（太陽）に向かって（交差）進む。終わりとはじまりが一貫した完全なサイクル。スクラムを組む。
棒の先端で牡羊の頭（闘い）と鳩（平和）が向き合う	正反対なものが釣り合う。調和した一致。他者と協力し合う。
背景の深い緑	大地の色。古いものを終わらせた結果、新しい局面へ前進する。繁栄。状況が順調に進む。生きる喜び。実現、現実化。

数字とエレメント	4と火：団結した（4）意志（火）のもと物事が発展。
［占星学］ 牡羊座の金星	［牡羊座第3デーカンに対応］：牡羊座に射手座の性質が加わる 魅力と調和（♀）が闘志と征服欲（♈）にうまく結びついて成功し、次のもっと大きな目的に向かう（♐）。

生命の木のセフィラーと惑星	元型界のヘセド（慈悲）：ここではヘセド（慈悲）の愛情と占星学の木星が結合している。木星（♃）は世話と成長を意味し、「ワンドの 3」で確立したものをさらに育てて完成させ、より広い世界へ新たに出ていくという意味を持つ。
関連するカード	ヘセド（慈悲）木星：「#10.Fortune 運命の輪」 牡羊座：「#4.The Emperor 太陽の父」 射手座：「#14.Art 異世の大釜」 金星：「#3.The Empress 大地の母」

項　　目	意　　味
一般	愛と意志の労力が報われる（カードを取り巻く状況によっては、労力の後の結論、もしくは休養を意味する）。秩序と調和。バランスのとれた力関係。自信。均衡。古いものを終わらせて新しい局面が開ける。
仕事	利益の分配。行った仕事への対価が支払われる。目に見える結果が出る。精力的なチーム精神（スクラムを組む）。能率が上がる。いい会社へ就職する。
交際と人間関係	自分のパートナーによって支えられる。お互いに調和し一致する。争いの解決。豊かになる出会い。性的満足。健全な交際。 [否定的な場合] 妄想の恋愛。
否定的な警告	うまくいっているものさえ妥協してしまう恐れ。強制されたり望まない仕事。ヘセド（慈悲）の木星の働きが否定的な場合、物事をどこまでも甘く見て、実現がほど遠くなる。ときに、予想外のとてつもない責任を追求される羽目に陥る。いい加減さや不調和、不備のため、努力することに不安がつきまとう。苦労は終わったが不安定。

	リーディングのポイント
基本的なリーディング	仕事の完成と成功が見えている。一気に弾みをつけて一歩一歩進むこと。そうすれば目標を達成できる。
否定的な場合のリーディング	しぶしぶ歩くのをやめる。なくなった勢いを取り戻すために一段階ずつ進み、自分ではじめたことを最後まで続けることが重要。それができれば、前進する車輪はあなたにとって有利に傾くだろう。

ワンドの5／Strife
戦い

【背景と解説】
　このカードは、生命の木では元型界のゲブラー（力・厳しさ）で火星に対応する。「ワンドの4」が表す完成のあとの次の段階「戦い」である。占星学では獅子座の土星に割り当てられ、獅子座の第1デカンに対応する。獅子座の性質である長所も短所も端的に表す「知的プライドの高さと他者からの反撃に弱い」ことを意味する。
　中央に直立する大きな鉛色の杖は、ゴールデンドーンの首領達人（チ

ーフ・アデプト）の位階が持つ杖で、それが鉛でできていることから、物事が重くて手に負えない、もしくは、長くて複雑であることを表す。理想が高すぎる（獅子座）か、重すぎる（土星）のである。「ワンドの4」とのバランスで、一段一段と経験を積み重ねることが要求される。理想を実現しようとする上で、私たちの創造的なエネルギーに障害が立ちはだかるので長い苦労が必要（獅子座の土星）である。

　フェニックスの頭がついた2本の赤い棒は頭を反対に背けて交差し、蓮の花がついた2本の鉄の棒は中心がずれて交差している。それらはメジャー・アデプトとマイナー・アデプトの大達人を象徴している。いずれも高度な知性であるが、再生と創造の実現の可能性が阻まれていることを示している。現時点では、欲望の浄化が必要であり、知性が十分に育てられ、訓練され、強くなる必要があることを表している。背景の黄色い太陽の色彩は、抵抗を切り抜けようとする知性の光を象徴する。

象　　徴	意味の要点
ゴールデンドーンの首領達人の鉛色の杖	理想や夢の高さという最高の力が遮られる。大きく鉛色で炎を覆っているのは、挫折、抑圧、意見が拘束される、閉じ込められた感覚などを表している。鉛色は土星の象徴で、立ちはだかる障害を表す。
首領達人の杖の先端にある紫色の花と翼	理想の高さと知的な力を表すが、それが未熟。
フェニックスの頭をつけた2本の交差する赤い棒	ウアスの杖と呼ばれる、蛇をつかまえるための杖。創造力とエネルギーの浄化。頭が背中合わせなのは心の葛藤とストレス（自分の考え、理想が理解されない）、他者と闘う、生まれ持った性質が理解されないなどの意味。
蓮の花をつけた2本の交差する鉄の棒	受容的な力と肥沃さ。しかし鉄の蓮の花は能力が生かされないこと。鉄は火星の象徴で、葛藤の激しさ。
10方向にねじれて燃える炎	対立するエネルギーの摩擦から悶々とする、烈火のごとく怒る。抑圧によって悩む。対立にいじける心。
背景の黄色い太陽の光	光を得ようと努力している。大きな知的可能性がある。苦労の末の未来。

第3章　カード解説　　289

数字とエレメント	5と火：競争、戦い（火）に挑戦（5）。
[占星学] 獅子座の土星	[獅子座第1デーカンに対応]：責任（♄）を持つ勇気（♌）と持続的な（♄）自己開発（♌）。
生命の木のセフィラーと惑星	元型界のゲブラー（厳しさ）：「ワンドの4」で求めてきたものを具体的に達成した結果、競争相手が現れ、他者との戦いが生まれる。 火星（♂）：カードに描かれた土星（♄）が、ゲブラー（厳しさ）の火星のエネルギーに干渉し、妨害する。
関連するカード	ゲブラー（厳しさ）火星：「#16.The Tower 稲妻の塔」 獅子座：「#11.Lust 夜明けの女神」 土星：「#21.The Universe 楽園回復」

項　目	意　味
一般	力で対抗。野心。攻撃的。挑戦。限度を踏み越える。葛藤。アドバイスを求める必要がある。目上の人への依存が成長を妨げる。ゆとりがなくて暴力的という意味もある。
仕事	競合。異なる関連企業へ行く。執拗にポジション争いをする。背伸びをして、野心的な約束をする。新しいテリトリーを勝ち取ろうと努力する。
交際と人間関係	自分の気の済むようにする。一方的すぎる態度。お互いに衝突する。堅く考えすぎてうまくいかない。
否定的な警告	自信がないことが気前のよさとなって表れる。カラ元気だけの弱さ。経験不足が曖昧な妥協をする。エネルギーの浪費。世間知らず。無遠慮な野心。生意気な態度を取る。

	リーディングのポイント
基本的なリーディング	計画や状況に対する欲求不満は一時的なもの。これまでに行ってきたよい仕事のすべてを、投げ出したり台無しにしたりしないこと。あなたが乗り超えなければならないわずかな困難の最後の道のりである。
対処するための考え方	目的へ向かう道のりは、必ずしもまっすぐとは限らない。したがって、あなたの努力すべきことは欲求不満に耐え、たびたびの変化を経て、十分に融通を利かせられるようになることである。

ワンドの6／Victory
勝利

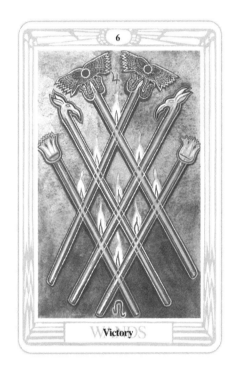

【背景と解説】

「ワンドの6」は、生命の木では元型界のティファレト（美・調和）で太陽に対応する。「ワンドの5」が表す戦いのあとの次の段階の「勝利」を表す。直観的かつ霊的なレベルにおいてもたらされる深い勝利（十分満足のいく勝利）、獲得の経験である。占星学では獅子座の木星に対応する。獅子座は、最も関心が高いものを指す。木星は、その最も関心の高いものに勝利をもたらし、さらにそれは膨張性があり、そ

の勝利をより大きな成功へと導く。つまり、「究極的勝利」「あらゆる企画における勝利」を表すが、それは勝ったり負けたりすることではなく、「勝利から勝利へ」という状況をもたらす勝利である。

　その状況は、蓮の花の開花によって描かれている。勝利から勝利へ継続する勝利は、相互的な発展と開花をもたらす。フェニックスの頭が表す意味は、相互を刺激し合って新しい力と生気をもたらすということである。そして、6本の棒に対して、9つの炎が燃えているのも相互的な発展と刺激を表している。翼を持つホルスの眼が生まれ変わって湾曲した蛇をともなっている象徴は、ヴィジョンの鮮やかさと創造的発想をもたらす勝利を意味している。

　霊的勝利とは、意識の4つのレベル（心、感情、肉体、意志）で体験する完全な勝利である。その象徴がワンドの交差でできた4つのダイヤモンド（菱形）であり、それぞれに心、感情、肉体、意志において獲得された勝利を表している。

象　　徴	意味の要点
フェニックスの頭	創造的な力。向き合う頭は創造力によって統一、ヒーリング、勝利、争いの克服などが実現することを意味する。人の支援が得られる。自信。情熱。
蓮の花	受容的な力。能力の開花が受け入れられる。
翼を広げた太陽が先端にあり、2匹の蛇がからみつく杖	古代エジプトのファラオが持つ杖であり、バランスがとれた支配者の地位を象徴。揺るぎない自信。
交差する9つの点で炎が燃え、一対に調和する6本の棒	イェソド（基礎）で安定したエネルギーが絶頂に達する。9は月、6は太陽に対応し、「ワンドの9」と「ワンドの6」が関連していることを表す。 安定したエネルギー。頂点への到達。願っていたことの実現。
棒の交差によってできた4つの菱形（ダイヤモンド）	4つは四大エレメントの確立を表し、心から満足できる勝利。納得できる成功。「#8.Adjustment 真理の女神」と同じ、他者に認められる。協力が得られる。
背景の明るい紫色	勝利の象徴。果敢に戦って勝利する。誠実。高貴な関心。心の大きなこと。
数字とエレメント	6と火：闘い（火）における勝利と成功（6）。

象　徴	意味の要点
[占星学] 獅子座の木星	[獅子座第2デーカンに対応]：獅子座に射手座の性質が加わる。 自信、自己実現、力、勝利に関連した（♌）、豊かさ、富、成功（♃と♐）などを示す。
生命の木のセフィラーと惑星	元型界のティファレト（美・調和）：果敢な戦いのあと（「ワンドの5」のあと）の勝利。最も満足する成功。 太陽（☉）：最も望んでいたことが実現する。 「ワンドのプリンス」の考えと行動を生む状況がある。
関連するカード	ティファレト（美）：「ワンドのプリンス」「#19.The Sun 太陽」 獅子座：「#11.Lust 夜明けの女神」 射手座：「#14.Art 異世の大釜」 木星：「#10.Fortune 運命の輪」 イェソド（基礎）：「ワンドの9」

項　目	意　味
一般	成し遂げたことに対する努力が報われる。戦ったあとの勝利。トラブルの克服。よい知らせ。楽天主義。拡大。調和。理想の実現。完全復活。
仕事	承認される。成功への促進。成功。よい取引。仕事の飛躍。収入の増加。利得。昇給。栄誉。傑出。
交際と人間関係	困難の克服。暖かく、愛を喜び合う関係。よい関係になる見込み。
否定的な警告	横柄。悪い意味でのプライドが禍する。背伸びした失敗。傲慢。支払われるお金の遅延。ツケが回る。身内、部下の裏切り。誤報。

	リーディングのポイント
基本的なリーディング	自分で定めた目標に到達しようとしているところである。あなたを苦しめた戦いは終わり、受けるべき評価を得られるだろう。
否定的な場合のリーディング	自信が鍵になる。自分の才能に弱気になるのをやめ、自分の考えを貫き、自信を持って実行すること。さもなければ、勝利はあなたを避けていくことだろう。

ワンドの7／Valour
闘う勇気

【背景と解説】

　このカードは、生命の木では元型界のネツァク（勝利）で金星に対応する。「ワンドの6」の成功のあとの次のものへの「冒険と勇気」を意味する。

　象徴図では、大きなこん棒（魔法使いの杖）が調和を保っていた6本の杖の前に現れて、バランスを失っていることを強調している。炎は線香花火のように弾け、秩序が乱れている（自然界ではライオンが

ハイエナの群に取り巻かれているような状況である）。エネルギーは弱く、混乱していてともに作用するのが困難である。この状況を操作するためには、混乱を終わらせるための戦いが必要となる。

「ワンドの7」は、「確信」の性質を表す。確信を持つには、物事を妥協したり、より低いものに向かったりするのではなく、価値があると思うものに踏み留まる勇気を持つことである。

中央の魔法使いの杖は、自分の勇気を信じなさいと伝えている。自分にとって価値があると思うものに踏み留まる勇気を持つならば、あなたの潜在的な能力は開花し、物事は復活する。もしくは、あなたが価値があると思う方向へ進むように促してくれる。それを表しているのがフェニックスの頭がついた棒である。

あなたは物事がよりはっきり見えるようになり、自分の想像力とヴィジョンを大切にするようになるだろう。これは、ファラオの杖の頭についている、翼のあるホルスの眼によって象徴されている。

このカードの占星学上の対応は、獅子座の火星である。火星はエネルギーとヴァイタリティーを表す惑星であり、それはあなたが創造的に表現しようとすること（獅子座）に活力を与える（火星）。

象　徴	意味の要点
中心の大きなこん棒	魔法使いや英雄の武器。大胆で基本的な力。気骨。こん棒がデコボコ曲がっているのは、あれこれ方法を考えることを表す。「ワンドの6」でつかんだ勝利が当たり前になることを克服するために、リスクを負ってでも問題を解決するか、物事をまとめる。
背後の調和的に交差した3種の棒	徐々に弱くなっている影響力。 ［フェニックスの頭］：愛や同情。癒しの必要。 ［青い蓮の花］：マルチな能力の開花と周囲の評価。 ［翼のあるホルスの眼］：迷いなくヴィジョンと物事を把握する想像力。違う意見や価値観に寛大になる。
ウアスの杖 （頭部はフェニックス）	蛇をつかまえる。他者との価値観の違いを調停する。障害を克服する。王権の守護神。
飛び散るような火花	（闘いに）消耗するエネルギー。ぶつかり合い。
背景の濃い紫	心のプライドを表す色彩。脅迫に屈せずに自分の意志を貫く勇気。

スートカード ◈ Wands

第3章　カード解説　　295

数字とエレメント	7と火：危険を冒しても（7）自己主張する（火）。
[占星学] 獅子座の火星	[獅子座第3デーカンに対応]：獅子座に牡羊座の性質が加わる。 勇気と決断力（♂）によって、成功を確信し（♌）、矛盾と闘おうとする意志（♂と♈）。
生命の木のセフィラーと惑星	元型界のネツァク（勝利）金星：成功のあとの次のものへの戦いと勇気。 金星（♀）：物質的な安定を求めるか、もたらす。
関連するカード	ネツァク（勝利）金星：「#3.The Empress 女帝」 獅子座：「#11.Lust 夜明けの女神」 牡羊座：「#4.The Emperor 皇帝」 火星：「#16.The Tower 稲妻の塔」

項　　目	意　　味
一般	価値あるものを貫くための対立と葛藤。（大事なことのためには）危険覚悟で立ち向かう勇気。困難と勇気を持って闘え。リスクを負う。限界を超えて進む。
仕事	危機に瀕している。厳しい割り当て。必要とあらば、きっぱりとした態度で1人でも仕事を守り抜く。小さな仕事での勝利。目上には認められにくい新しい考えを持つが、部下には影響力がある。情熱を奮い立たせて競争に打ち勝つ。
交際と人間関係	大胆な行動によって失敗から関係を救う。あるいは離れてなんとかする。口論、無知、言いわけなどに疲れた関係にやり直す約束をする。退屈になった関係に活気を取り戻すため、知恵を振りしぼる。
否定的な警告	恐怖。臆病。退却。闘いに費やしたエネルギーの莫大さに比べ、得たものは些細な勝利のみ。勝ち目がなく犠牲になる可能性がある。

	リーディングのポイント
基本的なリーディング	妥協せず現在の立場を貫くべき。勝利を得たいのならば、恐怖が自然に消えるまで目を背けないこと。全面的に信じる以外何もない。
否定的な場合のリーディング	夢を捨てるのを早まらないこと。あなたは自分の生活の不安と心配でいっぱいになっている。進んでチャンスをつかもうとすれば、失うよりもはるかに多くのことを得られる。

ワンドの8／Swiftness
素早い連絡

【背景と解説】
　このカードは、生命の木では元型界のホド（光輝）で水星に対応する。「ワンドの7」の冒険と勇気のあと、火の要素をさらに磨き上げて次の変化に向かって素早く行動する。もしくは、すぐに伝える。したがって「ワンドの8」は、速さの性質を象徴する。カードのテーマは、直接的なコミュニケーションとスピーディーな行動である。「ワンドの8」は「峻厳の柱」では上に「ワンドの5」があり、その競争の厳

第3章　カード解説　297

しさに勝つためにはスピードが要求される。

　カードでは水星は射手座にあり、8本の電光のような矢は、水星を象徴する幾何学の立体、オクタヘドロン（正八面体）を貫いている。オクタヘドロンは2つのピラミッドの組み合わせであり、時間をかける迷いが生じてチャンスを失うことを表している。火のエネルギーが磨き上げられ、速さをよりいっそう強調している。

　矢は非常に早く飛ぶ。素早く連絡を取り合うことで、すべてのことが素早く進む。つまり、時間をかけすぎると誤解が生じたり、事柄を詮索しすぎてタイミングを逸する。射手座の水星は、直接的な交渉を表す。内面的であれ外面的であれ、私たちが直面しているどのような障害や抵抗も素早く直接的に交渉するならば、電撃的に解決できる（電光の先端がオクタヘドロンを貫いている）ことを示している。カード上方の虹は、全体の色のスペクトルを細かく分けている。虹は射手座の象徴で、私たちの人生全体に展望が開けることを表す。

　カードの青い背景は、はやるエネルギーの動きを落ち着かせ、トラブルが起きるのを防ごうとする心の働きを表す。

「ワンドの8」は、私たちがどのような問題や障害のある立場に立たされようと、スピーディーな行動と直接的なコミュニケーションによって解決できるように変えることができることを示している。反対に、連絡を先延ばしにしていると相手が話し合いをする気持ちを翻してしまう（水星は射手座でデトリメント〈損傷〉の関係にあり、時間をかけると急速に不利になる）。

象　　徴	象徴の意味の要点
三次元のオクタヘドロンの前にある8本の赤い電光の棒（矢）	8は調停の数字。より高い世界からのインスピレーションの閃きを私たちの現実（三次元）へもたらす。突然の理解。束縛から自由へ脱出する。緊張が光へと変わる。実際に感じ、考えていることを言う。
虹（神の弓）	古代の神話では、虹は神の戦いの道具であると考えられ、射手座の象徴になった。高度な知性や大きなヴィジョンを意味する。また、それが問題を解決する力をもたらす。
背景のライトブルー	はやる気持ちを冷静にする。一方的な理想に走らず、コミュニケーションをとって打開する。
電光	スピーディーな行動や反応。電撃的。ただちに理解する。科学的な能力。迷いが生じる時間を与えない。

数字とエレメント	8と火：よりはっきりしたものに変える(8)勇気(火)。
[占星学] 射手座の水星	[射手座第1デーカンに対応]：確信的で先見の明があり、希望的な（♐）考えと理解（☿）。
生命の木のセフィラーと惑星	元型界のホド（光輝）：感じているものを磨き、強め、表現できるようにする。 水星（☿）：曖昧なものを言葉や表現にして外へ出す。
関連するカード	ホド（光輝）水星：「#1.The Magus 魔術師」 射手座：「#14.Art 異世の大釜」

スートカード ❖ Wands

第3章　カード解説　　299

項　目	意　味
一般	ぐずぐずせずに（✗）、速攻で（Ⅱ）、うまくいく。あっとひらめく体験。問題の突然の解決。ずうずうしい申し出がうまくいく。自由になる。素早くコミュニケーションを図るべき。あまりにも多くのことが突然押し寄せるが、すぐに過ぎていく。猛烈な状況だが、長くは続かない。屋外、野外スポーツ、庭園、草原を好む。海外からの情報。パーティーに参加する、自分で開く。威厳がある。
仕事	革新的または新考案。電撃的な考え。有望な開発。新しいビジネスとの出会い。海外とのビジネス取引。高度な教育へ進む。素早い行動。
交際と人間関係	一目惚れ。争いが突然解決する。つき合いたい気持ちの高まり。燃え上がる恋。遠慮のないアプローチ。［否定的な場合］煮え切らない態度。いつも考えすぎて重くなる。軽率なつき合い。「#15.The Devil パーンの祝祭」が同時に出たときは浮気。
否定的な警告	ぐずぐずと先延ばしにする。誤解を生む。タイミングを逸する。言い争う。無意味に気前がよく、おしゃべりで複雑。過度の疲労。退屈。合理的なアプローチすぎる。軽率な行動。内心の知的傲慢さ。一時的な感情による暴力。ずうずうしい、抑圧的、がつがつする。窃盗に注意。

	リーディングのポイント
基本的なリーディング	遠回しな言い方を避け、時間を無駄にせず、言わなければならないことを言うべきである。あなたは、物事をはっきりと話す準備ができているので、あなたの言葉は承認、理解、感謝などを受けるであろう。
否定的な場合のリーディング	もしあなたがはっきりした行動を取ることができないならば、この先も的をはずし続けることだろう。表面的にとりつくろっているだけで、自分自身は少しも変化していないことを理解することが大切である。

スートカード ◈ Wands

ワンドの9 / Strength
女性的な力

【背景と解説】
　このカードは、生命の木では、元型界のイェソド（基礎）で、女性的なエネルギーを持つ月に対応する。月は、生命の木の下方のマルクト（王国）に向かって下弦し、エネルギーをマルクトに放射する。また上方のビナー（理解）に向かって上弦し、ビナーからマルクトへ注ぐエネルギーを受けるのである。
　束ねられた8本のそれぞれの矢についている8個の月は、すべて

下方の「ワンドの10」に向けられ、中央の王笏の月は、ビナー（理解）の「ワンドの3」と「ワンドのクイーン」に向かって上昇していくように描かれている。この象徴は、不安定な「ワンドの10」の現実の状況に、女性的な力を結集させて調和と安定をもたらそうとしていることを伝えている。女性的な力とは、理解すること、育てること、受け入れること、押しつけるのではなく引きつけること、潜在的な能力、環境を安定させようとすることなどのエネルギーの使い方である。そして不安定なマルクトの土台となるのである。

占星学は射手座第2デーカンに対応し、「射手座の月」に、牡羊座でイグザルテーションする太陽が強い影響を与える。これは、潜在的に抱いていた理想に確信を持つことによって、現実の状況をまとめること、または人を引きつける力に富んだ女性リーダーのもとに、周囲の理想を結集させて強い力に育てることを示唆する。

象　徴	意味の要点
8つの矢羽根をもつ矢	ホドの「ワンドの8」の働きを、矢羽根と矢にしてまとめる。「ワンドの8」は「射手座の水星」に対応し、水星は射手座でデトリメントの関係になるため、射手座の「理想や高い目的追求」がスピーディーにはまとまらない。まとまりが不十分か不満足なのである。それが、「ワンドの8」の中心にオクタヘドロンが描かれていた理由である。ここでは時間をかけ、強い情熱をしぼって、理想と目的を満足できるまでまとめる。自信とゆとりを持って、弓で矢を射るところまで来た。それが「ワンドの9」である。
先端を下にして交差した8本の月の矢	潜在的な能力やコミュニケーション能力を育て、事柄への深い愛情や関心を成熟させて表現すること。現実の抑圧（次の「ワンドの10」）に調和をもたらす。
太陽と月を結ぶ中心にある垂直の王笏	使命感が持てるまでに自分の理想を育て（太陽）、それを土台（月）にしてスキルを磨く。イェソドの月の矢は、カバラの考え方では上方へはビナーに向かって飛ぶ。「ワンドの3」と「ワンドのクイーン」の能力を指す。時間をかけて、十分な余裕と自信が持てるまでに、理想や目的をまとめること。
背後の十方に放射する光	十分な自信から生まれた物事を解明する力や目的を実現しようとする情熱。

象　徴	意味の要点
上に向かって明るくなる背景	心の中の不安が徐々に薄れ、未来への希望が強くなってくる。

数字とエレメント	9と火：結集された（9）勇気（火）。
[占星学] 射手座の月	［射手座第2デーカンに対応］：射手座に牡羊座の性質が加わる。 受け入れる（☽）ことによって上昇する自信（☉と♈）と発展の促進（♐）。
生命の木のセフィラーと惑星	元型界のイェソド（基礎・土台）：女性的な力を使ってまとめる。 月（☽）：直観やイマジネーションを使って夢を育てる。ヴィジョンを描いて結束する。
関連するカード	イェソド（基礎）月：「#2.The Priestess イシスの探索」 射手座：「#14.Art 異世の大釜」 牡羊座：「#4.The Emperor 皇帝」 太陽：「#19.The Sun 太陽」 マルクト（王国）：「ワンドの10」 ビナー（理解）：「ワンドの3」「ワンドのクイーン」

項　目	意　味
一般	秘められてきた豊かな可能性を引き出す。エネルギーの流れを実感する。とてつもない、揺るぎない力と安定。インスピレーションを信じる。寛大で好奇心に富み、質問する。活力の増大。病気の回復。健康。理想を掲げる。方向性を持って強力に進む偉大な精神力。協力し合う。強い信頼と絆。
仕事	新しく、見込みのある水準に達する（仕事の発展と成熟を表す）。自分自身の可能性を信じる。勇気と献身で計画をはじめる。闘いと粘り強さから大きな成功を収める。理解し不安を克服してから成功する。いろいろな人の考えや気持ちを受け入れ、理解し一つの方向にまとめる。海外または支局からの報告を待つ。
交際と人間関係	安定と調和ある関係。はやる気持の衝動。新しい強力な関係が生まれる。強烈な愛の交換。熱狂的な支持。ルックス重視。

スートカード ❖ Wands

第3章　カード解説　　303

項　目	意　味
否定的な警告	壮大な妄想に溺れてしまう。熱狂的になって自分を見失う。未熟さ。扱いにくい。意地っ張り。軽はずみな行動を抑制できない。弱さ。エネルギーの無駄で終わる。よくない人間関係に向かう。相手の意志がはっきりせず、障害の多い恋愛。昔の恋人が忘れられない。

	リーディングのポイント
基本的なリーディング	あなたの周りはすべて変わりつつあるが、目標をしっかりと見据えておくこと。周囲の人たちの要求を理解し、穏やかにことを進めれば、みんなはあなたを支持し、あなたについてくるだろう。
否定的な場合のリーディング	現在の不安定な状況は、自分自身で招いているようである。次々に起こる小さなことには煩わされずに、目標を守ることが大切となる。

ワンドの10 / Oppression
抑圧

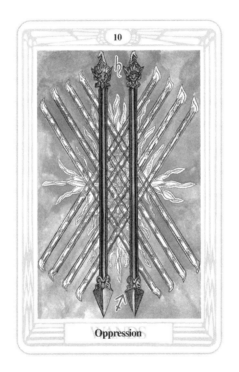

【背景と解説】

「ワンドの10」は、抑圧を表す。これは「ワンドの2」の自由を求めるエネルギーがあまりにも強制的に抑圧されすぎて、過酷さが強まり耐えられなくなる状況を描いている。

このカードは占星学の射手座の土星に対応する。射手座は理想の追求であり、それが土星の妨害によって干渉されている状態を示す。「ワンドの2」に出てきた2本の大きなドルジェが、両端に炎を持つ8本

の長いキャンドル（ワンド）の上に覆い被さっている。ドルジェは不自然なほど長い棒になって現実を脅かし、いろいろなことがこのまま長く続くならば破壊は避けられないだろうと、あなた自身も自覚していることを表している。

　ドルジェは、私たち自身の自覚を表し、左右4本ずつの長いキャンドルは四大エレメントであり、毎日の現実の生活の場を表している。キャンドル（クロウリーは「その両端は鉤爪のような形をしている」注10 と表現。心に食い込む葛藤を象徴する）は、炎を背中合わせに交差していて、現実の生活に葛藤があることを示し、長い2本のドルジェは土星（社会の枠組）を意味する鉛色になっている。この状態は抑圧がたいへん強く、しかも長い間それが続いていくだろうことを示している。

　生命の木では元型界のマルクト（王国）で地球に対応するので、現実の物質世界を表している。現実は主導権争いをめぐって常に人と人、組織と組織が分離し、不安定である。「ワンドの10」は現実の組織化にともなう葛藤や管理の厳しい抑圧された状態を表すのである。これに調和や新しい理想をもたらすのは、「ワンドの9」の女性的な、相手を受け入れ理解する力である。

象　徴	意味の要点
8本の輝く棒	8はホドで「考えや言葉」。燃え上がる衝動（が抑圧されている）。組織や共同体の中で起こる葛藤。意見が合わない。言いたいことが言えないつらさ。
背後の激しく燃える炎	自由なエネルギー（が押さえられている）。
背景のオレンジの色彩	燃えるようなエネルギー。太陽の力（新しいものを創造する力）。
前に立ちはだかる2本のドルジェ	「ワンドの2」の自由を求めるエネルギーが、あまりにも強制的に抑圧されすぎて、過酷さを強めて耐えられなくなることを、黒く長く伸びた形で象徴している。「ワンドの5」の要素も土星の影響が共通していてこれに加わり、楽天的な射手座は、土星の過酷な権威主義に押し潰されそうになる。

象　　徴	意味の要点
燃える精神の炎の上で反目し合う4本のワンド	自分の間違った認識が招いた当然の抑圧。自分の本心が言えない、本心で行動できない状態。やりきれないほどの無気力。自己の限界。

数字とエレメント	10と火：組織を守ろうとする（火）上で、それにともなうもろもろの抑圧（10）。
[占星学]射手座の土星	[射手座第3デーカンに対応]：射手座に獅子座の性質が加わる。 熱中しているもの、人生の探求、理想の追求、拡大（♐）などに妨害、抑圧、干渉（♄）などが起こり日常が無意味化している（♌）。喜びを失う。
生命の木のセフィラーと惑星	元型界のマルクト（王国）：四大エレメントが葛藤する現実と、そのための不安定さ。 地球（♁）：共同体や組織の中。物質的な世界。 「ワンドのプリンセス」の考えと行動を生む状況がある。自由を求める心を、大きなヴィジョンの形成へ育てよ。
関連するカード	マルクト（王国）：「ワンドのプリンセス」 射手座：「#14.Art 異世の大釜」 獅子座の土星：「ワンドの5」 土星：「#21.The Universe 楽園回復」 イェソド（基礎）：「ワンドの9」

項　　目	意　　味
一般	発展が妨げられる。権威者との問題。挫折。無慈悲、残酷な目に遭う。すごすぎる自己中心主義によって問題が発生。不公平。悪意にさらされる。妬み。中傷。仕返しを恐れる。抑圧される。拘束される。最も破壊的な状況の火のエレメントを象徴。
仕事	集中的なオーバーワークによるプレッシャー。ストレス。いじめを受ける。認識不足や思い違いによる失敗のなすりつけ合い。仕事の先行きへの不安。指導権をめぐるトラブル。失敗によって抵抗できない対立が生まれる。
交際と人間関係	無関心（考えや理想が違うから）。争い。タブーと禁止事項に対して闘う（強引すぎて愛が伝わらないこと）。ゆとりがなく、楽しくない関係。束縛された感覚。見込みがない。

第3章　カード解説　　307

項　　目	意　　味
否定的な警告	破壊的、抑圧的な状況での自己犠牲、またはそれを許すほかない状況。 力を誇示される。相手の不寛容。積極性を抑圧される。

	リーディングのポイント
基本的なリーディング	あなたは「やり手でなければ」という思いが強すぎて、仕事の抱え込みやプレッシャーを負いすぎている。以前は楽しみだったものが、今は重荷になっている。仕事やその状況において、身動きが取れなくなる前に助けを求めるべき。
対処するための考え方	あなたはあらゆること、あらゆる人に対しての責任に疲れていることだろう。それぞれの重荷はそれぞれが担うべきである。そのあとに物事がうまくいっても、あまりにも疲れすぎていると成功を喜べない。「ワンドの9」のように女性的な柔軟性を発揮して、周囲の人に協力してもらう。それができないならば、「ワンドのプリンセス」のようにそこから自由になって飛び立つことを選択するのも大切である。

スートカード ❖ Wands

308　第2部　ヴェールを脱いだ魔術師のトート・タロット

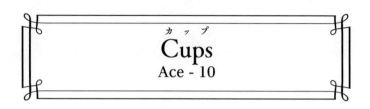

Cups
Ace - 10

（カップのスート）

　水のエレメントの働きを表す。生命の木ではカバラ四界の「創造界」に対応する。

　カップのスートは、物事を理解する精神活動を表す。愛、喜び、同情などの感情を表に現すことは、自分の求めるものにエネルギーを集中させるのを助ける。私たちが特定の状況をどのように感じるかは、目に見える表現方法によって影響を受ける。

　カップのスートは、水のエレメントに結びつけられ、私たちの感情、理解、認識、直観などを象徴している。最高の状態では人生の意味と目的を追求する感受性を鋭くする。最悪な状態では感情の洪水が心を圧倒し、自分の感情に溺れる可

能性がある。そして自己欺瞞（ぎまん）や放縦に陥る。

　水は普遍的に物事の溶剤として働く。それらは出来事を溶解し、多くのものを吸収し、その過程でそれらを再構成させる（つまり創造的活動である）。膨大な深さを持つ海のように、絶えず変化する私たちの感情の海にも異なるレベルが存在する。感情のより深い部分が潜在的な動きをすることに気づかなくても、私たちの人生に影響を及ぼす感情がそこには蓄積されている。潜在意識から起こる突然の激しい反応は、私たちを驚かせることがある。なぜなら、私たちは物事に対してそれほど強い感情を抱いていた覚えがなく、それらの感情がどこから来たのか驚かされるからである。最大の感情は、物質と同様、私たちの個性に深みを与え、そして私たちの魂に活力を与える。

　したがって水のエレメントはたいへんパワフルである。エネルギーを生み出す装置を動かし、岩の表面を滑らかにし、ついにはどんな高い山をも浸食するほどの力を持っている。

　私たちは、「カップのエース」から「カップの10」までを経験することで、感情と直観の形のない大海に沈められ、そこから今の人生に即時応答できる状態に進むことができるようになる。

◆キーワード
［ポジティブ］
感情、理解、認識と直観、潜在意識、イマジネーションなど。
［ネガティヴ］
自己欺瞞、自堕落など。

カップのエース / Ace of Cups
水の根源

【背景と解説】

　このカードで目につくのは、強烈な水の光である。強烈な光が天上から到来して、大きな青いカップに集中し、それらの反射と屈折の相互作用によってプリズムのような虹の光が生まれている。この光は重層に開く蓮の花の土台を貫き、大地に深く注がれている。カップからはおびただしい量の水があふれている。

　このカードを理解する上で最も重要なポイントは、作者クロウリー

が「杯の上方から、聖霊の鳩が下りてこようとしている。（中略）杯の底には月がある」注11 と述べた言葉である。月は、聖霊によって身ごもる処女マリアを指す。ここで聖霊と地上の処女マリアが結合し、古いアイオーンを完全に乗り超えて、新しい生命が生まれてくる。このカップは、古いアイオーンでは聖杯を意味し、現在の新しいアイオーンでは処女マリアの子宮を意味する。つまり、ここで私たちの魂が再生される。マイナーアルカナのつながりでは、「ワンドの10」の抑圧状態を克服して私たちの魂が再生される。

　青いカップは、創造界（カバラ四界の水のエレメントの領域）の根源的なエネルギーによって満たされ、理解と哀れみの水がカップを突き抜けて大地に注がれている。それは男性性と女性性の統合された調和状態を表している。すると、われわれは個別的精神を超えた普遍的精神によって働くようになるのである。

　背景は大いなる母、ビナーの海である。この海で女性性を代表する「カップのクイーン」は、男性性を代表する「ワンドのナイト」と結びつく。このカードから感じられる強烈さは、クイーンとナイトの結びつきが地上的なものと天上的なものの結合であり、地上のもの同士の結合だけではないからである。しかし、ここはあくまでも水のエレメントであるため、女性的、理解、育てる、慰め、支える、そして治療する「愛の調和」を体験する場である。

　ここで、聖霊が持つ人生の意味や理想という大きな方向性を明確に見出せたときには、その強い影響力によって、このカードはおのずから「カップの2」へつながっていく。「カップのクイーン」と「ワンドのナイト」の具体的、個人的な結合は、「カップの2」からはじまる。

象　徴	象徴の意味の要点
処女マリアの青い聖杯	マリアの子宮を象徴し「愛」を意味する。マリアの子宮は魂の欲求を生むのであり、それは霊を具体化、肉体化する。霊とは、メジャーアルカナの力のこと。慈悲。心を開く。献身。喜びの訪れ。開放性。ヒーリングされる。
聖杯を貫く上からの光線	心を揺さぶる人生の意味と理想の発見。大きな心の転機が到来する。
大地へ深く放射される光	愛し、世話をし、ヒーリングすることの実践。
カップの上の虹の光	新しい人生への強烈なヴィジョンが生まれる。行動に意味を感じる大きな安心。この安心が大胆なヴィジョンを生む。
カップを支える白い蓮の花	直面する状況にどこまでも素直に心を開く。感受性の純粋さ。
次の「カップの2」で咲く重層の花の台座	4層構造の白い蓮の花のこと。美しさ、幸福、発展の可能性の喜び。愛の具体化（愛を実行する）。大きな深い理想は必ず共感者や理解者を呼び寄せる
蛇形の3つの輪の模様	青いカップに描かれている3つの輪の模様は「#5. The Hierophant 高等司祭」の古代の神官にも描かれている。これは3つのアイオーンを象徴する。過去、現在、未来が統合された時間を超える愛。理想を共有する仲間の輪。
蜘蛛の巣状に広がる光の波紋	3つの輪の模様と同様、3つの波紋を形成している。同じ目的を共有する、信頼のネットワークが広がる。また貝の形も表し、本心を言う、心からの信頼という意味も強調されている。

数字とエレメント	1と水：心から共感するもの（水）を見出す（1）。
[占星学] 水のサイン	心から安心感できる場（♋）、精神的価値観の共感（♏）、献身と同情（♓）。
生命の木のセフィラーと惑星	創造界のケテル（王冠）：愛と豊かさの源泉。 海王星（♆）：共感し、慰め、育て、魂を生き返らせる。タロットの霊によってメジャーアルカナを内面的に受け止め、育てる。
関連するカード	海王星：「#12.The Hanged Man オシリスの死」 水のエレメント：「カップのクイーン」 背景のカード：「ワンドの10」

項　目	意　味
一般	内的な豊かさから行動する。自分の理想や考えを信じて正直になる。献身的に愛する。心を開く。魂の再生。生産的に取り組む。愛の調和。人を引きつける。最高の喜びや幸福を体験する。信頼のネットワークを拡げる。
仕事	本当の天職を見出す機会。意味の深い行動をする。仕事のやりがいに満足する。仕事の役割での満足と平和。ヒーリングやリラグゼーションの仕事。
交際と人間関係	深い愛の体験。大きな満足感を見出す。気持ちを受け止めてもらえる。ロマンチックな雰囲気。献身的に思いやる。秘めた愛を告白しようとする。 [否定的な場合] 片思い。失恋。
否定的な警告	夢想的な空想にふける。期待が裏切られる。何事も起きず失望する。改革の必要性がある。周囲のカードによって「カップのエース」の本来持つよい意味が妨げられる。

	リーディングのポイント
基本的なリーディング	あなたは抑圧されていて、自分の考えや立場を積極的に主張できるときがいっさいなかった（生命の木では、「カップのエース」の前には「ワンドの10」が存在するため）。今まで心の中で温め育ててきた考えをはっきり表現しようと努めるときである。そうすれば自分が努力してきた最高のものを出せるようになるだろう。
否定的な場合のリーディング	自分の意を汲んでもらえないために、孤独な気持ちになるかもしれない。他の誰かとうまくやっていけるようになる前に、自分の本音を再確認する必要がある。

カップの2／Love
愛——相思相愛の特定な関係

【背景と解説】

　大きなピンク色の蓮の花から半透明の水となって流れる愛は、まるで泉のように下方へと注がれている。「カップの2」は「愛の典型」を表す。ともに育て、協働し、励まし、等しくあふれ、そしてお互いを信じ合っていることを明確に表している。

　感情の交換を表す象徴は、2頭の赤いイルカがからみ合う姿で描かれている。これは、お互いがすべてを表現し合う強い愛の交流を表す。

心で実感していることをそのまま外面的にも表し、それを体験している愛である。その様子を象徴しているのは、1本の茎で結びついた2つのピンク色の蓮の花であり、上のように下にも、内のように外にも、ということを表している。

「カップの2」は相思相愛の特定な関係にある愛を表す。同等に水があふれているカップを描くことで、その意味を表現している。つまり社会的な愛や不特定多数の人への愛ではなく、ある場所とある人物が特定された関係で愛を交流し合うことであり、決して一方通行にはならない愛である。一方の心がもう一方の心へと自然に広がっていく愛である。それは各々が同時に相手を感じ、同時にお互いを望み、お互いが非常に特別な相手になる「愛の類型」である。

生命の木では、創造界のホクマー（知恵）に対応し、占星学上の配置は天王星である。天王星は社会の枠組みを表す土星を超える惑星なので、この結合が社会的な存在から関係内存在[*44]へ、2人の人間の意識が変容する可能性を表す。

ここでは、「カップのエース」の愛が具体的な相手を見つけ出し、相互に注ぎ合う愛の関係を表している。お互いが特別な人であり、相互の思いが同等の関係になる。その愛の性質は、緑の海が象徴するように「創造的な愛」である。また、2つが結びついても決してもつれることのない愛である。その象徴が、水の上に映し出された黄色であり、青い空は、その愛が生み出す大きな喜びを象徴する。

このカードの占星学への対応は、蟹座第1デーカンで蟹座の金星になる。金星は、愛、美、創造性を表し、蟹座は、慰め、世話、面倒見がいい、ヒーリングなどを意味する。蟹座のサインは、家族、家庭に関連し、慰め、励まし、ヒーリングする愛を表す。

[*44] 関係内存在
　生まれる以前からお互いがいっしょにいた、と感じ合えること。

象　　徴	象徴の意味の要点
左右のカップ（聖杯）から あふれる5本の流水	5は五芒星の数で特定の人物を象徴し、「カップの エース」の愛が特定の相手に十分に注がれること。
からみ合いながら水を注ぐ 一対のイルカ	イルカはディオニュソスの象徴で、テーリオン（混沌） を克服する錬金術的な愛を表す。愛の結合によって 心が浄化される。魅力。感情的な交換。 左のイルカの黄色い眼（太陽）：男性原理、硫黄、「#4. The Emperor 皇帝」 右のイルカの銀色の眼（月）：女性原理、塩、「#3. The Empress 女帝」
結びついた2つの蓮の花	仲むつまじく発展する。求め合う2人の幸福な結合。 愛。イルカの影響力によって蓮の花は自分自身を育 てる（大宇宙の力を信じて愛はおのずから成長する）。
穏やかな水、青い空	平和と調和。迷いのないはっきりした心から生まれ る喜び。
黄色の水面	お互いの存在がお互いを癒し合う関係。霊的な愛。
緑色の海面	協働作用。ともに具体的な生活を創造してゆく（創 造的な愛）。
カップから流れる10本の 水	「カップのエース」の潜在的な愛が、人間同士の間で 完全に現れる。

数字とエレメント	2と水：相反するもの（2）が合流する（水）。
［占星学］ 蟹座の金星	［蟹座第1デーカンに対応］：楽しい創造的な愛によ る結合（♀）と心の安心感（♋）。家庭的な関係。
生命の木のセフィラーと 惑星	創造界のホクマー（知恵）：「カップのエース」から の直接的なエネルギーの放出により2つのものが結 合する。 天王星（♅）：ここでは蠍座との関係でエゴに対して 死ぬ愛。 「カップのナイト」の考えと行動を生む状況がある。

関連するカード	ホクマー（知恵）天王星：「カップのナイト」「#0. The Fool フール」 蟹座：「#7.The Chariot 戦車」 金星：「#3.The Empress 女帝」 硫黄：「#4.The Emperor 皇帝」

項　　目	意　　味
一般	幸福な関係。男性性と女性性の調和、協力。一対一の関係や２つのグループ同士の結合。和解。楽しい出会い。意志によって自覚した愛。あたたかな友情。浮かれ楽しむほどの陽気さ。不思議な神秘的時間。
仕事	よい仕事環境。会社への満足感。信頼できるチームワーク。クライアント、取引先との感触のよい接触。ビジネスパートナーの関係になる。
交際と人間関係	優しい出会いを体験する。魂のパートナー（労苦の分かち合い）。神秘的な魅力。仲直り。大きな愛の体験。完全な絆。深い愛情関係。好きな人とつき合う。結婚。
否定的な警告	不安を解消するため、あるいは調和を切望するあまり、行うべきでない原則破りをする。もろい関係。愛情への厳しい側面。不調和な結合。人間関係のトラブル。一目惚れ（長続きしない）。わけのわからない一時的別れ。愚かな行為。快楽の追求。浪費。執念。

	リーディングのポイント
基本的なリーディング	まだお互いがお互いを支え合うような関係を持っていないとすれば、すぐにそのような関係が生まれると期待できる。このレベルで起こる出会いと結合は運命的にうまくいく。
否定的な場合のリーディング	まず直面している状況を受け入れること。否定的な状況を認めようとしなければ、すぐに誤解が生じることになるだろう。あなたが心を開けば、必要なことはもたらされる。

スートカード ❖ Cups

第3章　カード解説　　319

カップの3／Abundance
豊かさの確立

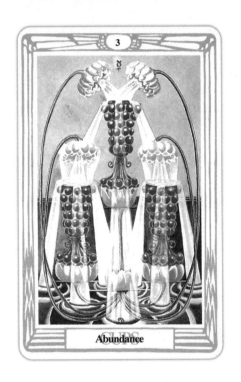

【背景と解説】

このカードは、生命の木では創造界のビナー（理解）であり、下方に位置する7つのセフィロトを生む母の役割をする。惑星は土星となる。

カップに使用されているザクロは、母性の子宮を象徴している。それは、現実的、物質的な人生が豊かであることを意味する。また、ザクロは受精や妊娠も象徴する。

ザクロは、大神ゼウスの妹、大地の母デメテルとその娘のペルセポネの神話に結びついた象徴である。ペルセポネは冥界の王ハデス*45にさらわれた際、ハデスの国のザクロ（の種）を食べてしまった。それによって彼女は毎年花嫁として一年のうちの４ヶ月の間、地下世界（冥界）に留め置かれることとなった。

　ここでは、ペルセポネが成熟した一人前の女性になるためのイニシエーション（通過儀礼）過程を表している。彼女は、母親の従属から一線を引いた独立した人間になる。それがビナー（理解）、土星の持つ意味でもある。

　ペルセポネが地下世界から現世（地上）に戻ると母デメテルは喜び、大地にふたたび春が訪れる。この神話をふまえ、「カップの３」のザクロのカップは、「カップの２」のあとの春のような暖かさと肥沃さが訪れることを意味している。そして８という数字を象徴する８輪の黄金色の蓮の花は、ペルセポネが母のもとに留まることのできる８ヶ月間を象徴し、生きる喜びを体験することを意味する。

　占星学では、蟹座の水星に対応し、カードの一番上に描かれている水星の記号は、コミュニケーションを意味する。そしてカードの一番下に描かれている蟹座の記号は、養育することを意味する。したがって、蟹座の水星は、内面の深い部分からもたらされるコミュニケーションという意味を持つ。その象徴として、金色の蓮の花がその花粉をすべて光に変え、ザクロのカップいっぱいにあふれさせている姿が描かれている。

　また「カップの３」は、「感情の豊かさ」を表す。しかしそれは人生における非常に大切な３人の人物に対して抱く感情である。なかでも他の２人よりも１人に対して、より強く注がれるであろう感情的交流の豊かさである。その象徴が、他の２つのカップに対して、その上に特別に描かれたもう一つのカップである。

象徴	意味の要点
光であふれるカップ（聖杯）	愛、喜び、そして豊かにあふれる心。
聖杯の形のザクロ	象徴の源流はペルセポネ神話が由来。肥沃さ。（献上品であったため）深い信頼、愛着。（薬種効果を持つとされていたことから）ヒーリングされる。ザクロは女性器も表し、受精や妊娠も意味する。
8輪の黄金色の蓮の花	8は生命の木では、ホドの水星に対応する数であり、コミュニケーションによって考えが伝わることと、永続的な愛。リッチな感覚。全身にあふれる喜び。最高の気持ちが表現できる。
蓮の茎が伸びてくる深く青い水	大地の母デメテルの大海（生命の木ではビナー＝理解）を象徴し、肥沃さの根源的源泉、感情の豊かさ、母性などを表す。受精能力がある。

数字とエレメント	3と水：生きている（3）喜びの実感（水）。
［占星学］蟹座の水星	［蟹座第2デーカンに対応］：蟹座に蠍座の性質が加わる。 誠実な感情（♋）の人間関係（☿）。心地よさに溺れることへの警戒（♏）。
生命の木のセフィラーと惑星	創造界のビナー（理解）：心身ともに豊かさが確立する原理。 土星（♄）：信頼を受け入れ制約や障害を克服。 「カップのクイーン」の考えと行動を生む状況がある。
関連するカード	ビナー（理解）土星：「カップのクイーン」「#21. The Universe 楽園回復」 蟹座：「#7.The Chariot 戦車」 蠍座：「#13.Death 黒い太陽」 水星：「#1.The Magus 魔術師」

*45 ハデス

冥界の王で主神ゼウスの兄。クロウリーの魔術の第二神格であるハディト（大地）とは異なる。第4部「用語解説」を参照。

人間精神の囚われの状態を克服するための女神と男神の働きの対応関係
・女神デメテルと男神ハデス→真実の探求とその成就がモチーフ
・女神イシスと男神セト→人間の意識の変容がモチーフ
・女神ヌイトと男性ハディト→人間の存在の変容がモチーフ

フレデリック・レイトン『ペルセポネの帰還』1891年

項　目	意　味
一般	大きな楽しみをもたらす出来事、事柄。満足感を味わう。豊富さ。食べることと飲むことを楽しむ。ダンスをする。新しい衣装の購入。連絡をとることによって問題が解決する。 豊かな収穫。富。喜び。外的な力による成功。外的受精。妊娠。感謝。健康。親切なもてなし。陽気な話。
仕事	気持のよいビジネス取引。よいチームワーク。働く喜び。見込みのある計画。よい期待を持てる契約ができる。もたらされる成功。
交際と人間関係	魅力を感じる。愛の幸福（ただし「カップの2」ほど個人的な関係ではない）。交流のある大事な3人のなかで一番重要視されているという意味もある。異なる考えへの理解。調和した連帯感。親切。実り多い関係。性的な魅力を感じる。受精。結婚。 [否定的な場合] 色欲。多情。誘惑。
否定的な警告	浪費。収穫を得る前からそれをあてにして使い込む。一時的な喜び。「贅沢」の否定的な側面として、情緒的な楽しみに誘惑はつきもの。それに夢中になりすぎてはいけない。

スートカード ❈ Cups

	リーディングのポイント
基本的なリーディング	目的を果たすためには気の合う人々や、ネットワークを探し出す必要がある。あなたの考えを聞いてくれる人ときちんと話し合い、あなたの提供するものが何であるかがわかれば、人々は支援してくれるだろう。
否定的な場合のリーディング	自分だけで問題を解決しようとしないこと。支援システムを探す。友人は財産だと再度認識を改め、コミュニケーションを取ることからはじめてみることが大切である。

第3章　カード解説　　323

カップの4／Luxury
感情的な満足

【背景と解説】

このカードは、生命の木では創造界のヘセド（慈悲）であり、惑星は木星を表す。占星学では蟹座の月に対応する。カップの性質が完全に表現されることを示し、感情的な楽しさと満足を表す。しかし楽しさや心の満足は、慣れすぎるとわがままや怠惰、退屈さなどを生む。感動を失い、ますます楽をしたがるようになる。

「カップの4」は、カップが四角形に配置されて安定している。一番

上のピンク色の蓮の花から水が流れて上の 2 つのカップを満たし、その下の 2 つのカップに水があふれている。しかし下のカップからは一滴の水も流れ落ちていない。ピンク色の蓮の花も少ししおれかけていて、何本もの茎はもつれてしまいそうになっている。「カップの 4」の弱いところは、カードの持つあらゆる性質が水と結びつきすぎていて、安楽に溺れて閉鎖的になるか、怠惰になる傾向が生じることである。

　ヘセド（慈悲）は木星で海の神ポセイドンに対応し、カバラ四界の生命の木では水のブリアー界（創造界）に属し、占星学は蟹座である。そのため蟹座のルーラーである月は、蟹座でイグザルテーションする木星との結合によって感情過多に陥り、水の不均衡な性質を強める結果をもたらす。海面は揺れが激しさを増し、少しずつ波打ちはじめている。

　月ばかりではなく、4 つの黄金色のカップは太陽の影響を表しているが、空は灰色がかり不吉な予感を漂わせている。嵐の予兆を感じる。このカードは障害のカードではないが、快楽やあり余るほどの娯楽が得られたことによって、心の厳しさを失うというヘセド（慈悲）の木星の持つ弱点を警告している。「カップの 4」は、次の「カップの 5」の厳しさに触れて、はじめて感情的なバランスの取り方を理解できるようになる。

象　徴	意味の要点
一番上の蓮の花から水が大きく膨らみながらカップへ流れる	物事の感激、感謝から喜びがあふれる。天真爛漫な心。のびのびした心。安心感。
四角形の台座	土台が安定していること。閉鎖的になる。独占欲。
黄金色のカップ	太陽の影響を表す。贅沢な感覚。ゆとり。感情的な喜び。
無限の記号をつくる海面下の茎	あふれる愛、深い感覚、心の安定感など。波が高くなるにつれて次第にもつれてくる可能性がある。快楽や贅沢に慣れすぎることには警戒が必要である。
暗い灰色の空。下のカップから水があふれることはなく台座もない	感情過多でだんだん不安定な状態がはじまる。わがままになる。月は蟹座でルーラーであり、ヘセド（慈悲）の木星は蟹座でイグザルテーションする。これらは安定や快楽に浸りやすいことを表し、人の心が怠惰になる。灰色は、生命の木の「慈悲の柱」では、ヘセドの上位のホクマーの色彩で、ここでヘセドの木星の「拡大、発展」の力を引き出すには、人生の「知恵」を学ぶ必要があることを指摘している。

数字とエレメント	4と水：感情的に（水）飽き飽きしてくる（4）。
［占星学］蟹座の月	［蟹座第3デーカンに対応］：蟹座に魚座の性質が加わる。深い内面から献身的に、母（☽）のように世話を焼く（♋）。怠惰な習慣に流されないようにする必要がある（♓）。
生命の木のセフィラーと惑星	創造界のヘセド（慈悲）：愛と寛大さ。木星（♃）：保護される。ゆとり。与えられた富など。
関連するカード	ヘセド（慈悲）：「#10.Fortune 運命の輪」蟹座：「#7.The Chariot 戦車」魚座：「#18.The Moon 月」月：「#2.The Priestess イシスの探索」

項　　目	意　　味
一般	陽気に騒ぐ。人生を楽しむ、感情的な安全さ、安心感など（長続きするとは限らない）。不快感をともなう喜び。喜びが終わりに近づく。欲望の放棄。快楽主義。問題または状況から逃避した（覚醒剤やアルコール中毒など）一時的な満足感。当然の喜びが続いていくことへのいくつかの障害。安住せずに目的を見つけて追求せよ。
仕事	慣れた仕事。愉快な仕事時間。楽しいビジネス取引。確立したチーム。贅沢やゆとりを意味するアイテムを使う企画で、よい仕事ができる。主張することによって獲得する。
交際と人間関係	十分な愛を楽しむ。相手を満足させて自分自身も満たしてもらう。家族の中にいて安心感を持つ。思いやり深くともに過ごす。受け入れるだけで自分からの積極的な愛の姿勢を示さないと、幸福は長く続かないかもしれない。
否定的な警告	あらゆるものがこのままでよいと信じる、世間知らずな考え。弱さ。むなしさ。退屈。疲労。冷淡。無関心。衰退。成功の終わり。失業。わがまま。不公平。もっと高度なものを熱望せよ。迅速に行動せよ。

	リーディングのポイント
基本的なリーディング	心の赴くままに立ち止まり、それを注意深く体験するよう心がけること。生活に感情的な穏やかさを取り戻すことができれば、新たなものがもたらされる。そのためには、まず落ち着け、冷静になれということ。
否定的な場合のリーディング	あなたの感情は状況に溺れすぎていて、今は気持ちが薄れ、飽き飽きしていないだろうか。もっと高い目標にエネルギーを向け、決意を新たにすれば、ふたたびいろいろなことが動き出すだろう。

スートカード ❖ Cups

カップの5／Disappointment
完全な失望

【背景と解説】

「カップの5」は、生命の木では創造界のゲブラー（力・厳しさ）で、惑星は火星に対応する。「カップの4」の過剰な娯楽のあとの楽しみ全般に対するアンバランスな原理の働きを表す。「カップの5」は、蠍座の第1デーカンに対応し、占星学は蠍座の火星のため、火星の力が倍になって影響を与えることになる。2倍の火星は冥王星と同じ意味になり、破壊的で、その失望の傷は深く、致命的であることを物語

る。また蠍座は心の深さに関係し、この失望は非常に深刻である。つまり、このカードは上辺だけの失望について表現しているのではなく、心が根こそぎ打ち倒されるほどの失望を表している。

「カップの5」は、「完全に打ちひしがれた失望」である。失望の象徴は、ガラスのカップと散りゆく蓮の花である。その象徴が示すように、失望は私たちをもろく、壊れやすく、傷つきやすくする。また、暗い海のような感情的な意気消沈と、赤い空のような怒りを心の中に呼び起こす。逆さまの五芒星は、心のバランスを失い、心がひっくり返るほどの思いになることを象徴する。失望を招いたのは自分であり、心の中に無力さやむなしさを隠し持っていたため、何か、あるいは誰かに期待をし、お門違いの状況を受け止めていたことで失望を招いたのである。逆さまになった五芒星はその倒錯を表している。

　しかし私たちは、失望を「意識を変容させるための培養土」にすることができる。それが蓮の根が形成する変容の普遍的な象徴、蝶が表す意味である。地べたに蝶を描くという構図は、今の計画、今の考え、今の方向はやめて、根本的にやり直すべきだと教えている。

「カップの5」は、完全に打ちひしがれた失望を表しているが、この体験、この失望を拒絶せずに向き合い、心の動きを十分に停止できれば、人生の意識を根こそぎ変容させるきっかけにすることができる。

象　　徴	意味の要点
空のガラスのカップ（聖杯）と乾き切った湖	感情的なもろさ。幻滅。生殖不能（または不妊）。怠惰。心の甘さが招いた状況。
浮き葉が開いて破れたハートとしおれた2つの蓮の花	色あせた愛と感情。失望。手放す。破れた心と涙を流す悲しみ。人に甘えすぎて、限度を超えてはならない。
逆さまの五芒星に並んだカップ（聖杯）	平衡を失った心の状態。失望。心が逆流する怒り。心がひっくり返るほどの挫折は、人生の根源的な問題を発見する上での勝利をもたらす。上辺を超えた人生のより深い意味に目覚める。
蝶の形をした蓮の根	失望を人生の目覚めへのチャンスにする変容のパワー。感情の混乱から立ち直る。
戦火のような赤い空	自己を見失う恐れ。怒りが爆発しそう。突然のショック。ショックのあとの怒り。

第3章　カード解説　　329

数字とエレメント	5と水：感情的な（水）危機（5）＝怒りに自分を見失う恐れ。「カップの4」の安心に、いい気になる。
[占星学] 蠍座の火星	[蠍座の第1デーカンに対応]：腐敗（♏）からより深いものに目覚めるための成長（♂）。
生命の木のセフィラーと惑星	創造界のゲブラー（力）：「カップの4」の安楽とバランスを取る厳しさ。 火星（♂）：状況を甘く考えていた自分に目覚め、やり直す。弱さを克服する。
関連するカード	ゲブラー（力）火星：「#16.The Tower 稲妻の塔」 蠍座：「#13.Death 黒い太陽」 冥王星（♇）：「#20.The Aeon アイオーン」

項　　目	意　　味
一般	失望。しぼんでいく希望（楽しい気持ちの終わり）。予期しない原因による不安。憂鬱。悲しみ。痛い思い。思いもよらないことから起こるトラブル。ことによると偽り、裏切り、悪意。転換期の危機。 [地べたに蝶]：根本的なやり直しを意味する。今の計画、今の考え、今の方向はやめて、根本的なやり直しを勧めている。
仕事	期待はずれの計画。ビジネスの損失。失敗。突然のキャンセル。予期せぬトラブル。裏切り。詐欺。失墜。
交際と人間関係	お互いの関係が死んでいる様態。人間関係で窮地に陥れられた状態。 終局のはじまり。友人が冷たい態度になる。友情または人間関係の喪失か終わり。愛の失望。結婚の破談。
否定的な警告	やみくもな楽天主義と誇張された期待。まずは心の平静さを取り戻すこと。対抗処置を考えよ。不幸と心配を克服する決意と不屈の精神を持て。

	リーディングのポイント
基本的なリーディング	望んでいたものを失うという経験は衝撃だったでしょう。あれこれ考えずに嘆くだけ嘆き、悲しむだけ悲しめば敢然と立ち直れる。
対処するための考え方	いつまでもくよくよしていないで、仕事や生活に復帰するときである。心を閉じるのではなく、素晴らしい可能性に向かって心を開けば、人生が力を与えてくれると信じること。

カップの6 / Pleasure
喜びのはじまり

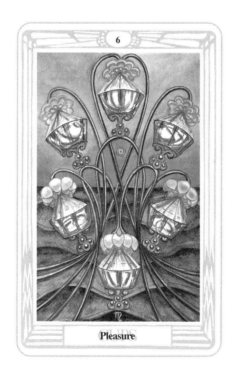

【背景と解説】

　このカードは、生命の木では創造界のティファレト（美・調和）にあたり、惑星は太陽に対応する。占星学では蠍座の太陽になる。重なる2つの太陽は調和を生むエネルギーをさらに完全なものにする。

　6つのオレンジ色の蓮の花と銅のカップは、長い蓮の茎の先にあり、純粋な喜びのエネルギーに満ちているように見える。古代では、銅は私たちの感情をつかさどる身体機能に治癒効果があるとされてきた。

カップの中に流れ込んだ水はあふれることなく、カップの中で脱皮する蛇のように描かれている。これは心の底から感情が生き返り、復活し、再生することを示している。蓮の茎は蝶が密集する形をつくり、すべてのカップはそれを暖かく包み込むように六芒星（ティファレト＝美に対応する形）を描き、一般的な幸福感を伝えている。ここでは、人に愛を注ぐことよりも、人から受け入れられ深く癒されることにポイントが置かれている。そのことを示しているのが蠍座の太陽と、蠍座第2デーカンの対応である。それは、さらに魚座がここに影響を与えて非常に深いレベルでの心の癒しとサポートが与えられることを表す。

「カップの6」は、ティファレト（美）の太陽のカードとして水の原理が完全に調和している状態を示す。その意味は、新しい友人ができることの喜び、新しい楽しみを発見することの喜びである。「カップの6」で心は完全に癒され、人生の喜びを楽しみはじめるのである。

象　　徴	象徴の意味の要点
銅のカップ、蓮の花、茎	感情的なヒーリング。心が喜びによって生き返る。満足。
踊るオレンジ色の蓮の花	生の喜び。活力。安らぎ。外へ出ていくことによって新しい楽しみを見つけ、新しい出会いを体験する。
蝶が密集したような蓮の茎	新しい人生への目覚め。解き放たれた力。
六芒星を形成するカップ（聖杯）	ティファレト（美）を象徴する形で、物心両面の調和。完全に他者に受け入れられる。
蛇のようにうねる水	生き返った感情。ふたたび元気が出てくる。
明るい空	平和。落ち着き。静かに考えられるようになったゆとり。

数字とエレメント	6と水：感情的な（水）結びつきと調和（6）。
[占星学] 蠍座の太陽	［蠍座第2デーカンに対応］：蠍座に魚座の性質が加わる。 生の喜びによって（☉）癒され（♓）、心の底から生き返る（♏）。
生命の木のセフィラーと惑星	創造界のティファレト（美）：「カップの4」と「カップの5」の完全な調和。 太陽（☉）：新しい人間関係と楽しみ、喜びが生まれる。 「カップのプリンス」の考えと行動を生む状況がある。
関連するカード	ティファレト（美）太陽：「カップのプリンス」「#19. The Sun 太陽」 蠍座：「#13.Death 黒い太陽」 魚座：「#18.The Moon 月」

項　　目	意　　味
一般	人生を総合的に考えようとする気持ちがふたたび目覚める。喜び、成功、希望のはじまり。安定の増大、利益と喜びのはじまり。しかし「はじまり」だけ。うぬぼれたり正当化できない自己主張に陥る心の働きを警戒し、知識の獲得や新しいものを学ぶ努力を忘れないこと。楽天主義。物事に深い興味を持つ。満足を見出す。心が生き返る。楽しさがあたり前になると、次の「カップの7」へ崩壊していく。健康。ヒーリングされる。
仕事	大きな創造的な能力を発揮するチャンス。楽しんで仕事をする。利益。成功。楽しい課題に自ら進んで取り組め。医療やカウンセリングの仕事。
交際と人間関係	心に感じているものの開花。深い幸福。性的意志が満たされる。官能的喜び。無遠慮な心の働きを警戒しないと惰性的になる。
否定的な警告	欲張りすぎて、あとで恨みを買う。大食と貪欲への警告。喜びを得られるが、そのかわりに他のものを犠牲にする。喜びが自分自身の行動によって妨げられる。しかし、崩壊の本当の内容は周囲のカードによって決定される。

第3章　カード解説　　333

	リーディングのポイント
基本的なリーディング	計画していることや今の状況が順調に進む。作業の過程に十分な時間を取り、それ自体を楽しむこと。そうすれば仕事を最高の状態に保つのに必要なエネルギーが楽に維持できる。
否定的な場合のリーディング	人生はいつまでもこのまま続くのではなく、通りすぎていくものだと感じるよう心がけること。プロセスの楽しみ方を見つけなければ、坂を上るように苦しく感じるだろう。楽しむところからが再スタートになる。

スートカード ❖ Cups

カップの7／Debauch
安逸を貪る

Debauch

【背景と解説】

このカードは、生命の木では創造界のネツァク（勝利・永遠）にあたり、惑星は金星に対応する。「カップの6」の恵まれた喜びのあと、安逸を貪って自分を見失う愚かさを示している。すべてが停滞し、腐敗しているように見える。

青いカップは、緑の粘液の雫を絶え間なく滴らせ、水は腐ってよどみ、有毒化した沼になっている。一番下に位置するカップは異常に大

きく、おびただしい量の緑のヘドロをあふれさせている。有毒な粘液を吐き出す蓮の花は、鬼百合のようになって逆さまに咲いている。安楽に浸りすぎた結果、あらゆるものがバランスを失っている感情に押し流された象徴図である。あまりにも物事が惰性に浸ったため、すべての正常な感覚は失われ、甘やかしすぎの代償を払わされる。

「カップの7」は、生活習慣の堕落、感情的な放縦を表す。同じことの繰り返し、決まりきった仕事などがもたらす心の沈滞と腐敗、そして、その結果として悲しみと失望を招くことを教えている。カップ全体はカバラの生命の木の形に配列されているものの、体系の一番上に配置されるべき「至高の三角形」が失われて存在していない。また、意識の自覚を表す中央の柱もティファレト（美）で途切れ、最も高い理想を追求するケテル（王冠）まで伸びていない。これは、甘い環境に浸りすぎて向上心を失っていることを表している。

「カップの7」は、蠍座第3デーカンに対応し、蠍座に蟹座の影響が加わり、「土台が崩れる」「きりがない依存心」「根本的腐敗」などを意味している。正常な感覚から目を背け、ふだんの生活に持ち込むべきではない放縦のパターンを表す。

象　徴	象徴の意味の要点
2つの下向きの三角形の中に並べられた7つのカップ	背景は生命の木のビナー（理解）であり、忍耐心の不足によって心が崩れ、ずるずると堕落が習慣化し、心と状況が腐敗している。逃避。肝心なものを見ようとしない。
有毒な粘液でカップを満たす鬼百合	人をだます。有害な誘惑。甘さにつけ入る。
汚染されたヘドロのような沼	イェソド（基礎）が崩れて蠍座（土台）の暗黒な局面、腐敗と堕落に陥る。金星は蠍座でデトリメント（否定的）になり、甘やかしすぎる。破滅の危機。
エメラルド（金星）の空と滴り落ちる粘液	蠍座の最も低い性質（デトリメント）により金星が有害になる。甘やかしすぎによる堕落が、カビの生えたような雰囲気をつくる。

数字とエレメント	7と水：危険な（7）惑わし（水）。
［占星学］ 蠍座の金星	［蠍座第3デーカンに対応］：蠍座に蟹座の性質が加わる。 依存（♏）をもたらす、欲望、楽しみ（♀）の根深さ（♏）、生活習慣の堕落（♋）。
生命の木のセフィラーと惑星	創造界のネツァク（勝利）：「カップの6」の安楽のあとの怠惰と放縦。 金星（♀）：物質的な安定に浸りすぎる。
関連するカード	ネツァク（勝利）の金星：「#3.The Empress 大地の母」 蠍座：「#13.Death 黒い太陽」 蟹座：「#7.The Chariot 戦車」

項　　目	意　　味
一般	勝利できるにもかかわらず、無気力によって消えていく。取り逃がす。妄想に溺れる。幻の成功。安楽にふける。放蕩。堕落。惰性。虚偽。詐欺。危険な誘惑。災難。脅迫的な災難。だまされる。不実を働く。アルコール、薬の常用。果たされない約束。喜びの失墜。もとに戻ることができない。
仕事	陰謀に陥れられる。汚されたビジネス協定。勝利だと思った瞬間、だまされたとわかる。成功しても続かない。冒険の失敗。宿命的な従属。人間関係によってよくない社会、汚いビジネス取引に巻き込まれる。
交際と人間関係	お互いの関係が毒のある雰囲気。だまされている愛、友情。縛りつけられる。誠意がない、欲望を満たすためのセックス。感情的な関係による暴力。女性への暴力。売春、セックスに溺れる。不倫と密通。
否定的な警告	現実からの遊離と墜落への誘惑。非現実的。心配事への不安から目をそらす。元通りに戻す、あるいは復活させるなら手遅れないようにせよ。休息する。気持ちをゆるめる、執着しない。延期。中断。間を置いて常識に戻れ。現実を認めよ。「カップの6」での幸せに、いい気にならないことやうぬぼれないことが警告される。

スートカード ❖ Cups

第3章　カード解説　337

	リーディングのポイント
基本的なリーディング	特定の方向に態度をはっきりさせる前に、慎重に自分の意見を熟慮すること。今の時点では、あなたが実際的になるために、役立つ現実的解決案を見つける必要がある。
対処するための考え方	一度今の状況を手放してみて理屈を脇へのけ、心の命じるままに行ってみる。今までの状況に執着せずに、自分から積極的に感情を表す気があるならば、望むものは何でも達成することができるようになるだろう。

カップの8／Indolence
心の空しさ

【背景と解説】

　このカードは、生命の木では創造界のホド（光輝・反響）にあたり、惑星は水星に対応する。「カップの7」の安楽と放縦のあと、その原理の延長線上に現れてくる興味の喪失、または怠惰によって、よいことがつかの間のものだったことを示す。つまり、「カップの8」は安易なものにエネルギーを注ぎ込みすぎる習慣が続いた結果、病的に意地を張るむなしさや感情的な惰性が生じる。

カードの象徴であるカップは、欠けて割れている上に台座も不安定である。上の列のカップは空だが、中央の2つのカップは心の毒気で病んだ2本の蓮の花から流れる水であふれ、下のカップへと流れ出している。しかし、水は流れてもカップがあふれるほどには満ちていない。さらに下の列の中央のカップは未だ空のままである。カップは、不毛な水面の上に散らばる停滞した水の淀みに置かれている。

象徴は、自分自身が気ままにやりすぎたこと、自分の分限や限界をわきまえることができなかった結果の心のむなしさと惰性を表している。つまり、他者が求めるものに背伸びして応えようとし、他の人々の評価ばかりを求めすぎた結果、疲れ、渇き、むなしくなった心の状態である。感情的に夢中になりすぎてだまされたり、利用されたりすることもあるだろう。それを象徴するのは、満ちた海の中に広げすぎたエネルギーが光る穴である。そして、この思わぬ盲点や落とし穴にはまる可能性を表す。

ここに描かれているのは、「サービスをしすぎること」「必要以上にやりすぎること」「気ままな放縦」の性癖を絵にしたものである。心を冷静にして、自分の分限や限界をわきまえるべきだということを教えている。

占星学は魚座の土星だが、夢や理想（魚座）が空回りしてボロボロになった（土星）、「祭りのあとの寂しさ」がその意味である。この停滞した状況を脱出する唯一の望みは、水平線上にティファレト（美）の太陽の光が見えることである。これは今までとはまったく違う別の可能性が強烈な新しい希望として、自分の想像や思惑を超えてやってくるということを示している。

これは障害のカードではない。「希望」のカードである。向こうから、新しい牡羊座の救いの太陽が、暗黒を貫いて見えてくるのである。

象　徴	意味の要点
半数のカップにだけ水が注がれる壊れたカップ	自滅的な行為。衰退した活力。感情的な消耗。疲労、過労。自ら招く無気力。心のむなしさ。受ける以上に出しすぎ。不満。
水のカビが生えたような暗い海	憂鬱。気分が落ち込む危険。空回りのあとの心の空洞化（むなしさ）。さまざまな苦しみの果て。
しおれた蓮の花	力とエネルギーの欠乏。疲労。万策尽きる。
雲が黒く垂れ込めた空	不況。脅威。未来への恐怖。絶望的な予感。見込みが立たない。
東の地平線の朝焼け	天も地も破れ果て、ボロボロになった状況のなかから、救い（希望）は向こうからやってくる。

数字とエレメント	8と水：気持ちや雰囲気（水）を変える（8）必要がある。変化が現れる。逆転。
[占星学] 魚座の土星	［魚座第1デーカンに対応］：過剰なサービス、望まれていない自己犠牲的精神を過剰に使う。むやみやたら。無情になった、死んだ（♄）感情（♓）。考え方、受け止め方を変える必要がある。傷つく。遠くから（♄）隠された新しい可能性がやってくる（♓）。
生命の木のセフィラーと惑星	創造界のホド（光輝）：「カップの7」の安楽な放縦の結果、背伸びをしすぎて空回りし、むなしくなること。 水星（☿）：これまでの怠惰からのあせりで急激にやりすぎる。「カップの9」「カップの10」で希望が結実する。
関連するカード	ホド（光輝）の水星：「#1.The Magus 魔術師」 魚座：「#18.The Moon 月」 土星：「#21.The Universe 楽園回復」

スートカード ❖ Cups

第3章　カード解説　　341

項　目	意　味
一般	心の弱さ。壊れた希望。不愉快な体験。落胆。惨めさ。悲惨と、理由もなく不平を言う。関心を持ちたくない。興味の減少。逃避または放棄。放浪する。引退する。空虚。創造力の欠乏。沈滞、停滞。意気消沈（無気力）。病気。不毛。自殺的な行為。自分の考え方や方法を変える必要がある。今の生活と心の習慣をすべて変えると、その向こうにチャンスがやってくる。
仕事	一時的に成功するが、成果が続かない。だめになった仕事の流れ。現在進行中のものさえ持続しない。不振なビジネス取引。エネルギー不足。成功意欲が弱い。優柔不断。予想に失望する。誤った管理。仕事を転々とする。クビになる。
交際と人間関係	関係が実るとすぐに見捨てられる。関係が死んでいる感じ。むなしくなる。トラブルを起こす。信頼の欠乏。見込みのない関係。惰性の関係。あきらめる。
否定的な警告	腐敗に執着する。成功の見込みがないことをはじめる。見当違いの努力によって疲れ果てる。行動の動機をつくりなさい。創造的な意欲を育てなさい。心を広く持って楽天的になれ。ひどい難局からは離れなさい。改善の可能性を探れ。

	リーディングのポイント
基本的なリーディング	自分の夢を実現するために必要なエネルギーと能力がある。だから自分を大事にすること。他者を助けるのは素晴らしいことだが、必要以上にやりすぎて空回りしないように自制することも必要である。
対処するための考え方	バランスの取れた生活に戻ること。そうすれば興味と活力が戻ってくる。人生の新しい可能性を見つけられるよう、自分に優しくなるように心がける。心が穏やかになれば、予想外のところから救いの手が差し伸べられるだろう。生かされていることを信頼し、心をそこに戻すと、人生が変化する。突然、人生の朝が開けてくる。

カップの9／Happiness
幸福（ウィッシュカード）

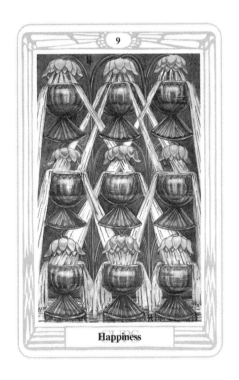

【背景と解説】

　蓮の花から流れる水で満ちるカップの色は、生命の木の創造界のイェソド（基礎）のセフィラーと木星の色彩を象徴するすみれ色をしている。すべてのカップで四角形の配列を表現しているのは、木星のヘセド（慈悲）と物質的な安定の結び合わせを表している（四角形は現実や物質界が確立されたことを表す）。「カップの7」「カップの8」で失われていた人生の喜びと充実感を9個のカップが3×3で構成し、

四角形を形成することで「力と調和」を取り戻している。

「カップの9」は「幸福」を表す。錫のカップは人生のヒーリングを意味しており、これまでの「カップの7」と「カップの8」が表した暗い時期が終わり、明確な幸福が現れてくる。このカードが「カップの8」で水平線の彼方に現れていた「光」の意味である。健康、財政、仕事、創造力、人間関係における幸福がやってくる（どれを表すかは質問内容による）。内面的な幸福と同様、外面の現実でも満たされる幸福である。内面的な幸福は垂直に並んだ3つのカップによって表現され、それぞれ心、肉体、魂における幸福を表す。また外面的に体験する幸福は水平に並んだ3つのカップによってそれぞれ心、肉体、魂における幸福を表す。

生命の木では、創造界のイェソド（基礎）で、安心感をもたらす感情の惑星、月に対応する。占星学では魚座第2デーカンに対応し、魚座の木星である。木星は魚座で第2ルーラーになり、第2デーカンの蟹座ではイグザルテーションする。幸運を表す木星がマイナーカードのなかで最も強力に働くことを意味する。イェソド（基礎）に対応する月も蟹座のルーラーであり、心と生活に強力な安定をもたらす。これが、「カップの9」が願望を実現させてくれる「ウイッシュカード」と呼ばれるゆえんである。このカードは、望んでいることの成就、成功と幸運をもたらす。

象　　徴	象徴の意味の要点
9つのカップに水を注ぐ蓮の花	9はイェソド（基礎）の数で、心の底から充実して喜びがあふれるさま。
大きく膨らんだカップが四角形に並ぶ	幸福がずっと大きく拡大していく。保護され養われる満足。物質的な安定と豊かさ。
3個ずつ並ぶカップ	3×3は物事の確立のナンバーで、心に不足のない充実感。感覚的な知恵の力。
すみれ色のカップ	イェソドの色。求めているものの実現と喜び。
青い空	青はヘセドの色。人生や物事への信頼。平和。発展。
静かな海	安心感。調和。心のゆとり。

数字とエレメント	9と水：完全な（9）喜びの感覚（水）。何事かを完成した幸福。
[占星学] 魚座の木星	[魚座第2デーカンに対応]：魚座に蟹座の影響が加わる。 求めるものが実現することによって安心する。開かれた心と献身的な愛（♓）の中の幸福、成長、信頼、寛大さ（♃）、そして心と人生の安定（♋）。
生命の木のセフィラーと惑星	創造界のイェソド（基礎）：物心両面の安定と安心感。 月（☽）：潜在的な可能性を育てる。より深い意味のあるものを求める。
関連するカード	イェソド（基礎・土台）の月：「#2.The Priestess イシスの探索」 魚座：「#18.The Moon 月」 蟹座：「#7.The Chariot 戦車」 木星：「#10.Fortune 運命の輪」

項　　目	意　　味
一般	楽しさと幸福。パーフェクトな感覚と十分な達成体験。官能的喜び。楽観主義。意味深い経験。チャリティー。運命を信じる。完全な幸福。
仕事	仕事の楽しみ。ビジネス取引でよい感触。チーム力によって成功する。契約の有利な結論。
交際と人間関係	愛の幸福。心の温かさ。深い愛情。心と肉体の満足。
否定的な警告	甘やかしすぎ。怠けすぎ。実現しない幸福。幸せや楽しさへの自己否定。非現実的な夢想。錯誤を犯す。

	リーディングのポイント
基本的なリーディング	長く怠惰な夢や、むなしい幻想に陥っていた期間を終了させ、幸福と満足の感覚を取り戻すことができるだろう。精神的にも物質的にも平和と楽しさが訪れる。
否定的な場合のリーディング	状況には可能性が満ちている。しかしこのカードは魚座に対応しているので、自分の態度を変えて、他者に協力する必要があることを告げている。顔を上げて明るく考えるなら、求める結果を生み出すことができるだろう。

カップの10 / Satiety
絶頂からのはじまり

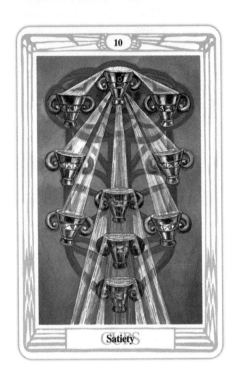

【背景と解説】

　このカードの特徴は、他のカップのカードと異なり、一番上のカップからだけ他のすべてのカップに水が放射されていることである。「カップの10」以外のカードでは、一つのカップから他のカップへ、そしてそのカップからまた別のカップへと水が受け渡されるようにして流れている。

　ここでは初心の情熱に戻り、「カップの9」で確立した揺るぎない

充実感を出発点にして、迷うことなく新しい人生の冒険に挑戦していく状態を表している。

10個のカップは生命の木の形に配列されているが、すべての水はケテル（王冠）の位置にあるカップから放射され、中央の意識の柱のカップだけが水であふれている。この象徴が、総力をあげてベンチャーへ挑戦しようとしている様子を物語っている。このとき、水が放射する出発点のケテル（王冠）の位置は、「カップの9」のパーフェクトな成功の位置である。

「カップの10」と「カップの9」ではカップの大きさが違う。目的を達成して安定する「カップの9」は、膨らんで大きく、成功を土台にしてさらに新しい人生の冒険に挑戦する。「カップの10」は、すぐに行動に移れるようスリムになっている。

一つ一つのカップは牡羊の頭の形をしている。牡羊は率先して新しいものを開拓する象徴である。生命の木の形に並んだカップは、ケテル（王冠）からの水を受け取りやすいように全体が一番上のカップに向かってやや傾いている。新しい行動の全体のヴィジョンをまとめようとしているのである。放射される水は、自然のままの水ではなく、まるで剣か光線のようである。なぜならこのカードの向かう先は、「ソードのエース」になるからである。「カップの10」は、「カップの9」の成功を土台にして、さらに今までの体験と新しい関心事を総合し、「ソードのエース」になるための考えをまとめることが課題である。

カップを生命の木の配列になぞらえている背後には、赤色で大きな蓮が描かれ、背景全体も赤を基調に構成されている。赤は火星の活動を表す色彩であり、このカードでは火星が特に強調されているのがわかる。それは、このカードが占星学の魚座第3デーカンを表し、魚座の火星に対応するからである。そして、魚座第3デーカンは、蠍座が魚座に影響を与えているため、蠍座のルーラーである火星が二重に強調されている。魚座の火星は、魚座から牡羊座への移行（冬から春への移行）を表し、これまでの経験を基礎に潜在的な願望だった新しいものを実現していくことを意味する。そして第3デーカンの蠍座の火星は、それを迷わずに徹底的に行えと示唆している。

クロウリーは「カップの10」には、カップの要素そのものに、不安定さがあるというようなニュアンスの解説をしている。しかしその

解説は十分とはいえない。このカードには不安定さはまったくない。ただマルクト（王国）の惑星である地球が不安定な世界なのである。マルクト（王国）はこの世であり、この世には葛藤がつきものだからである。だから、いつまでも「カップの9」の満足に安住せず、新しい計画を立てる動きをはじめよということである。そうすれば、このカードはこの世に長く続く大きな成功を確立してくれることだろう。

象　　徴	象徴の意味の要点
生命の木の形に配列されたカップ	物事を理解した、しっかりした土台ができていること。感情的な調和。深い満足。獲得したものへの信頼。
一番上のカップからすべてのカップへ流れる水	生命の木のケテル（王冠）の位置からすべてのカップに水が放射されていることから、最高の感情的満足。一番大事なものがはっきりしていて迷いがない。
ケテル（王冠）の位置にあるカップに向かって傾く他のすべてのカップ	変化のはじまり。成熟による移り変わり（冬から春への移行）。
背後の大きな赤い蓮	生命の木を象徴し、初心の情熱（生かされている喜び）に戻る。赤は火星を象徴する色彩で、アグレッシブなエネルギー。
赤い背景とカップの牡羊の角	どれも火星の性質。火のようなエネルギー。心の深い充実感をもとに、新しいことをはじめる。

数字とエレメント	10と水：感覚（水）の豊かさを一つに結集する（10）。
［占星学］魚座の火星	［魚座第3デーカンに対応］：魚座に蠍座の性質が加わる。 十分な達成と深い意味によって次のものに移行する（♏）。 満足感（♓）から新しいはじまり（♂）へ。潜在的な（♓）力（♂）。
生命の木のセフィラーと惑星	創造界のマルクト（王国）：感じているものを具体的な考えにまとめる。 地球（♁）：共同体や組織の中、物質的な世界へ出ていく。 「カップのプリンセス」の考えと行動を生む状況がある。

関連するカード	マルクト（王国）：「カップのプリンセス」 魚座：「#18.The Moon 月」 火星：「#16.The Tower 稲妻の塔」 蠍座：「#13.Death 黒い太陽」 行動：「カップの9」～「ソードのエース」へ。

項　　目	意　　味
一般	完全で継続する成功。問題は望んだように整えられ、解決される。和解。満足感。絶頂。完成。感謝。社交上手。深い満足感から変化のはじまりへ。新しいことをはじめる。
仕事	上出来な仕事。よいビジネス取引。前向きな仕事の情勢。今の仕事からの満足な引退。
交際と人間関係	幸福。満足な時。気持ちのままに大いに楽しむ。お互いを満足させ合う。
否定的な警告	成功の崩壊。絶頂のあとに訪れる衰退。しばしば暴力。荒廃。枯渇。予期せぬ敵の出現。抗争。より下からの攻撃を受ける。裏切りにあう。事故に注意。家族か周囲の誰かの死。

	リーディングのポイント
基本的なリーディング	「カップの9」を土台にした行動のため、きっと成功する。しかし精進を怠ってはいけない。次の人生の冒険に挑むための基礎づくりも忘れないこと。
否定的な場合のリーディング	もともと持っている情熱を再発見できれば、あなたの計画は成功するだろう。限界を設けずに、もっと多くのチャンスをつかむこと。「できない」「やらない」という答えを出すべきときではない。

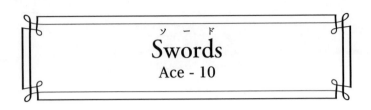

Swords
Ace - 10

（ソードのスート）

　風のエレメントの働きを表す。生命の木ではカバラ四界の「形成界」に対応する。ソードのスートは、理性の働き、思考を扱う。私たちがどのように考え、計画し、優先事項を決めるかを指摘する。思考は創造の原動力にもなれば、混乱のルツボにもなる。客観性が失われればマインドは混乱し、葛藤と優柔不断に陥る。ソードは、象徴的に判断、分析、コミュニケーションなどを表す。そして、ソードのスートには、そのカードの持つ意味が否定的に思えるものが最も多くある。これは私たちの思考が最も密接に理想や教義、信念などに関わっているからである。

　ソードのスートは、風のエレメントと結びついている。トー

ト・タロットのなかでは、最高の状態はクリスタルの透明さ
で描かれ、最悪の状態は背景が暗く濃く汚染されていたり、
ガラスが割れて飛び散っていたりする。私たちの思考は風の
ように鮮明で明確な状態から、暗く混乱している状態まで、
さまざまに変わる。その変化は、他の物事や他の人々に接す
ることによって生じるが、そのすべての切り替わる接点がそ
の間に存在している。思考が明確である場合、私たちは正し
く物事を認識し、正確に考えを表現できる。

　ソードは、私たちが混乱しているものを切り離し、私たち
の考えをはっきりさせ、それらを組み立て、生かすよう助け
る。つまり、私たちが情報を集め、分析し、決定を下し、そ
れらをまとめるのを助けてくれる。

　私たちにとって、心はとても貴重なものであり、かつ、と
ても危険で人生の妨害になる可能性を持つものである。私た
ちの思考は「ソードのエース」から「ソードの 10」までを
移動することで、思考の抽象的で複雑なプロセスから、問題
に対して具体的な結果を出す思考までを経験する。

◆キーワード
［ポジティブ］
思考、判断、分析、決定、コミュニケーションなど。
［ネガティヴ］
（客観性を失うと）心の混乱、葛藤と優柔不断に陥る。

スートカード ❖ Swords

ソードのエース / Ace of Swords
風の根源

【背景と解説】

　緑の剣は、形成界（風のエネルギーの領域）の根源的なエネルギーを表し、カップ（水）の世界の暗雲を分割して光が心の混乱を貫き、明瞭に物事を考えられるようにする。

　クロウリーは「ソードのエース」に関し、風の根源であるとともにヴァウ（結合）の本質だと言い、風は火と水が結合した結果であるととらえている[注12]。火と水の結合は、タロットの最初のカード「#0.

The Fool フール」が表す宇宙の風が吹いてきて、新しい人生の夜明けがはじまる。それがここでは、22本の光線でできた王冠とそれを貫く緑の剣で描かれている。22本の光線でできた王冠は、風のエレメントのケテル（王冠）を示すとともに、メジャーカード22枚を表し（つまりフールのこと）、緑の剣は「#0.The Fool フール」の身体の緑を表している。

「ソードのエース」の刀身には、ギリシア語でテレーマ（意志）の文字が書かれている。クロウリーが示したテレーマの哲学は、私たち各自が創造的に生きることができる生の新たな次元を示し、火と水の結合がテレーマの哲学であることを教えてくれている。ここでいう火とは宇宙的なレベルの生（絶対有）であり、水とは宇宙的なレベルの死（絶対無）である。この絶対的な矛盾はタロットの霊フールの中で結合し、私たちの人生に新たな次元を開くのである。

ヴァウの本質は、火と水が結合した結果である。ヘブライ文字ヴァウ（「釘」の意味）は、タロットカードでは「#5.The Hierophant 高等司祭」で表される。ヴァウは「つなぐ」という意味を持ち、そのつなぐとは、女性性と男性性、陰と陽の結合ではなく、大宇宙と小宇宙の結合だとクロウリーは言う[注13]。それは、ホルス（フール）の中に私たちが生まれるための学びである。つまり、フールがこの世に現れる場である「魔術師の神殿」に連なることによって、学びを本物にすることができるようになる。だから風の国の守護人「#8.Adjustment 真理の女神」は、「ソードのエース」を大地に突き立てているのである。

さらにクロウリーは、「このカードは魔術師の剣を表わす」[同注13]と言う。つまり、テレーマの剣（緑の剣）は「#1.The Magus 魔術師」の剣であると言っているのだ。火と水の結合が大宇宙と小宇宙の結合を実現するように、フールの中に生まれ変わることがタロットのレッスンであり、それによって新しい創造的な人生を誕生させることができるのである。

剣の後ろから昇る太陽は、ティファレト（美）で、新しい人生の誕生という風のエネルギーの本質を表している。星が散らばる右側の空はヌイトの子宮を表し、タロットの学びの方向を示している。そこからテレーマを根源とした「神の意志から生まれる創造意欲」が私たちの人生のなかで働きはじめる。

第3章 カード解説　353

またこのカードは、テレーマの哲学とは別に、一般的なタロットの「ソードのエース」の意味として解釈すれば、以下のようになる。

「ソードのエース」は、思考の明確さ、発明の能力、独創性などを表す。それは不確かさ、あいまいさのない心であり、疑惑と混乱を突き抜ける心である。カードでは下方に描かれている"雲"によってその状態が象徴されている。「ソードのエース」は、創造的にものを考えること、人に霊感を与える革新的な考えを表す。それは"莫大な広がりを持つ気づきと最新の注意深さ"から生じてくるが、創造的な心は緑の剣によって表されている。

また「ソードのエース」は、調和した受容的な心を表し、カードには剣のツバを構成する"三日月"として描かれている。創造的な心は、考えていることを実行することによって形にしようとするが、それを表しているのが剣のツバをつないでいる2つの球体、太陽である。そしてまた創造的な心は、絶えずそれ自身を再生、更新する力を持つ。それが剣の柄にある"蛇模様"によって象徴されている。

剣が王冠を貫いているのは、莫大な広がりを持つ気づきを象徴する。"光線の王冠"は、新しい知恵、新しいひらめきが現れたときの、「読めたぞ！」というような心持ちを表している。同時にそれは、たくさんの情報を集めて分析し、それが"一本の剣"のようにはっきりと一つの考えにまとまったときでもある。これは思考が迷いと混乱から出ていき、全体的な理解の光へ、新しい明確なところを求めていくことを表す。

これは"透明な青い空"のような心であり、「#8.Adjustment 真理の女神」のなかでは、《ダイヤモンド意識》として菱形の象徴で表されている。

象　徴	象徴の意味の要点
ビナー（理解）の海から上昇しヌイトの星空に広がる光	『創世記』の冒頭に、神が「光あれ！」と言われた状態。新しい創造的な（仕事の）計画が具体的にはじまる。『ヨハネによる福音書』の「はじめに言葉があった」と同じ現象が起きる。心に決めたことが意志になる。
22 光線でできたケテル（王冠）を貫く緑の剣	22 ＝ 2 × 11 2 はホクマー（知恵）の天王星、11 はパス（径）の 11。これらはすべて「#0.The Fool フール」を指し示し、緑の剣は「#1.The Magus 魔術師」に関連。あらゆるものを総合し、明確にさせて新しいものを創造する心の力。火と水の結合によって生まれてくる。精神が生まれ変わる。
刀身に刻まれたギリシア文字テレーマ	ギリシア語で「意志」を意味する。認識力を最も高い目的に向ける意志と決断（ここではタロットの霊フールの力が洞察から直接現れることをいう）。
三日月のツバと6 巻の蛇の柄	6 はティファレト（美）を示す数。無意識の心を明らかにする知性で問題をあらゆる面からはっきりさせる。物事を十分に受け止めることで明らかにする。
2 つの三日月と 3 つの太陽	三日月は豊かな心の感受性、太陽は新しい考えを具体化することを表す。2 と 3 は、コミュニケーション、調査によって絶え間なく発展することを表す。
空を明るくする結晶構造の太陽の光	新しい意識の確信をつかむティファレト（美）の太陽。精神的な開化。意識の目覚め。明るい見通し。確信をつかんだこと。

数字とエレメント	1 と風：何かを認知する、知的な決断をする（風）機会（1）。
[占星学]風のサイン	好奇心（Ⅱ）、社交性（♎）、知性（♒）。
生命の木のセフィラーと惑星	形成界のケテル（王冠）：外界システム（社会組織）を絶えず変革して生き返らせる、本質的な力。 海王星（♆）：今までの考えを超えたより大きなものに心を向ける。
関連するカード	海王星：「#12.The Hanged man オシリスの死」 風のエレメント：「ソードのプリンス」 大きな剣（緑の剣）：「#1.The Magus 魔術師」「#5.The Hierophant 高等司祭」「#8.Adjustment 真理の女神」 22 の王冠とテレーマ：「#0.The Fool フール」

第3章　カード解説　　355

項　目	意　味
一般	知的関心を明確にする。知識を渇望する。多くの情報を集めてはっきりした答えを出す。理性の力を発揮する。物事をはっきりさせるよい機会。思慮して明確な決断を下すこと。発明の才能。独創的な考え。呼び出された力。重要な夢や目的の実現によい。意志、知性によって、善か悪か、そのどちらかにもたらされた偉大な力を表す。
仕事	よい考え。分析的なアプローチ。新しい計画を練る（独創的な考えの実現）。仕事上の問題の解決法を見出す。よく考えた上で決断を下す。仕事の計画。文筆、出版、調査に関する活動によい。
交際と人間関係	問題と誤解の解明。はっきりした出来事と明白な決断。重要な理解。
否定的な警告	つまらないことにうるさい。あまりにも打算的なアプローチ。仕事で穴をあける。周囲のカードの意味によっては、このカードの最もよい意味が妨げられる。

	リーディングのポイント
基本的なリーディング	状況はこのまま、前のカードの「カップの10」の安全に留まろうか、それとも新しい冒険に挑戦すべきかという混乱によって曇らされている。不確実性が取り除かれるときに、あなたは暗闇の向こうの光を見ることができる。そして成功への道があなたに映し出される。
否定的な場合のリーディング	あなたの考えがはっきりしていない。思考のほこりが治まるまで、行動するのは待つ必要がある。これ以上進む前に目的を明確にして、それらを実施する計画を入念にまとめておくことが先決だろう。

ソードの2／Peace
心の平和

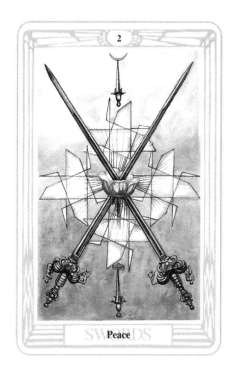

【背景と解説】

　このカードは、生命の木では形成界のホクマー（知恵）で、天王星である。占星学は天秤座の月に対応する。これは二極性の原理を表し、物事の葛藤、物事の矛盾とその対立を調節している力を示している。
　「ソードの2」は、心の平和と心の平静さの曼陀羅図である。別の角度から考えると2つの方向、2つの状況、2人の人間関係において、どちらかに決める心を象徴する。それらのすべては2本の剣が知恵を

表す青い薔薇の花を貫く図像によって象徴されている。これは平和、満足、心に迷いがないなどの性質を生む「心の理解力」を表している。

　カードの中心では、2本の剣が交差して青い薔薇の花を貫いている。2本の剣はそれぞれが相手の剣を受け止め、心の混乱を引き起こすのを防いでいる。これは、それぞれが相手の主張を受け止める決断をし、一時的にお互いの心の平和を見出している状況を説明している。緑色は、平和によって心が生き返ることを表し、黄色は行っている交渉が長く発展していくことを示す。剣の周りの4つの白い風車は、天使が羽を広げて飛んでいる姿を表している。これは、心が人生の4つのエレメントのすべてに活気と安定を与えることを意味する。心を発散することは、感情とともに精神面でも肉体と霊的な面でも、幸福と健康に影響を及ぼす。剣のツバの先端では天使が相手の平和を祈っている。柄は蠍の形をし、ツバの飾りには天使のほかに金星を象徴する鳩がついている。これは、この平和が組織的、系統的に広がっていくことを示している。

象　　徴	意味の要点
2本の交差した剣	心の葛藤を収め、相手の主張を受け止めて理解しようとする。
青い五弁の薔薇の花	青はヘセド（慈悲）の色彩：慈悲、寛大。融和政策。平和。
4つの白い天使の風車	天使は水瓶座または天王星の象徴であり、その風の絶え間ない動きを表す風車は、自分の考えに固執しないで相手に好意を持つことを意味する。均衡。平和。調和的な秩序。
剣のツバと柄	祈る天使、鳩、蠍。変容（物事に対する見方をすっかり変えるほどの変化）、慈悲、調和、安らぎ。組織的、系統的に平和が広がる。
黄色から緑色へ変化する背景色	緑色がかった黄色はネツァクの色彩であり、自分の意見を押さえて相手に歩み寄ることを表す。話し合い、交渉を進めようとする心の変化。

数字とエレメント	2と風：和解する（2）考え（風）。
[占星学] 天秤座の月	［天秤座第1デーカンに対応］：十分調べもせずに決めてかからず、バランスの取れた（♎）感覚（☽）。調和（♎）の必要（☽）。
生命の木のセフィラーと惑星	形成界のホクマー（知恵）：水と風の結合に際して自分の考えに囚われない自由さ。 天王星（♅）：蠍座との関係で、ものの見方をすっかり変える。 「ソードのナイト」の考えと行動を生む状況がある。
関連するカード	ホクマー（知恵）天王星：「ソードのナイト」「#0. The Fool フール」 天秤座：「#8.Adjustment 真理の女神」 月：「#2.The Priestess イシスの探索」

項　　目	意　　味
一般	平和。平和の回復。状況の感情的、知的な側面の調和。リラクゼーション。落ち着き。思いやり。公正。妥協。行動の前に状況の分析が必要。考えを一致させる。慎重に進めれば戦いは避けられる。和解する。
仕事	巧妙なビジネス戦略。公平な交渉。バランスの取れた仕事日。闘争の解決。
交際と人間関係	平和な関係。パートナーとしてともにいる。平等な権利。調和。仲直り。
否定的な警告	無気力。優柔不断。不安定で変わりやすい。平和の終わり。無慈悲さと平和なふり。均衡の崩壊、特に知的な力と感情的な力との間において。 その他：誤伝。不公平など。

	リーディングのポイント
基本的なリーディング	はっきりとした態度を示して決定する必要がある。そして、任せてもよいと自分で納得できる方向を選択すべきとき。その結果を恐れずにまっすぐ進むこと。
否定的な場合のリーディング	決定する準備ができていないことに対してプレッシャーをかけられないようにしておく必要がある。ときには何もしないことが最善の場合もある。

スートカード　Swords

第3章　カード解説　　359

ソードの3／Sorrow
悲しみ

【背景と解説】

　このカードは、生命の木では形成界のビナー（理解）で、土星である。占星学は天秤座の土星で、天秤座第2デーカンに対応する。天秤座第2デーカンでは土星が第2ルーラーになるため、ここでは土星の力を異常に強調していることがわかる。つまり、妨害、干渉、苦痛、限界などの意味合いが極端に強い。それにもかかわらず、土星は天秤座でイグザルテーションするため、この状態を克服できれば大きな成

功へのはじまりになることも示唆している。

「ソードの3」の象徴は、過去の経験にしばしば囚われる私たちの心の恐怖を表している。絵は、私たちが打ちのめされた心を抱くように、3本の剣が薔薇の中心（調和）を貫き、破壊している。薔薇の花びらは人の心から涙がこぼれるようにして散っている。

　人の葛藤は、苦痛と深刻な悲しみを生む。しかしながら、この悲しみによって心を完全に消耗し尽くさないようにすることが大切である。三日月と太陽のツバで構成された垂直の剣は、この深い悲しみが表面化することを許せということである。そうすれば過去の経験の一部にだけ囚われることなく、見方を拡大して全体的な観点から事態を見直し、見つめることができるようになる。そして、その悲しみを解消しはじめるようになる。

　クロウリーはこのカードを「背景では、容赦のない夜のもと、嵐がそっと忍び寄る」[注14] と説明している。容赦ない夜とは、人間関係で傷つけられた忘れることのできない悔しさである。

　青いガラスの破片のように見えるものは、心の傷の痛みである。それが脳内のイメージに容赦なく刻印されている。しかし、垂直の剣は「#1.The Magus 魔術師」の剣でもある。つまり、ここで味わう悲しみは、経験すべき悲しみだったのだ。これは自分が歩むべき本当の人生ではなかった。それが本当の意味で理解できると、この地点から立ち去ることができる。

第3章　カード解説　　361

象　徴	意味の要点
散りゆく黄色い薔薇と鋭い破片を持つ青い記憶	ここの黄色は「水のティファレト」の意味であり、心が傷ついた悲しみを表す。困難な損失や崩壊によって傷つけられた記憶。別れる。分離。意気消沈。悲しみ。痛み。
テレーマの銘刻のない大いなる剣と曲がった2本の剣	守りの弱さと束縛の強さ。壊れていく三角関係。干渉される。争いをつくる。割って入ってくる要素に邪魔をされる。肝心なことが理解されない。
薔薇の花の崩壊	理屈や批判が心を突き刺し、心の美と調和を破壊する。理屈や概念で決めつけず、心を開け。
太陽と三日月のツバ	悲しみや批判と向き合い、それを理解する。
剣の柄の蛇	過去の苦しい痛みを脱皮し、悲しみから立ち去る。
背景の黒い色彩と脳内の曲線	過去の嵐の体験。過去の悲しみ、つらい傷の記憶が忘れられない。混沌。悔しさ。悲惨なことが起きる。未来への恐怖。

数字とエレメント	3と風：理解した（3）が、不愉快な認識（風）。
［占星学］天秤座の土星	［天秤座第2デーカンに対応］：天秤座に水瓶座の性質が加わる。平和と調和（♎）の妨害、終わり（♄）。過去の執着からの解放（♒）。
生命の木のセフィラーと惑星	形成界のビナー（理解）：周囲の態度によって崩れない考えを確立する。土星（♄）：悲しみと後悔を未来への子宮（母体）にする。「ソードのクイーン」の考えと行動を生む状況がある。
関連するカード	ビナー（理解）土星：「ソードのクイーン」「#21. The Universe 楽園回復」天秤座：「#8.Adjustment 真理の女神」水瓶座：「#17.The Star 螺旋の星」大きな剣：「#1.The Magus 魔術師」（光＝知恵に変える）

項　　目	意　　味
一般	悲しみ。悪い知らせ。失望。損失。崩壊。放棄。中断。弱さ。無力さ。傷つけられる。別れ。分離。混沌。幻滅。憂鬱。不幸。涙。病気。
仕事	失敗。破産。何を言われるかわからない恐怖。誤算。試練が続く。悪い便り。
交際と人間関係	愛の苦痛。失う恐怖。障害。三角関係。関係の終わり。望みが絶たれる。
否定的な警告	必然的に失望に終わる。希望的観測。解任される。苦悩。孤立。迷う。同盟関係の失敗。すぐ他人のせいにすることに気づけ。 [学ぶべきこと]：誠実さ。正直。過去の苦痛は未来の培養土になる。

	リーディングのポイント
基本的なリーディング	最悪の事態が起きるのを固唾を飲んで見守っている状態にあるのかもしれない。しかしそのような状態にはならないだろう。新たな開始のときであり、過去の誤りに立ち向かい、そこから学んで脱皮し、前進していくときであることを教えている。
対処するための考え方	傷ついた忘れられない記憶を終わらせ、これからは人生の荷物を軽くする方向へ移行していくべきだろう。過去のことは過去のこととして振り返らないようにし、これからの計画を考えて前に進める。そうすれば成功につながる。

スートカード　✧　Swords

ソードの4／Truce
休戦――より善い変化

【背景と解説】

　このカードは、生命の木では形成界のヘセド（慈悲）で、木星を表す。占星学は天秤座の木星で、天秤座第3デーカンに対応する。天秤座第3デーカンでは双子座が影響を与えるため、このカードのテーマは「休戦（立ち止まれ！）」となる。特に交渉をする必要があることを強調している。

　「ソードの4」は、「交渉する心」「問題を解決する心」「異なる考え

を仲裁する心」を表す。どのような場合にも、ヘセド（慈悲）の木星のように無条件な誠意を示し、寛容で柔軟な態度で臨まなければならない。天秤座のように公平に水平バランスを保ち、特定の立場に固執しないことが大切である。その象徴として、49枚の花びらを持つ大きな薔薇を中心に、4本の剣が聖アンデレの十字架を形づくっている。

　7×7＝49枚の花びらは、ネツァク（勝利）の金星の神秘的な数を表す。キリストが「7度を7倍するほど許せ」[注15]と言い、どこまでも相手に歩み寄り、平和をつくるための話し合いの原則を示した。

　聖アンデレの十字架は、ここではヘセド（慈悲）の象徴として使われている。聖アンデレとは、使徒ペテロの弟のアンデレを指している。最初、彼は洗礼者ヨハネの弟子であったが、後に師の勧めによって兄ペテロとともにキリストの弟子になった。そのアンデレが殉教の死を遂げる際、自分はキリストと同じ十字架につけてもらう価値はないとしてX字型の十字架で処刑されることを求めた。それがこの十字架であり、変わらずに約束を守る忠実さと誠実さを象徴している。また、後に彼はスコットランドやその他の地方の守護神になった。4本の交差する剣は、現代では十字路の交差点で立ち止まることと同じ意味になる。自分の主張をいったん止めて、立ち止まって相手の言い分を聞けということである。

　またこのカードのタイトルが示す「休戦」は、「闘争」を経由してつかむチャンスでもある。カードの背景に描かれたたくさんのからみつく組みひもがそれを物語っている。それは、解決することの複雑さが存在することも表している。闘争の解決を成功させるには、古代からの慣例として伝承される「平和四原則」がある。平和四原則をふまえた結果、それまでの苦しい状況からの立ち直りとなる。カードの象徴では、4本の交差する道として描かれている。またそれは、黄色と緑色の色彩によって表され、霊的深淵（黄）からの復活（緑）を意味する。

［平和四原則］
「休戦」を実現するためには、人は以下の四原則をふまえねばならない。
　①正体（手の内）を相手に見せなければならない。

スートカード ❖ Swords

②相手の立場を可能な限り考慮する。

③真実に基づいて提案する。

④交渉の結果や条件にこだわってはならない。

象　　徴	象徴の意味の要点
4本の交差する道（剣）	現代の道の交差点と同じ。いったん立ち止まって相手の出方を見る。
49枚（7×7は金星の神秘的な数）の花びらを持つ白い薔薇の花	7×7はキリストが言った「どこまでも許せ」ということ。血の報復をしてはならない（『創世記』第4章24節）。完全に妥協できる。相互に許し合える。受け入れることによって開花、発展、成長する。全体的な観点に立つ。まったく新しい状況が開ける。
薔薇十字	他者に調和できる成熟した性質。交渉が成立して新しい道が開ける。
4本の剣のデザイン	平和四原則を実現するために、ヘセド（慈悲）とゲドゥーラー（愛）の力で統合する。ゴールデンドーン系のカバラ体系では、第4のセフィラーの受容的な側面をヘセドとし、能動的な側面はゲドゥーラーと規定して魔術実践を行う。
聖アンデレの十字架（X字型の十字）	キリストの十二使徒の一人、アンデレの忠実さと誠実さを象徴。スコットランドの守護神。約束を変わらずいつまでも守る忠実さや誠実さ。
緑（天秤座の色彩）の十字架	社会的ルールに従う。公約する。有言実行。
十字架の中心の明るい緑色	心の再生。元気を取り戻す。解決策を見つける。
背景の組みひもと青い色彩	組みひも：休戦するまでの闘争や人間関係の複雑さが存在する。 青い色彩：交渉成立には知恵と広い心が要求される。 青：ヘセド（慈悲）の色彩。

数字とエレメント	4と風：一時（風）停止、立ち止まる（4）必要性。
［占星学］天秤座の木星	［天秤座第3デーカンに対応］：天秤座に双子座の性質が加わる。平和と正義を信頼し（♎）、心の底から希望が湧いてくる（♃）。木星は双子座で「損傷」になるため、巧みな話し合いと交渉（Ⅱ）が必要。

生命の木のセフィラーと惑星	形成界のヘセド（慈悲）：愛と寛大さ。誠実。「ソードの3」の悲しみの終わり（自分の経験と考えにしがみつかないこと）。 木星（♃）：ヘセド（慈悲）と同じ意味で、ここでは木星が二重に強調され、難題をも克服する愛の側面（ゲドーラー）がある。心の柔らかさ。
関連するカード	ヘセド（慈悲）木星：「#10.Fortune 運命の輪」 天秤座：「#8.Adjustment 真理の女神」 双子座：「#6.The Lovers 兄弟」

項　　目	意　　味
一般	解決しなければならない問題がある。協約を結ぶ。妥協する。戦いを休む。一時的な後退によって問題の解決を図る。執着から離れ、心の混乱を静めよ。隔離する。戦いのあとの平和。嵐のあとの静けさ。病気からの回復。集中した休みを取る。自分の力の増強。
仕事	動かなくなった状態。限られた時間内の仕事。短期間の仕事。集中休暇。未来への期待の欠乏。仕事上の対立が保留になる。
交際と人間関係	疑わしい対立の回避。関係を再考する。間を置いて様子を見る。危機的な関係を修復するための中断。セラピーの効果がある助けを探す。
否定的な警告	行きづまり。強制的な妥協。一時的な休戦、休み、平和など。戦いはすぐに再開する。すべてがふたたび申し分ない状態なったという錯覚。臆病。追放される。極度の疲労と論争。

	リーディングのポイント
基本的なリーディング	休憩が必要である。あなたは今まで場違いなことを進めてきた。話し合いで歩み寄り、しばらく自分の主義主張を控えるべきだろう。そのうち（信号が青に変わるように）自分の主張を試すときが出てくる。
否定的な場合のリーディング	平和を守るためにあまりにも譲歩しすぎている。行きづまりを打開するために、必要に応じた行動計画を立て、それを他者に認めてもらう必要があるだろう。

スートカード ❖ Swords

第3章　カード解説　　367

ソードの5／Defeat
敗北への恐怖

【背景と解説】

　このカードは、生命の木では形成界のゲブラー（厳しさ）で、火星に対応する。その厳しさは、ソードのなかでもよりいっそうその性質を強調し、挫折の状態をもたらす。中心に配置された5本の剣でつくられた逆さまの五芒星は、自分の考えが逆さまになっていて挫折していることを表現している。

　「ソードの5」は「敗北への恐怖」「（過去の）敗北の記憶」を表す。

ここには曲がった剣と欠けた剣が5本ある。そのうちの1本には、赤い血の滴るハンカチがついている。これは過去の古傷を開くという否定的な考えを象徴する。そして過去の傷を開いた結果、心の恐怖が強化される。恐怖の正体は、経験と知識は絶えず同じことを繰り返そうとする習癖があること、人はふたたび傷つけられはしまいかと恐れることである。「ソードの4」の薔薇の花は消え、49枚の花びらだけがここに残っている。

このカードの占星学の対応は水瓶座の金星である。これは、心は根本的に2つの恐怖を抱えていることを指摘する。一つは、新しい人間関係はうまくいかないかもしれないという恐怖（水瓶座の金星）。もう一つは、新しい方向へ向かおうとするとき、感情を通して徐々に心に広がる恐怖である。水瓶座は新しい方向を意味し、その新しい方向へ進む必要性は、私たちがどうしてもそうしたいと願う重要な気持ち（金星）である。

このカードは、挫折の恐怖とその考えによって逆さまになっている心の性質であると見ることができる。逆さまの五芒星は現在の心である。自信と自尊心が一撃で挫かれ、敗北するのではないかと恐れている。分析のしすぎと過去の状態へのこだわりが、現在の状態を苦しめている。このカードを引くときは、心に挫折への恐怖が重くのしかかっていることを表す。これを乗り超えるには、現実感覚を取り戻し、事態を生産的に考えるほかない。

散った49枚の花びらは、ドングリに形を変えて五芒星の結界をつくり、知恵の青い光でヒーリングと再創造を開始している。ドングリの結界は、過去は過去として葬り去り、実際的な力と社会性において立ち直るべきであることを意味する。

スートカード ❖ Swords

第3章　カード解説　　369

象　　徴	象徴の意味の要点
剣で表された逆さまの五芒星	被害。害悪。（状況が）悪くなる。
曲がっている剣、刃の欠けた剣	考えと意志が明確ではなく弱い。意気消沈。思考のゆがみ。悩み。「ソードの3」がさらに進んで、ボロボロになっている。
さまざまな柄の剣	逆さまの王冠：敗北的な考え。自信の挫折。 血に染まったハンカチ：過去の恐怖。 魚：感情的な甘さ。曖昧さ。 牡羊の角：率先力の欠乏。 蛇：今までの甘さを脱皮する。変容。再生。
刃の欠けた王冠の剣	考えや目的の挫折。大失敗。信念が生んだ結果の失敗。
ドングリの五芒星の結界に変わった49枚の花びら	物質性、現実的、生産的なものを表し、感覚的な甘さを克服して客観性を取り戻す必要性を表す。
ドングリ	ドングリは、物資、現実、実際を表す象徴。心の中だけではなく、具体的な問題や悩みがあり、実際に解決の必要がある。
背景のより合わせた線のガラス模様	思考のゆがみ。悩み。
背景の血の色から黄緑への変化	失敗から成長する心の変化。失敗のなかから次の成功への確信をつかむ。

数字とエレメント	5と風：批判的な（5）認識（風）。
［占星学］水瓶座の金星	［水瓶座第1デーカンに対応］：人間関係（♀）での故意の予測できない凍りつくほど（♒）の行為（プライドに対するこだわりが生む、人を見下す態度）。
生命の木のセフィラーと惑星	形成界のゲブラー（力）：「ソードの4」の一定の平和が維持できない。 火星（♂）：金星との調和がたいへん困難。社会性に目覚めることで考えを実現できるようになる。
関連するカード	ゲブラー（力）火星：「#16.The Tower 稲妻の塔」 水瓶座：「#17.The Star 螺旋の星」 金星：「#3.The Empress 女帝」

項　目	意　味
一般	降伏。挫折。弱さ。失敗。屈辱。難破の苦しみ。損失と後悔。判断の誤り。批判を受ける。密告される。バカにされる。特定の人との嫌な思い出が忘れられず、考え方が消極的になる
仕事	失敗。大惨事。卑劣な企み。襲撃される。名誉毀損。破産。
交際と人間関係	意地悪される。傷つけ合う。敵意。中傷。不名誉。離婚。失敗。復讐される。邪悪な勢力争い。
否定的な警告と対策	深い悲しみ。悲嘆。敗北や失敗から立ち直れ。状況の余波に警戒せよ。失敗の運命にある危険な開発とプロジェクト。妨害に警戒。悪い噂話。友人か家族の面倒を見なければならない可能性がある。

	リーディングのポイント
基本的なリーディング	自分の悲観的な態度が自らに災いを招いている。何かを達成したいと望むなら、成功への確信が、失敗の恐怖をはるかに上回らなければならない。
対処するための考え方	損失を勝利に変えるには、まず敗北を拒否せず受け入れることからはじまる。プライドにこだわると再チャレンジしづらくなってしまう。

スートカード ❀ Swords

第3章　カード解説　　371

ソードの6 / Science
合理的思考

【背景と解説】

　このカードは、「生命の木」では形成界のティファレト（美・調和）で、太陽に対応する。ソードのスートに最も適した「絶大な調和と成功」を意味する。

　「ソードの6」は「科学的な心」「客観的な心」「公平に証言する心」を表す。それは、細心の注意を張りめぐらせながら目的を持つ心を意味し、6本の剣が薔薇十字の中心に集中して六芒星を形成してい るこ

とに象徴される。

中央に水晶のように透き通った丸い形で表現されているのは、全体的な観点に立ってよく考える心である。同時に水晶を囲む四角いダイヤモンド形が象徴するのは、創造的な心である。「#8.Adjustment 真理の女神」のような創造的な心は四角いダイヤモンド形によって表現され、全体を把握する心は円形によって象徴される。そして、目的に注意を集中させる心は薔薇十字の中心に集まる6本の剣によって表される。十字架は「完全」「総合」「祝福」などの普遍的な象徴である。それは思考（人間の自己満足）を超えたものに自分を従わせることを意味する。

カードの背景を構成する光線の6つの交差点は、「特定な見方に限定されずに客観的に考察する心」「あらゆる観点から情報を集めること」を意味する。そしてそれは、しばしば説明のつかないインスピレーションの源泉を揺り動かすことになる。

占星学では、水瓶座第2デーカンを表す。双子座が影響を与えるため、天体の配置は水瓶座の水星である。水星は「調査と分析、学習」を意味し、水瓶座は「独創的」「革新的」「最先端な仕事」に関する意味を持つ。水星はここでイグザルテーションするため、これらの意味は非常に強い。また「ソードの6」は、一度に多様な物事をやり取りし、それを考察できる心を表す。それはカードの背景にあるたくさんの風車のような十字架と直線によって表されている。

スートカード ✦ Swords

第3章 カード解説　373

象　徴	意味の要点
六芒星を形成する6本の剣	霊的世界と世俗的世界の相互浸透。結束。友情。
剣の先端が黄色いキリストの薔薇十字の中心で出合う	横に対して縦が長いのがキリスト十字。今までこだわり続けてきた考えを捨て、内的な努力を結合と全体論的な理解に向ける。問題の核心を突く。自分の意見を捨てて、他者の考えを聞く。客観的理性によって判断する。
四角形の中の円	現実（四角形）の中にひそむ永遠の真実（円形）。
四角、円、四角、十字形の重層構造	内面的にも外面的にも感じ取れる強力な分析能力、論理的・科学的思考。直感の源泉が揺れ動く。
多くの線の交差と風車のように見える構成	「#1.The Magus 魔術師」の水星に対応：ネットワーク的な考え方をする。柔軟な考え。情報を集める。幅広い交流。調査する。学習する。
交差する線の6つのポイント	ティファレト（美）を表す。新しい考えや発明、発見。科学と客観性。考えや情報の確実さ。
6本の剣の触れ合う位置	友愛と騎士道精神の象徴であり、フェンシングの戦士が互いを傷つけ合わずに済む間隔の立ち位置。グループや同じ集団の中で意気投合する、理解し合う、認め合う。チームを組む。

数字とエレメント	6と風：つなぎ合わせて（6）認識する（風）。
［占星学］水瓶座の水星	［水瓶座第2デーカンに対応］：水瓶座に双子座の性質が加わる。革新的（♒）な考え（♀）と哲学的・科学的（♒）な認識（♀）をわかりやすくやり取りする（Ⅱ）。
生命の木のセフィラーと惑星	形成界のティファレト（美）：「ソードの5」の個人的な主観や甘え、先入観を排する。太陽（☉）：客観性に対するはっきりした自覚、目覚め。「ソードのプリンス」の考えと行動を生む状況がある。それは前人未到のことをやろうとする行動を表す。
関連するカード	ティファレト（美）太陽：「ソードのプリンス」「#19.The Sun 太陽」水瓶座：「#17.The Star 螺旋の星」双子座：「#6.The Lovers 兄弟」水星：「#1.The Magus 魔術師」

項　目	意　味
一般	分析し、調べ、真実を明らかにする。不安、トラブルのあとの成功。忍耐。認識する。進歩。開放。洞察。緻密に調べる。客観的。未知の世界へ挑む。船、飛行機による旅行。
仕事	メンタルワーク。チームワーク。仕事の全般的な方法。フリーター。調査。革新的な考え。科学的な仕事。ネットワークビジネス。発明。今までの考えとは違う新しい仕事をする。
交際と人間関係	対等なつき合い。何か新しいことを試す。親友。友情関係。はっきりとした議論をし、協定する。
否定的な警告	あまりにも非現実的、あまりにも理論的。魂のない考え方。解決がつきそうでなかなかつかない。知的プライド。うぬぼれ。非科学的な問題の知性化。問題の再発。旅行の遅延。行きづまり。一貫性と牽引力がない。

	リーディングのポイント
基本的なリーディング	結論を急ぐ前に研究し、調べ、すべての必要な情報を把握すること。あなたがどんなにそれを欲するかということより、物事をありのままにとらえることが大事である。
否定的な場合のリーディング	自分の主観に囚われすぎているのだろう。どんなものでも理解していないこと、わかっていないことを認めること。他者の言いたいことをわかっていると思い込む前に、相手に話す機会を与える必要がある。プライドが高く、自分の弱さを見せないよう理屈で身を固めていることへの警告である。

スートカード ❄ Swords

ソードの7／Futility
無益

【背景と解説】

「ソードの7」は、生命の木では形成界のネツァク（勝利）で、金星に対応している。しかしこのカードでは、金星は否定的に働き、物事に対して興味の持てない様子を示している。理屈、考えだけで本当の関心がないのである。「ソードの6」の成功のあとの調和に慣れきったマンネリ化を表す。カードのタイトルが「無益」であるにもかかわらず、このカードからはある種のバランスと一定の仕組みを感じ取れ

る。「ソードの7」の不調和は、「ソードの5」の不調和よりは弱い。

　全体の剣が扇状に並べられ、上部が三日月状に並んでいるのは、このカードの占星学対応が水瓶座の月だからである。水瓶座の月は、甘えで気難しい態度をとって何もしなかったり、つむじを曲げて反抗的になることを意味する。また、水瓶座第3デーカンを示し、天秤座の影響が加わる。天秤座のルーラーは金星であり、ネツァク（感情の働き）と結びついている。つまり他者への関心が薄く、新しいことに真剣に取り組む気がないことを意味する。背景の氷のような色彩も無関心さ、冷たさを表現している。

「ソードの7」は、「無益」「助けも希望もない」「利用できるものに疑念を感じる」といった心の性質である。基本的には知的に、理性的に物事を理解しようとする心の状態として知られている。それを象徴するのが中央の剣である。中央の剣には太陽の象徴がついている。しかし太陽は水瓶座でデトリメント（損傷）になるため、物事に冷淡で情熱がないことを示している。

　また、物事がうまくいかないあらゆる理由を指摘しているのが、中央の剣に集まる6本の剣である。これら6本の剣は、自分が本当に求めるものを故意に打ち壊そうとする否定的な考え、何かを実行しようとする意志を妨げる考えを表す。それぞれの剣についている惑星の記号は、あなたが言いわけをするときの理由を象徴し、やりたくないことをやらずに済ませるとき。の理由を示している。

スートカード ✧ Swords

第3章　カード解説　377

象　徴	意味の要点
太陽の象徴のついた大きな剣	水瓶座でデトリメントする太陽を表している。根本的には、実行する意志がないことを表している。統一された明確な意思がないため、心が決まらない。
大きな剣に向かう惑星の記号のついた6本の小さな剣	言いわけをしてやらずに済ます6つの態度 海王星（♆）：嘘と不安　あいまいな態度　ズルズル引き延ばす 土星（♄）：頑なな態度 木星（♃）：楽をしたがる厚かましさ 火星（♂）：やる気のない居直り 金星（♀）：不誠実　興味のあるふり　気が進まない味方のふり 水星（☿）：無関心
無色の未完成な剣	心の言い分として、希望もない、どうでもいい、やりようがない。
青い色をした冷たい背景	浅薄さ。実りをもたらすことのない無関心な冷たさ。

数字とエレメント	7と風：不安定をもたらす危険（7）な考え（風）。
［占星学］ 水瓶座の月	［水瓶座第3デーカンに対応］：水瓶座に天秤座が影響を与える。 気まぐれでむら気（☽）な理論と概念（♒）だけ。努力せずに易きに流れる（♎）。
生命の木のセフィラーと惑星	形成界のネツァク（勝利・永遠）：「ソードの6」の成功のあとの無気力なマンネリ。 金星（♀）：甘えと安楽のために他者を利用する。自分でやらずに他人まかせ。あちらこちらへ首を出すだけ。
関連するカード	ネツァク（勝利）金星：「#3.The Empress 女帝」 水瓶座：「#17.The Star 螺旋の星」 天秤座：「#8.Adjustment 真理の女神」 月：「#2.The Priestess イシスの探索」

項　目	意　味
一般	あてにならない努力。予期せぬ障害を言いわけにする。損傷。自己欺瞞。詐欺。臆病。本気で取り組む気がない。関心がない。動揺。克服するにはあまりに強力な反対と戦う。不確実性。安心できない人。エネルギー不足のため、勝つ瀬戸際であきらめる。なんとかして陸路の旅をする。 [周囲のカードが強く肯定的な場合] 新しい方向。希望と忍耐。予期せぬ助け。よいアドバイスを受ける。
仕事	裏取引。仕事でだまされる。いかがわしいことをする。組織的（組織ぐるみ）な妨害を受ける。 [周囲のカードが強く肯定的な場合] 新しい事業をはじめる。望ましい前兆。野心と熱望。
交際と人間関係	不正直。偽善の関係。偽りの調和。陰謀。一貫性がない。
否定的な警告	外部と内部の抵抗を過小評価して勝った気でいる。考えるだけで実行しない。リタイアする。秘密が漏れる。努力が続かない。

	リーディングのポイント
基本的なリーディング	今まさにマンネリ化している心に活を入れ、踏み出す前に事実に目覚める必要がある。目標を短く設定して、取り組みやすいようにしておく。あとは前向きに考えればすべて順調に進む。
対処するための考え方	この努力は挑戦することだらけである。いちいち言いわけすることに囚われなければ、あなたにはそれができる。自分の心に負けないで挑戦するのみである。言いわけをするのは自信がないか、恥をかきたくないためだろう。

スートカード ❖ Swords

ソードの8／Interference
考えすぎる

スートカード ❖ Swords

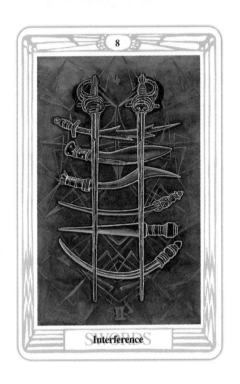

【背景と解説】
　このカードは、生命の木では形成界のホド（光輝・反響）で水星を表す。占星学は双子座の木星に対応する。
　「ソードの7」の影響が続き、外面的な対立や他者との敵対に恐怖し、優柔不断な状態にある。もしくは、煩雑な手続きやもやもやとしたつまらない考え、極端な警戒などが生まれて停滞する状態にある。
　本来、木星は成長と発展を促す惑星である。しかし、双子座（異な

る方向性への可能性と選択）でデトリメント（損傷）を受け、惑星本来の力が発揮されない。情報や意見が多すぎて、それに迷わされ、選択できずに優柔不断になっている状態を表す。もし今決めようとしていることに疑いと混乱を抱いている場合は、その決定を下すのを待つことを勧めている。

「ソードの8」は、「疑い」「信頼できない」などの迷いによって過度な分析をしすぎる心の状態を表す。本質的には、「2つの選択」「2つの状況」「2つの立場」「2人の間」の二者択一、過去と未来にわたるよりよい選択を求めてくよくよと考える心だといえる。

　このカードは、行動を起こすよりも待つべきときであることを表す。今なすべきことは、自分自身の本来の理想に向き合い、心に迷いがなくなるのを待つことである。この時期は、行動するよりも、明確に心の迷いがなくなり、心が明確ですっきりとした状態になるまで待つことが重要である。2つの事柄のうちどちらを選択したら得策かと悩むよりも、全体を1つにまとめられる解決策を見出すことが大切である。

象　徴	意味の要点
垂直に平行して並んだ2本の長剣とそれに交差するように並んだ6本の短剣	破壊的な影響によって意志力と堅固さがしばしば揺るがされること。心の葛藤。迷い。考えの混乱。被害妄想。人間関係やその関係性の事情によって心の平和を乱す。
さまざまな種類の6本の短剣	短剣は戦う剣ではなく猟剣で、心の中であれこれ悩むことを象徴している。自分に必要なものはどれだろうかとジタバタするな、ということ。
垂直に平行して並んだ2本の長剣	2つの選択、2つの状況、2つの立場、2人の間の二者択一でらちが明かないこと。
血の凝固した色彩と卍形模様の背景	遠慮のない言葉、強烈な感情が理性的な思考の働きを妨げている。干渉される原因が、根本的には感情的なものであること。

第3章　カード解説　　381

数字とエレメント	8と風：とりとめもない（8）考え（風）。
[占星学] 双子座の木星	[双子座第1デーカンに対応]：木星は双子座でデトリメントになるため、疑いと心の矛盾（Ⅱ）によって、高い目的（♃）が揺るがされる。
生命の木のセフィラーと惑星	形成界のホド（光輝）：「ソードの7」の反響が続き、優柔不断でもやもやした考えがまとまらず、停滞する。 水星（☿）：デトリメントでは心が落ち着かない。いろいろな意見に振り回される。
関連するカード	ホド（光輝）水星：「#1.The Magus 魔術師」 双子座：「#6.The Lovers 兄弟」。 「ソードの7」が出ると迷いがさらに深刻になる。

項　　目	意　　味
一般	あまりに多くの考えや情報によって進歩が妨げられている。心の矛盾にくよくよ悩む。制限を受ける（拘束される）。邪魔される。疑い。注意散漫。誤り。気まぐれ。目先のものに囚われすぎて、重要なものを見失いがち。持続不足。思いがけない不運。進む道の障害。他者の判断次第。感情が理性的な思考を妨げる。
仕事	仕事の計画が乱される、破壊される。目指す分野が不明確。予期せぬ障害が仕事をさらに困難にする。
交際と人間関係	共通の目的の不一致。求めるものの相違。それぞれの道に立つ。はっきりした同意を得るのに手こずる。第三者によって関係が混乱する。
否定的な警告	中断といらだちを過小評価する。非難される。裏切りと密告。 [周囲が肯定的なカードであっても] 障害、干渉、その他、上で述べられていることと変わりない。しかし克服するのはより簡単になる。

	リーディングのポイント
基本的なリーディング	「目的は達成できる」と信じることで、達成すべきものをはっきりさせてくれる。非生産的な考え方はやめ、可能性に目を向ける。
対処するための考え方	自ら迷いの迷路にはまらなければ、目的に達するのを妨げるものは何もない。自分自身に対する確信が、目的実現に向けた道からそれることを救う。

ソードの9／Cruelty
自己批判

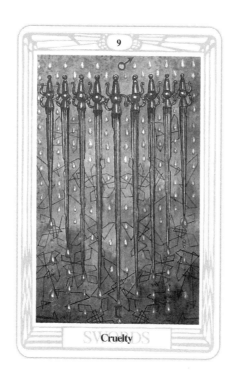

【背景と解説】
　このカードは、生命の木では形成界のイェソド（基礎・土台）で月に対応する。風のエネルギーの影響により、風のエレメントの月も土台も表立って現れず、「背後の人の考え」「潜んでいる強い考え」を表す。つまり背後の人の影響によって、自分の立場を失う、困惑、行きづまり、抑圧される、断絶、壁に突き当たることなどを意味する。
　「ソードの9」は、心の中にある自分自身を追いつめる傾向のある精

神状態を表す。人はなぜ自分自身を追いつめるのか。それは自分に自
信がなくてむなしいからである。よって、己のむなしさのために「努
力する心」「必死な心」「傷つく心」「切ない心」「やみくもに考える心」
を表している。無力を自覚するむなしさがもたらす心の痛み、厳しさ、
絶望がこのカードの象徴である。

　このカードはマイナーアルカナのなかで最も悲惨、もしくは傷つい
た状況を絵に表している。9本の剣のフェンスは、大きく立ちはだか
る現在の壁である。これ以上この先をなんとかすべきではないこと、
これ以上無理をしてこれを超えようとすべきではないことを告げてい
る。

　剣の鉄は錆びてぼろぼろになっている。この先は、あなたにはふさ
わしくないところだと教えている。イェソド（基礎）は土台を表す。
これから向かうべき人生の土台（考え方）を変えるべきときだと教え
ている。

　カードの占星学対応は、双子座の火星である。火星はヴァイタリ
ティーと主張を表すが、ここでは激しく自分をいじめる（自虐行為）
ことを意味する。双子座は行ったり来たり落ち着かない傾向を表し、
ここでは特に自己批判的な側面からとらえた意味となる。したがって
双子座の火星は、心がどうしようもなく落ち込む傾向に向かう激しい
エネルギーを表している。そして、双子座の第2デーカンに位置し、
天秤座の影響が加わることによって、相手の状況がわからないことに
よる苦悩が倍加する。

象　徴	意味の要点
下に向けられた血の滴るギザギザの剣のフェンス	野蛮さ。手加減のない批判。暴虐。自分を責める。「下に剣を向けている剣の壁」は、向こうの考えがつかめずに苦しむこと。
毒と血の滴り	裏切られたような、だまされたような感覚。危険。
刃の傷が錆になって分解する	火星の鉄の退廃過程。苦痛と苦悩と残酷さを強調する。
背景の毒は血が落ちはじめるところで終わる	流血の苦痛をもたらすのは毒（悪意または残酷さの象徴）であることを示唆する。
複雑な形のツバ	相手の考えや気持ちがつかめず、どう対応したらいいかわからない。

数字とエレメント	9と風：否定的な考え（風）が集中する（9）。
[占星学]双子座の火星	[双子座第2デーカンに対応]：双子座に天秤座が影響を与える。特定な人間関係で傷つくこと。無情な厳しさ（♂）と冷酷に計算された姿勢（Ⅱ）。2つの要素に挟まれ、どうすべきかで迷う苦しさ。相手との心の断絶（♎）。
生命の木のセフィラーと惑星	形成界のイェソド（基礎）：自信のない不安。相手の考えが見えない。月（☽）：潜在的な不安と人への依存心。

スートカード ✳ Swords

第3章　カード解説　　385

| 関連するカード | イェソド（基礎）月：「#2.The Priestess イシスの探索」
双子座：「#6.The Lovers 兄弟」
天秤座：「#8.Adjustment 真理の女神」
火星：「#16.The Tower 稲妻の塔」 |

項　　目	意　　味
一般	不運。無力。悩み。向こうの状況が見えずにパニックになる。絶望。残酷。心の苦しみと涙。憂鬱が自分の可能性を信じられなくさせる。苦痛。損失。病気。抑圧、重荷、恥辱の痛み。
仕事	心配な状態。チャレンジすることができない。仕事の状況の苦しみ。憎まれ役を強制される。試されることへの恐怖。高い立場への恐怖。
交際と人間関係	強烈な恐れ。冷酷さ。音信不通になる。別れの苦痛。感情的に残酷な行為。愛憎関係。復讐を熱望する。ショックな仕打ちを受ける。
否定的な警告	遅かれ早かれ後悔する不愉快な展開と行動。疑い。問題に巻き込まれる。過去の苦痛体験がよみがえる。 ［周囲が肯定的なカードの場合］ 痛みをともなう試練を学ぶ。減少しているがまだ終わっていない苦痛、絶望、残酷さ、苦しみ（少なくとも一時的にはよくなるが状況は変わらない）。

	リーディングのポイント
基本的なリーディング	自分自身をどのように感じ、どのようにとらえるかは自分次第である。最近、自信を失ったり、あらゆる場面で自分を卑下したりしているかもしれない。これが自分だと決めつけず、まずは心を和らげて開くこと。
対処するための考え方	火星「#16.The Tower 稲妻の塔」の出来事のあとの対し方である。自分を可哀想だと思うことをやめる。犠牲者意識や被害者意識を捨てる。状況を変えたいのなら「#12.The Hanged Man オシリスの死」を考慮に入れ、まったく別の新しい物事、考え方に新しい価値を見出すことに専念すべきであろう。

ソードの10／Ruin
目的の破滅

【背景と解説】

「ソードの10」は、生命の木では形成界のマルクト（王国）で地球に対応する。ソードの原理の最後の結果、「希望と目的の破滅」「敗北」を表す。マルクト（王国）は現実を意味し、人間関係または金銭問題に対する「心の絶望」「無援助」「大失敗」を表す。このカードが出たときは、「経済的破滅の恐怖」「破滅への非常な苦痛」「人間関係の別離」のいずれかが存在することを教えてくれる。

このカードが表す状況は、「ソードの9」を土台にして起こる。「ソードの9」は剣（思考）の壁を表し、相手の考えや状況がまったくわからないために心に生まれる恐怖であった。よって「ソードの10」は、「ソードの9」のわからないがために心に生まれた破滅の恐怖、心に巣食う絶望や恐怖が具体的に表面化することを意味する。これは、感情的な人間関係においても（中央の貫かれたハート）、金銭的な事柄においても（一番上の天秤）、あなたの人生のなかで意識的に物事をあれかこれかの二者択一で決断を下さねばならない状態になっているために生じている。

　10本の剣は生命の木の形に配列され、そのうち7本の剣には土星を表すシンボルが使われている。これらは土星の束縛や長く続く忍耐の意味を持ち、心の絶望の前にはなす術がないことを示唆している。

　占星学では、双子座の太陽で双子座第3デーカンに対応する。第3デーカンは、双子座に水瓶座が影響を与える。この水瓶座のルーラーである天王星が、土星の恐怖を乗り超える可能性を与えてくれる。それは、今まで以上のより大きな人生の意味を求めよということである。

スートカード ✦ Swords

388　第2部　ヴェールを脱いだ魔術師のトート・タロット

象　徴	象徴の意味の要点
10 の光線を放つ 壊されたハート	生命の木のすべてのエネルギーが集約された中心が破壊される。何もかもがダメになったように感じる。心や愛情が感じられない。
9 本の剣が 6 番目の剣を破壊	6 番目の剣は柄がハート型。この剣は、生命の木のティファレト（美）の象徴。その剣が砕けているのはダメージの大きさを物語る。激怒される。やり込められる。周囲からの破壊的な力を感じる。
生命の木のティファレトから上の剣の柄	十字架（タウ）、砂時計、天秤は、すべて土星の象徴（土星は天秤座でイグザルテーションする）。制約、意気消沈、不毛、老化、死などを意味する。
生命の木のネツァク（勝利）とホド（光輝）に位置する十字の柄	土星（タウ）の限界と制約の意味を強調。
生命の木のイェソド（基礎）に位置する蟹型の柄	蟹座のルーラー月とイェソド（基礎）が対応することを表す。家族や身近な人たちから傷つけられる。
マルクト(王国)に位置する双子座(Ⅱ)と五芒星の柄	人間関係があてにならない。冷たい人々。
攻撃的な構造をともなう赤味を帯びた黄色い背景	血なまぐさい激しい状況。さまざまな考えが敵対し合う。

数字とエレメント	10 と風：敵対する考え（風）が 周囲から押し寄せてくる（10）。
[占星学] 双子座の太陽	［双子座第 3 デーカンに対応］：双子座に水瓶座が影響を与える。 活力（◉）が分裂（Ⅱ）し、思いが混乱する。考えが散漫でまとまらない。自己満足ではなく人生の意味を求めよ（♒）。
生命の木のセフィラーと惑星	形成界のマルクト（王国）：物資的なものに囚われた考えを捨てる。 地球（♁）：ドメスティックな関係や依存を捨て、別の目的を求める。 「ソードのプリンセス」の考えと行動を生む状況がある。
関連するカード	マルクト（王国）：「ソードのプリンセス」 双子座：「#6.The Lovers 兄弟」 水瓶座：「#17.The Star 螺旋の星」 太陽：「#19.The Sun 太陽」 行動：「ソードの 9」を土台としてこの状況が生まれる。

スートカード ✸ Swords

第3章　カード解説　　389

項　目	意　味
一般	任意に終了する。終止符を打つ。物事を一掃する。降伏するほかない。失敗。大災害。コントロールできない破壊的なエネルギー。対立する。共同体、家族のなかでの戦いと分裂。神経衰弱。肉体の死。現実からかけ離れた理屈。迷妄の終わりを示す可能性がある。人生のより深い、重要なものへの目覚め。
仕事	突然危険が発射される。仕事の予定が打ち切られる。仕事の断念。
交際と人間関係	仲違いする。苦痛に満ちた別れ。破壊的な狂乱のために高価な何かを破壊する。
否定的な警告	死に瀕するような経験。大きな代価なしには避けられない悲劇。自分の道徳観を押し通す。破壊的な力と確実に失敗するのが目に見えている計画を見抜け。

	リーディングのポイント
基本的なリーディング	本来存在しないトラブルを探している。行動する前に、あなたの想像ではなく実際に起こっていることなのか否かを確かめることからはじめる必要がある。
対処するための考え方	うまくいかないかもしれない、とあれこれ心配するのはすべてやめること。想像ではなく、もっと多くの場所へ出かけ、多くの機会に触れれば、より多くの成功を収めるだろう。落下することを恐れるヒヨコではなく、自分の持っている能力の可能性を信頼するように。

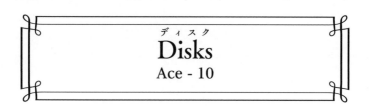

Disks
Ace - 10

（ディスクのスート）

　地のエレメントの働きを表す。生命の木ではカバラ四界の「物質界」に対応する。ディスクのスートは、物質的な事柄の働きを意味し、日々の物質的な事実を表す。ディスクは主として人間関係、家族、仕事、健康、金銭的な可能性などをめぐって現れてくる。それらは伝統、具体的な物事の構成、自己訓練などについて教えてくれる。ディスクは、物事の統合、忠実さ、実用主義などを象徴する。柔軟性を欠くと物事、事柄への鈍感さ、悲観主義、頑固さなどに結びつく。

　ディスクのスートは地のエレメントと結びつき、このエレメントを通して根源的な生命力は物質となって現れる。トート・タロットのなかでは、このエレメントの最高の状態は太

陽の光に満ちた状態、星明かりのような背景で描かれ、最悪の状態は荒廃したさま、メカニズムの停止した象徴で描かれる。

　地は揺れ、洪水を起こし、台風が吹き荒れる。私たちが生まれた地球は、私たちに生命を与え、生きる場を提供するとともに、築き上げたものすべてを破壊する。地のエレメントは、私たちが人生のバランスを崩すようなことをしたり、環境を破壊するようなことをすれば、その影響は長く、心配が尽きないことを教えてくれる。

　私たちは「ディスクのエース」から「ディスクの10」までを経験することで、生の根源的なエネルギーを具体的な現実の中へ発展させていく。この無限のエネルギーを有限の事柄に凝固させていくことは簡単な作業ではなく、骨が折れる。

◆キーワード
［ポジティブ］
持続力、忠実さ、現実主義など。
［ネガティヴ］
（柔軟性を失うと）沈滞、悲観主義、頑固さなど。

スートカード ✣ Disks

第3章　カード解説　　393

ディスクのエース／Ace of Disks
地の根源

【背景と解説】

「ディスクのエース」は、生命の木では物質界のケテル（王冠）にあたり、地の領域の根源的なエネルギーを象徴する。そして、太陽（ソードの太陽）と地球の合成的回転を表す。その様子は、円盤の中の2つのペンタゴン（五角形）の合成（十芒星＝デカグラム）とその回転を表す10本のスポークによって表現されている。ケテルは王冠で頭の上、つまりまだ頭の中に隠されている力なので、鳥の卵の中を表す絵

で描かれている。

　カードの中心に描かれた七芒星のダイヤモンドの円盤は天使の翼で覆われ、神聖なエネルギーが存在することを伝えている。地球は物質的な形での神のダイナミックな表現である。母なる大地は、霊（太陽）によって受胎する。新しい 2000 年紀の時代（ホルスのアイオーン）の子として、この地球上で私たちが行うべきことは、「#11.Lust 夜明けの女神」の獣の欲望を克服した新しい存在（ホルス）の根源的な創造力を、人間社会の活動の舞台で表現していくことである。

　カード中央には、クロウリーの魔術師名であるメガ・テーリオン（ギリシア語：大いなる獣）と 666 の署名が描かれている。『トートの書』では、このカードと「ソードのエース」の解説がたいへん長い。つまりマイナーカードにおけるこのカードの重要性が推察できる。大いなる獣は、生物学的には恐竜を指し、神話では巨大な蛇の怪物を指す。そして、666 の獣の上にそれを克服する [1] の数字が書かれているのは、物質的なものを追求するとてつもない欲望から、私たちの意識を解放し、知的に、霊的に深化させることを意味する。トート・タロットが目的としてきたホルスのアイオーン（第三のアイオーン）の実現とは、まさにこのことにほかならないが、ここはケテルのまだ目に見えない位置で、実際にこのアイオーンの元型が実現するのはビナーの「ディスクの 3」においてである。

　ディスクのエースは、内面的・外面的矛盾がなく一致した成功を表す。内面的成功は、4 体の天使の翼によって表現されている。これは4 つの意識のレベル（心、感情、肉体、魂）での成功を表す。外面的成功は、中心にある円盤の中の円盤と、七芒星のダイヤモンドで表現されている。いずれにしてもこのカードは、内面的にはっきりとつかんだ目的を、外面的にも矛盾なく実現する成功を表す。

スートカード ❖ Disks

第3章　カード解説　　395

象　徴	意味の要点
中心の円盤の内側は三重構造につくられ、徐々に縁が強烈な緑になっていく動きを表している	ここで表現されているグリーンに対し、クロウリーは、「オシリスがホルスとして復活（変容）するのに続く、春の新しいグリーンである」[注16] と述べている。円盤の外円をなす「新しい人生」は、内側の矛盾した２つの五角形の動きを、七芒星のヌイトが統一することで生まれる（心の矛盾する働きをタロットのなかで統合する）。今まで以上の飛躍である。
中心の 666 の数	6 はティファレト（美）の数であり、666 は３倍大の太陽で人間のエゴを表し、「#11.Lust 夜明けの女神」に登場する大いなる獣である。真実の探求者として求めてきたものがここで実現する。
七芒星のダイヤモンドの中心にある 666 の上に乗る数字の 1	大いなる獣＋それに乗るヌイト＝ 666 ＋ 1 ＝ 667 ＝「#17.The Star 螺旋の星」を指す。「#11.Lust 夜明けの女神」が目指してきたのは「#17.The Star 螺旋の星」の七芒星である。いちばん求め続けてきたことを実現するという意味（本書の魔術師の神殿体系では、666 の「#19.The Sun 太陽」の次は、人間の欲望の矛盾を完全に克服したヌイトが地上に降り立つ「#17.The Star 螺旋の星」になる）。マイナーアルカナでは、「ディスクのエース」の最高の成功が実現する場所は、テーリオン（獣、混沌）を克服した「ディスクの 3」の位置になる。
メガ・テーリオン	ギリシア語で大いなる獣。クロウリーの魔術師名。テーリオンは、生命の木では第２のセフィラー、ホクマーに対応し、ホクマーの「知恵」は心の獣性（テーリオン）を克服して、「ディスクのエース」の成功をビナーに対応する「ディスクの 3」で実現する。この獣は主として蛇の怪物を意味する。したがって、完全な脱皮という意味にもなる。古い意識を完全に脱ぎ捨て、新しいアイオーンに目覚めること。
4 体の天使の翼	円盤の金と孔雀の羽は、美しさ、上品さ、優雅さの象徴。内面的成功。温め続けてきた考えがまとまる。
円盤の中のダイヤモンド	外面的成功（太陽と地の結合）。考えを発表することで周囲の評価を得られる。まとまった考えを職業化するはじまり。
翼と楕円の十字形	翼はケテル（王冠）と地のエレメントとを統合する力、魂の象徴。楕円の十字は相反するものの創造的な結合。
円盤のデカグラム（十芒星）の形と鳥の巣の緑の枝	マルクト（王国）地球。状況が創造の場として整っていることを表す。

数字とエレメント	1と地：豊かになる（地）機会（エース＝1）。
［占星学］ 地のサイン	喜び（♉）、現実感覚（♍）、安定（♑）。
生命の木のセフィラーと 惑星	物質界のケテル（王冠）：富と物質的成功の源泉。 海王星（♆）：今まで温めてきたものを実現する潜在力。
関連するカード	海王星：「#12.The Hanged Man オシリスの死」 ティファレト（美）：「ディスクの6」 　「ディスクのプリンス」 666（大いなる獣）：「#11.Lust 自由」 七芒星（バビロンの星）：「#17.The Star 螺旋の星」 地の国の守護人：「#21.The Universe 楽園回復」

項　　目	意　　味
一般	裕福。純粋な成功として根本的に求めたものが実現する。内面的にも外面的にも温め続けてきたものを実現。内的な力と外的な力の協力。健康。安定。最高の成功。永続的な成功へのチャンス。進歩。成長。官能的な魅力。
仕事	コンセプトの確立と成功。有望な取引。お金を稼ぎ仕事を発展させるよい機会。安定。認定される。
交際と人間関係	永続的なかたく結びついた関係。とても大切に考えている。肉体的な魅力。官能的な喜びを楽しむ。いっしょに暮らすことを考える。結婚を考えるようになる。世話をする愛。
否定的な警告	純粋に物質主義的あるいは貪欲な姿勢。繁栄には責任がともなう。苦労が水の泡。買い占め。すべてをお金で判断する。周囲のカードの意味によって肯定的な意味が妨げられる。

	リーディングのポイント
基本的なリーディング	努力したことが変化の風に耐えられるように、必ずそれを堅固な土台へと構築すべきである。しっかりした態勢（体制）から夢を育めば、あなたの考えることは自由に空高く飛べるようになる。
否定的な場合のリーディング	今の計画や状況を推進する前に、必要とする資料や財源を集める必要がある。ゆっくりと進行させ、計画を遂行する自信が揺るぎなく、すべて大丈夫だといえるかどうか確認をすることが大切となるだろう。

スートカード ❖ Disks

ディスクの2 / Change
変化

【背景と解説】

「ディスクの2」は、生命の木では物質界のホクマー（知恵）で天王星に対応し「変化」を表す。天王星は、後ろの影に引っ込んでいないで、断然前へ出て変わることを表す。生きていることは、変化することである。蛇が8の字型に巻きつき、無限を意味する象徴的な形をしている。この蛇は「ディスクのエース」のメガ・テーリオンとしての獣を象徴し、「無限」の記号を形成しているのは、心の獣性を克服す

るホクマーの「知恵」が働いて調和を生み出そうとしているからである。「ディスクのエース」と「ディスクの2」との間に立ちはだかるものがある。それがテーリオンの蛇である。

「ディスクのエース」から「ディスクの2」の過程は、卵の中の子どもが大きくなって、殻を破って外へ出ていく段階である。そのためこのカードは、卵の中に潜んでいたころの暗い時代は影をひそめ、陽の当たるところへ出た明るい時代が上部に表現されている。この変化は、物事が逆転して日の目を見る方向へ変わることを表す。しかしまた、外へ出ることには大きな危険がともなう。①身内、兄弟が敵となる。②外敵、敵が襲ってくる。これらが具体的なテーリオンである。

　古代の象徴である自分の尾を噛むウロボロスの蛇は、変化は絶え間なく周期的にめぐるものであることを示す。陰陽のシンボルである2つの円（太極図）がとぐろを巻いた蛇の中に現れ、相反するものの調和を通して、あらゆる生命が調和的な運動の中にあることを表している。創造の内部には、常に破壊の原動力がある。新しいものを生み出すには現状を破壊しなければならない。破壊を生む原動力は、ホクマーの宇宙的な「知恵」である。バランスが崩れたものを再調整するために、蛇は8の字を描いている。なぜなら8は、バランスと調整を意味する数字だからである。この8は、メジャー・アルカナのアテュ8「真理の女神」の数字でもある。相反するものの調和と結合は、「#8. Adjustment 真理の女神」が示すダイヤモンドのような信頼の場で起こる。この信頼には、感覚の鋭さが必要だからである。

　変化は物事のとらえ方を拡大してくれる。その象徴が金の王冠を被る蛇で表現されている。金の王冠は、変化そのものが地球を支配していることを表す。変化はまた新しい人脈や珍しいものを招き寄せるときにも必要である。白と黒のまだら模様を持つ蛇がそれを表している。白と黒の模様を持つ蛇は、陰陽を表す世界運動の象徴である。「ディスクの2」は、外面的な現実となり具体的に現れてくる変化を示す。それは上下の輪の内側に水平に存在する陰陽の象徴に反映されている。垂直の陰陽の象徴は、内面的な変化を表し、水平の陰陽の象徴は、外面的な変化を表す。

　さらに、ここで表されている変化は心の問題でもある。なぜなら陰陽の太極図の中には、古代錬金術の象徴である「火」「水」「風」「地」

のエレメントの記号が書き込まれているからである。

　このカードの占星学対応は、山羊座の木星である。木星（「#10. Fortune 運命の輪」に対応。絶えず変化し続けることがチャンスを生む）は、「拡大」「肯定」「世話をすること」「幸運な変化」を意味し、山羊座は「安定」「安全性」「堅実さ」を意味する。占星学では、木星は山羊座でフォール（退行）する。卵の外に出ることで新しい世界は開けるが、同時に警戒を怠ると敵に狙われる危険がある。

象　徴	意味の要点
ウロボロスの蛇が無限の形を表し、2つの陰陽の象徴を取り囲んでいる。	周期的な絶え間ない変化によって物事が再調整され、新しい調和がもたらされる。蛇は「ディスクのエース」に襲いかかるテーリオン（獣）であり、無限の形（レミニスケート）はその心の獣性が克服される知恵の探求である。レミニスケートは「#2.The Priestess イシスの探索」の知恵を求める眼鏡でもある。また、8の字型はキリストの象徴であり、テーリオンの克服が、次の人生の不滅の土台「ディスクの3」を生む。
イシスの眼（レミニスケート）の中にある4つの三角形	それぞれの色彩で四大エレメントを示している。あらゆるレベルでの、その存在の変化と結合の仕方を学ぶこと。
背景のすみれ色	カバラの水星の色彩で、誠実さ、信頼などが報われること。発展するものと滅びゆくものとの、物事を判別する力。
陽の白い円盤	木星：新しいチャンス。未知のものへの広がり。
陰の黒い円盤	山羊座：総体的な権威主義や古いもの。それが崩れてチャンスになる。白と黒との区別。
7つの剣先を持つ蛇の王冠	7はネツァク（勝利）、金星を示唆している。金星はホクマー（知恵）の場所では「知恵のある愛」となる。
蛇の八角形の斑点模様	8はホド（光輝）、水星を示唆。水星はホクマー（知恵）と結合し、最後までやり遂げる意志となる。

数字とエレメント	2と地：具体的な可能性（地）の相互作用（2）。
［占星学］山羊座の木星	［山羊座第1デーカンに対応］：木星は山羊座でフォール（対角線上の、蟹座の方に後退して行く意味）の関係になり、一方（♑）が限界に達してもう一方（♋）の安定に移行する。注意深さが必要。手を広げすぎない、いい気になりすぎない。

400　第2部　ヴェールを脱いだ魔術師のトート・タロット

生命の木のセフィラーと惑星	物質界のホクマー（知恵）：点から線へと拡大するのに必要な知恵。反対、対立を克服する知恵。 天王星（♅）：狭い世界を打ち破り、新しい世界へ出て行く。 「ディスクのナイト」の考えと行動を生む状況がある。
関連するカード	ホクマー（知恵）天王星：「ディスクのナイト」 　　　　　　　　　　　「#0.The Fool フール」 山羊座：「#15.The Devil パーンの祝祭」 木星：「#10.Fortune 運命の輪」

項　　目	意　　味
一般	人生に立ちはだかるものを乗り越えるための変化。拡大と安定。周期的変化。2つの間の交替（利益と損失、弱さと強さ、喜びと悲しみなど）。柔軟（スムーズ）な交換。多様性の追求。旅をすることによって幸運を見出す。逆転のとき。
仕事	調和的な変化。立て直し。意見を言う。論争の一致点を見つける。達成されたものの安定。合併に成功した後の新しい成長。慎重な管理。
交際と人間関係	日常生活での多種多様な交際。新しいものの勢い。安定した交際のなかでの変化。中立な浮気者。相手を訪ねる。相手のところに泊まる。
否定的な警告	気まぐれで自分のエネルギーを浪費する。無意味な変化。相手を強引にねじ伏せる変化。否定的な結果をもたらす変化。適応力がない。迷う（仕事や努力での集中不足）。矛盾。細部への配慮が足りない。屈辱を受ける。

	リーディングのポイント
基本的なリーディング	目的を果たすための時間、エネルギー、お金などを調節する必要が出てくる可能性がある。慎重に、巧みにそれを行えば、これらの変化と根回しは、あなたが求める結果をもたらすだろう。逆転のとき。
否定的な場合のリーディング	今は綱渡りのような状況かもしれない。そこから逃げ出さずに最大限に取り組むこと。楽をすると、状況は逆転しないままになるだろう。

スートカード Disks

ディスクの3／Works
堅固な構築

【背景と解説】
　3つの赤い車輪が半透明のピラミッドの下にある。赤い車輪には、錬金術（異なるエネルギーを統合して新しいものを創造すること）の水銀、塩、硫黄の印がついている。これは「ディスクの10」に出てくるマルクト（王国）の位置のヘブライ語の三母字（アレフ、メム、シン）でもあり、錬金術の三元素（風、水、火）にも対応する。ヘブライ文字の三母字と錬金術の三元素は、物事を三次元的に具体化する

根源的・創造的な力のことである。

　半透明のピラミッドは、その創造的な考えが具体的な青写真としてでき上がったことを表し、「ディスクの2」のホクマー（知恵）がテーリオン（獣、混沌）を克服し、具体的な建設計画として確立する。

　また、このビナーのピラミッドは、クロウリーのテレーマの僧院では「宇宙の観念が物質的に確立」した内面的な場所で、「ピラミッドの都市」と呼ばれた。「聖なる守護天使の知識と会話」に達した内陣魔術師（アデプタス・マイナー）が、アビス（深淵）を超えて到達する地点である。アデプト（達人）はここに到達すると、神殿の首領（マスター・テーリオン）としてこの都市の守護人になる。

　生命の木では、物質界のビナー（理解）で土星に対応する。占星学では山羊座の火星に対応する。ビナー（理解）は、地のスートの確立の原理を表し、ビジネス事業や冒険が実を結ぶことを意味する。クロウリーは「火星は山羊座でイグザルテーションし、最も活発になって宇宙の観念を物質的に確立させる」と言っている。山羊座の火星は、火星が特に強く作用するエネルギー、ヴァイタリティー、主張である。「ディスクの3」は、同一方向へ向かう「心（思考）」「魂（トータルに感じ理解すること）」「行動」の「結束」を表す。具体的には、「はらわたがつき動かされて生きる」ことであり、神の力によって生きることをいう。この集中と意志は物事を明確にし、安定させる。それが占星学の山羊座の火星が示す意味である。また、このカードは、山羊座第2デーカンを表し、牡牛座が影響を与える。牡牛座は物質的な安定を強化する働きをする。これは、物質が生に安定をもたらすのではなく、生のエネルギーが安定をもたらすことを明らかにしている。「ディスクの3」の背景は、泥のような緑色（暗灰色）になっている。エネルギーの波は、まるで回転する車輪から放出されるエネルギーのように広がり、カードの周辺に波立っている。この海は山羊座のアビス（世の中の心の複雑さの深淵）である。この海を渡るための強力な構想力がここで確立される。

象　徴	意味の要点
光のピラミッド* 46	創造力を具体化し、堅固なものを構築する。「ディスクのエース」の元型（構想）が完成したこと。物質的な具体化は、次の「ディスクの4」で実現する。クロウリーは『トートの書』の円盤の3の解説で、「宇宙観念の物質的確立、その基礎的形態の決定を明らかにする」と説明している。「3つの赤い車輪の上に立つクリスタルのピラミッド」は、彼が言う「ピラミッドの都市」に探求者が到達したことを表す。
ピラミッドを支える3つの赤い車輪（水銀、塩、硫黄の印がある）	錬金術の三元素は、心、魂（ハート）、行動を表し、その力強いセットが私たちの三次元の世界に具体的な形（四大エレメント）をつくり出す。
赤い車輪	火星（赤）が山羊座でイグザルテーションする。錬金術の三元素がピラミッド（ビジネスやベンチャーの活動計画）の構築に調和的に働く。実力を出す。
ピラミッドを囲む青い光	青は、木星を象徴する色彩で「高度な知恵」を表す。常識を超える考え。
背景の不安定な海（泥の波）	アビスの上にピラミッド（堅固なもの）を打ち立てる。クロウリーはこの堅固なものを「ピラミッドの都市」と呼んだ。そこからあらゆるものがつくられる無尽蔵な根本的な可能性。藍色と複合的な緑は、山羊座と地のエネルギーを表す色彩。社会または政治の世界を表す。

数字とエレメント	3と地：具体的に価値のあるもの（地）をしっかりと確立する（3）。
［占星学］山羊座の火星	［山羊座第2デーカンに対応］：山羊座に牡牛座の性質が加わる。火星は山羊座でイグザルテーションする。したがって火星の持つエネルギーや積極的な行動力が社会的な働きや評価、ビジネスのなかで率先的に生かされる。そして牡牛座は、それに安定をもたらす。
生命の木のセフィラーと惑星	物質界のビナー（理解）：ホクマー（知恵）を三次元的な形にまとめる。テーリオンの克服によって原案が確立する。土星（♄）：考えを設計し仕事にする。「ディスクのクイーン」の考えと行動を生む状況がある。

関連するカード	ビナー（理解）土星：「ディスクのクイーン」 「#21.The Universe 楽園回復」 山羊座：「#15.The Devil パーンの祝祭」 牡牛座：「#5.The Hierophant 高等司祭」 火星：「#16.The Tower 稲妻の塔」

項　　目	意　　味
一般	魅力的で具体的な段階に入る。考えを現実化する。マニフェストの発表。物質的な創造。組織をつくる。ゆっくりだが絶え間ない前進。熟練と成長。忍耐。合併。
仕事	ビジネスが成立する。建設する。仕事の成果が支払われる。達成したものを安定させる。前進する。計画の実現。仕事の発展的段階。創造力。成功するベンチャービジネス。勤勉と効率。堅実な仕事。実務的な技術。
交際と人間関係	健全な関係を築く。安定的。お互いが毎日の生活に慣れる。仲よくいっしょに働く。
否定的な警告	目的のない行動。計画だけが先行する。不始末。ビジネスが遅れ損失をもたらす。弱気な仕事への姿勢。評価が低い。わがまま、欲張り。自信がない。不可能を求めることを示している可能性もある。失速する。空中分解。尻切れトンボで終わる。

	リーディングのポイント
基本的なリーディング	この作業には信頼と決定だけではなく、ハードワークも要求される。現実的に対応すること。そうすればよい流れが生じてくるだろう。
否定的な場合のリーディング	成長と拡大の努力を続けるには、怖じ気づいているところから抜け出し、牡牛の角で猛獣に立ち向かう勇気が必要なことを忘れてはならない（それらの経験を乗り超えて大きくなる）。タロットの霊への全面的な信頼が必要である。

スートカード ❖ Disks

＊46　光のピラミッド
　　不滅性と絶えざる創造力の象徴である。聖杯の騎士ガラハッド、パーシヴァル、ボースがこの聖杯の都市サラスへ到達し、聖杯を獲得した。彼らの魂であるディンドレインが《塩》となって愛に死に、彼らをサラスへ運んだ。
　　Column「錬金術の三元素」173 ページ参照。

ディスクの4／Power
ヴァイタリティー

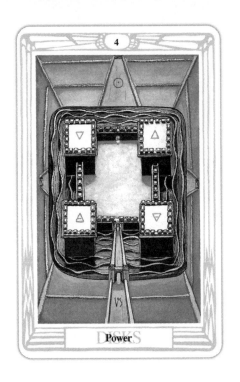

【背景と解説】

「ディスクの4」は、生命の木では物質界のヘセド（慈悲）で木星に対応する。地のスートの原理が確立された「ディスクの3」の到達点を表す。「ディスクの3」で確立した青写真が「ディスクの4」で具体的な現実となる。

　描かれている象徴は、丘の上の要塞を上から見た様子である。それは「力」「ヴァイタリティー」「強さ」を表現する。要塞の各塔は四大

エレメントの印をつけ、周囲は濠に囲まれている。要塞は東、西、南、北に4つの城壁と門を持ち、メインゲートは南にある。それぞれの城壁には6つの銃眼がついている。それは、ティファレト（美）の太陽に対応する数である。したがって、この塔の場所はとても豊かで成功しており（丘の上に立っていることが成功を示す）、黄色い波が揺らめく紺碧の濠が要塞を取り巻き、これを守っている。この濠の色は、ヘセド（慈悲）に対応する色彩である。それは、守りにはゆとりがあり、安全であることを意味する。要塞の外側の地形は、塔が丘の上に据えられていることを表し、立場が有利であることを示している。

　現実の秩序を守ることが「ディスクの4」の最も重要なテーマである。そのため、要塞の南の門だけが開いていて、道がマルクト（王国）に通じている。これは、山羊座（考えていること）の象徴が道の上にあることによって強化される。太陽が記された北の道には橋げたがなく、四大エレメントの要塞から行くことはできない。このヘセド（慈悲）の木星は、外側への拡大よりは、内側の充実にエネルギーを注ぐべきことを示している。木星には、拡大だけではなく、保護の意味があるからである。太陽の影響は、背景の黄色（太陽）と茶色（マルクト）を混合させた色で表現される。

「ディスクの4」の一番の要素は、ヘセド（慈悲）の木星のエネルギーである。黄色い波が立つ深い空色の濠がめぐる要塞は、安定、秩序、法律などの意味を持ち、すべてが物質界のヘセド（慈悲）の性質を表す。四大エレメントの象徴は、「ディスクの2」にも現れていた。「ディスクの2」では、それらは運動と変化が連続している状態であったが、「ディスクの4」では、それらは離れ、組み立てられ、安定している。しかしながら、ティファレト（美）の性質を持つ太陽は、軌道を回り、常に更新しようとする次の働きを促し、安定から挑戦へという運動は交互にやってくる。自分の心が共感してしまうものの苦しみに共感し、心が動かされてしまうものの痛みに心を動かす。

象　徴	意味の要点
要塞の柱になっている4本の四角い塔	四大エレメントのバランスを維持する。安定、規制、組織、秩序などを守ることに徹することを表す。「#21.The Universe 楽園回復」のパラダイスの確立。
北へ向かう太陽の道は閉じられ南の門だけが開いている	このヌイトへの門を開ける力は、マスター・テーリオン（神殿の首領）が持つ。「#18.The Moon 月」へ至る門である。秩序の確立。現実の安定を優先する。個人的な目的や野心を追求しない。「テレーマの哲学」では、「ピラミッドの都市」に到達したアデプトは「神殿の首領」になり、この要塞の城主になって城の秩序を守る。
丘の上に据えられた要塞	成功している。当たりさわりのない態度を取らずに自分の考えや行動を鮮明にする。
城壁についた6つの銃眼	6はティファレト（美）を表し、個人的な目的ではなく要塞を守って新しい秩序を確立するためにエネルギーを集中する。
濠をめぐらせた城	物事の制約や限界をわきまえる。
波立つ紺碧の濠	ヘセド（慈悲）の木星の現実界の色彩。安定、保護、世話、発展などを表す。
背景の太陽と大地の色彩	みんなといっしょに力を合わせる。協力。個人的な目的を追求しない。

数字とエレメント	4と地：永続（4）と安全な保護（地）。
[占星学]山羊座の太陽	[山羊座第3デーカンに対応]：山羊座に乙女座の性質が加わる。仕事で（♑）、ヒーリングするものにつき動かされて（♍）仕事する。野心の追求よりも日常を優先する意味が強調される。安全、組織、秩序（♑）を通しての自己実現と行動力（☉）。心が共感する痛みにつき動かされる仕事をする（♍）。
生命の木のセフィラーと惑星	物質界のヘセド（慈悲）：安全と秩序を守る。中身を育て充実させる。木星（♃）：物質界のヘセドは持ち場の安全を守り、居心地よくする。
関連するカード	ヘセド（慈悲）木星：「#10.Fortune 運命の輪」山羊座：「#15.The Devil バーンの祝祭」乙女座：「#9.The Hermit 賢者」太陽：「#19.The Sun 太陽」

項　目	意　味
一般	安定。保護される。管理する。制御する。現実感覚。限度をわきまえた実際的な力。法と秩序。物理的な方針と経営の手腕。組み立てる。建設、拡大、発展。評価を強く求める欲望。物質的利益。
仕事	安定と力の増大。概念の明確なデザイン。限界の健全な設定。問題を熟知する。秩序をつくる。組織的な能力。
交際と人間関係	関係が強くなる。はっきりした状況をつくる。外の脅威に対して関係を防衛する。
否定的な警告	偏見による損害。貪欲。疑惑。独創性の不足。間抜けな見方。居場所、立場がなくなる。計画の遅延。管理することが多すぎて手が回らない。独り占め。

	リーディングのポイント
基本的なリーディング	自分自身の努力でゆとりを持ってこの地点に到達する。しかしながら、時間は予定の更新を求めるようになる。もう一度自分の限界に挑戦しようとするとき、今の展望を広げる必要が出てくるだろう。太陽の道は、もっと大きい視野の必要を語る。
否定的な場合のリーディング	あなたは銃で一撃するように順調にスタートしてきた。しかし、その先をどのように続けていくかの手がかりを持っていないように見える。展望、ヴィジョン（♃）が弱いということである。望むものを手にする道は、計画を立てること、優先事項の設定、ハードワークを嫌がらないことにある。

スートカード ❖ Disks

第3章　カード解説　409

ディスクの5／Worry
悩み

【背景と解説】

　このカードは、生命の木では、物質界のゲブラー（厳しさ）で、火星に対応する。しかし占星学で対応するのは牡牛座の水星のため、反対のエネルギーが組み合わされ、精神的にも物質的にも非常に不安定な状況が生まれる。水星の流動性は、牡牛の金星の安定を求める性質を不安定にする。牡牛座のルーラーは金星で、ゲブラー（力）の火星とは相反する性質を持つ。また、月がイグザルテーションしても、月

と火星はフォールの関係をつくり、物質的な状況の厳しさを生む。

さらに物質的な安定を求める牡牛座は、水星との関係でコミュニケーションに関する悩みを生み、望むことを実現しようとする上で、コミュニケーションがうまく取れず、噛み合わなかったり、連絡が取り合えなかったり、物事が停滞したりする。

「ディスクの5」は、代表的に「悩み」「物質的な気がかりとその繰り返し」を表す。健康、財政、仕事、創造性に関すること、人間関係を含む外面的な物事に関する悩みである。5つの円盤は、機械のギアの組み合わせで描かれているが、すべて欠けて割れていて機能は停止している。ギアの下の機械は故障して火を噴いている。機械のメカニズムを一つにまとめるインド哲学の5つのタットワ*47 が逆さまの五芒星で描かれていることから、故障の理由がつかめないことを伝えている。そして、五芒星のタットワのうち、火（テジャス）を意味する三角形は、本来の赤色がくすんで錆ついている。これは、自分のことばかりに囚われすぎていて、心配が絶えないことを表している。苦悩と停滞の根本的な原因は、火の要素の欠乏で、疲労し、活力を失っている。「ディスクの4」で否定的な意味として警告した、先の見通しの手がかりをつかむことを怠った結果、この悩みと不安をもたらした。「荒地」としてのこの世の苦しみ、痛みに共感することが弱く、関心が薄いためにつき動かされるものがない。それがストレス、むなしさを生んでいるのである。この「悩みの故障」を修復するには、しばらく時間がかかる。

＊47 タットワ
　　インド哲学の現実を包括する精妙な5つのエレメント。力の相互作用を表す。

象　徴	意味の要点
5つの円盤がひもで結ばれ、それぞれの円盤上にはタットワのシンボルが描かれている	銀色の、上弦の三日月型：水（アパス）：人間関係の悩み 青色の円形：風（ヴァーユ）：金銭的な悩み 黄色の四角形：地（プリティヴィ）：家庭生活の悩み 赤色の三角形：火（テジャス）：能力、影響、ヴィジョンへの悩み 黒色の卵形：霊・空（アーカーシャ）：未来、未知なるものへの悩み ＊ゴールデンドーン流実践カバラの表記法を採用。
結び合わせたベルトが逆さまの五芒星を形づくる	悪影響を及ぼす人の結合。目的への偽りの方向。自分個人への囚われすぎ。
機械装置の後ろから輝く光	好ましくない発展によって隠され、表面に出られないよいよいチャンス。世界から切り離された意識によって目覚めが起きない。
歯車の停止	悩みが、理解力と行動を妨げる。

数字とエレメント	5と地：物質的な（地）危機（5）。
[占星学] 牡牛座の水星	[牡牛座第1デーカンに対応]：ポイントは、自分の考えに囚われていることが障害になる。難航している頑固（♉）な考え（☿）。財政的（♉）な不安定さ（☿）。
生命の木のセフィラーと惑星	物質界のゲブラー（力）：「ディスクの4」のゆとりと安定が維持できない。 火星（♂）：火星をめぐる金星と月との調和がたいへん難しく、財政的な安定も心の安定も失いやすい。
関連するカード	ゲブラー（力）火星：「#16.The Tower 稲妻の塔」 牡牛座：「#5.The Hierophant 高等司祭」 水星：「#1.The Magus 魔術師」

項　　目	意　　味
一般	無力さ。失う恐怖。結果が出ない苦しみ。何もうまくいかない。欲求不満。逆境。不安。孤独。一時的困難。アドバイス、助けを切望する。物質と結果に依存しすぎること。
仕事	経済的危機。見込みの欠如。不安な立場。何かが押し寄せ、脅威に感じる。破壊された研究計画に取り組む。無力な計画。借金せずに済むようもがく。
交際と人間関係	神経を苦しめる関係。お互いに否定的な影響を与える。危機的関係。失う恐怖。お互いに傷つけ合う。不快なやり方でいつまでもお互いを非難し続ける。いじめられる。自信がない。
否定的な警告	ますます絶望的な状態に巻き込まれる。手抜かり。見落としがある。自分自身のせいでトラブルが発生する。財源の浪費。自信がない。うじうじする。

	リーディングのポイント
基本的なリーディング	自分を心配事や不安に陥らせないように心がけること。経済的状況は根底から再構築されるだろう。あるいは、完全に異なる取り組み方を見つけ出せるかもしれない。どちらにしろ、まもなく勝利することになる。一時的な困難だということ。
対処するための考え方	すべての心配は何の役にも立たない。事実、それは進歩への邪魔になる。たとえあなたにはその光がまだ見えていないとしても、成功はその視界の向こうにある。いつまでも自分の自信のなさを気にして、ウジウジしていないように！

スートカード ✧ Disks

ディスクの6／Success
成功

【背景と解説】
　ディスクが六角形に並べられ、生命の木の配列に惑星の記号が記されて六芒星になっている。六芒星の中心には、赤い十字架の上に青い線で描かれた49枚の花びらを持つ薔薇がある。これは「ソードの4」で出てきた薔薇で、7×7（十分な共感性）が示す、完全な調和と能力の開花を表す。薔薇十字は、赤い十字架のゲブラー（力）のエネルギーと青い薔薇のヘセド（慈悲）のエネルギーをティファレト（美・調和）

のなかで調和させることを表している。「美」はケテルを具体化する芸術感覚であり、「調和」は統合する意味である。

　薔薇十字は円と六芒星に囲まれ、それ自体がこのカードのティファレト（美）を表す色で塗られている（ゴールデンドーン体系でティファレトの指定4色は、Rose Pink〈薔薇色〉、Golden Yellow〈黄金色〉、Salmon〈サーモンピンク〉、Amber〈琥珀色〉である。ここでは、これらの色彩が物質的成功を表現する象徴として絵画化されている）。これは「ディスクのエース」の成功が、自信に満ちて発展していることを表している。

「ディスクの6」は、生命の木では物質界のティファレト（美）で、太陽に対応する。それは、ケテル（王冠）から垂直に下がった真下にある。したがってこのカードは、「ディスクのエース」の心に考えていることと、外に現れる結果が矛盾なく一致した成功が、さらに成長し、発展して現れてくる「成功」を意味する。

　占星学では、牡牛座第2デーカンに対応し、天体配置は牡牛座の月になる。月は牡牛座でイグザルテーションするため、月と牡牛座のエネルギーが最高度に調和し、成功や金銭的な安定、芸術的な能力の開花などをもたらす。

　また牡牛座第2デーカンは、牡牛座に乙女座の性質が加わるため、仕事の成功や健康の増進、日常生活のスムーズな流れをもたらす。そして、ディスクについている6つの惑星の記号は、それぞれの意味が表す成功の要因を教えてくれている。

象　徴	意味の要点
光の輪を取り巻く6つの星が六芒星を形成	調和し、活発で実り多い結合。 [光る星]：メジャーになる成功。手応えのある達成。
白熱する太陽の中の6つの惑星の記号のついた6つの円盤	惑星の力の調和的な相互作用による成功の要因。 土星：こつこつ働く忍耐心 火星：率先力 月　：鋭敏な感受性 金星：大きな愛と仕事への熱意 木星：チャンスに危険覚悟で臨む拡大意欲 水星：タイミングのよいコミュニケーション
中心の薔薇十字	赤い十字架と青い薔薇は、ゲブラー（力）とヘセド（慈悲）の調和（ティファレトの意味）。大きな喜びと充実感が生まれる。49枚の花びらはバストスの頭*47と呼ばれる成功能力を表す注17。内面的な深い興味と鋭敏な刺激が、外面的な成功をもたらす。
背後の赤味色の太陽の上昇	夜明け。日の出。

数字とエレメント	6と地：物質的な価値（地）を生む能力を結び合わせた成功（6）。
[占星学] 牡牛座の月	[牡牛座第2デーカンに対応]：牡牛座に乙女座の性質が加わる。 月は牡牛座でイグザルテーションし、月の能力を最高度に発揮できる。手応えのある結果を得ようとする潜在意識レベルでの深い欲望（☽）。 自分の努力、生産する能力の結果が見られる（♉）。 豊富さと楽しみ（♉）の感受性（☽）。仕事の成功と健康の増進（♍）。
生命の木のセフィラーと惑星	物質界のティファレト（美・調和）：「ディスクの5」と「ディスクの4」を統合し、大きな成功が実現する。「ディスクのエース」が大きく発展する成功。 太陽（☉）：ここでは「ディスクの5」の誤りにはっきり目覚める。「ディスクのプリンス」の考えと行動を生む状況がある。「ディスクの4」の「あの太陽への門」が開かれる。
関連するカード	ティファレト（美）太陽：「ディスクのプリンス」「#19.The Sun 太陽」 牡牛座：「#5.The Hierophant 高等司祭」 乙女座：「#9.The Hermit 賢者」 月：「#2.The Priestess イシスの探索」 中央の柱：「ディスクのエース」

項　　目	意　　味
一般	増大。物質的利益と成功。好ましい相互作用。発展が続く。同情または支援が得られる。状況の改善。健康の増進。
仕事	実り多いチームワーク。よい財政状態。儲かる仕事。見込みがあることを新しく始める。よい計画と調整。
交際と人間関係	調和。有益な関係。お互いに支え合う。幸福な愛。寛容と思いやり。
否定的な警告	偏見やえこひいきによってバランスが崩れる。秘密の取り引き。負債の蓄積。ぬか喜び。

	リーディングのポイント
基本的なリーディング	勝利に向かって順調に進みつつある。成功を手に入れるには、勇気が必要であることを覚えておかなければならない。なぜなら、生活を変える必要があるからである。後ろ向きな考えになるスキを与えない。
否定的な場合のリーディング	置かれた状況に圧倒されそうになっているのかもしれない。しかし今、事態がどんなに難しく見えようと、あなたはしっかりと自分の進む道にしがみつき、この冒険を信じ続けることが重要となる。

＊48 パストスの頭
　パストスとは、コイン投げをする際、作為的にコインの表を出すように投げることをいう。49という数は 7 × 7 で構成され、7はネツァク（勝利）を意味する。そのためゴールデンドーンでは、必ず勝利する象徴として、49枚の花びらを持つ薔薇十字の形を「パストスの頭」として定式化した（イスラエル・リガルディー『ゴールデンドーン』参照）。ちなみに、通常の薔薇十字は22枚の花びらで構成されている。

ゴールデンドーンの「パストスの頭」の薔薇十字

ディスクの7／Failure
失敗への恐怖

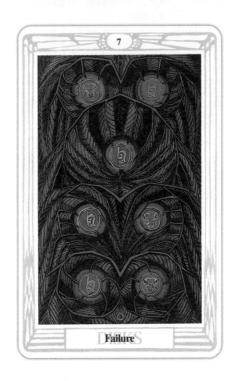

【背景と解説】

　経済面や生活面に強い安定の欲求を持つ結果、失敗への恐怖、成功への恐怖に陥る象徴図である。生命の木では、物質界のネツァク（勝利）で財政的な安定を求める金星が割り当てられている。この「ディスクの7」では、金星は牡牛座を支配する。そしてここでは、牡牛座に束縛や障害を意味する土星が影響を与える。そのため、このカードの基本的な意味は「成功への恐怖」になる。

円盤の配列は、土占いのルベウス*49の形になっている。ルベウスは、ゴールデンドーンのタロット体系『ブックT』で蠍座の火星に割り当てられている。ネツァク（勝利）の金星とルベウスの火星は、まったく相反する性質のため、前途に何の見通しも立たない激しい恐怖の状態を生み出す。このカードが出るときは、ときに災難あるいは悲惨な状態が現れる。

　占星学上の対応は、牡牛座第3デーカンになる。第3デーカンは牡牛座に山羊座の性質が加わるため、ここでは山羊座でルーラーになる土星が割り当てられる。恐怖の働きのすべては、エネルギーを締めつけるかエネルギーを歪める性質を持つ。それが占星学上の土星との対応関係である。占星学上、牡牛座は生産力と財政的な達成を意味する象徴である。牡牛座の土星という2つの性質は、しばしば生み出せるものや到達できるものには限りがあるというような感覚として体験させられる。別の意味では、失敗の感覚、成功への恐怖、失敗への恐怖などが生じてくる。コインの中の牡牛座は牡牛で象徴され、ヘルメットを着けた兵士は土星を象徴している。ヘルメットは私たちの考えや意識の限界の感覚を表す。

　これは、イニシエーション（秘儀参入）の体験につながるカードである。円盤がそれぞれ死の木によって遮られているのは、ここが暗黒の迷宮の中であることを表している。牡牛は怪物ミノタウロスであり、兵士はそれを倒すアテネの王子テセウスを象徴する。ここには、今はまだ見えない金星（愛）のアリアドネの糸*50（「#3.The Empress 女帝」）の愛が隠されている。この状況のなかでその糸を発見したとき、人生にイニシエーションすることができる（個人の力の限界を完全に知り、野心とずるさのすべてを投げ出すのである）。

　人生が根源的に変わり、新しい世界（土星「#21.The Universe 楽園回復」）が到来する。

*49 ルベウス
　　Column「土占い」435ページ参照。

*50 アリアドネの糸
　　Mythology「アリアドネの糸」42ページ参照。

象　徴	意味の要点
しおれた植物に埋め込まれた鉛色の7つの円盤	鉛色は土星を象徴し、7はネツァク（勝利）を表す。物事が希望通りに進まず、荒廃、弱る、崩壊、堕落などの恐れがある。
土占いのルベウスの配列	蠍座の火星に対応するドット（点）の配列。悲惨、災難などの意味。今までの自分が、ここでは通用しないのである。
円盤に描かれた兵士（土星）	あまりに厳しい。やりようがない。
円盤に描かれた牡牛の頭（牡牛座）	心が狭すぎる頑固さ。妥協できない。物事の動きを察知するのが鈍い。甘く見た結果が出る。
背景の死の木	現実の明白な失敗か障害。何事も解決されず、そして終わる。
暗い青紫の背景	影の世界、死んでいるような人生、混沌などを象徴。暗闇はラビリントス（迷宮）を象徴。暗い時期。抑圧。

数字とエレメント	7と地：安全（地）が危険にさらされている（7）。
[占星学]牡牛座の土星	[牡牛座第3デーカンに対応]：牡牛座に山羊座が影響を与える。目的の実現の失敗、前途の目途が立たない（♑）。所有と安定（♉）の封鎖、終わり、離脱（♄）。
生命の木のセフィラーと惑星	物質界のネツァク（勝利・永遠）：「ディスクの6」の成功の後の無気力なわがままさや甘さが招く、行きすぎた状態。金星（♀）：自分の力では事業目的は達成しない。財政的不安。
関連するカード	ネツァク（勝利）金星：「#3.The Empress 女帝」牡牛座：「#5.The Hierophant 高等司祭」山羊座：「#15.The Devil パーンの祝祭」土星：「#21.The Universe 楽園回復」蠍座：「#13.Death 黒い太陽」

項　　目	意　　味
一般	物事が希望通りに進まない。悪い状況。不運。不幸。悲観。損失。厳しい競争。発展の望みがない。忍耐。
仕事	計画の失敗。望みの持てない出資への警告（実らぬ投機など）。割りに合わない仕事。破産。リストラ。失業。
交際と人間関係	病的な不安や悩み。危機。失う恐れ。仲直りの失敗。人間関係の崩壊。
否定的な警告	失敗。ますます弱くなっていく状況。やりすぎ、問題が再発する可能性がある。欲深すぎて、愛情や美に対する感覚を失うことが失敗を招く。漁夫の利を狙う人がいる。裏取引の失敗。

	リーディングのポイント
基本的なリーディング	失敗するとわかっている状況に陥っている。最終的には自分を信じ、成功と繁栄につながるという人生観を確立する必要がある。そうすれば、目的に到達するためのはるかによい機会を得ることができるだろう。
対処するための考え方	失敗という選択肢はない。あなたは自分の希望を頼りにするのではなく、自分を応援する人や自分を信じてくれている人がいることを思い起こしてみるべきである。その上で、結末をどうするか決め、行動することを求められている。

スートカード ◈ Disks

第3章　カード解説　　421

ディスクの8／Prudence
思慮分別、収穫

【背景と解説】

「ディスクの8」は、「思慮分別」「知恵と実りの木」を象徴する。つまり、明確な思慮分別と知恵を用いた結果、現実に役立ったことがもたらす収穫の木を表している。

8つのドット（花芯）は土占いのポプラス[*51]を形成している。ポプラスはゴールデンドーン体系では蟹座に配列され、ハウスでは第4ハウスに対応する。そのため、このカードは土台の形成や土地に関連

し、農業技術や日常生活の土台となる基礎の確立を意味する。

　生命の木では、物質界のホド（光輝）にあたり、水星に対応するので、このカードに割り当てられている乙女座のルーラーでもある。五弁の花の色彩がブルゴーニュ地域のワイン色をしているのは、「#9. The Hermit 賢者」の色彩に対応しているためである。「#9.The Hermit 賢者」も乙女座に割り当てられるが、ヘブライ文字ではヨッド（点、生命の種）である。したがって、時間をかけて熟練することや今までの技術や人生経験の完成から、新しい出発などの意味を表す。クロウリーは「このカードは、物質的な事柄に入念に適用される知能、特に農学者、技術者、工学者の技能を意味する」[注18] と言っている。

　占星学対応は、乙女座の太陽である。組織的な能力と技術が役立ち、細部に精を出すことによって生じた収穫が依然として継続している。それは信頼を勝ち取ってきたことによって生じる継続である。これは決してコントロールしているわけでも、強制して起こしたわけでも、引き留めて起こしたものでもない。成るべくして成る。

　木の枝の先にある花と花芯は、各々の葉の中でしっかりと守られている。そして花も花芯も 5 分割の構成になっていて、合わせて 10 分割の花車になっている。これはスートカード全体を表していて、一つ一つの技術や作業をていねいに完全に仕上げることが、次の「ディスクの 9」につながり、大きな成功を収めることを示している。また、花を包む緑の大きな葉は、ネツァク（勝利）の色彩であり、「ディスクの 7」のイニシエーション体験が感覚の成熟をうながし、豊かな愛情感覚をもたらしたことがわかる。

＊51 ポプラス
　Column「土占い」435 ページ参照。

スートカード ✤ Disks

第3章　カード解説　　423

象　徴	意味の要点
ポプラス（蟹座に対応）の形に並んだ８つの円盤	人々、集会、心を許せる人たちや支える人たちと関わりながら、新しいものが生まれてくる。基礎の確立が発展につながる。
力強く成長した木と大きな葉	ネツァク（勝利）の色彩。感情の成熟が、健全で確実な成長をもたらす。
葉に守られたワイン色の五弁の花	５はゲブラー（厳しさ）、「ディスクの５」、ワイン色は「#9.The Hermit 賢者」を象徴。「ディスクの５」の軽率さを繰り返さないよう慎重に取り組むこと。
背景のオレンジ色	ホド（光輝）とティファレト（美）の両方を象徴し、明るい見通しを意味する。
肥沃な土地	実際的な力。自然な活力、たくましさ。今までの仕事がさらに発展する。確立したものが持続していく。目的の実現。

数字とエレメント	８と地：じっくりと成熟し、信用あるもの（地）に新しく取り組む（8）。
［占星学］乙女座の太陽	［乙女座第１デーカンに対応］：几帳面で世慣れた、慎重（♍）な性質（☉）。
生命の木のセフィラーと惑星	物質界のホド（光輝）：「ディスクの７」を終わらせ、新しい光をもたらす。水星（☿）：技術を磨くことと熟練が今後の成功へつながる。
関連するカード	ホド（光輝）水星：「#1.The Magus 魔術師」乙女座：「#9.The Hermit 賢者」太陽：「#19.The Sun 太陽」ポプラス、蟹座：「#7.The Chariot 戦車」

スートカード ❖ Disks

424　第2部　ヴェールを脱いだ魔術師のトート・タロット

項　　目	意　　味
一般	新しいことを慎重にはじめる。節度を保つ。熟練。注意深さ。忍耐。念入りな準備。辛抱強く技術を身につける。
仕事	戦術的に巧妙な進め方をする。優れた交渉力で成功。慎重な見通し。好ましい機会を待つことができる。時間を有効に使う。仕事とその報酬を楽しむ。雇用される。新しい技術か仕事を学ぶ。プロの技術を修得する。組織だった仕事をする。
交際と人間関係	用心深くつき合いはじめる。お互いに慎重に対する。成熟した関係。家族で歓待する。現実的な期待。
否定的な警告	未熟な考えと早すぎた収穫。怠惰。不満足な仕事。五月病。忍耐が足りない。

	リーディングのポイント
基本的なリーディング	前のことは忘れて新しいことにじっくり取り組むこと。新しくはじめることを大事に育ててみること。基礎の確立が現在のテーマである。
否定的な場合のリーディング	成功はあなた自身にかかっている。この状況に心が負けてしまわないよう、一つ一つ進めることを選択すべきとき。あなたがやらなければ、誰かがやってしまうだろう。

スートカード ❖ Disks

第3章　カード解説　　425

ディスクの9／Gain
物質的利益、恩恵

【背景と解説】

「ディスクの9」は、生命の木の物質界のイェソド（基礎・土台）で、月に対応する。占星学は、乙女座第2デーカンに対応する。乙女座に山羊座の影響が加わり「ビジネスやライフワークでの物質的利益、恩恵、収穫」などの意味を強める。このイェソド（基礎）は、「ディスクの10」を実現する基礎的な力である。現実生活の基礎とは、「ディスクの10」と「ディスクの3」を合一すること。イェソドを形成す

る三角形とビナーを形成する三角形の 2 つを統合すると、二重構造の三角形（ヘブライ語のアレフ）になり、それを結合させると六芒星が形成される（永続的成功）。

　天体の配置は乙女座の金星である。乙女座は組織や制度と関わることを、金星は物質的な安定と人間関係の調和を意味する。

　象徴の中心には、薔薇色、青色、緑色の 3 つの円盤が三角形を形成している。これらは六芒星を形成する 6 つのコインの間にあり、6 つのコインには「ディスクの 6」と同じ惑星の記号が人物の顔で書き込まれている。

　中心の 3 つの円盤は、薔薇色は太陽、緑色は金星、青色は月を象徴し、最も物質的繁栄を表す惑星によって表現されている。この 3 つの円盤の結合により 3 つの色彩が混ぜ合わされ、繁栄と豊かさの光を放射している。惑星の記号が人物の顔で書き込まれた 6 つのコインの縁は、薔薇色、緑色、青色の輪で描かれ、このエネルギーからも 6 つのコインは利益を得る。

　金星は乙女座でフォールの関係になるが、その有害な関係はこのカードでは直接的には取り上げられてはいない。ここで警告しているのは、物質的な繁栄はお金や物に対する執着を生むということである。

　背景は乙女座に対応するカバラ四界のすべての色彩が組み合わされて配色されている。これは、「ディスクの 9」に対応するイェソド（基礎）がしっかりとした収穫の基盤の上に据えられていて、メジャーな成功に向かって発展していることを示している。

　「ディスクの 6」に出てきた 6 つの惑星は、このカードではコインの中に 3 人の人物[52] が異なる時代の肖像を用いて描かれているといわれる。その人物は、アレイスター・クロウリーとその 2 人の弟子、レディ・フリーダ・ハリスと若き日のイスラエル・リガルディーである[注19]。3 人の間における教えの絆の堅さが、このカードが表す「物質的な利益」の潜在的な能力を象徴する。

---

*52 3 人の人物
　　レディ・フリーダ・ハリスによれば、上の 3 枚のコインと下の 3 枚のコインに分けて、クロウリー、ハリス、リガルディーの 3 人の肖像の異なる時代を描いているという。
　　木星と土星はクロウリーであり、水星と火星は若き日のリガルディー、月と金星はハリスにそれぞれ対応させていると思われる。

象　　徴	意味の要点
6つがコインとして描かれている9つの円盤	「ディスクの6」の成功の見込みが結合し、具体化する。
上の3つの円盤にある火星、木星、土星	外的な成長。知的な努力。
下の3つの円盤にある水星、月、金星	感情の深さ。本能的信頼。
中央の黒い輪の上にある3つの円盤と、緑色、薔薇色、青色の光線	「ディスクの3」のピラミッドの都市を表す。イデアの実現。金星、太陽、月が、地球色（乙女座）の背景の前で結合してエネルギーを出す。実現。魅力的な形。確信を人生の土台として行動する。
中央の薔薇色、青色、緑色の円盤	それぞれ「成熟した愛」「知恵」「創造力」を表す。確実な成功の実現にはそれらの統一が必要。
背景の肥沃な緑色	3基色の結合は肥沃な大地（立場）を表す。仕事、健康、日常生活での豊かさ。実現。成功。

数字とエレメント	9と地：価値のあるチャンス（地）の集中（9）。
[占星学]乙女座の金星	[乙女座第2デーカンに対応]：乙女座に山羊座の性質が加わる。収穫・利益（♍）の安定（♀）。社会的な成功（♑）。
生命の木のセフィラーと惑星	物質界のイェソド（基礎）：プランの優先順位を具体的に決める。月（☽）：潜在的な能力（夢）の確立。この能力の確立は、「ディスクの3」で構築した力が社会体験を通して成長した結果である。
関連するカード	イェソド（基礎）月：「#2.The Priestess イシスの探索」乙女座：「#9.The Hermit 賢者」山羊座：「#15.The Devil パーンの祝祭」金星：「#3.The Empress 女帝」

項　　目	意　　味
一般	よりよいものに変わる。健康。幸運の直撃。物質の増大。外交手腕、忍耐、名誉。先見の明が成功をもたらす。義務を果たす。約束を守ることが幸運をもたらす。メジャーな成功。
仕事	儲かるチャンスをうまく使う。価値ある仕事。変化の歓迎。昇給。仕事の達成。利益。
交際と人間関係	楽しい出会い。いっしょにいる満足。喜びの発展。幸せな出来事。
否定的な警告	当然利益を得られるときに、失敗する。快楽の追求。放蕩。浅はかさ。他者に見下される。

	リーディングのポイント
基本的なリーディング	夢を実現させるためには優先順位を明確にしておかなければならない。時間を取って、今放置したままのあらゆるものをかたづけるとき。目標に集中さえしていれば、栄冠が得られるだろう。
否定的な場合のリーディング	手を抜いているので足もとをすくわれるだろう。なぜなら、この計画、状況を甘く考えているからである。成功するためには、それに全面的に情熱を注がねば得られるものはないだろう。

スート
カ
ー
ド

Disks

第3章　カード解説　429

ディスクの10／Wealth
物質的繁栄、富

スートカード ❖ Disks

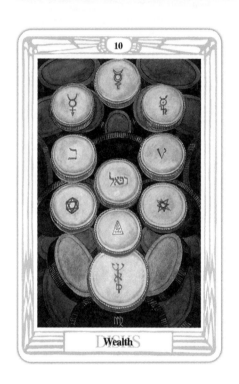

【背景と解説】

「ディスクの10」は、生命の木全体の最後の物質界のマルクト（王国）で、地球に対応する。したがって、内的宇宙のエネルギーが最大に物体化し、「物質的な繁栄」「富」として現れてくる。同時に内的な生命が物体化し、表面化することは、内的なエネルギーの最大の低下でもあるため、「ディスクの9」で潜在的に指摘された物質やお金への執着が自動的に誘発される。それが「ディスクの10」では、10枚の金貨

の背景に、くすんだ色の硬貨が取り巻くように描かれている理由である。

　生命の木の形に配置されたディスクは、すべて金貨に変わり、物質化が最大に進んでいることを表す。マルクト（王国）にあたる 10 番目の金貨は特別大きく描かれ、心がものやお金を直接追求するようになり、生きる意味を失って転落する危険を警告している。現実の活動の舞台は、さまざまな欲望をめぐって錯綜する不安定な場なのである。この到達した地点の持続と安定は、ビナー（理解）の「ディスクの 3」で宇宙の観念を社会生活を営む上で確立した、その考え方に絶えず戻ることによってのみもたらされる。

　占星学の対応は、乙女座の水星で、乙女座の第 3 デーカンになる。ここでは乙女座に牡牛座の影響が加わる。水星は乙女座でルーラーになり、安定している。それは組織（乙女座）の場でうまく立ち回り（水星）、具体的な繁栄と豊かさをもたらすことができる（牡牛座）という意味になる。この生命の木の金貨の中に書き込まれている記号は、すべて水星に関わる魔術的な印で、10 個結合させると、メジャーアルカナの「#1.The Magus 魔術師」になると考えればいい（つまり考えたことは必ずその通りになる）。

象　　徴	意味の要点
金貨になっている 10 枚の円盤	外面的な富。財政的成功。タレント。内面的美徳の富。
生命の木の形に配列された 10 枚の金貨	財政的な場や組織の中で活躍する、内面的な才能の豊かさ。能力が活かされる。
魔術的な水星を表す象徴	第 1 セフィラーから第 3 セフィラーに位置するコインの記号（上方 3 つのコイン）。水星はお金を持つ魅力とそれに対する巧みなアプローチを表し、富がコミュニケーションを取ることと、組織の中で自分の能力を表現することによって生まれることを示す。「ディスクの 10」の堅固さは、「ディスクの 3」で確立した考えを絶えず学び直すことによってのみ持続する。
エノクの魔術文字ペー	第 4 セフィラー、ヘセドに位置するコインの記号（右上 2 番目）：ペーは家を意味する。ヘブライ文字のベスと同じ。「#1.The Magus 魔術師」の水星を指す。

スートカード ❖ Disks

第3章　カード解説　　431

象　徴	意味の要点
ヘブライ文字ベス	第5セフィラー、ゲブラーに位置するコインの記号（左上2番目）：ベスは家を意味する。ベーのヘブライ文字。同様に「#1.The Magus 魔術師」の水星を指す。
風の大天使ラファエル	第6セフィラー、ティファレトに位置するコインの記号（中心上2番目）：ヘブライ語でラファエルと書かれている。 水星の天使。コミュニケーションする力。 具体的に問題を解決する力。
八芒星	第7セフィラー、ネツァクに位置するコインの記号（右上3番目）：8はホドと水星を表す。 ホドの反響は周囲への影響力を表す。
ヘキサゴン（六角形）のダイヤモンド	第8セフィラー、ホドに位置するコインの記号（左上3番目）：6はティファレトの太陽を象徴する。 ここはホドの位置で水星を表し、水星と太陽の結合になる。地のエレメントの無気力な性質を克服する必要がある。
ピタゴラスの三角形、テトラクテュス	第9セフィラー、イェソドに位置するコインの記号（中心上3番目）：水星の魔術的な数字を組み合わせたピラミッド。 三角形は「ディスクの3」を象徴し、現実の人生の基礎は「ディスクの3」で確立した考えを「生活の座」に据えることによってもたらされることを示す。 これには4つの数字が書いてある。 8：ホドと水星を表す。言葉の持つ力を信じる。 64：8×8で、水星の魔法陣を構成する数。 260：魔法陣の縦、横、対角線の数の合計。 　水星の知性の数。 2080：魔法陣の中のあらゆる数の合計。 　水星の霊の数。
カデューシャスの杖アレフ、メム、シンの結合	第10セフィラー、マルクトに位置するコインの記号（中心上4番目）：「#1.The Magus 魔術師」の杖。 ものやお金に執着して、創造的に生きる意味を失わないためのヒーリングポイントを示す。 ヘブライ語の三母字で、創造力の原点を表す。 アレフ：「#0.The Fool フール」＝心の聖域を保っていること。 メム：「#12.The Hanged Man オシリスの死」＝権力と表面上の結果に心を奪われないこと。 シン：「#20.The Aeon アイオーン」＝過去に戻ろうとしないこと。

象　　徴	意味の要点
一番下のコインが 最も大きい	所有することの意味にあまりに多くの価値を置き、 物質的な努力にのめり込みすぎる危険。
背景の暗い紫色の円盤	停滞とむなしさの危険への警告。富の直接的な追求 が招く停滞。

数字とエレメント	豊富（10）な堅い価値（地）。
[占星学] 乙女座の水星	[乙女座第3デーカンに対応]：乙女座に牡牛座の性 質が加わる。 ビジネスの領域（♍）での器用さと技術（☿）。 財政的な繁栄、富（♉）。
生命の木のセフィラーと 惑星	物質界のマルクト（王国）：「ワンドのエース」から のすべての結果。 地球（♁）：物質的な豊かさ。物質への執着の危険が ある。 「ディスクのプリンセス」の考えと行動を生む状況が ある。
関連するカード	マルクト（王国）地球：「ディスクのプリンセス」 乙女座：「#9.The Hermit 賢者」 牡牛座：「#5.The Hierophant 高等司祭」 水星：「#1.The Magus 魔術師」

項　　目	意　　味
一般	堅い成功。確立と永続性。富と繁栄を楽しむ。財産。 安全な状況。目的に到達すること。よい家庭と家族 に恵まれる。仲間、一族の集まり。遺産がある。家 系の伝統を守る。
仕事	よいビジネス取引。最適な仕事状況。取引の成功。 日常の仕事の満足。安全。使命を完遂した報酬。考 えていたことが実現する。
交際と人間関係	友情から恋愛へ。感謝する関係。安定した人間関係 のネットワーク。いっしょにいる楽しみ。リッチな 関係を楽しむ。
否定的な警告	怠惰。無意味な物質的な持ちものの蓄積。恋愛のト ラブル。思い違い。破産。お金が原因で生じる家庭 内の争い。支持者の欠乏。

スートカード ❖ Disks

	リーディングのポイント
基本的なリーディング	労働の結果を収穫するとき。富と繁栄が得られるであろう。達成したものを楽しみ、あなたはそれを他者と分かち合うことを望むだろう。
否定的な場合のリーディング	繁栄を望むと同時に邪魔が入ることが考えられる。自分がものに溺れてしまうのかもしれない。もし目的に達することを望むのなら、何を重要事項として調べなければならないかを考え、その結果を受け入れようとする必要がある。

- C o l u m n -

土占い（ジオマンシー）
マイナーカードとの関係

「土占い」は、ギリシア語でジオマンシーという。ジオマンシーは「大地による予言」を意味する言葉だといわれ、アラブ世界で理論化された。しかし文献がないため、詳細は不明である。基本的には、土や石、棒を手に取り、16種類のパターンの形（437ページ［対応表］参照）のどこに投じられたかで質問事項を占う方法である。意味は、占星術の解釈に対応させて読むのが一般的である。

19世紀末に、ゴールデンドーンでは占いやオカルトの知識を集め、土占いを体系化した。それには、基本的な16の項目がある（ゴールデンドーン『第四講義文書』、アレイスター・クロウリー『エクイノックス 第1巻』など）。

トート・タロットではそのなかの4項目をマイナーカードに取り入れている。そのカードは、水のエレメントの「カップの5」「カップの9」、地のエレメントの「ディスクの7」「ディスクの8」である。水と地のエレメントはいずれも物質の土と相性が調和するからであろう。

スートカード ❖ Disks

第3章 カード解説　435

{トート・タロットでは、以下の4枚だけが採用されている}

「カップの5」：ルベウスに対応

占星学の蠍座の火星に属す。

これが意味するのは、あらゆる有害なもの、破壊などである。

「カップの9」：ライテシアに対応

占星学の魚座の木星に属す。

土占いの16項目のなかで最良で最強といわれる。

トート・タロットでは、ウィッシュカード（願望実現のカード）と呼ばれる。喜び、笑い、健康、敢然と立ち向かうなどの意味を持つ。

「ディスクの7」：ルベウスに対応（「カップの5」と同じ）

占星学は牡牛座の土星に蠍座が加わる。

損失の意味がさらに強化される。

クロウリーは、16項目のなかで最も醜悪で脅威を与える形だと言っている。

「ディスクの8」：ポプラスに対応

カードに蟹座と月の要素が加わる。

一般の人々、集会・集団などに関わりながら、新しいものが生まれてくることを意味する。ただし、ポプラスは、いい人たちといるとよくなり、有害な人たちといると悪くなる。

[対応表]

土占いの形	名称	対応星座	土占いの形	名称	対応星座
	プエル	♈		プエラ	♎
	アミッシオ	♉		ルベウス	♏
	アルブス	♊		アクィズテシオ	♐
	ポプラス	♋		カーサー	♑
	ヴァイア	♋		トライステシア	♒
	フォーチュナ・メジャー	♌		ライテシア	♓
	フォーチュナ・マイナー	♌		カプト・ドラコニス	☊
	コンジャンクショ	♍		カウダ・ドラコニス	☋

スートカード ◈ Disks

第3章 カード解説　437

ロイヤルティカード
──行動様式（パターン）を教える

　ロイヤルティカードと呼ばれる人物のカードは、外部に向かって身にまとう仮面（ペルソナ）と、経験を通して引き出される能力の行動様式を表す。また、私たちが接触する他者をも表す。

　これらのカードは、内面的な世界の鏡として使うことができる。私たちが内面的に所有してはいるが、必ずしもはっきりさせようとはしていない(かもしれない)性質を象徴画にして映し出してくれる。カードは、個人の中に潜在的に秘められている行動様式を人物化して表し、物事を正確にとらえ、能力を成長させる浄化の働きをしてくれる。

　ロイヤルティカードは全部で16枚ある。ワンド（火）、カップ（水）、ソード（風）、ディスク（地）の四大エレメントに分かれていて、それぞれのエレメントに、クイーン、ナイト、プリンス、プリンセスの4人の人物がいる。そして、それぞれのカードが生命の木の体系図に対応している。

　なお、クロウリーの『トートの書』では、人物のカードは「コートカード」となっているが、本書ではジェームズ・ウォンレスの見解を採用し、「ロイヤルティカード」の名称にした。

【マイナーカードのエレメントの概要のまとめ】

ワンド	火のエレメントに対応し、意志の働きを表す。
カップ	水のエレメントに対応し、感情の働きを表す。
ソード	風のエレメントに対応し、思考の働きを表す。
ディスク	地のエレメントに対応し、物質の働きを表す。

ナイト	火であり、天王星の性質を持つ。
クイーン	水であり、土星の性質を持つ。
プリンス	風であり、太陽の性質を持つ。
プリンセス	地であり、地球の性質を持つ。

【生命の木の体系図に対応するロイヤルティカード】

[Queen 女王]

玉座に座り、ナイトの考えと行動を最もよく理解し、ケテルであるエースの理想を実現するナイトの共同者または彼を補完する者として働く。そしてクイーンはこの世にプリンスとプリンセスを生む。またプリンスを育て、プリンセスには経験を積ませ、忍耐力を与える。

[Knight 騎士]

戦闘用の鎧を身に着けて馬に乗り、ケテルの理想を実現するための行動を取りながら、クイーンを守る役割を持つ。彼はクイーンに対立するものと闘うのである。

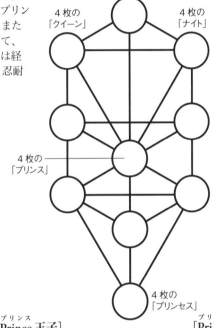

4枚の「クイーン」
4枚の「ナイト」
4枚の「プリンス」
4枚の「プリンセス」

[Prince 王子]

プリンスはクイーンから生まれ、彼女によって育てられる。太陽が朝日となって夜を脱して昇るように、彼は永遠に古びることのない、新しい王である。プリンスはティファレトを支配し、ティファレトの目的を達成する。

マルクトのプリンセスはプリンスを求めて上昇し、彼を見出すと彼と結婚して、クイーンになる。

[Princess 王女]

マルクトに立ち、「スートの10」に内在する問題を解決するために、太陽であるプリンスを求めて新しい世界へ出ていく。

プリンセスは未熟で、いくらか世間知らずな面を持っている。そのため、彼女は自分の追求するものに対して怖いもの知らずである。彼女は自分から進んで社会組織の中へ出ていき、仕事や人間関係を通して個性と能力を表そうと試みる。

ロイヤルティカード

ワンドのプリンセス／Princess of Wands
自由の精神と独立
（社会関係のストレスとプレッシャーからの自由と独立を求める）

【背景と解説】

　「ワンドのプリンセス」は、火のエレメントのなかで地の側面（現実）を表す。それは、組織的な抑圧（社会）や物質の獲得をめぐる葛藤、干渉、束縛からの解放と自由を求める精神を意味する。

　「ワンドのプリンセス」は、内面的な障害や仕事上の障害物、人生の妨害などを乗り超えることに挑戦している。彼女は、虎の尻尾をマフラーのようにして首に巻きつけている。虎は「#0.The Fool フール」

のカードに出てきた人生の迷宮を象徴し、私たちが生まれつき持っている内面の恐怖や障害を意味する。彼女はそれを克服することに挑んでいるのである。したがって、「ワンドのプリンセス」は、「自由」と「解放された精神」を求める人物である。

アンテナのような牡羊座の記号の頭飾りは、牡羊座の性質が意味する開拓と冒険者魂の象徴である。そしてこの頭飾りは、ダチョウの羽でできている。ダチョウの羽は「#8.Adjustment 真理の女神」と結びついている。それは魔術師の神殿の広間であり、自分を本当に理解し、受け入れてくれる場所や人物を求めていくことを示している（具体的に求める人物は「ワンドのプリンス」）。

プリンセスが身を躍らせている巨大な炎は、ヘブライ文字のヨッドの形をしている。しかし、それは細い炎が集合してできあがっている。それが意味するのは、あらゆる目的を抑圧から解放にまとめることである。ヨッドの集合は「ワンドのエース」にも通じ、新しいはじまりを表す。

春は世界が変わるはじまりの季節である。それを端的に表しているのが牡羊の祭壇である。「ワンドのプリンセス」は、祭壇に春の生け贄として彼女が負わされている抑圧と恐怖を捧げる。これは、「生活できなくなる」という恐怖を生け贄に捧げるのである。それは具体的には、プリンセスはプリンスと結合して、プリンスの理想に自分を捧げるという行為である。ただし、これらの牡羊座の象徴は、時期や星座として使用するのではなく、その意味だけを採用してリーディングに用いる。

第3章 カード解説 441

象　徴	意味の要点
赤い背景の中で黄色と緑色の炎がダイナミックに大きく動く	活気に満ちた生命力。強力な自信。大胆な本能的エネルギー。社会的拘束からの自由。強烈な情熱。炎は、「ワンドのプリンス」に向かって上昇している。
ヨッドの形の巨大な炎	ヘブライ文字ヨッドに対応する「#9.The Hermit 賢者」との結びつきを表し、地のエレメントと実際的・現実的な性質を表す。自由を具体化し、新しいことをはじめる。ヨッドは古いものから新しいものへの過渡期を意味する。新しい職業観への目覚め。
裸体の女性	魅惑的な純粋さ。性を意識しない自由奔放さ。
頭飾りのダチョウの羽	「#8.Adjustment 真理の女神」を表し、自分を本当に理解し、受け入れてくれる場所や人物を探すことを意味する。
30 光線の太陽の棒	3 × 10 は、物事を解明する力、刺激する力。新しい方向へ向かって太陽のように生き生きとしていて力強い。3 はビナーの「理解」、10 はマルクトで、現実の確かさを求めること。
下向きに死んでいる虎	「#0.The Fool フール」の虎。人生の迷宮に挑む。恐怖を殺す激しさ。恐怖の克服。宇宙的な力に結びついていることを信じる。
12 の牡羊の頭のついた金の祭壇	牡羊は春を象徴し、12 の飾りを持つ祭壇は地のエレメントを象徴する。したがって、炎のような生命力。（春の力のような）新しいものを芽生えさせる生きいきとした創造力。
生け贄として燃える薔薇	愛の女神に生け贄として心（最も大事なもの）を捧げる。新しいものの創造にすべてをかける。

占星学の対応	黄道 12 サインの夏のシーズン「蟹座、獅子座、乙女座」を支配し、夏の激しく開放的な性質を表す。
生命の木の対応	元型界（火のエレメント）のマルクト（王国）：「ワンドの 10」の組織的、物質的な束縛からの自由を求めて行動する。
関連するカード	マルクト（王国）：「ワンドの 10」 プリンセスの向かう先：「ワンドのプリンス」 　　　　　　　　　　「#8.Adjustment 真理の女神」 蟹座：「#7.The Chariot 戦車」 獅子座：「#11.Lust 自由」 乙女座：「#9.The Hermit 賢者」

項　　目	意　　味
人物特性	若い、ダイナミック、直情的、熱烈な女性。（黙っていられず）仕返しをする。向こう見ず（率直、ためらいがない）。自由を愛する。衝動的。独立的。理性的でない（損得の計算をしない）。非協調的（独立的、個性的）。美しい。 ［否定的な側面］ 気まぐれ。言うことを聞かない。変わりやすい。神経質。
一般	束縛やプレッシャーからの自由を求める。女傑。状況に見切りをつけて、断然本心で行動する。新しいものへの入門。未知のものへの旅。勇気。熱中。輝いている。冒険を求める。ただちに実行する。
仕事	革新的な考えを発表しようとしている。本音を実行する。ライフワークをはじめる。自分の理想や考えをわかってくれるところを求める。新しい仕事を求める、転職などの変化への過渡期。
交際と人間関係	熱烈に夢中になる。性的欲望。激しい愛の行為。一瞬の陶酔（一目惚れなど）。 ［否定的な側面］ 背信行為や浮気。
否定的な警告	わざとらしい態度とむら気の多い衝動性。不安定。芝居じみている。わがまま。横暴。復讐する。考えが浅い。三日坊主。中断する。行方がつかめない（音信不通）。小さな争い。

	リーディングのポイント
基本的なリーディング	不安があっても今努力していることを前向きに進めるべきである。あなたはインスピレーションとヴァイタリティーに突き動かされて行動する力があります。自分の見る目を信じ、目上の人の意見を恐れてばかりいる必要はないだろう。
否定的な場合のリーディング	この状況はあなたが考えているほどに重要であるならば、無理をしてでもより熱心に働かなければならない。ふてくされるのをやめ、恐怖の虎の尾をつまんで持ち上げ、事態を続行すべきであろう。

ロイヤルティカード ❊ Wands

第3章　カード解説　　443

ワンドのプリンス／Prince of Wands
自信の増大による楽観

【背景と解説】
　このカードは、火のエレメントの風の側面を表す。「ワンドのプリンス」は、火の精神との結びつきの強さを象徴し、炎に取り巻かれながら進んでくる。黄金の戦車はライオンに引かれ、創造的な過程のなかに内在するエネルギーとその強さを示している。彼は足を十字に組み、両手を広げて硫黄の記号を形成している。これは太陽の創造力が上昇する状態と、それを組織の中で現実化させていくことを示す。

「ワンドのプリンス」は、深い内面からの総合的な霊感によって生まれてくる自主的な創造的な表現力の力強さを表している。霊感にあふれた創造力の象徴として、手綱はプリンスの手の上にゆったりと投げかけられている。それはどのようなプレッシャーにも負けることなく、創造力そのものを自由に力強く表現することを表す。戦車の中で燃え上がる炎によって象徴される自分の創造力を現実のものにするため、的を絞り、注意をこらして集中している。プリンスの胸の内では、深い創造性への情熱があふれている。それが胸の上にあるメガ・テーリオン*53（大いなる獣）の大きな魔法印の意味である。プリンスの創造力は、向かう理想が明確なときには大いに発揮されるが、曖昧になると些細なことでくじけ、優柔不断になる。占星学対応で獅子座だけではなく、蟹座の一部が影響を与えているためである。

　彼は、フェニックスの棒を手に持ち、フェニックスの羽のようなケープを身にまとい、創造的な過程を通して変容し、成長し、発展する。フェニックスの羽は飛び立つことができることも象徴している。

*53 メガ・テーリオン（大いなる獣）
　　メガ・テーリオンは、主としてライオンか大蛇で象徴される。
　　『ヨハネの黙示録』第13章に登場する（ベイバロンは第12章）。
　　クロウリーの「テレーマの僧院」において、「獣」は男性神格の2人の主要な性質のうちの一つで、ハディトがもう一方の存在である。生命の木では、「獣」は第2のセフィラー、ホクマーに結びつけられる。
　　「テレーマの僧院」の体系では、ベイバロン（緋色の女）は2人の女性神格の主要な性質のうちの一つで、ヌイトがもう一方の存在になる。ちょうどヌイトがハディトと対を成すように、ベイバロンは彼女の男性性に対応するテーリオン（獣）と結合する。
　　クロウリーの考えによれば、第2のセフィラー、ホクマーは、二極性の最初の概念を表し、最初のセフィラー、ケテルの完全な統合を混乱させ、破壊する作用をする。カオス（混沌）はホクマーのもう一つの名称であり、テレーマの儀式ではテーリオンと同一視される。ホクマーはまた、神の意志、ロゴス、言葉であり、その振動は宇宙の創造的本質である。至高の父ホクマーとして、テーリオンは宇宙的男性の元型を表す。

ロイヤルティカード ✦ Wands

第3章　カード解説　　445

象　　徴	意味の要点
戦車に乗る裸の戦士	強さを求める性質。断定的な力。若々しさ。
11の光線を放つ王冠	「#11.Lust 夜明けの女神」との関連を表す。カリスマ的な輝き。創造的な力。獣で象徴される「混沌」を、創造力を発揮する場に変える。生活の心配を克服。
胸にある魔術の印	メガ・テーリオン（大いなる獣）を象徴する魔法印。古い意識を脱ぎ捨て、完全なる脱皮を目指す。七芒星はバビロンの星を意味し、自分が取る態度の影響力とその強さを示す。求めてきたことを実行する強さ。 ＊「ディスクのエース」も参照。
荷物を引く 火のようなライオン	推進力。前を向くたくましいエネルギー。真実の自己を求める。「#11.Lust 夜明けの女神」とのつながりを示唆。
鞍をつけたライオン	本能の働きを熟知して抑制する。エロスのセンスを創造力に生かす。
王冠の上のライオンの飾り	自負心と影響力の強さ。率先して行動する力。
戦車の底の緑と 吹き上がる炎	炎の海を形成する創造力の深さと情熱の激しさ。社会に強烈な影響力を与える。
全体の先の尖った炎	全体がフェニックスの翼のようで、それは創造力を示唆する。目的のあるエネルギー。使命感による行動。
フェニックスのついた棒	魔術師の大達人を象徴。右手に持つ＝欲望を浄化。
左手首のゆるやかな手綱	自主性を尊重し、プレッシャーを嫌う。
プリンスの硫黄の姿勢	率先して行動する男性性の力。

[占星学] 蟹座第3デーカン〜 　獅子座第2デーカン	長いものに巻かれるより自分の霊感や創造的な能力を重視する。自信と準備を万全にすることのバランスを確立する経験を積む。
関連するカード	ティファレトで太陽：「ワンドの6」 　「#19.The Sun 太陽」 太陽がイグザルテーションする星座：「#4.The Emperor 皇帝」 プリンスの戦車が向かう先：「ワンドのナイト」 獅子座：「#11.Lust 自由」 プリンスを保護する者：「ワンドのクイーン」 蟹座：「#7.Chariot 戦車」

生命の木の対応	元型界（火のエレメント）の風：知的であるが、たくましくなる経験が必要。 火のティファレトに対応：「ワンドの6」を実現する行動を起こす。

項　目	意　味
人物特性	野心的。注目を求める。魅力的。大胆。カリスマ的。ドラマチック。気前がよい。面倒見がよい。高潔。自信がある。強い（精神力）。若い人、少し年下の人。 [否定的な側面] 自分本位。もったいぶった。自尊心が強い。
一般	向こう見ず（率直、ためらいがない）な行動をする。征服者や英雄的な行動を好む。短距離選手型。性急な決断。新しい勢い。主導権を握りたがる。熱中する。引っ越しをする。
仕事	行動のための準備をする。リスクを負うのを楽しむ。独立的である勇気。パイオニア精神。大きな気力によって何かを始める。
交際と人間関係	野性的な情熱。プロポーズをする。エロティシズムを求める。危険な冒険。自然だが子どもっぽい欲望の満足。 [否定的な側面] わけもなく突然不機嫌になる。
否定的な警告	目途の立たない長い目的の達成にがむしゃらに費用をつぎ込む。うぬぼれ。邪魔なプライド。子どもっぽさ。心の単純さ。無鉄砲。自己顕示欲。自信をなくして優柔不断に陥る。

	リーディングのポイント
基本的なリーディング	自分の自信と冒険心を信じ、全速力で前へ進む。挑戦することが出てきたときには、いったい自分がどれだけのことを達成できるか試してみる機会だと考えてみればいい。
否定的な場合のリーディング	あなたは失速して停滞し、優柔不断に陥っているかもしれない。ともかくそこから出て自分を試してみないことには、何ができるか決してわからないままになってしまう。失敗すると思ったら何もできない。何事もやってみることからはじまるだろう。

ワンドのナイト／Knight of Wands
霊的なヴィジョンと理想を追求する革命者

Knight of Wands

【背景と解説】

　このカードは、火の中の火を表し、最も男性的な性質と行動力を示す。また生命の木ではホクマー（知恵）で天王星に対応し、「ワンドのエース」の新しい理想を社会的に実現しようと行動する。しかし、ナイトが向かう先は、まずビナー（理解）のクイーン（既成社会を変革して新しい秩序を建設する人）である。つまり、新しい理想を建設する前に青写真を完成させなければならない。その構想を練り、周囲

の人たちを啓発して協力者を集めることが「ワンドのナイト」が取る行動である。

　ユニコーンの馬と兜は、「ワンドのエース」が意味する理想を誰よりもはっきりと理解していることを表す。占星学では、蠍座第3デーカンから射手座第2デーカンに対応する。それは脇目もふらずに「ワンドのエース」が映し出す方向に向かって、進んで行け！　ということである。

　したがって、「ワンドのナイト」は「霊的な成長と発展」（世界の変革）に強い関心を持つ人物である。彼はある意味で預言者である。物事をたくらんだり、裏工作をしたり、誰かに依存したり、誰かをあてにしたりはしない「精力的なナイト」である。

　爬虫類の鎧を着て、黒いユニコーンに乗っている姿は、蠍座、土星、天王星、さらには射手座の意味を複合的に表している象徴である。目的とそれを現実化するためのヴィジョン、そして物事を即座に把握するインスピレーションが総合的に優れていることを意味する。彼は大胆に自己表現をし、内面的に深く物事を読む力と知覚力を持っている。彼はヴィジョンの探求者であり、重要なヴィジョンをつかむと、あらゆるエネルギーを総動員してそれを実行する。「ワンドのナイト」は燃える松明を手にして、自らの行く手を阻むどんな障害や妨害も焼き尽くそうとする。

ロイヤルティカード ❖ Wands

第3章　カード解説　　449

象　　　徴	意味の要点
後ろ足で立つ馬に乗る鎧と炎のマントを着たナイト	創造的で上昇志向の上、現実を無視しないようにコントロールできる能力。
塔のようにそびえ立つナイト	火星（蠍座）の性質。浄化の炎。不公平と不純さを許さない人。自分の「変容体験」を根拠に立つ。
黒いユニコーンの兜や飾り	射手座と天王星の象徴。直観的な力、決断力、目的に向かって集中したエネルギー。預言者的な人（その先を読む人）。インスピレーションが鋭い人。ユニコーンは揺るがない者の象徴。
爬虫類の皮のスーツ	蠍座の象徴。古いものを打破するために戦う。古い見方を変える。
燃える松明＝「ワンドのエース」	「ワンドのエース」の理想を実行する。世界に光と新しい展望をもたらす。先導者。他者にさえ火を燃やす力を与える。革命を起こそうとする人。
ヘブライ文字シンの形に燃え上がる炎	「#20.The Aeon アイオーン」の新しい時代をつくる人を示唆。革命を起こす（冥王星）。新しいものを生む情熱とエネルギー。シンは「歯」を意味し、嚙み砕く理解力が優れていることや、理想を語る言葉の巧みさも意味する。
黄色い光と風が吹きつける背景	「#0.The Fool フール」の色彩と風。タロットの霊の炎によってチャージされている。

［占星学］蠍座第3デーカン～射手座第2デーカン	ヴィジョンの探求者。大胆な未来展望。古い見方を変える実際的な革命家。
生命の木の対応	元型界（火のエレメント）の火：「ワンドのエース」を実行する。 火のホクマーに対応：「ワンドの2」の状況から行動する。
関連するカード	ホクマー（知恵）天王星：「ワンドの2」 　　　　　「#0.The Fool フール」 結合する相手：「ワンドのクイーン」 ナイトの理想：「ワンドのエース」 射手座：「#14.Art 異世の大釜」 蠍座：「#13.Death 黒い太陽」

項　　目	意　　味
人物特性	行動的。積極的。断定的。競争好き。確信的。衝動的（ためらいなく、即座にやる）。先導的。開拓的。大胆な成熟した人。模範的な人。リーダー体質。立派な理想を持つ友人。 [否定的な側面] 短気。狭隘な心。怒りっぽい。暴力的。
一般	自信。勇気。新しい冒険をはじめる。新しいヴィジョンを見つける。理想に向かって変化を起こす。改革する。怒りを持つ。強い進取の精神。妨害や障害を乗り超える。強く決心した。ダイナミック。
仕事	指導者的な素質。新しい企画へのモチベーション。開拓する仕事。最高の独立心。自信を持って独立独行の姿勢で仕事をする。成功を現実のものにするには市場調査の必要がある。
交際と人間関係	２人の対等なパートナーが高度な精神を共有する。寛大。建設的な対立を保つ意志。ダイナミックな関係。
否定的な警告	うぬぼれ。不寛容。エゴイズム。短気。守られない約束。議論好き。誇張的。おしゃべり。無愛想。怠惰。

	リーディングのポイント
基本的なリーディング	屈さず、素早く、自ら進んで変化を起こすべきとき。正直に何も包み隠さずに行動すること。オープンに願望を伝えれば、すべてがあなたの思うままに解決するだろう。
否定的な場合のリーディング	起きている変化に自分が合わせていく必要がある。すべてを変えなければならず、何一つ同じままではいられない。これらの厳しい時期は通りすぎ、幸運がその後に続くであろう。

ロイヤルティカード ❖ Wands

第3章　カード解説　　451

ワンドのクイーン／Queen of Wands
霊的な自己探求によって自分を熟知する人

【背景と解説】

　ナイトが生命の木の元型界・火の領域に対応するのに対し、クイーンは次の創造界・水の領域に対応する。「ワンドのクイーン」の場合は、「ワンドのナイト」の根源的なエネルギーを受け止め、補い、熟成させる。そして熟成させたエネルギーを「ワンドのプリンス」へ送り出す働きをする。「ワンドのクイーン」は、「ワンドのプリンス」を産み、育てることをここで行う。

このカードは、魚座第3デーカンから牡羊座第2デーカンに対応する。その理由をクロウリーは、この人物は太陽の上昇宮に対応するからだと言っている。人物のカードは上昇宮を表すため、対応する各星座の前のデーカンからはじまる（上昇宮は朝の寝惚け状態、半覚半睡状態を表す）。その象徴が、胸の位置についた魚の形の留め金である。クロウリーは、彼女は「傍らには、豹が頭をもたげてうずくまっており、彼女は手をその頭にのせている。彼女の顔は、その胸の奥深くで生まれた神秘に心を奪われた人の恍惚の表情を示す」[注20]と述べている。胸の奥で生まれた神秘とは、魚の形の留め金のことであり、魚座と「#13.Death 黒い太陽」を意味する。つまり、人の隠されている悩みと潜在能力を理解し、それを引き出すカウンセリングを行う能力である。クイーンは、人の潜在的な可能性を引き出すことの素晴らしさに思いを馳せ、恍惚とした顔をしているのである（魚座の月を表す「カップのクイーン」が、光の中で恍惚とした顔をしているのも同じ喜びを表している）。

「ワンドのクイーン」が手にする松かさのついた杖と右手を乗せている豹は、ともにディオニュソスを象徴する。松かさのついた杖は、彼女が引き出した潜在能力に自信をつけさせる意味を持つ。豹は、ディオニュソスが虎という動物に変容する前の象徴で、彼女自身もこのカウンセリング作業を通して、まだまだ多くのことを学び成熟していく必要があることを示している。

　長い髪、翼のついた12光線を放つ王冠は、「ワンドのクイーン」が天空の女神ヌイトであることを表している。ヌイトは、ただ自分が好きなこと、やりたいことをしているのではなく、新しい時代を創造することを夢見ているのである。

　このカードを生命の木に対応させた別の言い方では、火の中の水と呼ばれている。ここでは、特に松かさのついた杖（火）と魚の形の留め金（水）によって象徴される。彼女は、火と水を混合して精錬する新しい時代の創造の準備をしているのである。

象　徴	意味の要点
眼を閉じて炎の玉座に座る女王	内的な火（物事を迷わずにただちに理解する力）。霊性。サイキックな力。透視力（先見の明）。リーダー。
赤く長い髪	エネルギッシュで知的な生命力。個性や独立心、自信などを守る。
炎の女性	パワフル。自分自身を熟知する。魅力的だが自己防衛的。人に大きな尊敬の念を抱かせ、存在感を持つ。
12光線を放つ翼を持つ王冠	12サインを象徴。十分に発達した創造力。目覚めた知性。魔女的能力。
松かさのついた杖	ディオニュソス教団のバッカス神の杖。パッション。興奮。有頂天。女性としての変容を心の中だけではなく姿や化粧、衣装や持ち物などによっても実際に表現する。
胸の魚形（留め金）	古代エジプトでは、魚は貴重なものとして財貨の支払いにも使用されていた。したがって、財宝を象徴し、隠された大きな能力をも意味する。また魚によっては口の中に卵を保存し、そこから多くの子どもたちが孵化することから、再生・復活の象徴でもある。そのため魚は蠍座、魚座の象徴として使われる。
豹の頭を手で持つ	動物的な本能を注意深く飼い慣らし統合する。感性の神秘性。猫のような直覚力と魅力。
豹の黒点	覗き込むことのできない暗い心の側面（現在は、人の知らない隠された苦労を乗り越えて明るくなっている）。人生の甘さと酸っぱさを熟知。
結晶化して太陽を形成する光	真実と霊性を重んじる。金銭で解決したり妥協したりできない。

［占星学］魚座第3デーカン～牡羊座第2デーカン	自分自身を知る。先を読む力。率先する。自分の存在をアピールする。
生命の木の対応	元型界（火のエレメント）の水：知的であるが安定していく経験が必要。火のビナー（理解）に対応：「ワンドの3」を実現する行動を取る。

関連するカード	ビナー（理解）土星：「ワンドの3」
	「#21.The Universe 楽園回復」
	結合する相手：「ワンドのナイト」
	産み、育てる子：「ワンドのプリンス」
	牡羊座：「#4.The Emperor 皇帝」
	魚座：「#18.The Moon 月」

項　　目	意　　味
人物特性	利他主義的。支配する。命令的。独立的。公平な人。率直な人。誠実。理想主義的。感じやすい。正直。 [否定的な側面] 落ち着かない。性急。
一般	健全な自信感覚。イニシアチブ。開放的。衝撃性（画期的）。自己達成。ハイレベルな精神。カリスマ性。人間的な経験を十分積んだ高潔な女性。
仕事	仕事に自信を持って自己実現する。大きな任命に値する存在。自営独立する。リーダーとしての責任ある立場を負う。
交際と人間関係	対等な関係。円満な関係。優しい従順さ。愛の極致。心からの温かさ。 [否定的な側面] 不倫。嫉妬。
否定的な警告	あらゆる犠牲を払う自己中心性と自己主張。狡猾な詐欺。対立。被害妄想。転々とする。長続きしない。

	リーディングのポイント
基本的なリーディング	直観的にあなたは何をすべきかがわかるだろう。しかし、この状況でトップのリーダーになる必要はない。まず状況に耳を傾け、他者に協力してもらうことからはじめてみること。あなたは自分の考えていた条件でそれらを実際に行うことが可能かもしれない。
否定的な場合のリーディング	立ちはだかるものに直面したら女王様気取りはやめること。閉鎖的になって守勢に回るかわりに、新しい可能性に心を開いて穏やかになること。

ロイヤルティカード ◇ Wands

カップのプリンセス／Princess of Cups
永遠を求めて無条件の愛と真実を捧げる人

Princess of Cups

【背景と解説】
　このカードは、水のエレメントの地の側面を表す。「カップのプリンセス」の白鳥の王冠は、天秤座のルーラーである金星の属性を表す。プリンセスの頭から広がっている10本の水草のつるの光線は、10という数字から生命の木のマルクト（王国）と大地を象徴している。そして10本の光線の間に広がる塩の結晶の羽飾りは、水の地を象徴する。ドレスの裾に描かれた六角形のクリスタル模様は、生命の木で調

和を意味するティファレト（美）を示している。クリスタル模様が全部で11個なのは、魔術の数*54である。これは「カップのプリンセス」が「カップのプリンス」を見つけて結合すると、その愛によって大きく変容することを示唆する。ティファレトは個人的なあこがれや夢に対して死ぬことである。それが「美」であり「芸術」である。芸術の美は、人間の単純な写実的な美に対して死ぬことである。

彼女は右手で貝のカップに乗ったウミガメを差し出している。この行動は蟹座を象徴し、誠実さと信頼を捧げ、その相手を受け入れようとしていることを表す。左手は22枚の花びらを持つ蓮の花を差し出している。この蓮の花は、感情の領域のすべてを表し、彼女が持つあらゆる感情を捧げている。両手ともに差し出している相手は「カップのプリンス」である。「カップのプリンス」は変容した新しい人間であり、自分の力で世界を飛ばずに、宇宙の風に乗って飛ぶのである。

身体、カップ、ウミガメなど全体的に緑の色彩が使われているのは、彼女の心が大地のように安定した愛情に満ちていることを表しているからである。そしてまた彼女の愛は、イェソド（基礎）の「カップの9」から生まれてくる。「カップの9」は揺るぎない充実感を表している。

クロウリーの『777の書』によれば、水中のイルカは魚座の属性[注21]で、彼女の母である「カップのクイーン」の性質を受け継いでいることを表す。また、イルカは伝統的には金星の象徴でもあり、プリンセスは「#3.The Empress 女帝」の愛と創造力を持っていることも示している。

---

*54 魔術の数（魔術数11について）
　　11=5+6であり、5は五芒星で人間、地を表す。6は六芒星で神、天の象徴である。すなわち11は人間と神、地と天の結合であり、「天と地の合一」がゴールデンドーン系魔術の意味である。
　　また、11は生命の木のパスのナンバーでは「#0.The Fool フール」の数であり、メジャー・アルカナの0番も「天と地の合一」がテーマである。

象　徴	意味の要点
貝の形のドレスで踊る プリンセス	隠れた慎ましい魅力。広い内的な心の世界。優しさ。深い感覚。「貝」は傷つきやすい初々しさ。
10本の光線となって広がる 王冠の羽飾り	10はマルクト（王国）と地を象徴。水の中の地。ワイルドなエネルギー。実際の行動において自分の感覚を信頼する。
白鳥の王冠	金星の女神ヴィーナスの象徴で「#3.The Empress 女帝」にも出てくる。感情の安定。予言的な能力。感情に溺れずに愛する美しい人。
11の塩のクリスタルとド レスの六角形のクリスタル	『777の書』によれば、11は魔術の数。心の混乱を浄化して内的な価値観を結晶化させる。心を変成して新たにさせる愛情。相手の身になる。
ウミガメを乗せた聖杯	外部に向かって開く内的世界。多産（想像力の豊かさ）。誠実さ。永続的な価値あるものや、長く続く成功を求める。
楽しそうに踊るイルカ	魚座と金星の象徴。人生の喜び。創造的な力。現実感覚。性的な交流。
22枚の花びらを持つ 白い蓮の花	神聖なものとの結びつき（愛情を神聖な受容性と受け止める）。メジャーアルカナの22の世界を表し、天上の大宇宙からのインスピレーションに導かれて新しいものを求めはじめる。花は「カップのプリンス」に捧げられ、彼のような物質的な満足以上のものを人生に求める。
捧げ持つ蓮の花	愛情の喜び。無条件に心を開く。歓迎する。プロポーズ。格好いい。
片肌を脱いだ姿	官能的な魅力。セクシャル。
薄いピンクのドレス	ロマンス。純粋な愛。
緑色の身体や色彩	緑は地球の色彩。心の感情を具体的な態度に表す。
王冠から伸びた線の上で バランスを取る	感情に翻弄されないようにする彼女の姿勢。線は人生の迷宮の象徴であり、迷宮体験で心が浄化される。
海の中を波状に踊る	流れるような感情の豊かさ。簡単には傷つかない心のゆとり。人生の迷宮の旅の勝利。伸びやかな心。
身体を反らせた姿勢の プリンセス	心の執着やジェラシーから離れる。感情の不安定さを克服する。

占星学の対応	黄道12サインの秋のシーズン「天秤座、蠍座、射手座」を支配し、秋のロマンチックなものを求める性質を表す。
生命の木の対応	創造界（水のエレメント）のマルクト（王国）：「カップの10」を具体的に行動して、新しい冒険に協力してくれる「カップのプリンス」を求める。
関連するカード	マルクト（王国）：「カップの10」 プロポーズをする相手：「カップのプリンス」 天秤座：「#8.Adjustment 真理の女神」 金星：「#3.The Empress 女帝」 蠍座：「#13.Death 黒い太陽」 射手座：「#14.Art 異世の大釜」

項　　目	意　　味
人物特性	敏感な若い女性。うっとりするような魅惑的な女性。空想家。子どもっぽい。親切。上品。創造力が豊か。直観的。愛する。社交的。 ［否定的な側面］ 感情的に気が変わりやすい。非現実的。
一般	受け入れること。熟考する。結合を切望する。求愛する。深い感覚。空想的。静かに喜ぶ。
仕事	決定にあたり、よい直感。本能的に正しいことをする。毎日の仕事のなかで自分の感覚を信頼する。
交際と人間関係	お互いに優しく、慎重に近づく2人の間柄。愛の優しい感覚。相手を切望する。
否定的な警告	魅惑的ななまめかしさと自然な自己欺瞞。人間関係の信用を失う。ルーズ。ジェラシー。押し流される。幻想と錯覚。快楽を求める。気まぐれ。単純すぎる。

	リーディングのポイント
基本的なリーディング	あまり出しゃばらずに陰の実力者で収まっていれば、今のこの立場はあなたの才能と可能性を示すチャンスになるだろう。それを十分に認識していれば、チャンスは意外に早く訪れるかもしれない。
否定的な場合のリーディング	あなたは自分の才能と努力を認めてほしいと思っている。しかし一方で、世間に迷惑をかけはしないかと心配しているのだろう。勇気を示すには、恐れがあっても行動する以外にはない。

ロイヤルティカード ✦ Cups

カップのプリンス／Prince of Cups
上辺を捨てて本心で生きる

Prince of Cups

【背景と解説】

「カップのプリンス」は、深い内面からの熱情的な心に目を向け、表面的な心の執着を捨てることで生じる「変容」をテーマにした象徴である。このカードは、水のエレメントの風の側面を表す。青い人物の中心から巨大な大気が発生している絵図がそれを象徴している。

プリンスはフェニックスの飾りのついた兜を別にすれば裸体である。そしてハートチャクラの位置にあるカップからは、とぐろを巻いた蛇

が立ち昇り、大きな白い蒸気が湧き上がっている。右手には大きな蓮の花を持ち、それを下に向けて湖に捨てようとしている。これは、表面的なことに囚われて満足していたこれまでの自分を捨て、本心で生きる生き方に変容しようとする人物像を表している。心の幼児性からの脱皮である。

どしゃ降りの湖面は、上辺の安全に囚われている心の苦しみと悲しさであり、フェニックス（または鷲）が引く貝の戦車は、それを心の底から完全に変えて、新しい人生に復活することを表している。フェニックスも蛇も蠍座の象徴であり、より深いレベルのエネルギーに変容することを求める象徴でもある。

「カップのプリンス」が胸の位置にあるカップを見つめているのは、内的に抱いている激しい心の情熱を表す。しかも彼は、内面的にそれを実感している自分の心を大切にする。感情的な情熱は心を燃え立たせ、私たちを前に押し進める。しかしここでは、自分の心の動き（本心）をはっきりと自覚し、求めるものを実行しようとする個人の肖像画が描かれている（カップの中の蛇）。同時に、蓮の花を逆さまに持って捨てようとしている姿は、必要に迫られてやむをえずに行っていたことをやめようとしている。

欲望の支配とは、本心が求める行動を取り、安全のためのお決まりの行動を捨てる力である。それを達成することで「カップのプリンス」は、「カップのナイト」に向かって前進していく。そして、「カップのエース」（ケテル）を実現していく。

フェニックスの両翼は8本の羽根でできている。数字の8はホド（光輝）を表し、水星に対応する。水星は知性であり、考えることと言葉で表現することを表す。フェニックスの再生は、感じることと考えることを同じ方向に向け、自己表現が本心を裏切らないようにすることを示唆している。

ロイヤルティカード ❉ Cups

第3章　カード解説　　461

象　徴	意味の要点
フェニックスの兜を被る裸の戦士	変容（成熟）過程。本能的な性質を改善する。考えがより深くなる。
鷲に引かれる貝の形の戦車	心の底から変容と復活を求める生き生きとしたメンタルの力。
蛇が立ち昇る聖杯	変容（心の成熟）と更新（新しい考えが心から湧き起こる）。プリンセスの、迷宮体験の結果である。
湖面に捨てようとしている大きな蓮の花	今大きく咲いている考え、生活を手放す。今の執着を捨てる。必要に迫られてやっていることを捨てる（未練のあるものからの脱皮）。
どしゃ降りの湖面	直面している問題の苦しさ、そこから脱するための変容への強烈な内面的欲求。直面している状況から、切実に人生により深い意味を求める。悲しみを知り、それを克服すること。成熟。
フェニックスまたは鷲	感情的執着を捨てて生まれ変わる。変容。蠍座。
カップの中の蛇を見つめる顔と青い色彩	悲しみを深く理解し、本当の心の深い情熱に目覚める。
背景の気体の上昇	復活する。生まれ変わる。フールの、宇宙のあけぼのの風である。

[占星学] 天秤座第3デーカン〜 　蠍座第2デーカン	深い情熱が求める行動を取り、安全のためのお決まりの行動を捨てる。
生命の木の対応	創界界（水のエレメント）の風：興味を感じたものを考えるようにし、感情と考えることとを同じ方向に向ける。 水のティファレト（美）：「カップの6」を実現する行動を起こす。
関連するカード	ティファレト（美）太陽：「カップの6」 　「#19.The Sun 太陽」 プリンスの戦車が向かう先：「カップのナイト」 蠍座：「#13.Death 黒い太陽」 プリンスを産み育てる者：「カップのクイーン」 天秤座：「#8.Adjustment 真理の女神」 ホド（光輝）水星：「#1.Tha Magus 魔術師」

項　　目	意　　味
人物特性	何かに取り憑かれたように、やむにやまれぬ行動をする。集中的。強烈。内面的。怒りっぽい。魅力的。情熱的。受容的と攻撃的。物事をひそかに行う。懐疑的。強情。
一般	優しくロマンチックな人。誘惑する人。魅力的な人。温かい人柄。熱狂がほとばしる。上辺を捨てて本音で生きる。より深く学習する、調べる。
仕事	直感と知識、社会に献身する芸術的な活動、インナーワークがうまく結びついた成功。スピリチュアルワーク。公務員。医学や薬学。
交際と人間関係	ロマンチックで想像的な愛の交換。愛のアプローチ。過去の知り合い。別れた後の出会い。愛の不思議。
否定的な警告	感情があふれたふり。心に秘められた暴力。嫉妬。恋人の裏切り。約束を破る。しつこい。スキャンダル。

	リーディングのポイント
基本的なリーディング	自分の心の声を聞き、情熱を自分の導き手にする。そして気持ちと考えることを同じ方向に向け続ける。そうすれば望むことを達成できる。
否定的な場合のリーディング	表面的なものを信じるわけにはいかない。何が起こっているのかを現実的にとらえること。そして、状況の事実よりも自分の幻想に囚われていないかを確かめる必要があるだろう。

ロイヤルティカード ✦ Cups

カップのナイト / Knight of Cups
心の誠実さと人を信頼すること

ロイヤルティカード ❖ Cups

【背景と解説】

このカードは、水のエレメントの火の側面を表す。生命の木では、水のエレメントのホクマー（知恵）に対応する。掲げたカップからは蟹が輝き出ている。これは、「カップのエース」が温められて、育てられた強烈な愛が「カップのクイーン」に捧げられようとしている象徴図である。それは心に抱いている思いを表現すること。

「カップのナイト」は、「忠実さ」「寛大さ」「約束を守ること」「無条

件の愛」などを具体的に実践する人を視覚的に表現したカードである。この絵は、明らかに蟹座のカードである「#7.The Chariot 聖杯の騎士」に類似しながら、占星学的には水瓶座の第3デーカンから魚座の第2デーカンに対応するカードとして扱われている。

『777の書』によれば、水のエレメントの火は、蟹座に対応する[注22]。しかし、トート・タロットの人物のカードには、固定的な星座の意味は採用されていない。クロウリーは、人物のカードは占星学のアセンダント[*55]を表していて、固定した星座の人物ではないとしている。なぜなら、固定した星座の性質だけを持つ人間など実際には存在しないからだという[注23]。とはいえ、占星学を十分に理解していない初心者の場合、このカードの性質を適切に理解するのは容易ではない。学習のはじめのうちは、このカードは蟹座に対応すると解釈したほうが読みやすい（ジェームズ・ウォンレスなどはこの解釈を採用している[注24]）。

このカードの象徴は、神話の「騎士道と聖杯伝説」を根拠に構成されている。兜を脱いだナイトは、開放性、信頼性、忠誠心（誠実さ）の象徴である。実際、相手から警戒心を抱かれずに、自然な気持ちのまま人に手を差し伸べるには、必要な態度である。

白馬に乗る羽根を持つナイトは、統合化された霊的源泉（「カップのエース」）からもたらされる力によって、尊敬心と高揚的な精神を人に捧げている。

孔雀の上の感情の水（大洋）の波に乗って飛ぶ「カップのナイト」は、エゴと虚栄を超えて働く愛を表している。これは、人生の霊的なヒーリングの前兆を示す。

火と水の錬金術では、孔雀は「ニグレド」と呼ばれる黒化現象を表し、腐敗を通して社会のなかの個性に完全に目覚めることを表す。白い馬は次の段階の「アルベド」と呼ばれる白化現象で、精神的浄化と宇宙的な領域からの導きが得られることを表している。探求者は錬金術の第3段階「ルベド」に近づく。それは自他の同一性への目覚めである。

*55 アセンダント
　　上昇宮ともいう。朝、太陽が地平線から上昇してくるポイント（地点）のこと。

ロイヤルティカード ◆ Cups

第3章　カード解説　　465

象　徴	意味の要点
馬に乗って上昇する翼を持つナイト	聖杯の騎士。霊的な領域へ挑戦する、素晴らしい知的な原理。（騎士的な）気高さ。感情の豊かさ。兜を脱いでいるのは、心の安心感か自分に自信があること。
（大洋の波のように）羽根を広げている孔雀	孔雀は錬金術のニグレドと呼ばれる黒化現象を象徴する。腐敗を通して、社会のなかの個性に完全に目覚めることを表す。孔雀は、否定的な意味になると「虚栄」を意味する。
白い馬	錬金術のアルベドと呼ばれる白化現象を象徴する。自然の本能的な性質の浄化。心の純粋さ。高貴な（気品のある）性質。宇宙的領域からの導き。
9本の光線を放つ蟹	蟹は蟹座の積極性、9はイェソド（基礎）で月なので、蟹座のルーラーを表す。あてになる性質。親身に近づく。積極性。
騎士と蟹の組み合わせ	気難しさ、言いわけ、不安定、逃避、脱退、撤回などの態度を切り捨てる。生活の不安を克服したこと。
素顔のナイト	信頼する。率直な表現。センチメンタル。恋人（が会いに来る）。心の葛藤を克服したこと。
オリーブ色の鎧	水瓶座に対応する色彩。創造的な性質。再生的。刷新的。（植物的な）粘り強さ。自然な行動。（芽が出る）希望。感情的な安定感（肥沃さ）。

[占星学] 水瓶座第3デーカン〜 　魚座第2デーカン	直観と創造力を重んじ、それに従って行動する。感覚は長続きしないかもしれないが、熱心であるためそれを完全に表現する。行動は自然で心からの交流を求める。
生命の木の対応	創造界（水のエレメント）の火：「カップのエース」を実行する。 水のホクマー（知恵）に対応：「カップの2」の状況から行動する。
関連するカード	ホクマー（知恵）天王星：「カップの2」 　「#0.The Fool フール」 結合する相手：「カップのクイーン」 ナイトの潜在能力：「カップのエース」 魚座：「#18.The Moon 月」 水瓶座：「#17.The Star 螺旋の星」

ロイヤルティカード ❖ Cups

項　　目	意　　味
人物特性	優雅で詩的な人。感情的。感情移入。極度に敏感。世話好き。父らしさ。保護的。ロマンチック。協力的。粘り強い。 [否定的な側面] 気分屋。神経質。用心深すぎる。
一般	感情的な深さ（思いやり、優しさ）。芸術的な才能。仲介する能力。相手を強く鼓舞する。想像力と直観によって行動する。敏感さ。成熟した、役に立つ、デリケートな人。心に抱いている思いを実行する。
仕事	仕事と自分自身の求めるものとを調和させ、感情的な力を仕事に生かす。直感力、想像力、深い理解力が必要な仕事に向く。自分にしかできない仕事をする。芸術的で社交的な活動。
交際と人間関係	感情的な開放性。思いやりと深い連帯感。深い理解。豊かな感情。安心感のあるつき合い。
否定的な警告	蜃気楼（はかない夢）の後を追う。優柔不断。身持ちの悪さ。虚栄心からの言動。気取り屋。エゴのプライド。嘘や詐欺。怠惰で不誠実。

	リーディングのポイント
基本的なリーディング	控え目な態度を取る必要はない。断固とした態度を取るときである。この時点で蚊帳の外にいては何の意味もない。正直にこの状況に関する自分の気持ちを伝える必要がある。そうすれば、少なくとも自分自身が今どこに立っているのかがわかるだろう。
否定的な場合のリーディング	あなたは自分自身を表現する上で問題を抱えている。自分の気持ちにふたをし続ければ、状況を悪化させる危険がある。何も感じていないふりをしていても得るものは何もないだろう。

ロイヤルティカード ❖ Cups

第3章　カード解説　　467

カップのクイーン / Queen of Cups

他者の心を繊細に察する人

Queen of Cups

【背景と解説】

　このカードは、水のエレメントの水に対応する。水のエレメントの受容性と理解力を表し、「#18.The Moon 月」に類似した意味を持つ。したがって、占星学の対応は双子座第3デーカンから蟹座第2デーカンになる。ただ、占星学初心者は、魚座の性質に近い人物と考えておくとわかりやすい(『777の書』では水の水は魚座に対応[注25])。

　「カップのクイーン」は、コウノトリに手を乗せた人物として描かれ

ている。コウノトリは子どものイメージと結びつく象徴で、「新しい形」「新しい能力」「新しい価値観」「新しい人生」を創造することを表す。また、コウノトリに手を乗せている姿は、子どもへの愛情を象徴する。「カップのクイーン」は、母性的な性質（自分自身の母親のイメージを含む母らしさ）、女性的な要素に関するありのままの適切な感情などを象徴している。

　大きな月の光に包まれたクイーンは、母性の典型を表している。彼女は誰も見捨てず、拒絶せず、自分の心の働きに正直で、それを抑えようとはしない。クイーンの背後から、頭上に昇る大きな月は、イェソド（基礎）と「#18.The Moon 月」の月を象徴し、心の成熟した大きな安定感によって、肉体的・物質的なものよりも魂を愛する愛を放射する。絵では、水に光が映し出され、彼女が心の中で感じているものは、正直にそのまま外面的な態度に表すことを示している。また、クイーンの左手には、貝のカップにザリガニがハサミを持ち上げているが、これも妄想やごまかしよりも、正直さを重んじる人であることを表している（ザリガニは尻尾で立ち上がって海王星のフォークの形をつくっている）。海王星はインスピレーションを表す惑星で、フォークの形は保存、再生、発展のインスピレーションに必要な三作用を象徴している。「カップのクイーン」は、海王星の一方が意味する妄想的、詐欺的な性質よりも、もう一方のインスピレーションを表現できることに結びついた人物である。水に映し出された情景が、それを示している。

象　徴	意味の要点
月の光のヴェールで覆われた女性の姿	神秘的な神託の妖精のイメージ。サイキック能力。「#2.The Priestess イシスの探索」の隠された知恵を持つ。愛情が豊かになる。察知する（それと気づくこと）。
静かな深い池	無意識の一番奥の感覚。感情的な深さ。心の成熟。
光が反射する水面	魂の鏡。集合的無意識。夢。感覚的。（物事を）強く感じる。感知が鋭くなる。
貝の聖杯の中のザリガニ	ゴールデンドーンの魔術儀式では、ザリガニは蟹座の象徴であるが、ここではハサミを振り上げて海王星も象徴している。本能的。個人的な接近。保存、再生、発展の海王星の性質（ザリガニの三叉）。インスピレーション。
白い貝の聖杯	魚座。感情の深さ。同情心。思いやり。純粋さ。献身。
右手に持つ蓮の花とともにコウノトリに触れる	あふれ出るような愛を与える。純粋な愛。大きな受容性。蓮の花が3つあるのは海王星を象徴する（海王星の記号の形）。
池の2つの睡蓮（蓮の花）	感情の調和。
水面に映像が映し出される	感覚の目覚め（感情をありのままに理解する）。他者の反応を通して自分の心の動きを理解する。他者の心を察する。
女王の背後から頭上に昇る大きな月	イェソド（基礎）と「#18.The Moon 月」の月を象徴する。深い心の安定感。魂を愛する愛（ハートからあふれる愛）。「魚座の月」のカードでもある。
頭上から光り輝くエネルギーの放射	人格がキラキラしている。月の光のような優しさ、誠実さ、信頼できること。理屈や考えからではなく、自分の愛と実感から物事をとらえる。
コウノトリ	母性。人を世話し、養育する能力。子どもを産むことや育てること。新しい価値観や人生を生み出す。
小春日和	感情的に満たされている暖かさ。心の中の永遠の青春。
白と青の光の輪	直観力。心の中の迷宮を乗り超えた、成熟した性質の安定感。

[占星学] 双子座第3デーカン～ 蟹座第2デーカン	母性。深い潜在意識。インスピレーション。思いやり。 同情心。
生命の木の対応	創造界（水のエレメント）の水：受容性と思いやる 理解力。 水のビナー（理解）に対応：「カップの3」を実現す る行動を取る。
関連するカード	ビナー（理解）土星：「カップの3」 　　　　　　　「#21.The Universe 楽園回復」 結合する相手：「カップのナイト」 産み、育てる子：「カップのプリンス」 蟹座：「#7.Chariot 戦車」 魚座：「#18.The Moon 月」 双子座：「#6.The Lovers 兄弟」

項　　目	意　　味
人物特性	穏やかな人。同情心に厚い。親切。受容性がある。 フィーリング以上にイマジネーションで動く人。直 観的な。母性的。注意深い。傷つきやすい。感じや すい。安心できる環境が大切な人。共感的。霊的。 理解力がある。 [否定的な側面] 不注意な。非現実的。あてにならない。
一般	デリケート。献身的に世話をする。衝撃性。インス ピレーション。感情の深さ。慈愛。直観的、成熟した、 芸術的な女性。妊娠。
仕事	スピリチュアルな仕事。芸術的なインスピレーショ ン。創造的な目的のための休み。媒介者、セラピー 活動。子どもに関する仕事、看護師などの仕事。
交際と人間関係	言葉にこだわらない感情のこもった理解。ソウルメ イト。優しい愛情。献身。深い思い。結合に対する 切望。
否定的な警告	自分の不機嫌さをそのまま態度に出す。単なる希望 的観測に夢中になる。甘い話にだまされる。同情し すぎてだまされる。

ロイヤルティカード ❋ Cups

	リーディングのポイント
基本的な読み方	外部の状況をあてにしているのなら、状況はとらえどころがないかもしれない。直観が教えてくれる声に静かな心で耳を傾けるなら、間違いのない道を歩むことができるであろう。
否定的な場合のリーディング	霞をつかむような時期ではなく、実際的で現実的な実行計画を確立するときである。この努力を忘れないこと。これを知れば知るほど成功への道ははっきりする。

ロイヤルティカード ❖ Cups

472 第2部 ヴェールを脱いだ魔術師のトート・タロット

ソードのプリンセス／Princess of Swords
現実的に考える人

【背景と解説】
　このカードは形成界のマルクト（王国）を示し、風のエレメントの地に対応する。また、ゴールデンドーンの実践家であるマイケル・オシリス・スナッフィンの研究[注26]によると、「ソードのプリンセス」の兜の羽飾りは、『ブックT』においてこのカードと関連するメデューサの頭であり、ゼウスが知恵の女神アテネに与えたミネルヴァの楯である。そして、『777の書』において「ソードのプリンセス」は水瓶

座の属性を持つ女神であるとされている。また、プリンセスは「#1.
The Magus 魔術師」で描かれていたヘルメスの翼のついたサンダルを
履いており、水星は水瓶座でイグザルテーションする。翼のついたサ
ンダルは、メデューサの頭を得るための探求において使用したとされ
るペルセウス（ゼウスとダナエの子）の神話にも登場するとしている。

　プリンセスは女性とは限らないが、象徴学ではマルクト（王国）は
すべて娘として表される。「ソードのプリンセス」はメデューサの首
をはねたペルセウスを主人公に構成されている。さまざまな観念や思
考によって迷わされない姿勢と、悩みをつくらない行動を表す。メ
デューサの頭のたくさんの蛇は、ヘルメスが切り取った無数の眼と同
じで、さまざまな見方、観念、考え方、意見に惑わされないことを象
徴する。

　「ソードのプリンセス」は、母の「ソードのクイーン」と同じ位置で
剣を下方に向け、それを振り回して問題を客観的に分析している。こ
れは、奪われようとする「ソードのクイーン（ダナエ：現実の生活）」
を守っていることを示している。プリンセスの左手は、灰色の煙が立
ち昇る銀の祭壇に添えられて、自分が守らなければならない大事な立
場を防衛している。煙は「風の地」を象徴し、祭壇の模様になってい
るコインは地、その下のダイヤモンドは風のエレメントに対応する。
彼女が立っているところは黒い積雲の上であるが、そこは「ソードの
10」の破滅の恐怖の場所である。彼女は、「ソードの10」の先の見え
ない心の絶望を乗り越えようと、懸命に努力しているのである。

　プロペラのように回転する透明な翼は、彼女の父の「ソードのナイ
ト」の性質を受け継いでいて、物事の全体を把握してスピーディーに
問題を解決する力を表す。彼女は自分の主観的な情念にとらわれずに、
父と母（教師と実際の経験）に学んで試練を乗り越えていく。

　剣を振るう風の道の行く手に見える昇りくる太陽は、彼女を見守る
「ソードのプリンス」にあたる人物からの、新たな協力や助けが近づ
いていることを示唆している。

象　　徴	意味の要点
戦う戦士ペルセウス	ゼウスとダナエの子。メデューサの顔を見ずに剣でメデューサの首を取ることに成功。恐れずに問題に取り組む。戦いに臨もうとする意志。
メデューサの頭の飾りがついた兜	恐怖に負けまいとする力。過去の記憶と出来事に左右されない（後ろを振り返らずに物事に客観的に取り組む）。後悔しないこと（自己憐憫から身を守る）。
羽根がついたサンダル	ペルセウスがメデューサと戦うためにヘルメス（「#1. The Magus 魔術師」）から援助してもらったもの。巧妙さ、分析力、鋭い心と機知、知性などを意味する。空中を飛ぶ＝心配、恐怖に巻き込まれない高い識別力。
風のような透明の上着	考えの柔軟性。信念や思想を形成しない。頑固になると困難を乗り超えられない。
下方を突き刺す剣	母ダナエ（「ソードのクイーン」）と同じ位置に剣を持ってクイーンに見習う。分析力。主観に囚われない。
黒い積雲の上に上昇する	「ソードのクイーン」に見習う。感情移入しない。客観的に物事をとらえる。これもメデューサの象徴と同じ意味。
プロペラのように回転する透明の翼	父である「ソードのナイト」の性質を受け継ぐ。スピード。素早い動き。考えの再生。記憶を蓄えない、観念を背負わない。物事を一面的ではなく全面的にとらえる。現実から使命を感じるほど本質を学び取る（この翼は、蝶＝変容の羽でもある。羽とは本質まで深めること）。
左手で支える灰色の煙が上る銀の祭壇	祭壇の模様はコイン（地）とダイヤモンド（風）で構成され、実際の動きとともに働く意識を表す。事実に激しく直面する。実際的に鋭く考える。
下からアーチのように上昇する太陽	ティファレト（美）の太陽は向こうから現れる「ソードのプリンス」である。実際的に解決して生まれる新しい状況。向こうからやってくる新しい希望。
祭壇の煙（雲の柱）	神の守り（『出エジプト記』第13章21－22節）。先の見通しの立たない状況でも、運命の守りが必ずある（ソードのプリンス）。

占星学の対応	黄道12サインの冬のシーズン「山羊座、水瓶座、魚座」を支配し、冬の厳しさと戦う性質を表す。
生命の木の対応	形成界（風のエレメント）のマルクト（王国）：「ソードの10」の破滅の恐怖を懸命に乗り超え、協力者の「ソードのプリンス」を求める。

ロイヤルティカード ❖ Swords

関連するカード	マルクト（王国）：「ソードの10」 助けを求める相手：「ソードのプリンス」 山羊座：「#15.The Devil パーンの祝祭」 水瓶座：「#17.The Star 螺旋の星」 魚座：「#18.The Moon 月」

項　　目	意　　味
人物特性	若い人。論争的。用心深い（慎重）。ずる賢い。防衛的。恐ろしいものすごさ。直観的。批判的。反応的。自己堅持的。知識豊かな知的な女性。
一般	機転を利かす。機知に富む。はっきりしている。精神の更新。刺激的。実際的、現実的に考えれば物事は解決する。考えを実行する。
仕事	仕事で戦う。立場をめぐる闘争。対立を明確にする。古いものに対して反乱を起こす。
交際と人間関係	共通の関心を持つ人たちとの交流。見解の相違で争う。憎しみ合う雰囲気。討論する。恋愛感情に溺れない。 ［否定的な側面］ 卑劣な企み。
否定的な警告	攻撃と辛辣な批判の直撃。不安。根っからのけんか好き。相手の気持ちを逆なでする。収拾がつかない。考えが伝わらない。

	リーディングのポイント
基本的なリーディング	自分の考えについてあれこれ悩むのをやめ、実行してみることが大切。今のあなたにとって最良のことは、自分の考えのなかでできることから着手し、他のことは考えるに留めておくことである。
否定的な場合のリーディング	自分の考えがどれほど有効かを知ろうとするなら、心の不安を乗り超えて、それを仕事の場で公表する必要がある。恐れずに試せば、きっと認められるだろう。

ロイヤルティカード ❖ Swords

476　第2部　ヴェールを脱いだ魔術師のトート・タロット

- Mythology -
メデューサを退治するペルセウス

Medusa-The Terror

　ペルセウス（復讐者）は、ゼウスとダナエの間に生まれた息子である。アルゴスの王アクリシオスには、一人娘のダナエ以外に子がないので、息子ができるようデルポイの神託にお伺い(うかが)を立てた。神託では、息子はできないが娘に息子ができ、やがて王はその子に殺されるというものだった。王はダナエを暗黒の塔に閉じ込めたが、天の支配者ゼウスは、黄金の雨に身を変えてダナエのもとを訪れた。

　やがてダナエはペルセウスを産み、孫に殺されることを恐れた王は、母子を方舟に閉じ込め、海へ放流した。しかし方舟はセリポス島に漂着し、そこでペルセウスは一人前に成長した。やがてセリポス島の王がダナエを見初め、邪魔者のペルセウスを遠ざけるために、世界の果てに棲む怪物ゴルゴン三姉妹の一人、メデューサの首を取ってくるようにと命じた。メデューサは猪のような牙をもち、蛇の頭髪をした恐ろしい化け物で、その顔を見る者すべてを石にした。

　ペルセウスは、ヘルメスから翼のついた靴を、女神アテナからはよく磨いた楯を贈られた。彼はそれらを身に着けると、空中を駆けて死者の国の洞窟へと向かった。そして、メデューサを直接見ないように、手にした楯に映る姿を見ながら彼女に近づき、メデューサの首を切り落としたのである。

　「ソードのプリンセス」では、プリンセスはメデューサの兜を被り、足もとと天空の暗雲を振り払っている。彼女のいる場所は「ソードの10」で、そこは人々が思考を根拠に生きているために心（魂）を失い、人生が壊滅しているところである。それは、私たちが心の中から完全に恐怖を消し去らないと、私たちを安全にするのは完全な思考を確立することだと錯誤し、ついには本当の心が見えなくなって苦しむことを警告しているのである。

　　　　——カール・ケレーニイ『ギリシアの神話（英雄の時代）』[注27] 参照

第3章　カード解説　　477

ソードのプリンス／Prince of Swords
独創的・直観的に考える人

【背景と解説】
　このカードは「風の中の風」を表す。「ソードのプリンス」は、物事それ自体の価値のために考えることを表す。彼は黄金の戦車に乗り、頭には子どもの帽子を被っている。これは彼の思考に新しい考えが満ちていることを表している。黄金は、太陽とティファレト（美）を表す色彩である。子どももティファレト（美）に結びつく象徴で、次に来るものを開発するアイデアでいっぱいなのである。

「ソードのプリンス」は、左手に鎌と戦車の手綱を持ち、右手では鞭を打つかのように剣を振りかざしている。剣は混乱を切り捨て、大きな考えを生じさせる役割をする。しかし鎌（土星の干渉や現実的な責任を象徴）は、背後に近づき、それ（剣が明確にした考え）を下へなで切りにする。戦車は、翼を持つ３人の子どものような人間によって引かれている。彼らはよろめきながら、「見ざる、聞かざる、言わざる」のポーズを取りながら戦車を引いている。プリンスの考えがあまりにも斬新（見たことも、聞いたこともない考え）すぎて人々に受け入れられないのである。創造的な考えは自由と制約されない表現を必要とする。しかし、それは、方向を与えるための創造的な目的も必要とする。

　ここに矛盾が存在する。「ソードのプリンス」が手綱をしっかりと握りすぎれば、思想の自由は失われ、創造性は死ぬ。しかし、彼が手綱をあまりにゆるく持てば、彼の考えは目的と方向性が曖昧になる。

　戦車の引き手である翼を持つ３人の子どもは、「ソードのプリンス」を３つの方向に運んでいこうとしている。中央の子どもは、自分の創造力を鈍らせないためにも、自分自身の斬新な発想を自由に、純粋に推し進めていく方向を目指している。右手の子どもは、プリンスを「ソードのナイト」に向けて前進させる。「ソードのナイト」は水星の方向にあり、プリンスの新しい発想を現実的、実用的に応用するよう導く。これは、私たちが社会的な職業を持つ上でなくてはならない姿勢である。左手の子どもは、戦車を引き返して、プリンスを「ソードのプリンセス」の方向へ連れていこうとしている。これは、プリンセスの先の見えない苦しみをともに戦って解決するためである（水瓶座には友情の意味がある）。３人の子どものなかでこの子どもの翼が一番大きいのは、現実に解決を要する問題が最優先されなければならないからである。

象　徴	意味の要点
荒々しい行動を取る 戦車の中の緑色の人間	突飛さ。素早さ。自己コントロールの必要。心の葛藤。不安定のなかで安定する。
ダブルピラミッドのある 緑の球体	具体的に起こっている問題を新しい方法で解決する力。思考力。理性的。分析的な精神。
小さな翼を持つ人間が よろめきながら戦車を引く	見ざる、言わざる、聞かざるのポーズを取るまったく新しい創造性。今の考えが未来の可能性としてまだ秩序立って組み立てられていない。考えを模索中。
幾何学的な形になった 黄色い丸い翼	知的な刺激。独創的な考え。
黄金の戦車と子どもの帽子	金色は太陽とティファレト（美）の象徴。子どももティファレト（美）の属性。新しいものを考える力。発明の才。
剣	知覚が鋭い。建設的に考える力。
鎌	土星の象徴。（干渉や古い考えによって）新しい考えに対立する。
背景のダイヤモンドの群晶	ダイヤモンドは風と水瓶座の要素が持つ最高に素晴らしい考えを象徴する。最先端の考え。突然の変化。閃き。思考の断片。

［占星学］ 山羊座第3デーカン〜 水瓶座第2デーカン	山羊座の現実性と水瓶座のあまりにも新しい発想との矛盾に苦しむ。混乱を切り捨て、新しい方向へ向かう。古いものを克服して最先端の考えにたどり着く。革新的な思想を持つ。思考の柔軟性。
生命の木の対応	形成界（風のエレメント）の風：興味を覚えたものについて考えることで、現実との間に板挟みが生まれるが、それに客観的に取り組んで克服する。 風のティファレト（美）：「ソードの6」を実現する行動を起こす。
関連するカード	ティファレト（美）太陽：「ソードの6」 　「#19.The Sun 太陽」 プリンスの戦車が向かう先：「ソードのナイト」 プリンスが助けに行く相手：「ソードのプリンセス」 水瓶座：「#17.The Star 螺旋の星」 山羊座：「#15.The Devil パーンの祝祭」

項　目	意　味
人物特性	極端な人。自由を愛する。人道主義者。個人主義的。想像的。知的。発明的。寛容。 [否定的な側面] すぐ気が散る。皮相（軽薄）。ずる賢い。皮肉。焦点が合っていない、目標が定まっていない。
一般	知識人。雄弁な人。専門技術者。いくつにも役柄を変えられる。独立。旅行する。配置換え。無目的さ。
仕事の意味	発明。独創的。霊感が湧く。素早い決断。突飛。コンセプトの欠乏。系統立てられていない仕事の傾向。頭を混乱させる考え。
交際と人間関係	関係に冷静になる。独立したくなる。距離を置いて離れていく雰囲気。鋭い言葉。理性で納得させられた関係。友情だけ。
否定的な警告	転落する危険がある突飛な空想。深い認識の探求もなく、知的なゲームで終わる危険。

	リーディングのポイント
基本的なリーディング	目標にたどり着く前に、いくつかの障害に出会うだろう。その準備をしておくべきである。もしよい行動計画があれば、脇目もふらずにその行動に集中できるだろう。
否定的な場合のリーディング	誤解があなたの考えを曇らせ、問題をこじらせている。あなたは状況については何も知らないままに、偏見を持たれずにやり直すことを考える必要があるだろう。

ロイヤルティカード ❖ Swords

第3章　カード解説　481

ソードのナイト／Knight of Swords
目的や意志の決定のため情報を集め、広く学ぶ人

【背景と解説】

「ソードのナイト」は「風の火」を表し、海の上を今よりも大きな理想を求めて南東[*56]に向かって飛んでいく。海は水のエレメントで感情に結びつけられ、南は火のエレメントで強力な直感力、東は風のエレメントで思考に結びつけられる。

「#14.Art 異世の大釜(ことよ)」のように水と火の強烈な結合によって蒸気（風）が発生する。それは、目的指向や意志決定に向けて情報を集め

たり、学びや社交の場へ出ていく姿を現す（「ソードのナイト」は、主として双子座の地点からホロスコープの対角線上の射手座に向かって飛んでいく）。カードの右下の3羽のツバメも3つのエレメント（火・水・風）の結合をサポートしている。

　このカードの占星学への対応は、牡牛座第3デーカンから双子座第2デーカンになる。ナイトの馬は、牡牛（牡牛座）の力によって充電されたので、非常に安定した地点からダイナミックに飛び出すが、双子座の風に煽（あお）られてナイトの興味が分散し、飛び行く道を見失いそうになる。それを双子座のルーラー、水星を象徴する3羽のツバメが馬にぴったりと寄り添って飛びながら、ナイトが向かうべき方向を見失わないように先導している。

　水星はコミュニケーションを表し、結合や目的を見失わないためには、言葉と理解がどれだけ重要であるかを教えている。

　ナイトの兜には、東西南北の文字が書かれたプロペラがついている。そして、その中心部分は六芒星になっている。六芒星は、相反するものを結合する双子座の象徴である。また、長剣と短剣も異なるものを結合させる双子座の象徴である。剣のツバは、一方が翼で風を象徴し、他方が太陽で火を象徴している。

＊56 南東
　　タロットの方位では、火は南、風は東を表す。また水は西、地は北を表す。

象　　徴	意味の要点
長剣と短剣を持つナイトが蒸気に乗って南東へ飛んでいく	ナイトは火と風の間を飛ぶ。機会を利用すべく積極的に打って出る。決断力。抜け目のなさ。理解しようとする知的性質。長剣＝思考。短剣＝直観。
赤褐色の馬と一体化する黄緑色のナイト	現実のなかでの火と風を象徴。思考と本能（直観）のパワフルな結合。好奇心の強さ。強烈な考え。ときに馬の激しい本能は迷いを生む。
兜の上で回る東西南北が記された透明なプロペラ	東西南北の文字は、四大エレメントを象徴する。思考の柔軟性。情報収集の素早さ。機敏。周囲の情報を集める。幅広く交流する社交性。
兜についたプロペラの中心の六芒星	六芒星は宇宙と双子座の象徴。意識の統一。相反する考えの結合。
飛翔する３羽のツバメ	ツバメは水星の象徴で双子座のルーラー。ツバメは馬に沿って飛び、馬の欲望の激しさに迷いを生じさせないようにする。目的指向の考え。意志的統一や決定。
２本の剣のツバは太陽と翼	火（太陽）と風（翼）を象徴。２本の剣は双子座を象徴する。迷いが生じないように目的に考えを集中させる。
荒れ模様の青い海と白い風	落ち着きのなさ。集中への抵抗。迷いを吹っ切る必要性がある。
背景のジェット気流	多彩な情報や人々に激しく接して、目的を探る。

[占星学]牡牛座第３デーカン〜双子座第２デーカン	牡牛によって充電された馬に乗るが、双子座の性質は興味が分散しやすい。安定性と流動性をつなぐ、総合的な目的を求める。
生命の木の対応	形成界（風のエレメント）の火：「ソードのエース」を実行することで推測以上の確かな確信が必要なこと。風のホクマー（知恵）に対応：「ソードの２」の状況から行動する。
関連するカード	ホクマー（知恵）天王星：「ソードの２」「#0.The Fool フール」結合する相手：「ソードのクイーン」ナイトの理想：「ソードのエース」射手座：「#14.Art 異世の大釜」双子座：「#6.Lovers 兄弟」牡牛座：「#5.The Hierophant 高等司祭」

ロイヤルティカード ❋ Swords

項　　目	意　　味
人物特性	多義的。曖昧。妥協する。協力的。偏らない。口がうまい。如才ない。寛容。 [否定的な側面] 分離した（よそよそしい）。一貫性がない。優柔不断。辛抱強くない。
一般	多彩。識別力。柔軟性。知的。客観的。計算、利口。雄弁。輝き。目的指向の人。大きな理想を求める。経験のあるアドバイザー。
仕事の意味	分析能力。ビジネス能力。公平なチーム精神。よいアドバイスを受ける。価値のある接触をする。目的指向の考え方。ダイナミック。戦略上重要なアドバイス。調停する行動。
交際と人間関係	簡単につき合うが不安定な関係。試しにつき合う。あまり会いたくない。交際好きで自然に多くの人とつき合う。どっちつかずの交際が基本。
否定的な警告	不安定。落ち着きがない。あまりに理性を強調しすぎる。自分のことを理論的な考えによってだけ決めようとする。高飛車。やりすぎる。無責任。

	リーディングのポイント
基本的なリーディング	前進する前に推測以上の情報や分析が必要である。状況をより深く調べるまで判断を保留することができれば、次に何をすればよいかが正確にわかるだろう。
否定的な場合のリーディング	まず立ち止まること。それから自分の努力の最終的な目的が何であるかを決めることを優先させるべきである。そうしないと、あなたはいつまでも「結局はどうなるんだ？」と不安なまま問い続けるほかなくなるだろう。

ロイヤルティカード ❖ Swords

第3章　カード解説　485

ソードのクイーン／Queen of Swords
先入観に囚われない透明さのある人

【背景と解説】

「ソードのクイーン」は「風の水」の部分を表す。合理的、客観的、知的な心を象徴している。彼女は墓石の彫刻のように見える、あどけない天使の顔のような、子どもの頭部の飾りがついた王冠を被っている。墓石は、土星と結びつけて考えられる。なぜなら土星は、このカードに対応する天秤座でイグザルテーションするからである。ダイヤモンドの王冠は、精神が歪曲や幻想なしに真実を見るという象徴であり、

「#8.Adjustment 真理の女神」のダイヤモンド状に現実を理解する象徴に対応する。

　クイーンは右手に剣を持ち、左手には切断された老人の頭部を持っている。老人の頭部は、古い考えや古い方法を意味する土星の象徴である。子どもの頭部は、新しい考えを意味し、古い考えを切り捨てて新しいものに変える思考の解放者[57]を意味している。

「ソードのクイーン」は自分の考えていることを絶対視せず、その結果やその事態をありのままに認めることができる。彼女が胸を露わにしているのは、心がオープンで、本当の意味で理解力を示す人であることを表している。クイーンは非常にリラックスして雲の玉座に座って、ただ出来事が起きることを観察しているように見える。天使の顔のような子どもの頭部がついたダイヤモンドの王冠は、子どものような好奇心と鮮明な知覚によって、新しい考えを形成していく明瞭で開かれた心を表す。

　青い空は、クイーンの穏やかな心である。入道雲は雨を降らせようと脅かしているようにもとれる。それは、問題の核心を正しくえぐる彼女の剣を使い、偏見や主観に囚われた者には容赦しないことを象徴している。

＊57 思考の解放者
　　老人の頭部は過去、子どもの王冠は未来を象徴。
　　老人は「#9.The Hermit 賢者」でもある。

ロイヤルティカード ✤ Swords

象　徴	意味の要点
積雲を玉座にした女性	偏見や主観に巻き込まれず超絶としている。公平さ。全体をはっきりつかむ努力を続ける。知性やセンスのよさ。認識の頂点。
積雲	経験、知識、記憶の積み重ねをしている。主観、先入観、偏見の根源的な要因。それは経験や過去の記憶に囚われない。
右手の剣	鋭い明確な心。惑わされない知性。
切断された老いた頭部	束縛、偏見、先入観、決まりきった考えを切る。虚偽や覆われているものを明らかにする。カウンセリングやコンサルティング能力（「#9.The Hermit 賢者」の老人）。
ダイヤモンドの王冠	迷いなく実際のものを理解する。純粋な知性。公平さ。考えの具体化。ダイヤモンドは「#8.Adjustment 真理の女神」の考えを表し、幻想、偏見に迷わされない。結果、考えの柔軟性になる。
墓石のような子どもの飾り	古い考えの限界から解放されて、新しい考えとセンスを発表する。更新。
深く青い空	情け深い精神と穏やかな心。

[占星学] 乙女座第3デーカン〜 　天秤座第2デーカン	古いもの、頑なになったもの、淀んだものを切り捨て、バランスを取り戻す。公正さ。秩序。客観性。調和的。洗練された美的センス。社会性の増大。
生命の木の対応	形成界（風のエレメント）の水：受け入れるだけの心から、より高い純粋な知性へ開かれていく。 風のビナー（理解）に対応：「ソードの3」の障害を克服する行動をする。
関連するカード	ビナー（理解）土星：「ソードの3」 　　「#21.The Universe 楽園回復」 結合する相手：「ソードのナイト」 産み、育てる子：「ソードのプリンス」 天秤座：「#8.Adjustment 真理の女神」 乙女座：「#9.The Hermit 賢者」

項　目	意　味
人物特性	理性指向の女性。利口な女性。個人主義的な女性。心が広い。気が利く。社交性がある。 [否定的な側面] あてにならない。冷たい。批判的な人。
一般	アイデアの豊富さ。知的。分析的。冷静。隠し立てしない。偏見がない。素早く考える。超然とした（公平な）。独立的。機知に富む。物事を耕す人。解放する人。
仕事	根回しする能力。並はずれた独立。頭脳ワーク。独立する。能力を生かす。アドバイスまたは調停する能力。コンサルタント。カウンセラー。
交際と人間関係	公平で対等につき合う。実務を協力し合う。情熱のない関係。独身。締めつけられる関係を終わりにする。
否定的な警告	皮肉と冷静な計算。うわの空。手応えがない。恋愛でのトラブル。

	リーディングのポイント
基本的なリーディング	自分の判断に感情的な執着を差し挟まないようにすること。当分の間、感情を脇に除けて、心ではなく頭でだけ考えてみる。知性によって状況を客観的に見て、実力相応の評価を下すべきだろう。
否定的な場合のリーディング	成功するためには状況をより現実的に見る必要がある。怒りと憤りを脇に置いておくこと。過去に影響されすぎているかもしれない。賢くなる必要性に迫られているようである。

ロイヤルティカード　✤　Swords

第3章　カード解説　489

ディスクのプリンセス／Princess of Disks
創造性の習得と新しい形態を生む人

【背景と解説】

　このカードは「地の地」を表す。「ディスクのプリンセス」はヴィジョンを探求してきた。彼女の後ろの不毛な風景は、長く骨の折れる旅であったことを示している。彼女はこの三次元の世界で創造的な作業をするのに耐えてきた。彼女の頭飾りの牡羊は、高い絶頂に登るために必要な決断、強さ、確かな立ち位置を彼女に与え、彼女のヴィジョンを現実のものにする。

プリンセスは妊娠している女性であり、それは創造的な力の成熟[58]を表す。彼女は火山の向こう側にいて、マングローブの森の間を通り抜けて旅をしてきた。彼女は新しい人生のヴィジョンを自分の中に懐胎し、育てている。その新しさとは、生き方の主体性、創造的計画、ライフスタイルなどであり、彼女はそれらを実行する上で、たくましく、豊かな才能を持っている。

彼女の自然な野性的精神は、バッファローの角の王冠（精神的・肉体的強さ）と羊の毛皮の肩掛け（野心、向上心）によって表されている。彼女の左肩の上、森の向こうに見える蛇は、羊の上着に変容し、現実的なものへの創造と古代的な創造の情熱を表している。

「ディスクのプリンセス」は、先端がダイヤモンドの杖を持ち、新しいヴィジョンを具体的に実現したいという欲望を表している。彼女は心のバランスを取って（女神イシスの陰陽の小麦の花の楯）、社会組織の場（彼女が寄りかかっている緑の麦を束ねた形の祭壇）で努力の結果を出そうと決心している。彼女は母性的な事柄、または彼女の創造的な道として、自分の母性的な問題にも取り組む。

*58 創造的な力の成熟
　　つくろうとするものに精通すること、それら全体を理解することを意味する。

ロイヤルティカード ❖ Disks

第3章　カード解説　　491

象　　徴	意味の要点
妊娠している女性	創造的な力を生かす。新しいことをはじめようとしている。妊娠。
夜光性のダイヤモンドの先端	暗い事柄（欠乏、欠陥、悩み、障害、未解決のことなど）に直面することによって問題の本質（体系、方法、対処法など）がわかる。
大地を突き刺す杖	男性的エネルギーと女性的エネルギーの直接的な触れ合い、直接的な結合（自分の考えと相手の考えとの調和）。
ダイヤモンドの先端を下に向けている	ダイヤモンドはケテル（王冠）を象徴。なすべきことをなす。仕事を進行させる。実行する。問題を解決する。
羊の毛皮の肩掛けと牡羊の頭、そしてバッファローの角	牡羊座と牡牛座が表す実際的な性質と、精神的・肉体的たくましさ。野心や向上心。
陰陽の象徴をつけた女神イシスの麦の花の楯	陰陽はこのカードに対応する双子座を表す。人との広い関わりのなかへ出ていくこと。花びらは3層で36枚。12サインの36デーカンを表す。それは太陽の1年の周期で、牡羊座からの新しいはじまりを意味する。物事の更新。
麦の花と麦を束ねた祭壇	大地の母デメテルを表す。活動する舞台の肥沃さ。求めるものの実現。成功。豊富。社会的に認められる。
マングローブの森	困難と障害を乗り越えてきた。解放された。
動物の襟巻きと毛皮の外套	安全。保護。安定。彼女が生み出したものの保護。
子宮を表す身体	性的魅力。たくましい生活力。母性。
背景の蛇と羊の上着	潜在的な可能性を現実化すること、古代の知恵から学ぶこと。
長い栗毛の髪	プリンセスの考えと知覚が実際的で、よく熟慮され、明快であること。

ロイヤルティカード ❖ Disks

492　第2部　ヴェールを脱いだ魔術師のトート・タロット

占星学の対応	黄道 12 サインの春のシーズン「牡羊座、牡牛座、双子座」を支配し、春の新しいものを生み育てる性質を表す。
生命の木の対応	物質界（地のエレメント）のマルクト（王国）：「ディスクの 10」の富の達成の後、さらに新しいヴィジョンを求めて現実を更新していく。
関連するカード	マルクト（王国）：「ディスクの 10」 プリンセスが向かっていく相手：「ディスクのプリンス」 牡羊座：「#4.The Emperor 皇帝」 牡牛座：「#5.The Hierophant 高等司祭」 双子座：「#6.The Lovers 兄弟」

項　　目	意　　味
人物特性	大胆。辛抱強い。不屈。持続的。実際的。前もってよく考える。母性豊かな人。
一般	若い人。官能的魅力。子どもの産める女性。自然派。創造性。成長。妊娠。いい知らせをもたらす人。粘り強い、信頼できる人。
仕事	自然のなかでの仕事、自然を扱う仕事。実務的な活動。クラフト。動物または植物を相手にする仕事。儲かる見込み。創造性。
交際と人間関係	性的関係。暖かみのある愛。長期にわたって実り多い関係。家族に加わる。いっしょに何かを築く。
否定的な警告	物質的な価値にこだわりすぎる。もしくはそれ以外眼に入らなくなる。イマジネーションの欠乏。気が小さい労働者。惰性。

	リーディングのポイント
基本的なリーディング	このカードは自分の夢のために世界へ乗り出す勇気をもたらし、そしてチャンスを与えてくれる。堂々とすること。世界はあなたに注目し、あなたを見守る人たちには感銘を与えている。
否定的な場合のリーディング	あなたは自分の求めるものを夢見るのに多くの時間を費やしてきた。今、ふたたび春の到来のように活発に物事が動き出すこのとき、不安を払拭し、夢を実現させるために始動すべきである。

ロイヤルティカード ✦ Disks

ディスクのプリンス／Prince of Disks
新しい世界を建設するための訓練と必要なものの習得

【背景と解説】

　このカードは「地の風」を表す。「ディスクのプリンス」は、力強い牡牛が引く鉄の戦車に乗っている。それはプリンスの目的への決意と潜在力を表している。牡牛は物質的・肉体的な力の表現であり、プリンスの現実的な本能の強さを象徴する。この絵は、プリンスが成功しようとする決意と彼が生み出す大地を美しさでいっぱいにしたいという、鉄のように強い願望を描いている。彼の後ろのタペストリーの

模様（穀物の絵）は、大地の肥沃さと私たち各々が手に入れることができる豊かさを表している。私たちは、ただそれを実現するために働きさえすればいいだけである。

「ディスクのプリンス」はあたりまえのように実際的で、自分の意図するものをやり遂げようと心がける。彼の戦車は植えつけに必要なサヤ（苗）で満たされ、そして新しいものを開発し、それらが成長するのを助ける彼の能力をも示している。彼は金属の兜を被っているが、顔はむき出しである。それは、彼は自分の考えに限界を決めず、自分の意図も隠し立てしないという自信の現れである。大きな球体の上に乗せた手は、彼が世俗的な競争の場で成功の道を求めることを示す。もう一方の手には、十字架を載せた球体の飾りがついた王笏が握られている。これは、彼が物質的な領域の競争の場で、熱心な改革者であることを示している。翼のある牡牛の頭がついた金属の兜以外は、すべて裸なので、彼はあらゆる種類の現実的な経験に対してオープンであり、性的な魅力を持っている。彼は自分の素晴らしさの表現の一部として自分の身体と物質的な富でそれを示す。

ロイヤルティカード ❖ Disks

第3章　カード解説　　495

象　徴	意味の要点
牡牛が牽く戦車に乗る裸の男	大地的な力（素朴な力、たくましさ、現実性、実行力）。官能的魅力。中央に丸と四角がクロスする球体を持ち、大地の支配を象徴。
地球儀（大きな球体）	目に見えるように現れている現実的世界のやり手。組織の周期的秩序をつくる。
鉄でできた戦車	鋼のような決断力。一度決めたことは押し通す。ひるまない。鉄は牡羊座の火星の象徴。
翼のある牡牛のヘルメット	新しいところへ移りたい、旅行をしたいという考え。物質的にさらに増大する。学習意欲。
王笏	仕事の絶頂。必要なことを完全に掌握している。
背景の同心の輪	季節のサイクルに合わせる（変化を読む。変化と時間に耐える）。自然な変化、無理のない変化にうまく乗る。
穀粒とトウモロコシの花の穂	肥沃さ。自然との親近性（労働や忍耐をいとわない）。美感覚。
優雅なタペストリー	芸術的感覚の豊かさ。
ワゴンの苗と果物	豊富さと性的能力（内面的豊かさと創造力）。
ワゴンの小さな玉石	立ちはだかるものや安定を脅かすものは、ほとんどない。環境や進む道が安全。

[占星学] 牡羊座第3デーカン～ 　牡牛座第2デーカン	自信を持って新しいものに取り組む決心をする。大きな志を持つ。困難を克服して成功する。現実的な能力。日用品のデザイナー。
生命の木の対応	物質界（地のエレメント）の風：実際的なものを設計する能力と、新しいことに取り組むたくましさ。地のティファレト（美）に対応：「ディスクの6」を実現する行動を起こす。
関連するカード	ティファレト（美）太陽：「ディスクの6」 　「#19.The Sun 太陽」 プリンスの戦車が向かう先：「ディスクのナイト」 牡牛座：「#5.The Hierophant 高等司祭」 牡羊座：「#4.The Emperor 皇帝」

項　　目	意　　味
人物特性	頼りになる。たくましい。優しい。よく働く。現実主義的。忍耐強い。所有的。堅実。持続性がある。性的な魅力がある。 [否定的な側面] わがまま。のろま。頑固。強情。
一般	エネルギッシュな若い男。原動力になる人。容易に動じない落ち着いた力を持つ人。現実派。忍耐力。必要なものだけに集中する。引き下がらない指導力。重要なニュースまたは提案をもたらす人。
仕事	絶えず決めた目標に向かって働く。ビジネスの才能。有用な活動。長期雇用。農業と造園。スポーツ、建築、デザイン、音楽などの分野。
交際と人間関係	安定した関係。性的体験を求める。頼りになる、信頼できる人。ほっと安心させてくれる人。いっしょに何事かを発展させる。
否定的な警告	可能性のないものについてのつまらない妄想。頑固。他者の考えや夢を抑圧する。役立たず。物質主義者。

	リーディングのポイント
基本的なリーディング	今の問題に自分の感情を抜きにして向き合うこと。はっきりと物事を考えるためには、冷静である必要がある。状況をよく調べること。そして行動する前に事実を直接つかむことが最善である。
否定的な場合のリーディング	早急な結果は期待しないほうがよい。この状況に従来通りの確立された取り組み方をすれば、あなたの人生はシンプルになり財源の節約になるだろう。

ロイヤルティカード ❖ Disks

第3章　カード解説　　497

ディスクのナイト／Knight of Disk
収穫と繁栄をもたらす実力者、ヒーラー

【背景と解説】
「ディスクのナイト」は外的な世界の内部を実際に観察した結果（十分な人生体験を通過してきたこと）を身につけた、明確な技術と能力を表す。彼は自分が耕し、養い育てたものを収穫するために、手には脱穀用の殻竿を持っている。結果を出す人である。彼は自分が持つ健康と財力の範囲において、収穫を増やし続けられることを確信している。

「ディスクのナイト」は、デッキでは医者またはヒーラーを表し、金融業者や投資家をも象徴する。穀物を食べる馬を管理するように、健康に対しての心配りをしながら調整し、財政においては金銭を管理するための方法を考え、それを維持する。

　彼は鹿の兜を被ったヒーラーでもある。すべてにおいて豊富さの必要性を知り、それを身につけたやり手である。彼の仕事は決して観念的ではなく、自分の創造力とヒーリング能力を結びつけた結果として収穫を生み出す。明白な収穫の様子は、ナイトのコインの楯の上に描かれた、ライオンの頭によって表されている。彼は兜のひさしを上げ、肥沃な丘の大地を見上げている。馬は立ち止まったままゆっくりと収穫した穀物を食している。あわてることも急ぐことも何もない。進む道は安定している。好きなこと、本当に興味のあることを仕事にしているからである。

　もしこのカードが出たとするなら、今から乙女座が意味するような、努力してきたものの結果が得られる時期である。明確で有効な収穫のヒーリング能力を使い、具体的な結果が出せる非常によい時期である。乙女座だけではなく、ナイトが持っている楯のライオンが表す獅子座の意味の可能性もある。そうだとすれば、あなたの好きなことを仕事にするチャンスがあるかもしれない。

　医学に関わる仕事やヒーリングアートなどに関するチャンスの生まれる可能性も持つ。また自分から積極的に財政および投資に関わっていく可能性もある。どちらにしてもこの象徴は、それらによって収穫が得られることを表している。

象　徴	意味の要点
馬上のきっぱりとした姿勢の背の低いナイトが山を見上げる	大地との結合。本能的な性質。現実感覚。断固としている。一つの方向に的をしぼる。知性よりも現実、物質に重きをおく。
黒い鎧	黒は土星の色。実際問題に対する最高の知恵。確実さ。努力が報われる知恵を身につけている。忍耐強い。持続力。
赤い鞍	行動力。本能的な性質と創造力。子どもができる可能性。
波打つように熟した麦	収穫。肥沃。仕事の結果を出す。自然な姿勢。
（ひさしを上げている）牡鹿の頭のついた兜	シャーマンの能力を象徴する。ヒーリングする能力。霊的性質に心を開く。問題の本質を見抜く。
光の輪が取り巻く黒い楯	具体的な事柄と結びつく創造的な精神。好きなことを仕事にする。

[占星学] 獅子座第3デーカン〜 　乙女座第2デーカン	組織の毒素を取り除く。熟練したビジネスマン。物質的豊かさ。組織化。実際的な考え。几帳面さ。慎重だが決まればスピーディーに行動する。
生命の木の対応	物質界（地のエレメント）の火：「ディスクのエース」を実現しようとすることで財政問題やコンサルティングのエキスパートとして働く。 地のホクマー（知恵）に対応：「ディスクの2」の状況から行動する。
関連するカード	ホクマー（知恵）天王星：「ディスクの2」 　　　　　　　　　「#0.The Fool フール」 守る相手：「ディスクのクイーン」 具体化する理想：「ディスクのエース」 乙女座：「#9.Hermit 賢者」 獅子座：「#11.Lust 自由」

ロイヤルティカード ❖ Disks

500　　第2部　ヴェールを脱いだ魔術師のトート・タロット

項　　目	意　　味
人物特性	忍耐力。分別。力。根気強さ（厳格、権威主義、重々しさ、断固とした現実主義者）。達成したものを安定させる。 [否定的な側面] 保守的。物質主義的。ドグマ的。他者が優位な立場にあると本能的に感じ、嫉妬する。神経質。
一般	堅さ。まじめ。忍耐する心。安定した価値の追求。信頼性。肝心なことに黙らない。成熟。官能的な男性。リアリスト。実用主義者。安全の保証を求める。成功したビジネスマン。保護する、正確な見通しなど。
仕事	責任ある立場。ビジネス能力。譲歩しないアプローチ。よいビジネス取り引き。安定した収入。実務的な能力。堅実な不動産感覚。ヒーラー。大地と自然を愛する。
交際と人間関係	安定した関係。官能性。相互に認め合う。信頼。
否定的な警告	頑固さと無意味なものの蓄積。自信の欠如。愚か。幻想の追求、怠惰な夢。くよくよする。

	リーディングのポイント
基本的なリーディング	ハードワークの収穫が得られ、まもなく休息できるようになるだろう。しかし今はまだ自分の目標に集中して、今まで通りの優れたやり方を続ける必要がある。
否定的な場合のリーディング	世界中のうまくいかない情報を全部集めてみても、今のあなたにとって助けにはならない。それよりも、よく組み立てられた冷静な実行計画を取り入れることをはじめたほうが賢明である。一つの方向に的をしぼって、それに向けてエネルギー、才能、財源を掘り起こしていく必要がある。

ロイヤルティカード ❖ Disks

ディスクのクイーン／Queen of Disks
人生のダイエットと必要なものに関する熟練者

【背景と解説】

　荒野の涼しい風の吹くところで、イシスは神の声を聞いた。自分は女神であると思い上がっていた彼女は、砂漠をさまようことによって低い心にされた。「ディスクのクイーン」は、占星学では射手座第3デーカンから山羊座第2デーカンに対応している。失われたオシリスを求めて砂漠を渡ったイシス。射手座の遠いところを旅してきたイシスはついに内面の豊かさにたどり着いた。「ディスクのクイーン」は、山

羊座に対応しているため、ダイエットをして贅肉（ぜいにく）を落とす意味を持つが、そのダイエットの意味は、ここでは心の旅をすることを表す。パイナップルの玉座は内面の豊かさを象徴する。彼女は、はるか遠くに続くサバンナを見やりながら、パイナップルの玉座に座って、自分がついにここまでやってきたことを知ったのである。

　一方でカードは農業と肥沃さに対応するギリシアの女神デメテルを表し、「地の水」の領域を象徴する。彼女は遠く、ハデスの支配する冥界を超えてここまで到達した。「ディスクのナイト」が見上げた高い山は、実はこの「ディスクのクイーン」のパイナップルの玉座でもあったのである。ここで私たちは彼女とともに、物質の領域、母なる大地・生命というものの形の中、もしくは栄養物と温かさに満たされた源泉の中にいる。母なる大地とは、楽園を喪失したイヴを意味し、それが大地の母となった。つまり彼女は、あらゆるところで官能的な魅力を発揮する。また、上述の通り彼女はエジプト神話では、女神の座を追われてナイルの砂漠を放浪したイシスとしても表される。これらはすべて、人間があるときに通過せざるをえない人生の局面を伝えている。

　この人物は、「#21.The Universe 楽園回復」では、過去の過ちと労働の苦しみを乗り超え、人生に勝利して舞踏している。これはスムーズな提携、穏やかな物事への配慮、そして大変貌のときを表す。

　王冠の巨大な野生の山羊の角は、さらに上に昇りつめようとする本能の表れで、彼女は楽園喪失以前のイヴの状態を取り戻そうとしている（これは、オシリスを失ったイシスが、砂漠をさまよいながら失われたオシリスを取り戻そうと、どこまでも探求する道の形でもある）。彼女の厚い胸は、穀物の女神の側面と目的をどこまでも追い求めていく狩猟の女神の側面を、内にあわせ持っていることを示している。

ロイヤルティカード ❖ Disks

象　徴	意味の要点
パイナップルの玉座の女性	母なる大地、肥沃な女王。心の底から喜べる所。
コインの鎧	安全。物質的な価値感覚。財政的成功。
爬虫類のドレス	物質的および肉体的なダイエットと、必要な栄養物に関して熟知している。物質に執着せずに、地位や生活を永続させる。またダイエットによって、美しさと健康を永続させる。
頭飾りの曲がった巨大な角	直観的な力。ヴァイタリティー。リビドー（物事を本能的に理解する生命力）。さらに理想を追求する。
先端にクリスタルのついた王笏（中に六芒星がある）	精神と物事が一体化した明確な知覚。精神と物質との結合。物事を見る目が確立しているため、見通しに迷わない。ためらわない。
重なり合う輪のある球体	死と形成の永遠のサイクル。月経や季節の変化などを利用すること。
背景の川のある砂漠	終結したナイルの旅。克服された無意味さと孤独。
地球の上の山羊	山羊はアマルテイアの象徴。「太母」の別の様相で、ギリシア神話のゼウスに乳を飲ませた山羊を表す。山羊の角の目的は、彼女の頭飾りの巨大な曲がった角の中で広げられ、生命を生産し、また好色なエネルギーを保持している力として「ディスクのクイーン」を激しく本能的な女性[*59]として描写している。

［占星学］ 射手座第3デーカン〜 　　山羊座第2デーカン	大きな理想を求めて長く旅をし、人生の無駄を省くダイエットをしながら、ついに目的を実現させる成功者。熱心に後継者を育てる。
生命の木の対応	物質界（地のエレメント）の水：人生に習熟して安定した基盤を築き、成功へのノウハウを確立する。地のビナー（理解）に対応する：「ディスクの3」を維持する行動を取る。
関連するカード	ビナー（理解）土星：「ディスクの3」 　　「#21.The Universe 楽園回復」 共同できる相手：「ディスクのナイト」 産み、育てる子：「ディスクのプリンス」 山羊座：「#15.The Devil パーンの祝祭」 射手座：「#14.Art 異世の大釜」

項　　目	意　　味
人物特性	野心的。用心深い。保守主義的。断固としている。譲歩しない。豊か。生産的。独立的。物質主義的。遠慮がち。慎重。まじめ。男性的（女性でも）。
一般	肥沃（目的を実現する根強さ）。物質的安全を求めて努力する。官能性。落ち着き。忍耐力。成熟した経験豊かな女性。状況を見守る。辛抱強い。安定。信頼できる。主張に影響力がある。ダイエットをする。
仕事	自発的に責任を取る意志。やりがいのある計画。強い個性。鋭いビジネス感覚を持った寛大で堂々とした女性。しぶとく成功する。
交際と人間関係	お互いに信じ合う。忍耐。時間をかけてつき合う。成熟した関係。忠誠。家族としてスタートする。安全な感覚。
否定的な警告	無意味な骨折り仕事と所有物に囚われた貧しい想像力。疑いと恐怖、混乱。深刻な方向へ進む行動を取る。安全が脅かされる。所有欲に囚われすぎ。

	リーディングのポイント
基本的なリーディング	先の見通しの立たない人生の乾燥期（サバンナの風景）が続いていただろう。しかしすぐに人生は再稼働をはじめる。今逃げ出して本能の赴くまま気楽に生きるならば、努力によって目標に到達することはほとんどなくなる。
否定的な場合のリーディング	あなたは問題を起こすことに慣れすぎているのだろう。そうは見えないかもしれないが、今投げ出せば労働の成果を楽しむことはできない。今を耐えればまもなくすべてがよい方向へ動き出していくだろう。

＊59 激しく本能的な女性
　「ディスクのクイーン」は若い男性を貪り食うほどに後継者の育成に熱心で、その結果、優れた能力を持つ後継者が生まれる。クロウリーは「そこですぐ、この王は若い騎士になり、ふたたび循環がはじまるのである」と言った[注28]。つまり、齢を取った王は一人の若い騎士が誕生すると象徴的な言葉で言及しているのである。これは、経験と能力の優れた後継者が誕生することを象徴している。王とは、女王の築いた総体のことである。

ロイヤルティカード ❖ Disks

第4章
クロウリーの地平と本書の地平

❖魔術の定義

　本書でいう「魔術師のトート・タロット」の「魔術」の定義は、「人間の欲望の働きとその倒錯を理解し、それからすっかり自由になること」である。そのとき、欲望とはまったく異なる魔術的エネルギーが意識の外（欲望の向こう）から到来する。魔術的なエネルギーが意識の外から到来するのは、私たちの生まれながらの意識がアビス（混沌）に転落し、完全に欲望に支配されているからである。したがって魔術は、存在の変容をもたらす学習と実践なのである。

　タロット全体の世界観をまとめると、大宇宙の階層図（図11）になる。世界は無限の底無し（無底）であり、そこにタロットの霊フールが無限の基底を生み出す。基底がなければ宇宙を創造する土台が存在しないからである。無底も基底も無限だが、図ではわかりやすくするため、円を二分割して表現した。基底は空間的であるよりも創造的なエネルギーの充満だが、そこにはむなしさや堕落性などのくすぶり、煙を立てる要素がまったく存在しないので「清火天」と呼ぶ。いわゆる天上界のことである。ここには、清火天の一部として、アビスに転落した宇宙を救う「異世」が存在する。

　無底はアビスとして、物質宇宙とその中の地球に関わり、それらはサタンの誘惑に破れてここに転落している。アビスがタロットの「人生の13の障害」の根源である。中心にはサタンの拠点として地獄が存在する。これらはクロウリーの『法の書』において、清火天が天球の北、地獄が南の方位を指すとされ、北は第1柱神ヌイトの支配圏であり、南は第2柱神ハディトの支配圏とされる。本書のタロット宇宙論では、基底と無底のすべてを「タロットの霊フール」が支配する。しかしフールの支配とはいえ、フールと宇宙と人間は共生的関係であり、世界を創造物として物質的に支配するわけではない。それぞれは単独に存在せず、全体的な関係として生き生きと共生する関係内存在である。

506　第2部　ヴェールを脱いだ魔術師のトート・タロット

[図11. タロットの大宇宙の階層図]

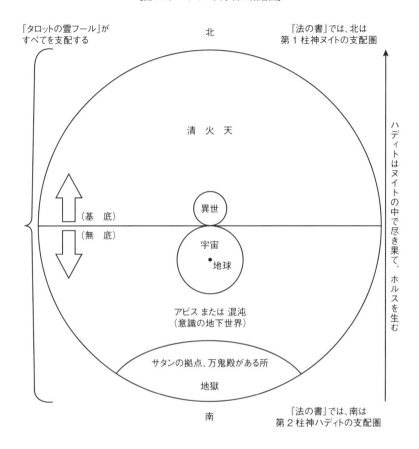

　現代の霊的周期を本書では「第三アイオーン」としてとらえ、探求者はその「第三アイオーン」の本質を明らかにし、それを内在的に十分に体験し、新しい大宇宙の創造作業に参画していく。そして、創造作業の基礎である土台となるものが、この世における「絶対的結婚の確立と実現」である。その確立と実現の場が、タロット実存共同体（魔術師の神殿）である。
「第三アイオーン」とは、天上界と地上世界の合一した時代の実現をいい、現代のわれわれは、血族や民族を超えた「絶対的結婚」を地上で実現させることによって「第三アイオーン」を生み出そうとしてい

る。そしてそれは「魔術師のトート・タロット」の学びと修得によって可能であると確信している。絶対的結婚の場とは、天地が合体して躍動するところであり、『創世記』の時代以来の「創造の第8日目以降」が続行されていく地上の核となるものである。

❖「タロットの霊フール」の特性

霊的周期として第三アイオーンを創造するタロットの霊フールの特性として、ここでは次の2点に着目してみよう。

1．不滅性の確立—「死」の問題の完全なる克服。存在の根底に死の不安がひそんでいる限り、新しい生き方とはいえない。人生の最後が死では、現代の「底なきむなしさ」を根絶やしにすることはできない。

2．唯一性 ———存在の三位一体的関係。第二アイオーンの「関係性の喪失」を超え、生き生きとした関係性が生まれる生命共同体を建設できる三位一体性を獲得しなければならない。

第三アイオーンとは、フールの生命共同体が地上に具体的に現れ、地上を再創造する変容の場として歩みはじめることである。「#8. Adjustment 真理の女神」は「清火天から差し出されたフールの腕」である。これは生命共同体の基礎であり、新しい時代の土台を示している。魔術師の神殿体系を学び、生きたタロットの霊フールのもとで共生する具体的な集団である生命共同体（魔術師の神殿）を、タロット実存共同体と呼んでいる。

タロット実存共同体は「フールの身体」であり、具体的な魔術師（探求者）であり、新しいアイオーンが生まれている創造の確かさである。タロットの霊フールは「#8.Adjustment 真理の女神」と合体して、地上にメイガスとして現存し、タロット実存共同体を通して働く。フールの身体とは、「#8.Adjustment 真理の女神」である。「#8.Adjustment 真理の女神」の肉体的な「身体」としてタロット実存共同体が存在する。タロット実存共同体は「アイオーン創造の場」の根拠である。つまり、真の王国（マルクト）である（実際のこの世はマルクトではなく、「クリフォト（混沌）」なのである）。タロット実存共同体こそがフールの働く場である。

508　　第2部　ヴェールを脱いだ魔術師のトート・タロット

❖リ・クリエイトする時代への移行

　現代は「底なき不安」「底なきむなしさ」に支配されている時代である。このなかで、人は「仮象」として田舎暮らし、癒しやスピリチュアルワークなど心と身体のマッサージを求めている。だが、それらは仮象である。なぜなら、私たちはもともと田舎暮らしをしていて、自然栽培をして暮らしていたからである。しかし「死と老衰」への不安と執着からは逃れられず、医学・医療の発展を追求し、世界全体の都市化を推し進めた。だからといって、これを巻き戻して原始社会に戻れと言っているわけではない。それが、現代精神の行きづまりと限界を突破するための道になるわけではないと言っているのである。

　本来タロットが本質としてきたテーマは、この虚無の底なしの中まで降りてくることのできるものである。タロットは、そこからの復活と世界の再創造をもたらす宇宙的なエネルギーを引き出してくれる。それが第三アイオーンの具体的な内容である。

　この虚無の底なしの真ったじ中で成り立つものこそが、「魔術師のトート・タロット」である。魔術師のトート・タロットは、タロット実存共同体を建設しながら「魔術師の神殿体系」の学習と訓練を行う。そこで虚無の根源的打破と、新しい世界の創造活動をはじめるのである。そして、虚無の根源的打破とタロットの霊フールの支配を発見する作業を、「魔術」と呼ぶ。ヤーコプ・ベーメの言い方に従えば、魔術師とは神のことである。神は魔術（ベーメは魔術をマギアと言う）を通して、この世界を創造されたのである。

　現代は仮象と退廃の時代、または無定形（アモルフ）な時代である。関係性の土台が喪失し、関係性によって築き上げていく「歴史性」が失われている。絶対的結婚関係の喪失は、人生をつきつめると確実なものは何もない、ということを意味する。絶対的結婚関係は、人生の基礎は関係性であり、人生は根源的に関係性の内にあることを意味する。事実、「わたし」という存在は、何らかの男性性と女性性の結合なしには誕生しなかったのであり、関係性を通して育てられなければ今ここに存在しないのである。これが「関係の絶対性」である。関係がなければ「わたし」は存在しないのであり、関係性の崩壊は「わたし」につながる全人間の崩壊へとつながっていく。

今日、私たちは絶対的結婚関係を見失い、人生の基盤を喪失している。そして、それを取り戻し、確立するのではなく、社会的名声や権力、金銭的豊かさ、資格の取得や趣味などに人生の基盤を見出そうとしている。その結果、本当の基盤ではなく仮象を基盤に人生を築こうとしているため、時間とともに退廃化していくのだ。

　だが、基盤となるはずの絶対的結婚関係を見出そうとしても、その確立は二次的関係である。なぜなら、絶対的結婚を実現しようとする個人は、一切合切が不安だからである。不安を抱える者同士が結びついても、絶対的結婚は実現せず、その関係は二次的である。

　一次的関係は、宇宙と宇宙を創造した創造者（タロットの霊フール）との間に見出される。無限に広がる時間・空間のいかなる場所、いかなる時点においても、宇宙は絶対的に存在する。そして、創造者は絶対的に存在している。創造者（＝絶対者）と出会い、関係が生まれることが一次的関係である。

　すべてにおいて不安定な私たちの側から、絶対者に出会える方法はない。私たちの不安定性、相対性を突き破って、絶対者のほうから現れてきてくれない限り、私たちが絶対者と出会うことは不可能である。

　絶対者は関係の内にのみ現れてくる。関係とは無関係に、個人に直接現れてくるものではない。なぜなら、絶対者は「個」ではなく「関係」を生み出すからである。物理学的な宇宙においても、単一の星が生まれることはない。生まれるのは必ず星団である。タロットの学習においても、「タロットの霊フール」は「フールの身体」として魔術師の神殿を創造し、探求者は魔術師の神殿体系を学ぶ場であるタロット実存共同体を通してフールを発見し、フールと結びつくことができる。そして、世界に絶対的結婚関係が生まれてくる。

　　本書における第１柱神は「タロットの霊フール」
　　　　　　　第２柱神は大宇宙（マクロコスモス）
　　　　　　　第３柱神は人間（ミクロコスモス）
　世界とそこに含まれるすべてのものの創造神、父なる神は、これらすべてを支配し、この支配をタロットの霊とそれに連なる人間にゆだねる。

❦クロウリーの地平と本書の地平

　ここで最も重要だと考えているのは、トート・タロットを時間・空間を通して内在的に読むことである。それには、まずクロウリーの地平（時代背景、思想的基盤）に身を置いてタロットを解読しなければならない。しかし、それだけではまだタロットを十分に解明し、それを現代に生きる根源的なツールとして発見したとはいえない。

　なぜなら、クロウリーがタロットを解明したのは第二次世界大戦の最中であり、われわれが今立っている地平とクロウリーの地平では、時代背景の違いを含め根底に据えられた考え方に大きな隔たりがあるからである。

　その地平との隔たりと融合を見出し、明確に自覚した上で現代にタロットがどのように適用されるべきかを探求しなければならない。

　トート・タロットが目的にした基本的なテーマは、「聖守護天使の知識と会話に達すること」「ホルスのアイオーンの実現」である。クロウリーの地平では、それを性魔術とエノキアン魔術の実践、そしてテレーマ哲学を学ぶことによって実現しようと試みた。

　本書の地平（図12）では、タロット実存共同体に招かれることによってタロットの霊フールとの結合を達成し、絶対的結婚関係を実現する。そして絶対的結婚関係を生活の座、創造の場として実現することである。

　この三位一体の働きの確立が「大いなる業」の実現であり、第三アイオーンの創造活動なのである。

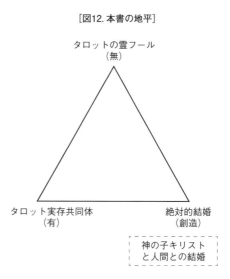

[図12. 本書の地平]

【『法の書』を貫く基本的思想から地平を明確にする】

クロウリーの『法の書』を貫く基本的思想は2つある。

① 「汝の意志することを行え、それが法のすべてとなろう」

② 「愛は法なり、意志のもとの愛こそが」

この2つの考え方を吟味することで、クロウリーの立つ思想的地平と本書の地平をさらに明確にする。

① 「汝の意志することを行え、それが法のすべてとなろう」

「法」という考え方はオシリスのアイオーンの言葉である。オシリスは法という名の「棺」に閉じ込められ、死を迎えた。この神話は、法という考え方を人間の生き方の根底にしようとする思想の限界を指摘するものである。

ヨーロッパの精神的な「法」の中心は、旧約聖書の思想によって確立された「モーセの律法」であるが、オシリスのアイオーンで、使徒パウロは『ローマ人への手紙』の中で「律法からの解放」を基本的な思想として宣言している。そして20世紀後半、法という考え方は、社会組織を維持する考え方であって、人間が個人として生きる思想的な基盤にはなり得ないという「法律的思惟形式の限界[60]」が解明されてきた。また、1980年代以降、意志が欲望と直接的に結びつく働きを持っており、意志の作用の限界が完全に明らかにされなければならないことも明確になってきた。

本書の地平では「タロット実存共同体を通して、タロットの霊とともに歩め。それが生活の座を形成するすべとなろう」となる。

② 「愛は法なり、意志のもとの愛こそが」

「法」という概念がオシリスのアイオーンの名残であることは既述した。クロウリーはここで、「真の意志」とは何かを探求しなければ、この哲学は実践できないと語っている。しかしこの思想は、現代において意志が欲望に従属し、欲望が生み出す人生の断片化を克服できないことが明らかにされた以上、不毛である。

本書の地平では、「タロットの霊フールとの歩みは、絶対的結婚関係を実現させる。絶対的結婚関係を創造の場として、第三アイオーンを創造せよ」となる。

512　第2部　ヴェールを脱いだ魔術師のトート・タロット

クロウリーは魔術を「意志に従って変化を起こすサイエンス（科学、学問、学知）にしてアート（芸術、技術）」と定義した（『魔術――その理論と実践』）。真の意志を発見する手段として、魔術をすすめたのである。

　本書でいう魔術とは、欲望の浄化である。欲望が思考を通してその隠された願望の実現を図ることが完全に理解できると、欲望の働きが停止する。そして意識の向こうから欲望とはまったく異なるエネルギーが到来して、思考を手段にし、欲望を実現しようと増殖していく意志を破壊する。

　われわれの潜在意識には、テーリオン（欲望の持つ獣性の力）の三位一体（図13）の力が働いている。それを完全に克服するエネルギーを見出す道は、魔術師の神殿体系のパスワーキングから学ぶことができる。

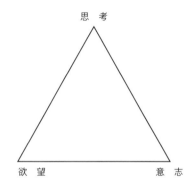

［図13. テーリオン（獣性）の三位一体の構成］

思　考

欲　望　　　　　　意　志

＊60　法律的思惟形式の限界
　　個人が人間としていかに生きるかを探求することは、法理論を持ち込んだり、ビジネスでうまくいくやり方や、組織を運営する際の考え方は適切ではないということ。

第4章　クロウリーの地平と本書の地平　　513

- Column -
タロットの大宇宙を探求する

否定的な働きをする用語の対応関係

未顕現宇宙	個人	人間(人類)の意識	顕現宇宙
無底	テーリオン	地下世界	アビス

無底：クリスチャン・カバラの概念。ゴールデンドーンも、クロウリーも、「否定的な３つのヴェール」または「アンマニュフェストの世界」を使用している。

テーリオン（獣性）：アビス（深淵）が人間の心の中に入り込み、心理的に獣性として作用する状態。テーリオンは人間にむき出しの状態では存在せず、「意識の地下世界」にひそんでいる。

クリフォト：ヘブライ語で「殻」を意味する。ユダヤ教カバラでは悪の力を表す。しかし、テレーマ哲学では、本来のマルクト（王国）がテーリオンに飲み込まれ、四大エレメントの有機的統合が失われている状態を指す。クリフォトは王国に対立する言葉で、現在の地球の状態を表す。

意識の地下世界：潜在意識として人間の奥底にある。

アビス（深淵・混沌）：宇宙に先立つ無底が顕現宇宙に侵入し、基底と接している層。最下層が「地獄」と呼ばれる（図11. タロットの大宇宙の階層図／507ページ参照）。

人間には心理的な「意識の地下世界」として存在しているものが、宇宙論的にはアビスとして存在する。クロウリーは「無底」も「アビス」だと語っている。

砂漠：ゴールデンドーン系カバラやテレーマ哲学では、アビスの現象の現れの一つとして、「砂漠」という象徴が使用されている。トート・タロットでは、主として「#2.The Priestess イシスの探索」「#17. The Star 螺旋の星」「ディスクのクイーン」に象徴的に取り入れられている。

第 **3** 部
タロットリーディング

第1章
ステップアップのためのレッスン方法

　ここからは、魔術師のトート・タロットを習得し、使用するためのレッスン方法を紹介する。このレッスン方法をそのまま実践し、習得するよう心がけることが、タロットを扱えるようになる一番の近道である。原則として、タロットは人生のあらゆる問題の解決法と、解決するための決定的な力をもたらしてくれる。

　ここでは、カードの展開方法と、どのような問いかけ方をすればタロットから有効な答えを引き出すことができるのかを学ぶ。そして、魔術師の神殿体系を使用したストーリーの組み立て方とリーディングの方法を身につけていく。

　タロット全体は「#0.The Fool フール」に包み込まれた「#1.The Magus 魔術師」を中心とする宇宙的な力の統一体で構成されている。それは単に未来を予測するものではなく、宇宙的な力の統一体から強力なパワーを引き出し、人生そのものを再創造する力を与えてくれる。各カードが表す象徴や人物との内なる共鳴を通して、それらが英知を持つ生命力として生き生きと働き出すまで、タロットカードに親しむことが重要である。

　タロットリーディングの第一の目的は、日常の経験以上の、人生のより深いところにある生命の原理を読み取ることにある。内なる（宇宙的な）次元から、私たちが生活する日常世界へ、パワーに満ちたイメージを運んでくれる象徴を読み取る媒体として、カードを使用する。

　タロットリーダーの役割は、自分自身が確信を持ってタロットリーディングができるようになるとともに、自分だけではなく、自らの生命の原理を把握することが困難な多くの人々の助けとなることである。ここでは、タロットを使って行う自己の生命の源の発見、「異なる生」へ人生の旅をはじめる方法を紹介する。

はじめに

　トート・タロットの魔術的な力（人生を再創造する力）を引き出すためには、次の基本的な3つの要件を身につけるようにする。

> 1. メジャーアルカナの視覚化瞑想レッスンを通し、
>   意識の中に「魔術師の神殿体系」を樹立すること。
> 2. 7つの法則で構成される魔術師の神殿の仕組みの
>   全般的な学習とカードが持つ相互関係を理解すること。
>   　　第1の法則：魔術師の神殿
>   　　第2の法則：テレーマ哲学の神話
>   　　第3の法則：象徴学
>   　　第4の法則：カバラの生命の木
>   　　第5の法則：ヘブライ文字
>   　　第6の法則：占星学
>   　　第7の法則：人生の13の障害
> 3. 社会を観察し、常に生きた人生経験を学ぶこと。
>   （現象学的視点）

　新しいカードやはじめての象徴に出会ったときは、それをよく観察し、研究し、納得し、そしてその後、覚えるようにする。決してカードの解説を鵜呑みにしたり、暗記するだけであってはならない。

　まずはじめに、そのスプレッド内の前に出たカードと後に出たカードを比較し、象徴と象徴の間につながりがあるかないか、惑星とサインにつながりがあるかないか、また似ているところと異なるところを検討して明確にする。次に、人物の姿や向き、象徴の組み合わせと位置、色彩に注目する。つながりを正確にとらえ、まとめる。雰囲気ではなく、つながりを発見する癖をつける。最後に、ペンを取ってノートに意味を書き留め、全体が明確に統一されるまで何回も修正する。

　はじめのうちは、カードや象徴の研究を新鮮に感じてていねいに行うが、習慣化してくると雑になっていく。手間がかかり面倒なことも一つずつていねいにステップを踏み、繰り返し行うことで、あるとき突然、すべてがするすると解けるようになってくる。

トート・タロットは、占いや未来予測だけを目指したものではない
と指摘してきた。トート・タロットは、存在を見失い、むなしくなっ
た私たちの人生を、小宇宙としての存在に目覚めさせ、大宇宙と結合
する人生に変容させるためのものである。そして、私たちが変容した
とき、それまでの過去の人生を一掃する創造的な時代が、私たち一人
ひとりの人生にはじまることを教えてくれる。

Step1 タロットカードと親しくなる

　自分のタロットカードを入手したら、毎日カードを手に取り、象徴
に親しみ、象徴を自分のものにする。タロットをポーチなどに入れて
いつも行動をともにして、身近に置くようにするのもよい。大事なこ
とは「タロットと親しくなること」である。

Step2 タロットへの接し方の留意点

　タロットを科学的な視点から解明しようとしたり、あるいは心霊的
ないしは統計的な実験用具として扱い、いいアイテムだと考えること
は正しくない。タロットは、それに近づく人の「温かさ」と「信頼」
に対して、あたかも永遠の友人のようにその心を開いてくれる。

　まずは静かに注意深くタロットに近づき、それを見つめ、耳を傾け
るようにする。あなたがタロットを扱うのと同じように、タロットも
また同じようにあなたと向き合ってくれる。たとえ冗談半分であろう
と、他人が抱える個人的事情を詮索したり、その他どのような意味に
おいても、タロットを悪用すべきではない。タロットを自分の利己的
な事柄に用いれば、タロットの霊はあなたを見放し、あなたが愚かな
行いをすれば、それをなすがままにさせてしまうだろう。

Step3 タロットリーディングをするための手順
❀環境を整える
　安心できるスペースを選び、気持ちをリラックスさせ、呼吸を整える。
❀質問やテーマを明確にする
　リーディングをするための質問は明確にする。内容が明確でないと、何
が問題で、何を求めているのか、見きわめることが困難となる。答えの「種」
は、質問のなかにひそんでいるのである。

❋カードをシャッフル（混ぜる）する

　カードをシャッフルする前には、イメージングが重要となる。タロットの霊フールがいることをイメージし、リーディングの作業のすべてがフールの支配のもとに行われていると感じるようにする（図14）。

　カードの表側（絵図のあるほう）を下にして、両手でカードを時計回り（右回り）にシャッフルする。質問は事前に明確にしておき、シャッフルしているときは何も考えない。リーディングの場全体がタロットの霊フールに包まれていることを意識しながら、ゆったりした気持ちで作業を進める。経験とともに、フールがその場を支配し、リーディングの内容が当たるのではなく、リーディングしたことが実現するのだということを実感できるようになる。

[図14. リーディング作業前のイメージング]

第1章　ステップアップのためのレッスン方法　　519

❋3(スリー)カットする

　カードが十分シャッフルされたら、1つのパイル（山）にし、それを3つのパイルにカットする。自分自身をリーディングするときは左手で、他者（クライアント）をリーディングするときは右手で、スリーカット（3つに）する。心臓に近いほうの左手は、タロットのメッセージを受け取る手、右手は、他者のリーディングをサポートする意味がある。

［スリーカットの方法］

〈1〉全78枚のカードを使用

〈2〉時計回り（右回り）にシャッフル

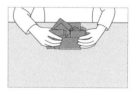

〈3〉全カードをまとめる

〈4〉1つのパイルにする

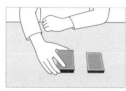

〈5〉右手でスリーカット

〈6〉左から右へ順番に3つのパイルに分ける（約3等分）

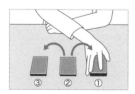

〈7〉②のパイルを2つに分け①のパイルの上に乗せる

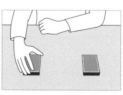

〈8〉②の残りのカードを③のパイルの上に乗せる

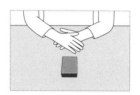

〈9〉①のパイルをすべて③のパイルの上に乗せる

❊カードをスプレッド（展開）する

質問やテーマに合ったスプレッドでカードを配列する。
本書では、カードの配列を2種類の方法で使い分ける。
　・7枚法……通常の具体的な問題に対する答えを得るときに使用。
　・扇状……「いかに生きるか」のパスワーキングのときに使用。

［7枚法のスプレッド］

　7枚法では、カードをシャッフルした後、スリーカットし、すべてのカードを手に持つ。次に1枚目から6枚目までのカードを捨てる（テーブルに置く）。そして7枚目のカードを最初のポジション①に配置する。同様に1枚目から6枚目までのカードを捨てて、7枚目のカードをポジション②に配置する。同様の方法で次の7枚目のカードをポジション③に配置する。

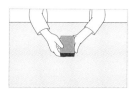
〈1〉全78枚のカードを使用

〈2〉6枚目までのカードを捨てる

〈3〉7枚目のカードをポジション①に配置

〈4〉6枚のカードを捨てポジション②に7枚目のカードを置く

〈5〉さらに6枚のカードを捨てる

〈6〉7枚目のカードをポジション③に配置

〈7〉捨てたカードの上に手持ちのカードを置く

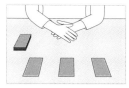
〈8〉スプレッド終わり

第1章　ステップアップのためのレッスン方法

[扇状のスプレッド]

　カードをシャッフルした後、スリーカットし、カードを1つにまとめてパイルにする。次にすべてのカードを右手で扇状に並べる。そして質問者（クライアント）は、左手で1枚ずつカードを選ぶ。

〈1〉全78枚のカードを使用

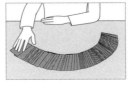
〈2〉扇状に並べる

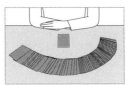
〈3〉1枚のカードを選ぶ

Step4　トート・タロットをリーディングするポイント

　トート・タロットは、タロットの霊の立場でカードをリーディングするため、原則として逆位置は採用しない。逆位置に代わり「人生の13の障害」の法則の知識を深め、その障害の克服方法を考えていく。また、マイナーカードのエレメントの相性を考慮してリーディングをする。一枚一枚のカードはそれぞれに意味を持っているが、実際にリーディングをするときには、カード同士の相互関係によってその意味は無数に変化する。リーディングレッスンを行う目的は、意味と意味を統一的に結びつけていく応用力を養うことにある。

【エレメントの相生関係・相克関係】

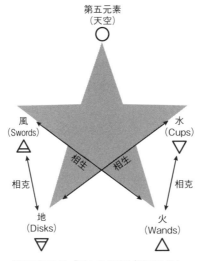

第五元素とは「天と地の結合」状態を指し、
四大エレメントの葛藤を統一する力である。

[図15. 第五元素（天空）]

　同じエレメントが隣り合っている場合、善くも悪くもその意味を強め合う（図15）。同じエレメントのカードの場合、肯定的なカードはより肯定的な意味になり、否定的なカードはさらに厳しい意味になる。火と地、水と風の関係は中性と考え、そこには特別な協力も反発もない。
　肯定的なカードは肯定的なまま、否定的なカードは否定的な意味のままリーディングする。

- 相生関係：「火と風」「水と地」：肯定的な意味が強調される。
- 相克関係：「火と水」「風と地」：否定的な意味が強調される。

タロット日記をつける

　一日の終わりにゆったりとした時間を取る。その日一日を振り返りながらタロットカードを引き、その結果を日記につけていく。はじめから自分の考えをうまくまとめることができなくても、毎日欠かさずに行うことで、ある日突然、気づきの感覚と理解が生まれてくるようになる。

【カードのスプレッド方法】
　カードをシャッフルした後、スリーカットを行い、7枚法で右からポジション①、②、③の順にカードを配列する。

[スプレッドポジション]

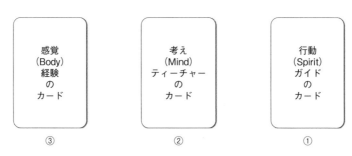

【各ポジションの意味】

Position ①　今日一日の私のテーマ
　タロットが自分をどのように導こうとしているのかを教えてくれる。次に私はどのように行動すべきかを読む。

Position ②　私は何を考えているのか
　私の悩み、迷い、考えるべきこと、求めているものがどこにあるのかを教えてくれる。

Position ③　出たカードを通して今日一日どのような経験をしたか
　私は今まで何を求めてきたのか、今は何を変えるべきなのか（否定的な意味の場合）などをリーディングする。

【リーディングの順序】
　カードは、はじめにポジション①のカードを開いてリーディングを
する。次にポジション②のカードを開いてリーディングをし、その後
ポジション③のカードを開いてリーディングをする。最後に全体の意
味を総合的にまとめる。

《 Point 》
　一度に3枚のカードを開かずに、1枚ずつ開いてていねいに
リーディングを行うこと。

【全体の意味のまとめ方】
　自分が引いたカードの絵を注意深く見つめて、絵が物語ることを受
け取り、意味について考えをまとめる。そして次の項目について、ノー
トに自由に書いてみる。
・出たカードから直観的に何を感じたか。
・キーワード集からリーディングの意味を探る。
・自分が考えるリーディングの意味を検証する。
・3枚のカードは今の状況にどのように当てはまるか。
・3枚のカードからほかに何が連想されるか。

第1章　ステップアップのためのレッスン方法　　525

リーディングの例

  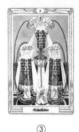

③　　　　　　　　②　　　　　　　　①

Position ① 今日一日の私のテーマ

「ソードの9」

[関連事項]
- 生命の木の形成界のイェソド。
- 生命の木の「ソードの8」と「ソードの10」の間に位置する。
- 双子座の火星。
- 双子座の第2デカン（双子座に天秤座の影響が加わる）。

《Point》
カードは風のエレメントに結びつく形成界からはじまっている。そしてこのカードは、前方に血のしたたる9本の剣が立ちふさがり、否定的な状況を示している。いつも優柔不断で曖昧な態度を取ってきたことが、具体的な考えをまとめたり、実行計画を進行する段階で問題が生じることをタロットは指摘している。なぜなら、隠されているカードは、生命の木の配列で「ソードの9」の前に来る「ソードの8」のカードになるからである。そのため「ソードの8」の優柔不断の意味が、この否定的な状況を招いている原因であろうと考える。

[リーディング]

　9本の剣が壁になり、ぼろぼろになっているのは、いつもあれこれ考えすぎたり、手を広げすぎてしまい実行に移すまでに時間がかかり、ぎりぎりの行動になっているからである。それが原因で人とのトラブルが生じ、関係が遠のいていくようである。あるいは、それが考えの対立と相互の分離を引き起こしているのかもしれない。

　イェソドは本能を表すため、長い時間をかけて物事に取り組む姿勢が習慣化していることも意味する。もしそうだとすれば、協力者の意見に合わせられるようになるには、まだまだたいへんかもしれない。双子座は、自分の置かれている環境が恵まれすぎており、甘やかされすぎていることを表す。それが自分の持続力や現実への理解力を失わせ、精神的な集中力を失わせているのだろう。「ソードの9」に関連するすべての要素が向かう方向は、生命の木のカバラ四界では、形成界の下にある物質界の「ディスクのエース」になる。これは意を決して干渉されない時間を確保し、考えが明確にまとまるまで集中する習慣を身につけなければならないということを意味している。それができれば、周囲から「あてになる人」として受け入れられていくだろう。

Position ②　私は何を考えているのか

「#20.The Aeon アイオーン」

[関連事項]
・魔術師の神殿の第4のサークル「地の国」の最初のカード。
・「#14.Art 異世の大釜」～「#19.The Sun 太陽」の間の人物。
・冥王星。
・「#13.Death 黒い太陽」でルーラーになる。

《 Point 》
　ポジション①のカードが否定的なので、このカードも否定的な意味になる。つまり迷っている原因を表す。カードを見て全体の印象をつかみながら、このカードに関連する代表的な情報を確認する。

第1章　ステップアップのためのレッスン方法　　527

[リーディング]

　カードの絵のなかで、子宮にいる子どもが透明なまま生まれずにいるのは、環境の安楽さに甘えすぎていて、考えるべき問題を保留にし、時間を空費していることを示している。期限が迫り、いよいよ手に余るようになるとなすべき問題から逃避しがちになったり、責任を負えなくなると他者のせいにしがちになったりする。このカードは蠍座に関連しているため、自分では気づかないうちにいつしか心の中でそういった態度が習慣化している可能性が高い。カードに対応する冥王星は、その習慣をはっきりと自覚して、徹底的に改めなければならないことを指摘している。それができれば、人生は今後決定的に変わっていくだろう。冥王星は親からの遺伝も表すため、親との関係や育てられ方のなかで物事を甘く見て取り組む姿勢が形成されてきた可能性がある。

Position ③ 出たカードを通して今日一日どのような経験をしたか

「**カップの 3**」

[**関連事項**]
　　・生命の木の水のビナー、「カップのクイーン」と表裏一体の関係。
　　・蟹座の水星。
　　・ギリシア神話に登場する母親デメテルに助けられる娘ペルセポネ。
　　・ポジション①のカードが形成界を表す「ソードの 9」なので、このカードは形成界の「カップの 3」になる

[**リーディング**]

　この場合のビナーや「カップのクイーン」のカードとの関連は、自分の母親との関係としてとらえることが適切であろう。母親から甘やかされて育ち、依存心から十分に脱却できていないのかもしれない。カードのなかの象徴は、ペルセポネとその母親デメテルの関係を表している。このカードのテーマは心の中での親からの独立である。

　今日の 3 枚法（533 ページ参照）によって、自分の中にあるこの心理構造を十分に自覚することができれば、明日からは物事のまとめ方に対する姿勢が根本的に変わるだろう。

［**全体のリーディングのまとめ**］
　メジャーカードの「#20.The Aeon アイオーン」が1枚出ているので、3枚のカード全体が「#20.The Aeon アイオーン」の意味を実現するようにまとめる。それは、人に対する今までのような自分の態度から脱皮したほうがよいことを教えてくれる。

《Point》
　メジャーカードは、「その人間がどう生きるか」を教えてくれる。それを実現するための考え方と体験を教えてくれるのがマイナーカードである。よって、マイナーカードは、メジャーカードを実現するために使う。
　このことは、すべてのリーディングに通じる。

第2章 ベーシック編

1オラクルスプレッド
ワン

　ワンオラクルスプレッドは、今一番知りたい大事なポイントを把握したいときに、カードを1枚引いてリーディングをする。

【カードへの問いかけ】
　・私にとって今一番重要な事柄は何か？
　・今一番知っておかなければならないことは何か？

【カードのスプレッド方法】
　カードをシャッフルした後、スリーカットを行い、カードを扇状に並べる。そして質問者は左手でカードを1枚選ぶ。

[スプレッドポジション]

①

リーディングの例

[質問者Fさんとレオン・サリラの対話によるリーディング]

主婦43歳　女性Fさん

今日から「魔術師のトート・タロット」の勉強をはじめます。箱からトート・タロットを取り出して、はじめてタロットカードを手にしました。今後どのように学んでいけばいいでしょうか？

①

Position ① 私にとって今一番重要な事柄は何か？

「#0.The Fool フール」

〔レオン〕はじめにカードを見て感じたことを答えてください。
〔Fさん〕カードを見た瞬間、何か起こりそうな、わくわくする感じがします。これは何かを変えていこうとするはじまりを表しているのかもしれません。けれど、虎が「#0.The Fool フール」の足を噛んでいるように、誰かに頼るばかりではなく、厳しさに耐えることも必要だと教えているように思えます。

〔レオン〕次にカードの意味を読んでから答えてください。
〔Fさん〕「可能性を楽しむ」というキーワードから、予想を超えた新しい人生を知ることができるかもしれないと思い、大きな期待を抱いています。また「つき合いに心を開く」というキーワードから、私は、表面的には人と仲よくできるの

第2章　ベーシック編　531

ですが、本当の自分を出せないところがあります。今後は、いろんな人たちと話ができるようになりたいと思っています。

〔レオン〕最後に全体を総合してまとめてみてください。

〔Fさん〕新しくはじまるタロット講座にわくわくしていて、たくさんの人との出会いを楽しみにしています。今はまだ自信がなく、誰かに頼ろうとする私がいますが、タロットを学ぶことで自分に自信を持ち、この先の可能性が広がることを期待しています。そして、タロットを扱えるようになることで、悩んでいる人のお手伝いもしたいと考えています。

〔レオン〕このカードはタロットの霊フールのカードです。「魔術師のトート・タロット」講座に参加したことは、自分の意志だけではなく、タロットの霊フールから呼ばれたと信じて、迷いを吹っ切ってタロットの勉強に励むことが大切です。

532　第3部　タロットリーディング

3枚法

あなたの問題を解決する「光」の方向へ導くためには、現在の不安をどのように乗り超えたらよいかを教えてくれる。

【カードへの問いかけ】
　聞きたい質問を明確にし、それに対して「今後どうしたらよいか」を問いかける。

【カードのスプレッド方法】
　カードをシャッフルした後、スリーカットを行い、7枚法で右からポジション①、②、③の順番にカードを配列する。

［スプレッドポジション］

過去 感覚 湖水	現在 考え まゆの中	未来 行動 光の方向へ
③	②	①

《 Point 》
否定的なカードが出た場合は、チャレンジカードになる。

《Important》

　3枚法では、質問者が進むべき方向はポジション①である。ポジション②、③はそれに合わせた形で意味を組み立てる。

　本書では、ポジション①、②、③で未来、現在、過去の順序でリーディングする。現在私たちの状況と心に生まれている疑問は、未来が生まれるエネルギー源になる。

　タロットにはタロットの霊がいて、それは未来から現在を読み、かつ過去の意味を明らかにする道を教えてくれる（「霊」は実際の人生では「未来」という意味）。未来を創造するのは「霊」であって私たちの「過去」ではない。したがって本書では、タロットリーディングを過去からではなく未来から行う。

【各ポジションの意味】

Position ① 未来・行動：光の方向へ

人生が輝かしく発展していく方向

- 今後どのようにしていけばよいか。
- どのようにすれば輝くことができるか。
- どのように目的を実現していけばいいか。

否定的なカードが出た場合

- 何を乗り超えなければならないのか。
- 何にチャレンジしていけばよいか。
- どのような問題があるのか。

Position ② 現在・考え：まゆの中

心の選択の要素（心の中で考えている状態）

- 何を考えているのか。
- 現在考えるべきことは何か。
- 何が生まれつつあるのか。

否定的なカードが出た場合

- 何を迷っているのか。

534　第3部　タロットリーディング

Position ③ 過去・感覚：湖水

物質的な環境（ルーツ、そこから生まれてきたもの）
- 自分が求め続けてきたものは何か。
- 自分が求めてきた目的は何だったのか。
- 自分が心地よいために大切にしてきたものは何か。
- 人からどう見られているか（環境やいきさつ）。

否定的なカードが出た場合
- 何を変える必要があるか。

《 Point 》
　恋愛や人間関係においては、ポジション①はそのままで、ポジション②が質問者の相手への気持ち。ポジション③は相手が質問者をどう思っているのかを表す。

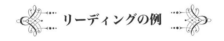
リーディングの例

会社事務員28歳　男性Bさん
　今の仕事を辞めて、新しい仕事にチャレンジすべきかどうかを考えています。
　「今回の転職をどのように考えたらいいでしょうか？」

　　③　　　　　　　②　　　　　　　①

第2章　ベーシック編　　535

Position ① 今後どのようにしていけばよいか。

「ディスクの 10」

[関連事項]

- 生命の木の物質界のマルクト。
- 乙女座の水星（水星はルーラーである）。
- 乙女座の第3デーカン（乙女座に牡牛座の影響が加わる）。
- カードのコインの中の象徴を分析すると、生命の木の第6セフィラー、ティファレトの位置に書かれているヘブライ語は、風の大天使ラファエルを意味し、人生の癒しを意味する。第10セフィラーのマルクトに位置するコインの中の象徴は、水星に対応するカデューシャスの杖を表し、これも現実の生活の癒しを意味する。

[リーディング]

「ディスクの 10」は生命の木の形に 10 枚のコインが並べられ、第10 セフィラーのマルクトのコインが特別大きい。これはこのカードのリーディング全体が物質界のマルクト（現実）からはじめることを示している。マルクトの位置（一番下）のコインに描かれたカデューシャスの杖は、現実がヒーリング（解決）されることを表している。つまり、転職できることを意味する。

また、上の 3 つのコイン（至高の三角形）、ケテル、ホクマー、ビナーには、水星の記号が書き込まれている。水星は自分の考える方向に進むことを意味することから、転職は B さんの思い通りになるだろう。

次に乙女座の水星について考える。乙女座は働く場所や労働を意味し、ルーラーの水星は特に乙女座で十分な能力を発揮する。つまり、B さんの考えは転職先で受け入れられ、本人の希望通りの職種につけることを示す。ラファエルの文字やカデューシャスの杖の象徴もすべて癒しを意味する。よって B さんの希望は次の職場でかなえられることを表す意味になる。

乙女座第 3 デーカンは牡牛座の影響が加わるため、牡牛座の「財政的に安定する」という意味が、カード全体の意味を補強し、転職によって収入が今以上になる可能性を示す。さらに第 9 セフィラー、イェソド（土台）の位置にあるコインには三角形（テトラクテュス）が描かれているので、転職後の仕事は徐々に安定するので心配ないだろう。

Position ② 何を考えているのか。考えるべきことは何か。

「#1.The Magus 魔術師」

[関連事項]
- 占星学は水星、ポジション①「ディスクの10」に対してルーラーの関係になる。
- 錬金術は水銀に対応（意味：考えを一つの方向にまとめなさい）。
- 魔術師の神殿体系では神殿全体を支配する主人（意味：問題を決定的に解決して自分を輝かせる）。

[リーディング]
　＊…カードの象徴を分析する…＊

[矢がカデューシャスの杖の眼に向かって放たれている]
　すでに心に決めている転職先があることを教えている。

[光線のネットワーク]
　希望する転職先をずいぶん探した上で見つけたことを暗示している。

[足に翼がついている]
　早く転職したい、アプローチをしたいという考えを持っている。

[空中を漂うアラジンのランプ]
　現在の職場では生かせない潜在的な可能性を、次の職場で生かしたいと考えている。

[黒い地底とカデューシャスの杖]
　Bさんが心に秘めている希望は、今の職場ではかなえられないことを示している。

　水星に対応するこのカードは、ポジション①「ディスクの10」の水星と直接結びついている。よってBさんは今回の転職で希望通りの職場を得られ、新しい仕事にチャレンジすることで今抱えている問題は、全面的に解決されることがわかる。

　魔術師の神殿の主人である「#1.The Magus 魔術師」のカードには、問題の解決権がある。これらをふまえ、総括すると、Bさんは希望する職場に納得する形で採用され、今まで実現できずにいた自分の潜在的な能力が転職先で生かせるようになることが予測できる。

第2章　ベーシック編　537

Position ③ 自分が求め続けてきたものは何か。
　＊否定的なカードが出た場合は、何を変える必要があるのか。

「ソードの8」

[関連事項]
　・双子座の木星（意味：発展が妨げられる／夢が持てない）。
　・双子座の第1デーカン（意味：水星の影響が強くなる）。
　・生命の木のホドも水星（意味：2倍の水星は、恐怖の意味）。
　・木星（膨張・夢）と水星（収縮・夢よりも現実）は相互に弱め合
　　う働きをする（意味：Bさんは転職をするかどうかずっと悩んで
　　きた）。

[リーディング]
　「ソードの8」は双子座の第1デーカンで水星の影響が強く、さらに
生命の木で「8」は、ホドで水星に対応している。これは水星の影響
が倍加していることを示す。もともと風の性質を持つ水星の働きが倍
加すると、水星の考える情報を集める力がとりとめもなくなり、もつ
れて混乱することを表す。つまり、質問者の悩みが徐々に深刻になっ
ていることがわかる。カードのセフィラーの流れのなかでは、ネツァ
クの「ソードの7」からずっと人生の13の障害のカードが続き、「ソー
ドの10」までは否定的な流れが形成される。それはBさんの仕事上
の悩みは簡単に解決されそうにないことを示す。カードの象徴もその
ことを表し、縦に置かれた2本の長剣の下に、6本のさまざまな形の
短剣が並んでいる。これは、あれこれ考えても（6本の短剣）、いつ
までも埒が明かないことを示している（垂直に平行する2本の剣）。

[リーディングのまとめ]
　「ソードの8」でわかるように、Bさんは、現在の職場では気が進ま
ない、無駄だと思えることに忙殺されていて、それがますます意欲を
失わせ、上司や周囲の人間からも干渉されている。これ以上、悩みな
がら今の仕事を続けるべきではない。もっと意欲の持てる仕事に思い
きって転職したほうがいいことを表している。転職先では、今まで実
現できずにいた自分の潜在的な能力を生かせるようになるだろう。

第3章 アドバンス編

ケルト十字法

　仕事や人間関係などの今直面している問題に対して、今後どうしたらよいのか。どのような結果が得られるのかをリーディングする。

【カードへの問いかけ】
　問題を明確にし、その問題に対して「今後どうしたらよいのか」を問いかける。

【カードのスプレッド方法】
　カードをシャッフルした後、スリーカットを行い、7枚法でポジション①〜⑩の順番にカードを配列する。

> 《Important》
> 　ケルト十字法は、第一段階と第二段階に分かれているスプレッドである。
> ・第一段階のポジション①〜④、⑥までは、質問に対する流れを表し、ポジション⑤は質問の答えが示される。
> ・第二段階のポジション⑦〜⑩は、示された答えが、質問者がどこへ進んでいくためのものなのか、環境や背景を含めて考察する。

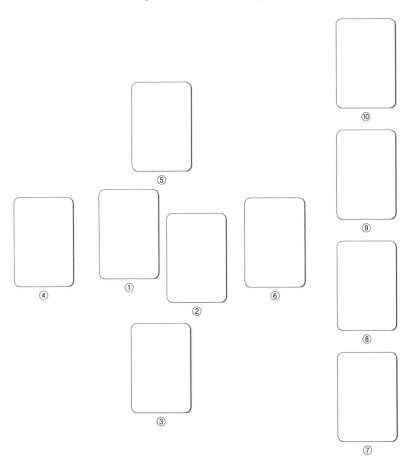

【各ポジションの意味】

Position ① 質問事項に対して現在に至るまでの状況。

Position ② 質問者が考える今後の状況の流れと見通し。

Position ③ 質問者の潜在意識、潜在的な願望、過去。

　・ポジション⑤に向かうための土台となる力。

　＊否定的なカードの場合は、潜在的な問題点。

Position ④ 今までに実現したもの。または今後のチャンス。

　＊否定的なカードの場合は、現在の障害。

Position ⑤ 質問に関して求める理想。今後向かっていく方向。

　・質問者がポジション③のカードを土台にして目指すべき方向。

Position ⑥ 目的に向かう次のステップ。

　・ポジション⑤に向かって次にすべきこと。

Position ⑦ 質問者の現在の状態。もしくは本音。

Position ⑧ 重要な周囲の人の態度や環境。質問者への評価、援助。

Position ⑨ 障害への対策。希望や結論の前に考慮すべきこと。

Position ⑩ ポジション⑤、⑥含め、カード3枚を総合的にまとめる。

　・質問者がポジション⑤の結果を決める上で、今後の人生で向かう
　　べき方向を明確に把握するためのアドバイスをする。

【リーディングの順序】

　ポジション①と②を同時に開いてコンビネーション・リーディン
グ*⁶¹ を行う。次に③、④、⑤、⑥と1枚ずつ開いてリーディングを
行う。ポジション⑤が結果であり、ポジション⑥は、そのために取る
べき行動（ステップ）を表す。

　ポジション⑦と⑧を同時に開いてコンビネーション・リーディング
を行う。そして⑨、⑩と1枚ずつ開いて周囲の動向を含めて総合的に
まとめる。

＊61 コンビネーション・リーディング
　　2枚のカードを同時に開いて、関連づけながら読むこと。

第3章　アドバンス編　　541

リーディングの例

ケルト十字法はたいへんポピュラーなリーディング方法で、大半のタロット書籍で紹介されている。本書ではリーディングのポイントを押さえて解説する。

サービス業45歳　女性Mさん

結婚15年。子どもなし。

夫はインターネット関連の仕事をしています。最近会社の同僚の女性と浮気をしていることがわかりました。夫は、Mさんと離婚するつもりはなく、女性とは別れると言います。しかし、Mさんはどうしても夫のことが許せません。「離婚をすべきか、やり直すべきか、今後どうしたらよいでしょうか？」

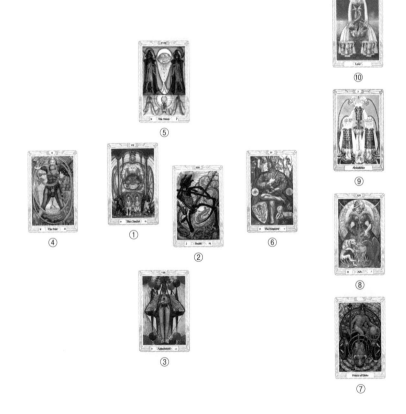

Position ① 質問事項に対して現在に至るまでの状況。

「#7.Chariot 戦車」

「#7.Chariot 戦車」は、質問事項に対するテーマとなる。このカードは、魔術師の神殿体系の第3のサークル「水の国」のファミリーにあたる。水の国が持つ主要な意味は、「古い生き方に死んで、新しい生き方に甦る」ことである。Mさんの今回の問題は、結婚を解消して別の人生をやり直すべきなのかということ。そして、今後どうすべきかをはっきり理解することであり、それを示している。

「#7.Chariot 戦車」は、占星学では蟹座と第4ハウスに対応するので、Mさんは今まで「家庭をどうするか」「晩年の人生をどうするか」を考えてきたと考えられる。

このカードは、水の国の中で「#9.Hermit 賢者」から「#10.Fortune 運命の輪」に至る、その間のパスワーキングに位置している。そのため戦車に乗る騎士は、アメジストの円盤を両手に抱いて激しく回転させている。これは「#9.Hermit 賢者」に描かれていた「蛇が巻きついた宇宙卵」を「#10.Fortune 運命の輪」に描かれた「運命の輪」にするために大切に守り育てている姿である。そして戦車を牽くケルビムは、それぞれ頭と胴体を交換し合っているが、今までの行動を整理し、今後どうすべきかを模索していることを表している。

「#9.Hermit 賢者」は乙女座に対応していて、「生活を築くこと」がその基本的な意味になる。また「#10.Fortune 運命の輪」は木星に対応していて、木星は射手座のルーラーという関係から、ここでは射手座に関連する「生活をすること以上の人生の大きな意味」を表す。つまりMさんは、今まで離婚と晩年の人生の問題を考える一方で、「私たち夫婦には、生活をしていくこと以上の大きな意味はあるのか?」と考え続けていたのだと思われる。

Position ② 質問者が考える今後の状況の流れと見通し。

「#13.Death 黒い太陽（オシリスのアイオーンの死）」

このカードは、「#8.Adjustment 真理の女神」が守護人を務める第2のサークル「風の国」に属し、占星学では蠍座に対応する。その意味は「死と復活」である。

風の国では職業上の成功を追求する「#15.The Devil パーンの祝祭」の次のパスワーキングに位置している。Mさんは社会常識で判断する善し悪し以上の意味を、自分の結婚生活のなかに見出したいと願っている。それはポジション①と②のカードをコンビネーション・リーディングすることによってわかる。Mさんの本音は離婚をするか否かよりも、現在の結婚が、生活していくこと以上の大きな意味や深い価値を持つのかどうかを知りたいということである。

Position ③ 質問者の潜在意識、潜在的な願望、過去。

・ポジション⑤に向かうための土台となる力。

「#8.Adjustment 真理の女神」

このカードは魔術師の神殿の第2のサークル「風の国」の守護人であり、Mさんの人生の未来を形成する土台を意味する。占星学では、天秤座と第7ハウスに対応するので、「家庭を築く結婚」「晩年まで共生できるパートナー」を意味している。女神の頭上のハート型の王冠から天秤が差し出されているので、この出会いは天のめぐり合わせだと感じていたのであり、だからこそこの関係を大切にしてきたのである（女神がつま先立って注意深い姿勢をしている）。そして菱形のダイヤモンドは、この人なら頼りになる、一生ついていけると感じていたことを表す。つまり、それだけの深い意味を感じて結婚に踏みきったと考えられる。

この「#8.Adjustment 真理の女神」は、ポジション②の「#13.Death 黒い太陽」と同じ風の国に属し、守護人でもある。よってこのカードの意味は、Mさんの今後の動向を支え、二人の未来を築く力を持っていることを表している。

Position ④ 今までに実現したもの。または今後のチャンス。

「#0.The Fool フール」

このカードは、タロットの霊フールを表す。象徴は、復活したフールが天から突然到来して「神の愛の糸」を鳩に向かって投げかけている。絵の中の虎やワニは、この人といれば、この先のどんな問題も乗り越えられると信じていられたことを教えてくれる。したがって、Mさんは結婚後も夫を運命の人だと感じてきたし、これからもそれを信じていくべきであろう。

Position ⑤ 質問に関して求める理想。今後向かっていく方向。
・質問者がポジション③のカードを土台にして目指すべき方向。

「#18.The Moon 月」

魔術師の神殿では、最後の第4のサークル「地の国」に属するカードである。守護人「#21.The Universe 楽園回復」に到達する一つ前のカードにあたる。2人は運命的な出会いをしたのだと考えて、ポジション③の「#8.Adjustment 真理の女神」の初心に返って、結婚生活をやり直すべきだとタロットは示唆している。「#18.The Moon 月」は、占星学では魚座に対応するカードでもある。夫が浮気をした背景には、Mさんにも足りないところがあったのかもしれない。自分の愛情がおざなりなものになっていなかったかをよく考えみること。浮気をした夫を責めるだけではなく、今後二人の愛情をより深めていくための課題として受け止めたほうがよいと思われる。つまり二人は、それだけの価値ある出会いと結婚をしているはずだということである。

「#18.The Moon 月」のカードに出てくる足もとのジャッカルは、腐肉を食べる動物である。それは、今回の出来事を一方が悪く、一方が正しいとするのではなく、両者お互いに問題があったとして許し合うことを勧めている。そして、2人のアヌビスは、今まで実現することのできなかった大きな喜びを分かち合う結婚生活を実現するために、今後はお互いの足りないところを担い合っていくべきだろうことを勧めているように見える。

Position⑥ 目的に向かう次のステップ。

・ポジション⑤に向かって次にすべきこと。

「#4.The Emperor 皇帝」

　魔術師の神殿の中で「#5.The Hierophant 高等司祭」と「#2.The Priestess イシスの探索」を結ぶカード。また「#4.The Emperor 皇帝」の対角線上には、女性の「#3.The Empress 女帝」がいる。妻であるMさんは、このスプレッド内ではカードとして現れず、隠れている。それはMさんが「#3.The Empress 女帝」の行動を取るべきことを示している。「#4.The Emperor 皇帝」が表す夫は、浮気が明らかになってから深く反省をし、離婚はしたくないと言っているので、Mさんはその夫の態度を理解し、許し、受け入れるべきだろうと判断する。

　ここでのリーディングで注意すべき点は、質問が結婚関係についてなので、「#4.The Emperor 皇帝」と「#3.The Empress 女帝」を対で考えることである。また、ここでは、魔術師の神殿体系を考えて、「#4.The Emperor 皇帝」に対して、出ていない「#3.The Empress 女帝」をいっしょに考慮してリーディングしなければならない。

《Point》

　Mさんの直接の質問に対する解決策は、ポジション①〜⑥までで完了したものとして第一段階は終わる。

　そしてポジション⑦〜⑩を第二段階として扱う。第二段階では、2人の背景を明らかにしてくれる。もしくは今までのリーディングの不足分を補ってくれる。

　ここで改めて確認しておきたいのは、ポジション⑦〜⑩のリーディングでは、ポジション⑦と⑧のカードを同時に開けて、コンビネーション・リーディングすることである。そのほうがよりリーディングしやすくなる。

546　第3部　タロットリーディング

Position ⑦ 質問者の現在の状態。もしくは本音。

「ディスクのプリンス」

　このカードは、生命の木の物質界のティファレトを表し、「ディスクの6」と表裏一体にある。これはMさんが、ビジネスではやり手で物質的な成功を収める能力のある男性を求めていることを表す。そして占星学では、牡羊座の第3デーカン～牡牛座の第2デーカンに対応する。

　これは、Mさんの求める理想の男性は、対外的にはリーダー型のやり手であっても、自分に対しては穏やかで優しい男性であるということだろう。また、ポジション⑥に出ていた「#4.The Emperor 皇帝」は、この位置の「ディスクのプリンス」の牡羊座の要素と直接結びついている。そのためMさんは、内心夫の反省を理解し、許すつもりがあることを示していると思われる。

Position ⑧ 重要な周囲の人の態度や環境。質問者への評価、援助。

　ここでは夫はMさんをどのように考えているか。

「#14.Art 異世の大釜」

　このカードは、魔術師の神殿の第3のサークル「水の国」の守護人で、大宇宙との融合を意味する。占星学では、人生の高い理想を分かち合う射手座に対応する。

　夫にとってMさんは、自分の理想を理解してくれる人であり、人生の同じ夢を分かち合える人だと考えている。つまりMさんと別れるつもりのないことを示す。また、ライオンと鷲の2体の動物は、「#6.The Lovers 兄弟」のカードのときよりはるかに大きくなっている。これは夫にとって、Mさんといることが大きなプライドとなっていることを表す。

第3章　アドバンス編　　547

Position ⑨ 障害への対策。希望や結論の前に考慮すべきこと。

「カップの3」

　このカードは、創造界のビナーであり、女性が男性を尊敬し、支える愛を表す。また、冥界から娘のペルセポネを救い出す母デメテルの象徴でもある。Mさんは、道を踏みはずした夫を、子どもを許す母親の気持ちを持って許すべきである。同じことをふたたび繰り返さないためには、Mさんが夫を一番に尊敬し、支える愛が求められている。このカードは、ロイヤルティカードの「カップのクイーン」に対応するので、蟹座の女性のように、相手を受け入れ、夫をどこまでもサポートしようと決意する愛を心がけるべきである。

Position ⑩ ポジション⑤、⑥含め、カード3枚を総合的にまとめる。

「カップの2」

　生命の木の創造界のホクマーに対応し、天王星に属している。天王星は土星が持つ「限界、枠組み」の意味を超えて進むべきことを示す惑星である。つまり、今回の出来事を乗り越えて愛を貫くべきことを示している。また、「カップの2」は「カップのエース」が持つ意味、「天来の愛」を具体化する愛のことを表す。よって、二人の結婚生活は、まだまだ本来の愛を実現しているとはいえない状態なのだろう。今回の出来事によって崩れ去る愛ではなく、乗り越えていくことのできる、「運命的な出会い」というべきではないだろうか。ポジション⑤の「#18. The Moon 月」の先に存在するのは、魔術師の神殿の中では「#21. The Universe 楽園回復」である。それは二人の絆がこの試練を乗り越えることによって、かけがえのない愛の関係に発展していくことを教えている。

548　第3部　タロットリーディング

［カードのコンビネーションを見てリーディングをまとめる］
　メジャーカード7枚：はじめた物事が頂点に達する（第4部参照）。
　二人の出会いが天のめぐり合わせだと考えた結婚であっても、まだまだ未熟で、自分自身の個人的なイメージに基づく相手への理解と結婚生活であったのだろう。
　なんとなく生きる人生を終わらせ、今回の状況が生じた経緯とその体験の意味、人生で何をなすべきかを本気で話し合える関係の二人に成長していくべきであろう。

ホロスコープ法

　ホロスコープ法では、カードを占星学の黄道 12 サインのハウスの意味に対応させてスプレッドする。人生全体を取り巻く動きを、根本的な要因や潜在的なエネルギーに関連させてとらえるリーディングである。

【ホロスコープ法の特徴】
　占星学のホロスコープを使うので、カードのレイアウトの位置に対しても占星学理論を適用し、質問者の人生のあらゆる事柄を調べることができる。
　質問者の問題のなかで「一番重要なことは何か」「それはどこから手をつけていくべきか」「どこへ向かっていき、どうなるのか」を知ることができる。

【カードのスプレッド方法】
　カードをシャッフルした後、スリーカットを行い、7 枚法でポジション①～⑫までを以下の順番で配列する。最後にキーカードとしてサークルの中央に 13 枚目のカードを置く。
　カードは以下の順序で配列する。
・ポジション①、⑩、⑦、④の順序でカードを配列する。
・ポジション⑫、⑨、⑥、③の順序でカードを配列する。
・ポジション⑪、⑧、⑤、②の順序でカードを配列する。
・最後にキーカードとしてポジション⑬にカードを配列する。

《Notice》
　カードの配列と、カードをリーディングする順序は異なるので注意する。

[スプレッドポジション]

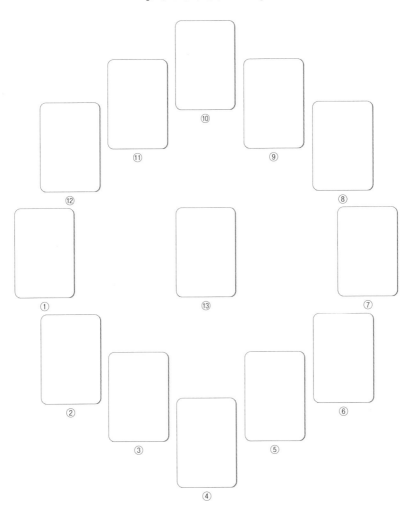

【リーディングの順序と意味】
　各カードの配列の番号は、占星学のハウスの番号を表し、ハウスの意味を表す（表6）。詳細は第4部「キーポイント」588ページ参照。

表6. ポジションとハウスの意味

ハウスと ポジション	ハウスの意味
キーカード (ポジション⑬)	リーディングのテーマ
第1ハウス (ポジション①)	キーカードのテーマに対する当面の状況。 現在の立場。
第2ハウス (ポジション②)	自分で得られる物質的なもの。 仕事で得られる金運、財政状態。
第3ハウス (ポジション③)	自分の考え。血族や兄弟との関係。信仰の信者仲間。 身近なものとのコミュニケーションの状態。
第4ハウス (ポジション④)	家庭、家族、住居に関すること。 感情的安心感。他者からの協力で築くもの。
第5ハウス (ポジション⑤)	あらゆる種類の個人的な楽しみと趣味。 子ども運。恋愛とスポーツ。
第6ハウス (ポジション⑥)	日常的な生活全体を表す。 家事の状態、日常の改革、収入のための仕事。
第7ハウス (ポジション⑦)	結婚関係。他者から得なければならない能力。 試験結果や移転先の状況。
第8ハウス (ポジション⑧)	他者から得られる物質的なもの。援助運。 配偶者の金運。
第9ハウス (ポジション⑨)	物事や人生の意味の追求。 専門教育、高等教育の追求。
第10ハウス (ポジション⑩)	成功できるライフワーク。未来の職業。 獲得すべき社会的立場。社会的評価。
第11ハウス (ポジション⑪)	関心を持つ主義主張。交友関係。仕事仲間。 グループやサークル活動。
第12ハウス (ポジション⑫)	未知の希望や潜在的願望。 隠された不安、障害、束縛。

【リーディングのまとめ方】

　ポジション①と⑦は質問者のテーマで、目的を実現するために、何を取り入れる必要があり、どうしなければならないかを読み取る。ポジション④と⑩は質問者の向かうべき方向と実現すべきものを表す。

リーディングの例

主婦32歳　女性Tさん

　夫は営業職36歳。子どもは男の子2人（小学校1年生と4年生）。子どもに持病があり、健康と教育を考えて東京から地方へ一時的に引っ越しをしました。夫は東京で、Tさんと子どもたちは地方で暮らしています。Tさんは少しでも早く家族いっしょに生活をしたいのですが、地方には仕事が少なく、今後のことを考えて迷っています。
「夫に地方に来てもらい、家族みんなで暮らしたほうがよいのか、子どもの状態を見て、時期がきたらみんなで東京の暮らしに戻るほうがよいのか、どうしたらいいでしょうか？」

第3章　アドバンス編　　553

Position ⑬ キーカード
リーディングのテーマ。全体のなかで一番重要な問題が示される。

「#19.The Sun 太陽」

　魔術師の神殿の第4サークル「地の国」。
　獅子座のルーラー。牡羊座でイグザルテーションする。
　キーカードの「#19.The Sun 太陽」は、魔術師の神殿の第4のサークル「地の国」の中で「#20.The Aeon アイオーン」に続くカードである。これは今までの人生の流れを根本的に変えたいと思ってきたことがついに実現できることを表す。太陽が導くままに目指してきた山に到達し、喜びに満ちあふれている状態が感じられる。ダンスをする子どもには蝶の羽があり、毛虫が蝶に変身したことを示している。この場合の毛虫は、自分たちが求めているものではないが、生活するために我慢し続けた今までの東京での生活を表している。その状態を田舎暮らしの生活に切り替えることで、人生の根本的な変化につながる。

> 《Point》
> 　キーカードは、第1ハウスのカード（ポジション①）とコンビネーション・リーディングする。

Position ① 第1ハウス
キーカードのテーマに対する当面の状況。現在の立場。

「ワンドの5」

　生命の木の元型界のゲブラー。獅子座の土星。
　第1ハウス「ワンドの5」は、占星学では、獅子座の土星に対応し、キーカード「#19.The Sun 太陽」は、獅子座のルーラーの太陽でもあり、意味が明確に結びついている。ここでは、子どもの問題が最優先であることを示す。「ワンドの5」は、人生の13の障害のカードで、子どもは田舎暮らしのなかで土星が意味する障害や制約の問題にぶつかるだろうことが予想される。それは、都会で育った子どもの感覚と、田舎の子どもたちの習慣や楽しみの違いによって発生すると思われる。

554　第3部　タロットリーディング

それは、カードの絵にある土星を象徴する大きな鉛色のアデプトの杖がカード全体に立ちはだかることと、フェニックスのワンドが背中合わせに交差して、顔を向き合わせていないことによって表されている。

「ワンドの5」の位置は、生命の木では「ワンドの4」と「ワンドの6」に挟まれている。「ワンドの4」は、過去を完成させて新しい生活をはじめることを意味するので、東京から地方へ移った結果、生じる問題だろう。東京の習慣や人間関係のつくり方が、地方の空気と違うことでいじめの対象や仲間はずれにされることが考えられる。それに対処することを考えていく必要がある。「ワンドの5」は生命の木のゲブラーを示し、火星を表すので、牡羊座と同じ位置の第1ハウスでルーラーになる。したがってこの子どもの闘いは、かなり厳しいであろうことを覚悟しなければならない。

Position ② 第2ハウス
自分で得られる物質的なもの。仕事で得られる金運、財政状態。

「ディスクの6」

生命の木の物質界のティファレト。牡牛座の月。

黒い山の上下に出ている赤い半円は、朝日を表す。そしてティファレトの太陽を示し、新しいものが生まれることを表す。ここでは、収入のための新しい仕事が見つかることを意味している。第2ハウスは自分で得られるものを意味する。新しい仕事は自然に見つかるわけではないが、自分から見つけようと活動する限り、生活をするための収入に困ることはない。

このカードは「成功」のタイトルを持ち、物質界のティファレトを表す。ティファレトは「死にゆく神と復活」を意味する。それは、都会から田舎に移っても（死にゆく神）、財政面の心配をする必要がまったくない（復活）ことを表している。ティファレトは、生命の木の中央に位置しているので、夫も合流して家族全員で田舎に暮らすことを考えるべきだろう。

占星学の対応は牡牛座の月である。牡牛座は物質的な安定を意味する。月は牡牛座でイグザルテーションになるため、物質面だけでなく精神面も充実することを表す。象徴の中心にある49枚の花びらを持

第3章　アドバンス編　　555

つ薔薇十字は、ゴールデンドーンによって「パストスの頭」とわざわざ命名された「物心両面にわたる成功」を意味している。

Position ③ **第3ハウス**
自分の考え。血族や兄弟との関係。
身近なものとのコミュニケーションの状態。

「ソードの2」

　生命の木の形成界のホクマー。天秤座の月。

　この第3ハウスは、日常のコミュニケーションと環境への適応能力を示すハウスである。「ソードの2」は天秤座の月に対応し、隣人たちから新しい情報が得られ、多くのことを学ぶことができることを表す。カードの象徴では、剣のツバと柄には、蠍と天使、そして鳩が描かれている。蠍は自分の言動で傷つく人がいないか、天使は人に対する気遣い、鳩は積極的に地域の人たちに溶け込もうとすることを表している。そして青いロータスの花は、相手を受け入れる愛を表すため、地域の風潮に合わせていくことが大切であることを示している。つまり、新しく住む地域のコミュニケーションには、繊細かつ最大限の気遣いが必要であることが示されている。

　「ソードの2」は、形成界のホクマーで天王星であり、「ソードのナイト」と表裏一体を成している。それは新しい隣人が得られ、新しい情報によって未来への夢が広がることを意味する。

Position ④ **第4ハウス**
家庭、家族、住居に関すること。
感情的安心感。他者からの協力で築くもの。

「#4.The Emperor 皇帝」

　第1のサークル「火の国」。牡羊座。

　第4ハウスは、不動産や住居、家族を示す。そして「#4.The Emperor 皇帝」は、家族を表す「#5.The Hierophant 高等司祭」から新しいものを探求する意味を持つ「#2.The Priestess イシスの探索」へのパスワーキングの間にあるので、家族全体が合流し、田舎の今の住

556　第3部　タロットリーディング

居から別の場所へ移動することを示しているのだろう。ただ、移転先を表す第7ハウスには「#13.Death 黒い太陽」のカードが出ているので、今はまだTさんたちには心あたりがないのかもしれない。しかし、今とはまったく違う地方へ移り、まったく違う職業に就くことになるだろうと思われる（魔術師の神殿では、うまくいっている職業を表す「#15.The Devil パーンの祝祭」の後に続くカードが「#13.Death 黒い太陽」だからである）。

また今後の家庭生活については、「#4.The Emperor 皇帝」は、全体がオレンジ色で構成され、後ろから朝日が出てくることから、自分から明るい家庭を築こうと、積極的に行動することが大切である。

Position⑤ 第5ハウス
あらゆる種類の個人的な楽しみと趣味。子ども運。

「ディスクのエース」

生命の木の地の根源。

ここは子どもと人生の喜びを示すハウスである。「ディスクのエース」は物質界のケテルで、天使が七芒星（「#17.The Star 螺旋の星」の新しい人生の目標）を卵にして翼の中で温めている。これは子どもの成長を優先的に考えることによって、親の人生の目的も大きく広がっていくことを教えている。コインに刻まれているギリシア文字は「メガ・テーリオン」。メガは「大きな」を意味し、テーリオンは獣を表し「混沌」を意味する。

新しい場所へ移ることは、東京の暮らしとはまったく異なるので、未開拓の大きな将来への夢が広がることを表すのだろう。

《Important》
どの位置であれ、エースが出た場合は、リーディング全体をまとめるときに、エースの出たポジションの意味を理解し、まずそれを実行することが、まとめ方のポイントとなる。

第3章 アドバンス編 　557

Position ⑥ 第6ハウス

日常的な生活全体を表す。家事の状態、日常の改革、収入のための仕事。

「ソードのクイーン」

　形成界のビナー。乙女座第3デーカンから天秤座第2デーカン。

　仕事や健康を示すハウスに出ているカードは「ソードのクイーン」である。これは、乙女座第3デーカンから天秤座第2デーカンに対応し、代表的な職業ではカウンセラーを表す。クイーンは女性なので、Tさんにとっての適切な職業を教えているものと思われる。「ソードのクイーン」は形成界のビナーを表し、「ソードの3」と表裏一体を成している。このことから、周囲に人間関係の悩みや生活の問題を抱える人たちが多くいることが察せられる。それらへの対応が今後のTさんの職業となりうる。あるいは日常生活の課題になるであろう。

　またカードの絵には、雲の頂点を玉座にし、クリスタルの王冠を被り、老人の仮面を剣ではぎ取っている姿がある。これは日常生活をきれいに整理整頓し、理想の生活を実現しようとする姿勢を表している。

Position ⑦ 第7ハウス

結婚関係。他者から得なければならない能力。移転先の状況。

「#13.Death 黒い太陽」

　魔術師の神殿では第2のサークル「風の国」。蠍座。

　ここは配偶者との関係、移転する場合は移転先を表す。しかし第4ハウスでふれた通り、さらに他の場所へ移動する可能性が高い。カードの象徴を見ると、スケルトンの頭からフェニックスが飛び立つことから、第1ハウスに出ていた「ワンドの5」の背中合わせのフェニックスの頭がここで向き合うことを示している。したがって、夫は東京での仕事を辞め、妻や子どもたちと合流したほうがよいことがわかる。「#13.Death 黒い太陽」は蠍座に対応する。このことから、どこへ行くのかはまだ隠されていて見えない。今の場所からは、かなり遠く離れた場所になることが予想される。そして、スケルトンは大きな鎌を振るって足の骨の間接の結び目を断ち切っている。これは、子どもに起こるかもしれないいじめの問題を解決するには、夫の力が必要にな

ることを教えている。夫は学校や生徒の家族などに上手に根回しをして問題の発生を防ぐよう心がけるだろう。それは、このカードが蠍座に対応し、問題の起こっている事柄の背景を示すカードだからである。

また「#13.Death 黒い太陽」は魔術師の神殿のなかでは、現在成功している職業「#15.The Devil パーンの祝祭」の次のパスワーキングを示す「変容」のカードなので、夫が家族と合流する際には、今の職業とはまったく違う職業に就くことになるだろう。そして移転した場合は、移転先での周囲の協力に恵まれることを教えている。

Position⑧ 第8ハウス
他者から得られる物質的なもの。援助運。配偶者の金運。

「ソードの6」

生命の木の形成界のティファレト。水瓶座の水星。

ここは他者からの援助や配偶者の金運、深いレベルでの考えの交流などを示すハウスである。「ソードの6」は、薔薇十字の中心に6本の剣が先端を突き合わせている。これは騎士道の友好関係の誓いを表す。このカードは水瓶座に対応し、新しい場所での友好関係にたいへん恵まれ、人脈を通して非常に豊かな情報を得られることを示している。

また第8ハウスは夫の収入を表す。このカードに対応するティファレトも、水瓶座も、すべて新しいという意味を持つため、新しい職業を通して十分な収入が確保できるだろう。そして水瓶座は、技術系や専門職の職業である可能性を示す。

Position⑨ 第9ハウス
物事や人生の意味の追求。専門教育、高等教育の追求。

「ワンドのエース」

火の根源。

前述した通り、リーディングの際に出たエースは、質問者がまずはじめに考えるべきことを表している。

ここは遠く離れた場所への移転、人生の意味の追求、人生に描く夢

などを示す。「ワンドのエース」は元型界のケテルで、新しい方向へ向かうすべてのはじまりを表している。象徴もヘブライ文字のヨッドが 10 個集まった松明で描かれている。松明は向かう方向を表し、ヨッドは新しいはじまりを示す。しかしここでは 10 個のヨッドが使用されているため、すべてを新しくするという理想を持っていることを表す。

　Tさんは、今いる地方の場所からも離れ、さらに遠い場所へ移転して、人生のすべてを新しくしたいという目的を抱いているのだろう。

　さらに別の側面からリーディングすると、大きな松明と緑の稲妻がひらめく状況を描いている。したがってTさんにとって、田舎暮らしをする以前に考えていた以上に、田舎に移ることによって、衝撃的な新しい理想の目覚めが起こるのであろう。

Position ⑩ 第10ハウス
成功できるライフワーク。未来の職業。
獲得すべき社会的立場。社会的評価。

「ワンドの3」

　元型界のビナー。牡羊座の太陽。

　ここは、何を目指し、何を達成するのかを問うハウスである。第4ハウスの「#4.The Emperor 皇帝」を土台に新たに向かうべき方向であり、実現すべきものである。「#4.The Emperor 皇帝」は「移転することによって」を意味していた。「ワンドの3」は元型界のビナーであり、「ワンドのクイーン」と表裏一体になる。したがって、「妻のTさんが実現するもの」を表す。占星学の対応は、牡羊座の太陽で、太陽は牡羊座でイグザルテーションする。つまりキーカード「#19.The Sun 太陽」が表す「Tさんの最も強い欲求」は、職業として実現することが表されている。「ワンドの3」は、生命の木では「ワンドのエース」が実現することを意味し、それが元型界のビナーの意味である。したがって、第9ハウスに出ていた「ワンドのエース」で目覚めたことを具体的にここでライフワークとして実現するのである。それは同時に、Tさんの才能が職業を通してカードの絵のように開花することを表している。

しかし「ワンドの3」はマイナーカードなので、対角線上の第4ハウスのメジャーカード「#4.The Emperor 皇帝」が示した、次の移転先を決めて引っ越すことが先決である。

Position ⑪ **第11ハウス**
関心を持つ主義主張。交友関係。仕事仲間。グループやサークル活動。

「ワンドの4」

　生命の木の元型界のヘセド。牡羊座の金星。

　この第11ハウスは、交友関係や人生のゴールを示すハウスである。「ワンドの4」は、生命の木のヘセドで木星に対応する。つまり生命の木の法則を対応させると、第10ハウスの「ワンドの3」で実現したことを、さらに大きく発展させていくカードである。このカードは、占星学の牡羊座と金星に対応している。金星は鳩に象徴され、牡羊座の反対の天秤座のルーラーである。天秤座は、配偶者や最も身近な協力者からのサポートによって新しい物事をはじめることを表している。したがって第10ハウスで実現した「ワンドの3」は、自分のライフワークに十分に満足した後、第11ハウス「ワンドの4」では、新しいグループやサークルを組み、人と協力して社会に貢献する目的を見つけるべきだということを示唆している。それは絵の中で8本のワンドを使って牡羊と鳩が結びつき回転する輪を形成していることで表されている。

　牡羊座は、「Tさんが求める行動」を表し、金星は、牡羊座の対角線上にある天秤座の「自分にはないものを他者から受け入れる」ことを意味する。これは第11ハウスでは、交友関係やグループ関係を通して、自分だけで物事を進めるのではなく、同じ関心を持つ人たちと協力し合って、社会に貢献することを示している。

　したがってTさんは、自分の個人的な目的を達成した後は、社会に役立つグループを形成するようにしていくとよいだろう。

第3章　アドバンス編　　561

Position ⑫ 第12ハウス

未知の希望や潜在的願望。隠された不安、障害、束縛。

「カップの9」

　生命の木の創造界のイェソド。魚座の木星。

　ここは、人生の障害や潜在能力などを示すハウスである。「カップの9」は本来ウィッシュカードと呼ばれ、「願望成就」をもたらすカードである。しかし、ここでは第11ハウスの「ワンドの4」と第1ハウスの「ワンドの5」の間に挟まれている。これら2枚はともに火の性質のカードで、「カップの9」は水の性質のカードである。火と火の間に挟まれた水のカードは火のカードと相克関係になり、「カップの9」の意味は否定的な意味に変わる。つまり、ここでは隠された人生の障害を警告するカードになる。

「カップの9」は大きく膨らんだカップから水があふれ、上下左右とも3の数によって構成される。それは完全な安定を求めることを意味している。そして9はイェソドで月に対応し、蟹座のルーラーであるため、ここでは家庭の安定にこだわりすぎることを意味する。つまり、夫への対応がなおざりになり、夫への理解や配慮が不足することによって、それが家庭の障害にならないようにすべきだという警告であろう。夫が東京で単身赴任の間も、ふたたび家族全員の生活に戻る場合も、常に夫が子どもと妻の考えに合わせて人生を選択することになるので、ともに人生を築き合う価値観が必要となる。そして、夫に対する気遣い（魚座の意味がそれを表す）を忘れないようにすることが大切であると警告していると考えられる。

[リーディングのまとめ]

　第 1 ハウスに、人生の 13 の障害の「ワンドの 5」があるため、夫が家族と合流し、学校や子どもの父兄に十分に根回しして、子どもにトラブルが生じないよう未然に防ぐ努力が必要である。

　第 12 ハウスの「カップの 9」は、カードの前後関係が火と水の相克の関係になるので意味が否定的になる。つまり家庭第一、子ども第一になりすぎて、夫への配慮がなおざりにならないように注意すべきことを教えている。

　リーディングをまとめると、東京から地方への移転は、子どもの健康問題だけでなく、実は T さんにとって新しい人生の目覚めを表している。安心できることは、今後夫と合流しても、地域の人たちや新しい人脈が得られるため、生活の収入を得るのに困ることはないだろうということである。

[カードのコンビネーションを見てまとめる]

● 2 枚のエース

　・エースが 2 枚で「場所の変化」、つまりふたたび移転する。

　・優先的に実行すべき点を教える。

　第 5 ハウスの「ディスクのエース」は、子どもが安心できる環境を実現することを最優先とすべきと教えている。第 9 ハウスの「ワンドのエース」は、新しい夢が生まれることによって、最初の考え以上に、さらに遠くへもう一度移るだろうと教えている。

● 3 枚のメジャーカード

　・現在の状態は順調に推移している。

　・その流れに乗って調和を図ればよい。

　子どもの健康と教育を考えての田舎への移住計画は順調に推移している。今後もう一度別の地域への移転を考えても、特段不安視する必要はないだろう。子どもが移転先の教育環境になじめるかという不安がないことはないが、ご主人と合流して協力してもらうことによって、うまく乗り切っていけると判断できる。

第 3 章　アドバンス編　　563

第4章
カウンセリング編

変容のための7つの扉

　私たちの多くは、漠然とした理想を抱きながらも日常を超える扉を開けることができず、理想を実現させることができないでいる。この変容のための7つの扉のリーディングは、その扉を開く鍵を与え、目的を実現するためのカウンセリングスプレッドである。

【カウンセリングのポイント】
　仕事、人間関係、生活、新しく何を学ぼうとしているかなどに関し、「今その人の人生で何が最も重要か」を見出すカウンセリングである。

【カードのスプレッド方法】
　カードをシャッフルした後、スリーカットを行い、カードを右手で扇状に並べる（扇状のスプレッド）。質問者はポジション①の質問について考え、扇状に並べられたカードのなかから左手で1枚カードを選ぶ。以下、同様にポジション②〜⑦まで質問に沿ってカードを選び、配列する。

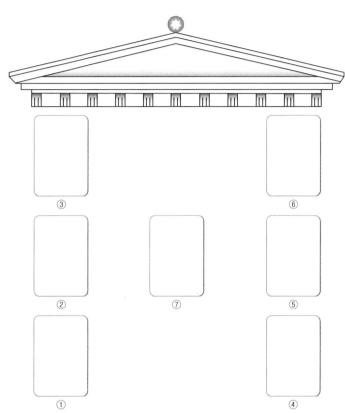

【各ポジションの意味】

Position① 実現したいと考えている目標（目的）。
Position② 目標の実現を妨げている制約や妨害。
Position③ 今までに実現してきたもの。
Position④ 今以上にポジション①の目標を実現に導くもの。
Position⑤ 目標を実現するために欠けているもの。
Position⑥ どのようにすれば自分の目標を実現できるのか。
Position⑦ 夢の実現への扉を開く鍵。

【リーディングの順序】
　ポジション①から⑦まで番号順に開いてリーディングする。

リーディングの例

派遣社員36歳　女性Cさん

　派遣社員として事務の仕事をしています。現在の仕事が嫌いなわけではないのですが、今後もずっとこのままでいいのか悩んでいます。
「次の契約更新をきっかけに転職を考えるべきか、それともこのまま続けるべきか。今後どうしたらいいでしょうか？」

Position ① 実現したいと考えている目標（目的）。

「カップの7」

　生命の木の創造界のネツァク。蠍座の金星。

　最初のカードが「カップの7」なので、このカードが出る前の状態は「カップの6」であったことを表す。つまりCさんが派遣社員として入社したときは、新しい友人もでき、毎日が楽しかったのだろう。

　その後、特にはっきりとした目的や考えもないままに現在の仕事を続けてきて、将来に希望を感じられない状態に陥っている。今の仕事には慣れているので、現状維持していることは楽かもしれない。しかし仕事にも人間関係にも特に喜びを感じることがなく、徐々に人生に無気力になっていることが問題である。今、しっかりと自分の将来を見据えて手立てを考えなければ、心にぽっかり穴が開いたようなむなしい気持ちになることを表している。カード全体に腐敗した水が滴り、水面がヘドロ状になっていることがそれを物語っている。

　このカードの占星学の対応は、蠍座の金星であるが、金星は蠍座でデトリメントになり、金星の「心地よい」という働きが行きづまることとなる。今現在「なんとかなっている安楽さ」は、長くは続かないだろう。

　今後は、生活のために収入を得る手段として何をすべきかを考えるのではなく、損得に関係なく何に興味を感じ、何に喜びや楽しさを感じるかをはっきりとつかむべきである。生命の木において数字の「7」にあたるネツァクは、自分の手が届く範囲で、今、一番心魅かれるものが何であるかを追求すべきだと示唆している。

Position ② 目標の実現を妨げている制約や妨害。

「#2.The Priestess イシスの探索」

　魔術師の神殿の第1のサークル「火の国」。月。

　このカードに描かれている花やパイナップルで表されるオアシスは、このままでも生活ができるので、今の安楽さに留まることを示している。弓と矢、そして白いらくだは、自分の本当の目標を見つけるために心の旅をする。つまり、興味のあることを新しく見つけ、学びはじ

めるほうがよいことを教えている。

ここでは、今の安楽に満足せず、ヴェールの彼方の新しい人生の目標を追求すべきかどうかの迷いを示している。新しい人生の旅へ進めば冒険であり、今の安楽な生活を続けるのであればポジション①の「カップの7」の状態のままである。

Position ③ 今までに実現してきたもの。

「#6.The Lovers 兄弟」

魔術師の神殿の第3のサークル「水の国」。双子座。

なんといっても、あなたには多くの友人や仲間がいるはずである。何かを実行しようとするときには、いっしょに考えて行動してくれようとする仲間に恵まれていることだろう。

しかし占星学では、双子座に対応するため、あなたは仲間との間で考え方に何らかのずれを感じ、長くともに歩む行動を取ってこなかったかもしれない。それは、あなたのなかに一貫した考えや明確な目標がなかったことが原因だろうと考えられる。魔術師の神殿の中では、「#6.The Lovers 兄弟」の次のカードは第3のサークル「水の国」の守護人「#14.Art 異世の大釜」となり、射手座に対応する。それは、今後新しくはじめることは何であれ、長く続けてみることが重要となり、そのなかで必ず次の目標が見つかることを示唆する。

Position ④ 今以上にポジション①の目標を実現に導くもの。

「カップの6」

生命の木の創造界のティファレト。蠍座の太陽。

生命の木では、「カップの6」はポジション①の「カップの7」の前のカードになる。まずは派遣社員になったころの初心に返り、興味を感じるもの、今のあなたの心の癒しになるものを求め、見つける。そしてそれを体験し経験してみることである。また、その仲間のサークルに自分から加わってみることである。同じことに興味を持つ人たちとの交流は、あなたに新しい喜びを与えてくれることを教えている。

Position ⑤ 目標を実現するために欠けているもの。

「ワンドの5」

　元型界のゲブラー。獅子座の土星。

　ポジション④の「カップの6」とのカードの相性は、「水と火」で相克関係になる。年齢を重ねたことが、必要のないプライドとなっている。新しいことを行うとき、なかなか初心者になれず、「教えてください」「わかりません」と素直に言えないのだろう。新しいことでもすぐにできるふりをしたり、わかったふりをしてしまうことが、あなたが挫折しやすい要因となっている。カードの中で立ちはだかる鉛色の大きなアデプトの杖は、プライドを捨てるべきだと指摘している。

Position ⑥ どのようにすれば自分の目標を実現できるのか。

「カップのナイト」

　創造界のホクマー。水瓶座第3デーカン～魚座第2デーカン。

　ポジション⑤の「ワンドの5」とのカードの相性は、「火と水」で相克関係になる。また、水瓶座第3デーカンから魚座第2デーカンに対応している。これは障害を克服するのに仲間との協力関係が大切であることを示す。同時に生命の木で、このカードに対応するもう一方のカードは、「カップの2」である。これも、自分の力だけで新しいものに取り組んだり、身につけようと閉鎖的にならず、一対一で話し合える友人を見つけることの大切さを指摘している。Cさんには、気の合う友人をつくり、自分の考えている希望（水瓶座）、夢や不安（魚座）を語り合うことが求められる。Cさんが何事も深く語り合える友人を持つことで、自分の目標を考えるだけではなく、実際に目標を追求し、実現していく可能性を与えてくれるだろう。

第4章　カウンセリング編　　569

Position ⑦ 夢の実現への扉を開く鍵。

「#20.The Aeon アイオーン」

　魔術師の神殿の第4のサークル「地の国」。冥王星。

　魔術師の神殿では、「#14.Art 異世の大釜」から「#20.The Aeon アイオーン」、そして「#19.The Sun 太陽」へのパスワーキングに位置づけられるカードである。「#20.The Aeon アイオーン」の前のカードは「#14.Art 異世の大釜」なので、一対一で理想や夢を語り合える友人ができると、その交流を通して将来の目標が育まれ、徐々に明確になるだろう。自分の夢だけではなく、友人と2人で協力し合える目的も見つかる可能性がある。「#20.The Aeon アイオーン」の次のカードの「#19.The Sun 太陽」の象徴では、踊る2人の人物が手を交差してダンスをしているように、ともに協力して、同じ方向を目指して進める山（目標）が見つかると指摘しているのだろう。ともに同じことを学び、それを身につけた者同士で共通の目標を目指して進むことが、Cさんに最も大きな喜びをもたらす力になるに違いない。

［リーディングのまとめ］

　「#20.The Aeon アイオーン」では、黒い身体の天空の女神ヌイトに不毛の荒れ地を意味する冥界の神オシリスが吸収され、新しい太陽神ホルスが生まれようとしている。今回の質問は、「今の仕事をこのまま続けるか、それとも辞めるか」である。重要なことは、今までの人生の生き方をすっかり変えて、新しい生き甲斐を見つけるために新しい人間関係を見出すことである。もしくは現状の人間関係のなかで、新たな決意を完全に理解し合えるような関係性を育む必要があることを表している。

　それはCさんがどこまで人生の深い意味を探求する気構えがあるかどうか、それ次第である。

570　　第3部　タロットリーディング

わたしは誰！

このスプレッドは、現在の「わたし」の立ち位置を理解し、今後どのようにしていけばよいかを把握するものである。

【カウンセリングのポイント】
　本当の自分の進むべき人生の方向を明らかにし、今後どんな人生を実現したらいいかを知るのに有効である。

【カードのスプレッド方法】
　カードをシャッフルした後、スリーカットを行い、扇状のスプレッドを使用する。右手で扇状に並べ、質問者はポジション①の質問について考え、扇状に並べられたカードのなかから、左手でカードを1枚選ぶ。同様に②〜⑧までの質問に沿ってカードを選び配列する。

【各ポジションの意味】
- Position ① 本当の自分を明確にするために必要なこと。
- Position ② 今、向かっている方向。
- Position ③ 自分の能力や資質として何を見出すべきか。
- Position ④ 自分の人間関係で重要なこと。
- Position ⑤ 仕事（勉強や興味の対象）の動きの状態。
- Position ⑥ 忍耐していくべきもの。
- Position ⑦ どのようにすれば輝くことができるのか。
- Position ⑧ 私は誰なのか！

[スプレッドポジション]

【リーディングの順序】

ポジション①から番号順に開いてリーディングする。

ポジション⑧は、ポジション①〜⑦を総合して「私はどのように人生を生きるべきか」をリーディングする。

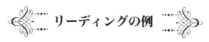

リーディングの例

ヨガ講師48歳　女性Nさん

ヨガスタジオの講師として働いていますが、オーナーからは、スタジオ運営から生徒の指導まで業務全般を任されています。最近では、競合スタジオも増える一方で運営が難しくなってきました。

「今後ヨガスタジオをさらに発展させるためには、どうしたらよいでしょうか？」

第4章　カウンセリング編　573

Position ① 本当の自分を明確にするために必要なこと。

「#15.The Devil パーンの祝祭」

　魔術師の神殿の第２のサークル「風の国」。山羊座。

「#15.The Devil パーンの祝祭」は、魔術師の神殿では風の国の最初のカードである。カードの象徴では山羊のいる大木が天空を貫いているように、占星学の山羊座に対応する。このカードは、今自分が携わっていること、考えていることを納得するまでやり通し、新しい方向が見えるまで、現状のなかで成功することを目指すべきであると指摘している。

　またヘブライ文字のアイン（目）に対応するカードでもある。これは、目的を達成した時点でふたたび自分自身を見つめ直し、考えてみることで、新しい目が開かれる、もしくは、自分自身を明確に見通せるようになることを伝えている。

Position ② 今、向かっている方向。

「#13.Death 黒い太陽」

　魔術師の神殿の第２のサークル「風の国」。蠍座。

　このカードは、魔術師の神殿では、風の国の「#15.The Devil パーンの祝祭」の次のパスワーキングを形成している。過去の実績や楽なことに安住せず、人生のより深い意味、目的を探求しようとしていることを表している。現状に満足して維持するのでもなく、自然な発展を期待するだけでもなく、さらに先を考え、目的の深い意味を把握しようとしている。カードの絵では、足の骨組みが門の形になっており、その向こう側に青い人間が次々に生まれてくる様子でそれを表している。Nさんには、ポジション①を超えて、進むべき時期がやってくることが示唆されている。

574　　第3部　タロットリーディング

Position ③ 自分の能力や資質として何を見出すべきか。

「#18.The Moon 月」

　魔術師の神殿の第3のサークル「地の国」。魚座。

　「#18.The Moon 月」は、魔術師の神殿では地の国の「#17.The Star 螺旋の星」から守護人「#21.The Universe 楽園回復」に向かう間のパスワーキングを表す。ポジション③のこの位置では出ていない、「#17. The Star 螺旋の星」が現在のヨガスタジオにあたる。

　「#18.The Moon 月」のカードにいるジャッカルは、腐肉を食らい、人の悩みや苦しみを吸収する意味になるため、Nさんは生徒の指導者というよりも奉仕者としての心境に徹して活動してみることである。自分が生徒の悩みと問題点にどこまで対応できるのか、一度徹底的に自分に課してみることである。そうすることで生徒の指導者であり、人々のヒーラーでもある自分の能力を再確認でき、今後の展望に確信が持てるようになる。

　「#18.The Moon 月」は魚座にも対応しており、サービス精神に徹することによって、潜在的な可能性を掘り起こせることを表す。また、カードのヘブライ文字「ヨッド」の形が9粒の雨のようにしたたり落ちてくるのは、「#9.The Hermit 賢者」のカードとのつながりを表し、奉仕的な姿勢に徹することがヒーラーとしての能力の開花と、新しい可能性につながることを示している。

Position ④ 自分の人間関係で重要なこと。

「#9.The Hermit 賢者」

　魔術師の神殿の第3のサークル「水の国」。乙女座。

　魔術師の神殿で「#9.The Hermit 賢者」は、水の国の最初のカードで乙女座に対応する。また、このカードは前述したポジション③の「#18.The Moon 月」のカードともつながりがある。

　Nさんの人間関係で重要なことは、自分の生活を満足させるだけでなく、それ以上の人生の目的を求め、互いに支え合い、責任や仕事を分担し合う必要性を指摘している。そのような関係を築くことで、自分たちの理想や大きな夢をさらに発展させていくことができる。魔術

師の神殿体系では「#7.The Chariot 戦車」へ進むパスワーキングであり、「#7.The Chariot 戦車」は蟹座に対応して、「#9.The Hermit 賢者」の宇宙卵を「#10.Fortune 運命の輪」の運命の輪として育てている。また、蟹座には不動産や生活の土台という意味があるので、やがて独立して、ヨガスタジオを経営する機会が訪れるだろう。

Position ⑤ 仕事（勉強や興味の対象）の動きの状態。

「ソードの7」

　生命の木の形成界のネツァク。水瓶座の月。

　このカードは、占星学では水瓶座の月に対応する。「7」は、生命の木ではネツァクの金星で、物事への関心を意味するが、カードには実態のない剣が冷たい氷のような背景の上に描かれている。ここからは、仕事への興味がほとんど感じられない。つまり、自分の興味や関心よりも、まずは仕事をしなければならないという義務感を優先しており、それがもとで仕事への意欲が薄れていることを示している。結果、考えが具体化せず、発展しない状況が警告されている。すべてが中途半端になっていて、空中分解しているので、あまり多くのことに手を出しすぎずに、一番重要な考え（太陽の剣）から問題に対処し、順次仕上げていくこと。これを最優先にすることで仕事は前進する。具体的には、ポジション③と④は、魚座と乙女座に対応し、キーワードは「奉仕」にあたるので、生徒に対して奉仕の気持ちに徹して仕事に取り組むことで打開の道が見つかることを示している。

Position ⑥ 忍耐していくべきもの。

「ワンドの7」

　生命の木の元型界のネツァク。獅子座の火星。

　ポジション⑤の「ソードの7」は、生命の木で風のエレメントのネツァクにあたるが、このカードも火のエレメントのネツァクにあたり、獅子座の火星に対応している。ネツァクも獅子座も「好きなこと」「興味」ということがキーワードである。ここは、「忍耐」の位置だが、獅子座の第3デーカンで、牡羊座の影響を受ける。新しい仲間をつくっ

576　第3部　タロットリーディング

たり、基盤づくりをするには、まだまだ時間がかかり、思い立ってすぐにできることではないことがわかる。そして、一番頼りになる人を見つけるには、辛抱強く時期の開花を待つ必要がある。

　ポジション⑤の「ソードの7」は風のエレメントなので、「ワンドの7」の火のエレメントとは、相生関係にある。これは、時間はかかっても、頼りになる人を見つけることができることを示している。

　ネツァクは、金星、愛情、関心などを表す。カードでは中心に大きな強い杖が描かれている。ここでは、Nさんがやらなければならないことを抱えすぎて、行動が分散しないようにポイントを押さえて臨むべきだと教えている。

Position ⑦　どのようにすれば輝くことができるのか。

「ワンドの6」

　生命の木の元型界のティファレト。獅子座の木星。
「ワンドの6」は火のエレメントのティファレトにあたり、獅子座の木星に対応する。自ら掲げた目標、約束事は、必ず実現し達成できる（そのためにはヨガスタジオの生徒に対して奉仕の気持ちに徹して仕事に取り組むこと）。この実現によって、周囲からの厚い支持が得られ、夢は発展していくだろう。前のポジションの「ワンドの7」とは直接結びついているカードなので、キーワードは「忍耐」である。
「ワンドの6」は「ワンドのプリンス」に対応する。「ワンドのプリンス」はフェニックスの形のマントを着けている。フェニックスは蠍座の「影の努力や情熱」を意味するので、サポーターに徹することで人からの尊敬を勝ち取ることができると示唆している。また、そういう状況にNさんが今後復活できることを示している。

Position ⑧ 私は誰なのか！

「ワンドの2」

　生命の木の元型界のホクマー。牡羊座の火星。

　このカードは火のエレメントのホクマーで、ポジション⑦の「ワンドの6」と同じエレメント同士である。これはもともと持つカードの意味をさらに強くする関係を示している。「ワンドの2」は、「ワンドのエース」が示す自分の夢、世の中の役に立ちたいという夢を実現するための、具体的なプログラムをつくっていく能力を示している。そのためには、投げ出したくなる時間のかかる作業や仕事に対して、自分の弱さを克服してリーダーとして行動する能力を示さなければならない。Nさんは、社会に新しいことを示す能力を持っていて、新しい事業を自分で創業できるだけの能力を持っている。

　一方で「ワンドの2」は、「ワンドのナイト」に対応するカードで、世の中を変える行動を起こす。「ワンドのナイト」は左手にワンドのエースの松明を持ち、背景にはティファレトの太陽が輝く。この様子は、世界を改革していく能力、人脈をつくる能力があることを表している。

　Nさんが興味の持てないヨガスタジオの今の運営方法を改革して、さらにそこから独立して新しい事業を興す方向へ進む意味である。

［リーディングのまとめ］

　Nさんは、ヨガを社会に普及させるための行動を通して、自分の考えをさらに深めていく。そして、ヨガの理解が深まるにつれ、新しいスタイルのヨガ事業をはじめることを目指すだろう。

テンプルスプレッド

　これは、魔術師の神殿体系を身につけるためのスプレッド方法である。私たちのトータルな生き方の進化の原理を、実際の生活のなかでどのようにたどるべきかを、テンプルスプレッドを通して探求する。

【カウンセリングのポイント】
　タロットの霊フールのサポートを受けて、これから人生をどのように探求していけばいいかを知るのに有効である。

【カードのスプレッド方法】
　カードをシャッフルした後、スリーカットし、カードを右手で扇状に並べる（扇状のスプレッド）。質問者はポジション①の質問について考え、並べられたカードのなかから左手で1枚カードを選ぶ。以下同様にポジション②〜⑤まで質問に沿ってカードを選び、配列する。

【各ポジションの意味】

Position ① はっきりさせるべきもの。切り捨てるべきもの。人生の不毛（むなしさ）を乗り超えてどう自由になるか。［現在の限界を乗り超えるために、どこから手をつけるか］

Position ② 変容の場またはきっかけになる人。ポジション①ではっきりした結果をふまえて、人生の土台づくりの訓練をする。［限界を超えて進むと、どんな変化が現われるか］

Position ③ 次に向かう方向性の発見。ポジション②の変容を通じ、私を導く運命の力を感じる場所。［変化した私に、どんな協力者が生まれるか］

Position ④ ポジション③で導いてくれる運命の力を確信した結果、何を実現するか、何を創造するようになるのか。

Position ⑤ パワーキングをするためにタロットが与える救い。または与えてくれる魔術の力。［道をたどった末に、私に生まれる新たな構想は何か］

第4章　カウンセリング編

【リーディングの順序】

　最初にポジション⑤と①を同時に開いてコンビネーション・リーディングをする。まずポジション⑤からリーディングをはじめ、その後ポジション①と合わせてリーディングする。以降番号順に開いてリーディングする。

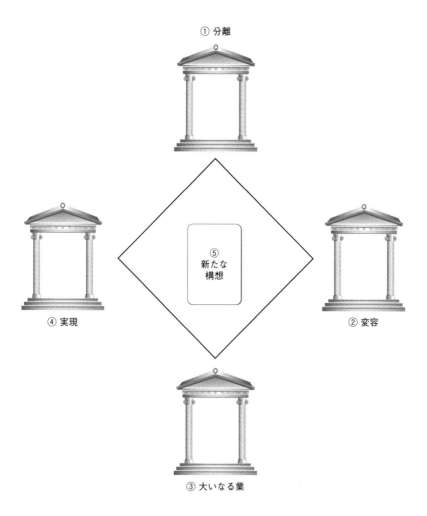

［スプレッドポジション］

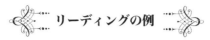

リーディングの例

フリーの芸能マネージャー45歳　女性Sさん（独身）

　現在フリーで芸能関連の仕事をしています。野菜ソムリエ、会計士、東洋系運命学の資格を持っていて、現在は西洋系運命学（タロットなど）も学んでいます。「これからの人生のためにいろいろ資格を取ったのですが、実際何の仕事をすべきか迷っています。今後、私はどのように生きていくべきでしょうか？」

① 分離

⑤ 新たな構想

④ 実現

② 変容

③ 大いなる業

第4章　カウンセリング編

Position ⑤ パスワーキングをするためにタロットが与える救い。
または与えてくれる魔術の力。

「#1.The Magus 魔術師」

魔術師の神殿の中心。

「#1.The Magus 魔術師」は神殿の主である。「#0.The Fool フール」の
カードにある火と水の錬金術で生じた力によって、質問者の新しい可
能性を引き出す。質問者の今までの仕事をすっかり変えて、新しい人
生に生き返らせるための根本的な自信をもたらしてくれる。カードに
描かれた魔術師の全身が輝いているのは、タロットの霊フールの光に
より、揺るぎない自信を与えられることを示している。仕事でタロッ
トを使うかぎり、タロットがSさんを導いてくれるだろう。

Position ① はっきりさせるべきもの。切り捨てるべきもの。
人生の不毛性を乗り超えてどう自由になるか。

「カップのプリンス」

生命の木の創造界のティファレト。

天秤座第3デーカン～蠍座第2デーカン。

創造界のティファレトにあたり、「カップの6」と表裏一体をなす。
「カップのプリンス」は、現在の人生を象徴している。手に持ってい
る咲いた花を水面に捨てようとしていて、フェニックスの戦車に乗っ
て飛び立とうとしている。これは、今後見つけ出す大きな目的のため
に、今までの仕事と人生をすっかり投げ出す覚悟をしなさいというこ
とである。

Sさんは仕事を中心に尋ねているので、変えるべきは仕事である。
そして本人も別の仕事をしたいと考えている。「カップのプリンス」
は土星に対応するビナーの「カップのクイーン」から生まれてきたの
で、仕事を変えたいという気持ちはかなり以前から続いていたと考え
られる。つまり、現在の仕事はライフワークではなかったのだろう。
今はっきりと変えるべきときが来たのである。

貝でできた戦車は、仕事を変えたい気持ちをずっと心の中に秘めて
きたことを表す。「カップのプリンス」は、蛇がとぐろを巻く聖杯を

胸の位置に持っていることから、Ｓさんはもっと本音をぶつけられる仕事がしたいのだろうと読める。

このカードは、占星学では天秤座の第３デーカンから蠍座の第２デーカンに対応する。仕事の分野は、心理カウンセラー、ポジション⑤の「#1.The Magus 魔術師」とのコンビネーションからは、スピリチュアルワークのインストラクターなどを考えてみることが最適である。特にここでは、Ｓさんがすでに東洋系、西洋系の運命学を学んでいることからも、それが適していると考えられる。

Position ② **変容の場またはきっかけになる人。**
人生の土台づくりの訓練をする。

「#14.Art 異世の大釜」

魔術師の神殿の第３のサークル「水の国」の守護人。射手座。
「#14.Art 異世の大釜」は、第３のサークル「水の国」の守護人で、占星学は、射手座に対応する。水の国は、「古い生き方に死に、新しい生き方に甦る」という意味を持ち、テーマは「宇宙との融合」である。

カードの中心で、大きな銀の女王と金の王が、身体を交換しながら結合している。それはポジション①で決意した、より意味の深いものを求めるために自由になれれば、Ｓさんが心酔し、心から共鳴したり、尊敬できる人に出会えることを示している。その人から想像を超える夢を求める刺激を受けなさいということである。そしてその人のもとで、仕事に対する考え方がすっかり変わったと自分が思えるほどに、全力を注いで学んでいくことである。そうすればＳさんのなかで「私はこれをするために生まれてきたのだ」と思えるほどの人生の目的と、新しい仕事への可能性を感じられるようになるだろう。カードの２体の大きな動物がその可能性を示している。

《Point》

ポジション①で問題が明確となる。次は、どのような変容が必要で、何を土台にして、その後の人生を生きていくべきかを見きわめる。人生観の本質が確立すると、出会いが起こる。

第４章　カウンセリング編　　583

Position ③ 次に向かう方向性の発見。私を導く運命の力を感じる場所。

「ソードのプリンス」

　生命の木の形成界のティファレト。

　山羊座第3デーカン～水瓶座第2デーカン。

　ポジション②の変容の後、次に向かう方向は「ソードのプリンス」である。

「ソードのプリンス」は、形成界のティファレトにあたり、「ソードの6」と表裏一体をなす。このカードは、風の領域で最も強力に働き、ずばぬけた独創的な仕事の方法の追求を指摘する。またカードの絵では、子どもの帽子をかぶっている人物で象徴されるように、新しいアイデアを次々に考える喜びに輝いている。

　テンプルスプレッドにおけるポジション③の位置は、魔術師の神殿における水の国である。この位置に出た「ソードのプリンス」は、ポジション②に出た水の国の守護人「#14.Art 異世の大釜」のカードと直接つながっている。このカードは占星学の射手座に対応するので、ポジション②の尊敬できる人のもとで高度な専門知識や技術を徹底的に学ぶべきだと教えている。それを修めることにより、Sさんは卓越した能力を発揮し、よりよい仕事の道を開くことができる。「ソードのプリンス」は男性を表すが、実際のSさんは女性なので、Sさんを直接表すカードは、「ソードのプリンス」とペアをなす「ソードのプリンセス」と考えるべきであろう（ロイヤルティカードの解説参照）。Sさんが「ソードのプリンセス」のように懸命に努力していれば、必ず「ソードのプリンス」のイメージの男性が現れ、次の仕事へのチャンスを与えてくれるだろう。

「ソードのプリンス」の占星学上の対応は、山羊座の第3デーカンから水瓶座の第2デーカンになる。山羊座は仕事上の成功を意味し、水瓶座では水星がイグザルテーションして、ポジション⑤の「#1.The Magus 魔術師」のカードと強力に結びつく。タロットを学び、カウンセリングに取り入れれば、タロットはそのときどきに莫大な力を必要に応じてもたらしてくれることを示している。

584　第3部　タロットリーディング

Position ④ 何を実現するか、何を創造するようになるのか。

「ワンドのクイーン」

　生命の木の元型界のビナー。

　魚座第3デーカン〜牡羊座第2デーカン。

　ここは、ポジション③で専門的に学んだ後、それを具体的に実現することを表す。このカードは女性なので、Sさん自身のことである。「ワンドのクイーン」は元型界のビナーにあたり、ビナーはケテルの根源的な欲求を青写真として完成することを意味する。つまり「ワンドのエース」という理想を、職場（ビナーの土星がそれを示唆）で具体的に使える方法として確立することを示す。そしてそれは、ポジション③の「ソードのプリンス」の協力によって実現できると思われる。

　クイーンが手に持つ松かさのついたディオニュソスの杖は、心の中の悩みや傷、自信を持てない弱さなどを焼き尽くし、自分の考えを自信を持って態度に現すことを示す。また「ワンドのクイーン」はリーダーやカウンセラーとして、その能力を引き出す方法を確立することを意味している。なぜなら「ワンドのクイーン」の占星学上の対応は、魚座の第3デーカンから牡羊座の第2デーカンであり、魚座は心の悩みや迷いを解決するカウンセラーを表し、牡羊座は人の潜在能力を引き出す力とカリスマ的なリーダーシップを発揮することを意味するからである。

[リーディングのまとめ]

　テンプルスプレッドの中心、ポジション⑤の位置に、魔術師の神殿でタロットの霊フールが具体的に探求者（ここでは質問者）に能力とサポートをもたらす「#1.The Magus 魔術師」のカードが出ている。Sさんが、真剣に心の悩みを解決するカウンセラーを志すのであれば、タロットを扱えるように学ぶことを勧める。それがSさん自身の潜在的な能力と、カウンセリングを受けるクライアントの潜在能力を明確に結びつける役割を果たし、人生を復活させることにつながるだろう。

第4章　カウンセリング編　585

第 4 部

魔術師のトート・タロットを読み解く鍵

キーポイント

表7. ハウス

ハウス	意　味
第1ハウス (Position ①)	キーカードのテーマに対する当面の状況。現在の立場。自分にできること（否定的な場合：できないこと）。第6ハウスのカードと合わせて健康状態を見る。
第2ハウス (Position ②)	自分で得られる物質的なもの。実際的価値観。仕事で得られる金運、財政状態。物質的安心感。
第3ハウス (Position ③)	自分の考え。身近なものとのコミュニケーションの状態。兄弟姉妹、隣人との関係。環境への適応能力。通勤状況と国内旅行。信仰の信者仲間。
第4ハウス (Position ④)	個人的な人間関係で、家庭、家族、住居に関すること。親との関係。不動産運。感情的安心感。
第5ハウス (Position ⑤)	あらゆる種類の個人的な楽しみ（たとえばスポーツや料理など）と趣味。自分が満足したいもの。恋愛。子ども運。
第6ハウス (Position ⑥)	基本的に日常的な生活全体を表す＝家事の状態、日常の改革、自己改革、健康状態、衛生、治療、ペットとの関係、収入のための仕事、当面の仕事。
第7ハウス (Position ⑦)	結婚関係、永続的な愛。個人的に特に強い関係の人（親友や共同経営者など）。他者から得なければならない能力。法的な事柄。試験結果や移転先状況。
第8ハウス (Position ⑧)	他者から得られる物質的なもの。配偶者の金運。親からの援助。SEXと死に方など。人生の隠された価値の追求。
第9ハウス (Position ⑨)	物事や人生の意味の追求。現在の状況を超える理想の追求。専門教育、高等教育の追求。海外旅行や長期出張。出版、広告など。
第10ハウス (Position ⑩)	獲得すべき社会的立場、社会的環境。成功できるライフワーク。未来の職業。上司や雇い主との関係。
第11ハウス (Position ⑪)	関心を持つ主義主張（第9ハウスよりも社会的で具体的なこと）。交友関係。グループやサークル活動。仕事仲間。
第12ハウス (Position ⑫)	未知の希望や潜在的願望。今までの自分からは隠されていた才能。公共の仕事や社会インフラに関すること。（否定的な場合：隠された不安、障害、束縛）。

❀タロットと色彩

　トート・タロットは象徴だけでなく色彩も宇宙論的な意味のもとに用いられている。色彩の意味はゴールデンドーンのカバラ、生命の木の体系を採用。表8はマイナーカードの色彩を表す。

表8. タロットと色彩

マイナーカード	アツィルト界 王の色彩 （Wands）	ブリアー界 女王の色彩 （Cups）	イェツィラー界 皇帝の色彩 （Swords）	アッシャー界 女帝の色彩 （Disks）
ケテル 1	輝き	白い輝き	白い輝き	金の斑点の ある白
ホクマー 2 ナイト	青	灰	真珠	赤、青、黄の 斑点のある白
ビナー 3 クイーン	深紅	黒	濃い茶	ピンクの斑点 のある灰色
ヘセド 4	濃いすみれ	青	濃い紫	黄の斑点の ある空色
ゲブラー 5	オレンジ	緋	明るい緋	黒の斑点の ある赤
ティファレト 6 プリンス	ピンクの 薔薇色	黄または 黄金	サーモン ピンク	琥珀
ネツァック 7	琥珀	エメラルド	緑がかった黄	金の斑点の あるオリーブ
ホド 8	すみれ	オレンジ	あずき	白の斑点の あるオリーブ
イェソド 9	藍	すみれ	暗い紫	空色の斑点の あるレモン
マルクト 10 プリンセス	黄	レモン、 オリーブ、 赤褐、黒	金の斑点のある レモン、オリー ブ、赤褐、黒	黄を放射する 黒

表9. メジャーカード（パス）の色階対応

22のパス （メジャーカード）	アツィルト 王の色階	ブリアー 女王の色階	イエツィラー 皇帝の色階	アッシャー 女帝の色階
#0.The Fool	明るく薄い 黄色	スカイブルー	青いエメラルド グリーン	金の斑点がある エメラルド
#1.The Magus	黄色	紫	グレー	すみれ色を放射 する藍色
#2.The Priestess	ブルー	シルバー	冷たく薄い ブルー	スカイブルーを 放射するシルバー
#3.The Empress	エメラルド・ グリーン	スカイブルー	若草色（初春 のグリーン）	若草色を放射する バラ色
#4.The Emperor	スカーレット （緋色）	スカイブルー	輝く炎の色	明々と輝く赤
#5.The Hierophant	赤いオレンジ	赤	濃く暖かい オリーブ	豊かな茶色
#6.The Lovers	オレンジ	薄い藤色	ニューレザー ・イエロー	赤みがかった グレー
#7.The Chariot	琥珀色	えび茶色	明るい あずき色	暗く緑がかった 茶色
#8.Adjustment	エメラルド・ グリーン	ブルー	濃い青緑	薄いグリーン
#9.The Hermit	黄色がかった グリーン	グレー	グリーン・ グレー	プラム色
#10.Fortune	すみれ色	ブルー	豊かな紫	黄色を放射する ブルー
#11.Lust	緑がかった 黄色	濃い紫	グレー	赤みがかった 琥珀色
#12.The Hanged Man	濃いブルー	海緑色	濃いオリーブ色	真珠色
#13.Death	グリーン・ ブルー	鈍い茶色	非常に暗い茶 色	藍色茶
#14.Art	ブルー	黄色	グリーン	暗いブルー
#15.The Devil	藍色	黒	ブルー・ ブラック	ダークグレー
#16.The Tower	スカーレット （緋色）	赤	ベネチアン レッド	空色またはエメラ ルドを放射する赤

#17.The Star	すみれ色	スカイブルー	薄青い藤色	紫みのある白
#18.The Moon	深紅色	シルバーの斑点がある淡黄色	ピンクがかった茶色	ストーン
#19.The Sun	オレンジ	イエローゴールド	豊かな琥珀	赤を放射する琥珀
#20.The Aeon	オレンジの緋色	朱色	金色を放射する緋色	深紅色とエメラルドの斑点がある朱色
#21.The Universe	藍色	黒	ブルーブラック	青を放射する黒

❋コンビネーション

表10. メジャーカード

メジャーカード	
1回のスプレッドに出たメジャーカードの枚数によって 以下のコンビネーションを適用する。	
枚数	**コンビネーションの意味**
1枚	新しい物事のスタート。新しく何かをはじめるべき。
2枚	現状を受け入れ現状維持。新しく何かはじめる時期ではない。
3枚	現状は順調に推移している。流れに乗って調和を図ればよい。
4枚	物事が安定している時期。携わっていることに熱中し、さらに発展させることを考える。
5枚	トラブル、障害、挑戦しなければならない。状況が厳しい時期。
6枚	最高の時期。自分の考えを実行する。自己表現をするべきとき。
7枚	はじめたことが絶頂に達する。
8枚	人生全体においてきわめて重要な時期。変化およびカルマのバランスを取らなければならないとき。
9枚	人生途上での霊的秘儀参入のとき。知恵を獲得し何かを完成または終了する。
10～11枚	人生の変化と自己表現をする上で、聞いたことも見たこともない魔術的な体験をするとき。

表11. スートカード

スートカード	枚数	コンビネーションの意味
スートカード		
1回のスプレッドに出たスートカードの同じ番号の枚数によって、以下のコンビネーションを適用する。		
Ace	2枚	（住居または仕事の）場所の変化。
	3枚	富と成功。
	4枚	大きなパワー。非常に強い力が働いている。
2	3枚	再編成（の必要）。
	4枚	相談・協議と会話（の必要）。
3	3枚	偽りまたは詐欺。
	4枚	決心と決定。
4	3枚	生産、制作と勤勉。
	4枚	休息と平和。
5	3枚	秩序と規律正しさ（の必要）。
	4枚	喧嘩と闘争。
6	3枚	利益と成功。
	4枚	平和。
7	3枚	売買契約をする。婚約をする。引き合う。
	4枚	失望。
8	3枚	多くの旅行、移動。重要な旅。
	4枚	多くの情報を集める。重要な知らせ。
9	3枚	通信や文通による考えの一致。
	4枚	責任が増加する。
10	3枚	売買や仕入れ、商業的な合意または連絡を取り合う。
	4枚	心配と責任。

表12. ロイヤルティカード

ロイヤルティカード		
1回のスプレッドに出た同じロイヤルティカードの枚数によって、 以下のコンビネーションを適用する。		
ロイヤルティ カード	枚数	コンビネーションの意味
プリンセス	2枚	遊び、楽しみ、スポーツなどの祭典、イベント。
	3枚	集まりのなかの子ども。
	4枚	学校、カルチャースクール。教育。 新しい計画と新しい考え。
プリンス	2枚	昔からの古い友人。昔の知り合い。
	3枚	群集。パーティー、式典。
	4枚	主流の立場の人に評価される。猛烈なスピードの行動。
ナイト	2枚	ビジネス上のチャンス。
	3枚	友愛、ボランティア、宗教的組織。支部。 男性団体。ファッション。
	4枚	国家または国際的な政治や外交。 重要人物の会合。
クイーン	2枚	中傷、噂話。スキャンダル。
	3枚	女の集まり。クラブ。頼りになる友人。
	4枚	地方または都市の政治。影響力。

キーポイント　593

❀トート・タロットカードのキーワード
メジャーカード

表13. メジャーカード

メジャーカード		
#0.The Fool フール	一般	天王星。独創的な潜在能力を発揮。創造的な混沌を利用。気楽な姿勢で取り組む。新しいはじまり。未知の世界に飛び込む。自由を求める。
	仕事	ゼロからのスタート。多様な可能性を楽しむ。創造的な意味で休暇を取る。新しいことをはじめる気になる。
	人間関係	春の訪れのようなワクワクする出会い。自然な気持ちでアプローチする。心からの一致。恋を楽しむ。新鮮な出会い。つき合いに心を開く。試しにつき合ってみる。自分の思い以上に相手の思いが強く相思相愛になる。
	警告	無謀、衝動的な行動。愚行と無分別。間違った信念を変えない。嘘つき。非現実的。未熟。予期せぬ落とし穴。物質的すぎる。肉欲。仕事に関しては、専門的な経験不足。まとまりのない計画。無責任。
#1.The Magus 魔術師	一般	水星。コミュニケーションを図る。入門。はじめる。解決。意志の力。集中。生命力。自己実現。熟練。主張。巧みさ。
	仕事	イニシアチブを取る。仕事をマスターする。集中力、巧さの証明。成功。テストに受かる。抜け目ない巧妙な方法で交渉して成功する。他者に勝つ。
	人間関係	うっとりしている。魅力的で相手を引きつける。問題を巧みに解決する。最初の一歩を踏み出す。交際に誘う。自分自身と他者を受け入れる。
	警告	あらゆる意味で権威の追求。むなしい。悪用。ずるい。親切ぶる。能力の誤用と欠乏。やり通せない。臆病。優柔不断。

メジャーカード		
#2.The Priestess イシスの探索	一般	月。内的な導き。知恵。女性的直観。独立。ヴィジョンの追求。ファンタジー。隠された教えを探求。教えを乞う。
	仕事	セラピーワーク。芸術的かつ霊媒的能力。本能の確実性を信じる。レクチャー関係の仕事。教育関係。飲食業の経営。女性の協力者の接近。
	人間関係	深い愛情。心の結びつき。理解。相互の信頼。あるがままにする。（交際への）意欲を持つ。
	警告	受身でだらだらするにまかせ奇跡的な変化を望む。冷淡。無関心。おせっかい。執念深い。理屈に縛られすぎる。現実逃避。経済的苦境。
#3.The Empress 女帝 （大地の母）	一般	金星。成長、増大、豊富。創造的可能性。直観的な力。更新。育てる。妊娠。誕生。社交性。思いやり。熟慮。
	仕事	クリエイティブワーク。成長と発展のチャンス。職業の変化や転職。傾向と循環に対する優れた感覚。新コンセプトの企画。任せられた者の世話をよくする。社交性を生かす仕事。女性相手の仕事。
	人間関係	交際が生き生きと発展。楽しい官能性。深い信頼。家族に加わる。子どもを産む。安心感を与える。新しく有望な約束。復活愛。
	警告	見境のない欲望。チャンスを喪失。貧困。セクハラ。外見にこだわる。本当は嫌い。望まない妊娠。盲愛。押しつけがましい。えこひいき。保守的すぎる。年寄りくさい。家庭内に問題が持ち上がる。
#4.The Emperor 皇帝 （太陽の父）	一般	牡羊座。現実感覚が優れている。責任を取る意志。イニシアチブを取る。安全の感覚。継続力。統率力。正しさ。実用主義。
	仕事	安定と明瞭な構造の構築。合併。計画の実現。はっきりしたコンセプトをつくり出す。リーダーの地位に就く。訓練と耐久性。完全主義。
	人間関係	はっきりした合意。関係がしっかりと安定する。信頼できる関係。整然とした関係。互いの目的の実現。
	警告	大げさな完全主義、大騒ぎをしてすべてを抑圧する。単純すぎる。損得優先。恋愛の大喧嘩。

メジャーカード		
#5.The Hierophant 高等司祭	一般	牡牛座。信頼。真実を追求。意義のある経験を求める。信念の力。美徳を発揮。意識の拡大。信仰の力。家族。血縁関係。学問。
	仕事	有意義な行動。自分の天職を求める。倫理的にハイレベルな仕事。教える。より高い教育（進学）。自分自身の能力を信じる。
	人間関係	深い信頼を寄せる。自信を持つ。関係の調和。愛のひらめき。成熟。交際の意味と価値を理解し評価する。お見合い。
	警告	傲慢な自己満足と教義的に物知りぶる態度。嘘。陰謀。長続きしない関係。
#6.The Lovers 兄弟	一般	双子座。結合。愛。心からの行動、決定。対立の克服。詳細を集める。
	仕事	仕事に魅力を感じる。他者と協力。妥協。ビジネスの提携。契約の締結。よいチームワーク。
	人間関係	恋人としての至福。結婚。仲直り。理想のパートナーを見出す。つき合おうとする。相手と本当に打ち解ける。自分の心に従う。はっきりと決定する。
	警告	竜頭蛇尾。長続きしない。周囲の意見に飲まれる。いじめにあう。二者択一に悩む。別れた交際相手からの妨害。風俗関係。
#7.The Chariot 戦車 （聖杯の騎士）	一般	蟹座。出発のムード。冒険への切望。大胆。目的志向。強引な意志。
	仕事	自営。新計画へと進む。野心。リスクの覚悟。決断。昇進。仕事の前進。新しい仕事を引き受ける。
	人間関係	新しい関係。刺激的な関係。相互の目的に向かう。大きな飛躍、前進。略奪愛。
	警告	目標を設定しただけで何も達成していない。親への反抗。出生の秘密。調査する必要がある。

メジャーカード		
#8.Adjustment 真理の女神	一般	天秤座。客観性。明確。バランス。公正。カルマ。真面目な理解。個人的責任。自己批判。洗練された美的感覚。
	仕事	結果が出る。目的がはっきりする。よい識別力。精算される。公正な契約。まいたものの収穫。法律、出版など。
	人間関係	結婚。婚約。平等な権利。適正な合意。関係のバランスが取れた生活。実際的な目的のための同居。ビジネス関係。
	警告	分析しすぎて行動できなくなる。隠れた愛人がいる。対立者に破れる。もろい関係。
#9.The Hermit 賢者	一般	乙女座。不可欠なことを熟考。自分の立場を定義。隠遁。真剣さ。退却。事態の真相を究明。成熟した人生経験。
	仕事	コンセプトを練る。目的に希望をかける。本当の召命を認識。職業生活からの引退。他者に自分の経験を教える。
	人間関係	物事を真面目に扱う。妥協せずに自分自身に忠実になる。関係を明確にするための一時的な退却。意識的なシングルライフの選択。妊娠しない。
	警告	苦しみなどの深刻化。孤独。実現しない。仕事でミスを犯す。過ったアドバイス。密会。口先だけ。
#10.Fortune 運命の輪	一般	木星。予期しない変化。移行。新しくはじめる。幸福。決定的な出来事。ライフワークが見つかる。
	仕事	運命的に導かれる。天職を見出す。チャンス。
	人間関係	関係が幸福に発展。カルマ的な結合。適切なパートナー。決定的な出会い。自分に合う人を理解するチャンス。一目惚れ。
	警告	運命に対する宿命論的なあきらめ。不運と暗い時期。優柔不断でチャンスを逃す。手に負えない状況を抱える。克服は個人的な努力あるのみ。

メジャーカード		
#11.Lust 夜明けの女神	一般	獅子座。勇気。活力。一つの考えに情熱的に集中する。興味あるものを強く求める。熱情。大胆。妊娠。
	仕事	働きたい欲望。献身。進んで危険を冒す。創造的な力。強力なモチベーション。創造性。
	人間関係	強力な絆。熱烈な結びつき。魅惑的。セックス。
	警告	快楽を追求し、他者の価値を踏みつける。性的放蕩。いきすぎたおせっかい。誘惑に負ける。ギャンブルの大敗。
#12.The Hanged Man オシリスの死	一般	海王星。相反するものの間でじっくりと考える。ジレンマ。忍耐の試練。行き止まり。無意識を学ぶ過程。人生の転換期。古い習慣や行動パターンの打破。変化、休暇。犠牲にすべきこと。
	仕事	骨の折れる仕事。不満足な成功。長引く計画。無駄に思える仕事を探す。将来の見通しがつかない。事態の膠着により先が見えない。
	人間関係	関係の転換期。無駄な努力。向きを変えて交際の輪に入る。犠牲と引き換えに克服できるというジレンマ。
	警告	あきらめる。自己犠牲。古いお決まりのパターンを頑強に主張。責任を追及される。水面下の交際の発覚。
#13.Death 黒い太陽 （オシリスの アイオーンの死）	一般	蠍座。別れる。自然な終わり。人生の恐怖。無駄な執着。手放すことを強いられる。放棄。新しいアイデアを出す。復活。
	仕事	一つの仕事の活動を終える。一つの仕事、宿題の達成。仕事の目的と計画を葬る。
	人間関係	協力関係が根本的に変化しはじめる。別れ。失う恐れ。終わった感覚。一番大事な人を自覚する。
	警告	将来性のない歩み。前途のない段階。保険・株・投資の失敗。手遅れ。リタイア。依存。手放すことや変えることを拒む。不安定。頑固。沈滞。

メジャーカード		
#14.Art 異世の大釜	一般	射手座。適切な釣り合いを見出す。力のバランス。調和。休養。相違の克服。ヒーリング。
	仕事	対立の解決。楽しく生産的なチームワーク。進歩。矛盾と抵抗の溶解。仕事と休暇のバランスを見出す。
	人間関係	本当の調和。錬金術的交換。深い結合。利害関係の調節がうまくいく。対等にともにいる。かけがえのない溶け合い。
	警告	計画の難しさ。問題の核心を見くびる。相争う。分離。対人関係のトラブル。偏見。わかり合えない。批判する人。同業者との衝突。
#15.The Devil パーンの祝祭	一般	山羊座。束縛からの自由。本能的な行動。直観的。力の切望。無意識の力を信じる。仕事も休みも強烈に楽しむ。しぶとく強い。
	仕事	大きなヴィジョンの追求。専門技術を身につける。成功。娯楽産業。公務員向き。土地を利用する仕事。休暇の取得。
	人間関係	深く激しい情熱。恋人の約束を交わす。運命共同体の関係。魅惑的。
	警告	抑圧されてきた性質の破壊。節度の欠乏。無礼講。誘惑。感情のもつれ。束の間の愛。略奪愛。憎悪。束縛。性行為目的。仕事では活動の禁止。汚職。搾取。陰謀。依存心を利用する。闇取引。
#16.The Tower 稲妻の塔	一般	火星。突然の理解。衝撃的理解。大変動。突破。解放。自由。運命からの強打。
	仕事	終了。解雇。破綻。倒産。突然のチャンス。急上昇のチャンス。力作。
	人間関係	突然の別れ。感情的な爆発。制約の多い関係からの脱出。一掃する嵐。他を圧倒する出会い。これまでの人生を変えるほどの出会い。
	警告	急激な大変動にともなう莫大な危険と脅威。判断の誤り。

メジャーカード		

#17.The Star 螺旋の星	一般	水瓶座。よい見通し。希望。未来を信じる。調和。より高度な導き。予期せぬ助け。チャンスの到来。
	仕事	有望な計画。自分の仕事の方向を設定する。ライフワークを遂行する。幸先のよい仕事のはじまり。最先端の仕事。占星学やタロット。
	人間関係	有望な関係。将来の相互の計画。有望な出会い。励まし合う愛。
	警告	あまりにも未来にこだわりすぎて現実を取り逃がす。不安定。詐欺を象徴。だまされやすい。単純で簡単に利用される人。
#18.The Moon 月	一般	魚座。人生のサイクルの変化。過渡期。準備する。重要な段階に至る入口での恐怖。浄化。
	仕事	重大な段階。不安定な仕事。転職。失敗の恐れ。陰謀。詐欺。試練の恐れ。サービス業。看護師や保母など。カウンセラー。
	人間関係	深い心を分かち合える霊的関係。不明確な事情。あてにならない不思議な関係。嫉妬に悩まされる。不安定。重要な段階への恐れ。
	警告	暗闇で迷う。だまされる。誘惑に負ける。入口での失敗。裏切り。優柔不断。悪夢。舞台負け。脅迫的な記憶。悪い予感。
#19.The Sun 太陽	一般	太陽。幸福。人生の日の当たる側面を楽しむ。新しい誕生。気品の高さ。成功。自己成長。頂点に向かって進む。
	仕事	成功。困難の克服。共働の力。創造力の実現。仕事の喜び。未来の計画を約束。よいチームワーク。合併。自己実現。
	人間関係	愛を楽しむ。仲直り。新しい愛のはじまり。相手に夢中。幸せな時間。深い信頼。互いに十分満足し合う。
	警告	自分の能力を過大評価する。無謀。自分の力をすり減らす。婚約や契約の破棄。結婚まではいかない。

メジャーカード		
#20.The Aeon アイオーン	一般	冥王星。人生の変容。新しいはじまり。希望。自己発見。霊的成長。しばし待てばおのずと結論が出る。様子をうかがえ。目的の実現。
	仕事	正しい方向へ歩み出す。再編成。新しい方法に目を向ける。教育の進歩。進学。精神が変わる。家庭と仕事の両立。三分野の仕事での成功。
	人間関係	新しい試み。刺激的な衝動。刺激的な関係に一新。新しい愛。家族の増加（子どもを産む）。2人の関係から新しいものが生まれる。
	警告	否定のための批判。神経質すぎる批判。裁きすぎる。よく考えずに話す。悪質な考え、言葉、行為によって否定的な生活習慣をつくり上げてしまう。古い問題が終わらない。
#21.The Universe 楽園回復	一般	土星。目的の実現や完成。生きている喜び。適切な時と場所に存在。心からの安心感。達成。家に帰る。和解。
	仕事	仕事を楽しむ。目的を到達。創造的。乗っている。天職を見出す。環境問題や国際的な仕事。
	人間関係	制約のない自由な愛を楽しむ。生き生きした関係。和解。性的一致と満足。よいパートナーを見出す。
	警告	自分を信じ込んで譲らない。頑固。きつい束縛。越えられない障害。注意散漫。どっちつかず。目的の曖昧さ。鈍感。役立たず。性転換。性的障害。

マイナーカード

表 14. Wands（火）

スートカード		
Wands Ace **火の根源**	一般	新しいはじまりを強く望む。イニシアチブ。意志力。決断力。強烈な考え。理想を掲げる。創造的な意欲が急激に高まる。自己開発の機会をつかむ。メール、電話がくる。妊娠。出産。問題の解決。
	仕事	新しい計画を立てる欲望。企画・事業の開始。自営。リスクを楽しむ。挑戦による成長。
	人間関係	新しい交際のはじまり。復活愛。愛に燃える。性的な関係に夢中。
	警告	せっかち、いらだち、横柄。失敗。時期尚早。問題のある始まり。憂鬱な恋。不穏な出会い。性的欲望が満たされない。 ＊周囲のカード次第で肯定的な意味が妨げられる。
Wands 2 **支配** **- 恐怖の克服**	一般	牡羊座の火星。戦いの熱望。勇気。弱さに打ち勝つ。進んでリスクを負う。意志力。完全に1人で立つ。何かについて燃え上がる。自発的主張。
	仕事	競争相手と張り合う。仕事上の挑戦。リスクを負う意志を強める。行動にまかせる。
	人間関係	征服願望。満たされた雰囲気。男性的態度。支配と優しさのはらはらさせられるゲーム（この段階で結婚の結論を出してはいけない）。
	警告	思いやりのない攻撃性。破壊的行為。むなしい力の行使。恋愛の不運。共同事業の内部分裂。売却が遅れる。難病。
Wands 3 **美徳** **＝能力の確立**	一般	牡羊座の太陽。安定した力の確立。自信。成功。イニシアチブ。活気。能力の開花。他者からの支援が得られる。
	仕事	有益な接触。有望なコネ。有利な見地。よい進歩。支援が得られる。
	人間関係	春が来たような感覚。細やかな結びつきの形成。有望な関係。エネルギッシュな方法でともにいる。調和。
	警告	とっさに目的をそらす。無礼。仕事でのミス。小さな不幸。強情。プライドが高すぎる。一旦停止。

602　第4部　魔術師のトート・タロットを読み解く鍵

スートカード		
Wands 4 **完成** 	一般	牡羊座の金星。秩序と調和。バランスの取れた力関係。自信。均衡。古いものを終わらせて新しい局面が開ける。卒業。開始。
	仕事	利益の分配。仕事の支払いがなされる。目に見える結果。精力的なチーム精神。能率。いい会社に就職。
	人間関係	パートナーによって補足される。仲よくともにいる。争いの解決。有益な出会い。性的満足。健全な交際関係。
	警告	安易な妥協が力を弱くする。強制。望まれていない仕事。苦労が終わっても不安定。恋愛の妄想。
Wands 5 **戦い** 	一般	獅子座の土星。異なる理想。価値観の相違。競争。野心。攻撃性。挑戦。限度を踏み越える。
	仕事	競合。異なる関連企業。繰り返すポジション争い。野心的な約束。新テリトリーを勝ち取る努力。
	人間関係	互いに衝突する。違いを取り立てる。真面目に堅く考えすぎてうまくいかない交際。自己中心。
	警告	無遠慮な野心と生意気な態度。気前のよさ。コンプレックスに悩む。強がる。エネルギー、お金、時間などの浪費。
Wands 6 **勝利** 	一般	獅子座の木星。成し遂げた努力の報酬。よい知らせ。楽天主義。拡大。契約の成立。理想の実現。トラブルを克服。完全復活。
	仕事	認められる。成功への促進。成功。よいビジネス取引。仕事の飛躍。昇給。栄誉。傑出。
	人間関係	困難の克服。あたたかく愛を喜び合っている関係。いい関係になる見込み。
	警告	自分の成功を嫌味っぽく見せびらかす。傲慢。支払われるべき金銭の遅れ。人のツケを自分が払う。身内または部下の裏切り。誤報。

キーポイント　　603

スートカード			
Wands 7 闘う勇気	一般	獅子座の火星。危険を覚悟で一人で行う。限界を超えて進む。困難と闘う。リスクを負う。マルチな活動。方針を貫く。華美な趣味。
	仕事	危険にさらされた立場。難しい割当て。必要ならば一人でも大胆に仕事を守る。スタンドプレーが必要。
	人間関係	大胆な行動が関係を救う。離れてなんとかする。疲れた関係に新しい勢いをもたらす約束をする。複数の人にもてる。
	警告	恐怖。臆病。退却。無意味な浪費を甘く見る。あてにできない援助。反対意見の続出。
Wands 8 素早い連絡	一般	射手座の水星。ひらめく体験。突然の問題解決。インスピレーション。すぐさま連絡を取る。海外からの情報。パーティー。
	仕事	革新。新考案。電撃的な考え。有望な開発。新しいビジネスの接触。海外との取引。高度な教育。素早い行動を取る。
	人間関係	一目惚れ。対立の突然の解決。つき合いたい衝動の高まり。燃え上がる恋。
	警告	結論を急ぎすぎる。過度に合理的なアプローチ。知的傲慢。「#15.The Devil バーンの祝祭」があると浮気。嫉妬。移動は不運を招く。鈍感。
Wands 9 女性的な力	一般	射手座の月。豊富な能力を引き出す。エネルギーが湧く。インスピレーション。理想を掲げる。期待。信頼。協力。
	仕事	見込みある水準に到達（仕事の発展と成熟）。自分の可能性を信じる。勇気と献身によって計画をはじめる。海外または支局からの情報を待つ。
	人間関係	安定と調和。はやる感情の衝動。新しい強力な関係。強烈な愛の交換。熱狂的な支持。
	警告	壮大な妄想に溺れる。未熟。よくない人間関係の接近。相手の意志がはっきりせず障害の多い恋愛。昔の恋人が忘れられない。

スートカード		
Wands 10 抑圧	一般	射手座の土星。発展の束縛。権威者との問題。挫折。人生の恐怖。不当な拘束。自己犠牲。
	仕事	集中的なオーバーワークのプレッシャー。ストレス。いじめ。認識不足や思い違いによる失敗の争い。先行きの不安。指導力問題。
	人間関係	無感覚。気がつかない。争い。タブーと禁止に対して闘う。束縛された感覚。発展しない。別れる。
	警告	力を誇示される。相手の不寛容。積極性の抑圧。二枚舌を使われる。

ロイヤルティカード		
プリンセス 自由の精神 と独立	一般	夏の性質。若くダイナミックで直情的、熱烈な女性。向こう見ず。女傑。入門。猛烈に新しいものをはじめる。熱中。冒険を求める。ただちに実行。
	仕事	新しい考えの発言。ライフワークをはじめる。
	人間関係	わくわくする交際。熱烈に夢中になる。性的欲望。激しくいちゃつく。一瞬の脚光または陶酔感（一目惚れなど）。
	警告	わざとらしい態度とむら気の多い衝動性。わがまま。三日坊主。中断。音信不通。愛情の背信行為や浮気。小さな争い。
プリンス 自信の増大 による楽観	一般	獅子座。ためらいがない。征服者。英雄的。短距離選手型。性急な人。新しい勢い。主導権を握りたがる。熱中。引っ越し。
	仕事	いつでも行動できる準備。楽しんでリスクを負う。独立的である勇気。パイオニア精神。大きな気力によって何かをはじめる。
	人間関係	野性的な情熱。プロポーズ。エロチシズムを求める。危険な冒険。自然だが子どもっぽい欲望の満足。
	警告	めどの立たない目的の達成に自発的に費用を注ぎ込む。うぬぼれ。子どもっぽさ。心の単純さ。無鉄砲。自己顕示欲。わけもなく突然不機嫌になる。

キーポイント　　605

ロイヤルティカード		
ナイト 霊的なヴィジョンと理想を追求する革命者	一般	射手座。自信。勇気。理想に向かい努力する。強い進取の精神。意志強固。大胆な成熟した人。模範的な人柄。リーダー体質。立派な友人。
	仕事	指導者的素質。新企画へのモチベーション。開拓者的仕事。自信を持ち独立独行で仕事をする。成功するには市場調査が必要。
	人間関係	対等なパートナーが高度な精神を共有。寛大。建設的な対立を保つ意志。ダイナミックな関係。恋の協力者。
	警告	うぬぼれ。不寛容。エゴイズム。短気。議論好き。誇張的。おしゃべり。無愛想。怠惰。守られない約束。二股交際。
クイーン 霊的な自己探求によって自分を熟知する人	一般	牡羊座。健全な自信感覚。イニシアチブ。開放的。衝撃性。独立的。自己達成。ハイレベルな精神。カリスマ的。人間的な経験を十分積んだ高潔な女性。
	仕事	仕事に自信を持って自己実現する。大きな任命に匹敵する人。自営独立する。リーダーとしての責任ある立場を負う。
	人間関係	対等な関係。円満な関係。優しい従順さ。愛の極致。心からの温かさ。
	警告	あらゆる犠牲を払う自己中心性と自己主張。狡猾^{こうかつ}な詐欺。対立。不倫。嫉妬。被害妄想。

表 15. Cups（水）

マイナーカード		
Cups Ace **水の根源**	一般	至福。内的な富。開放性。完全に受け入れる。調和。満足感を見出す機会。
	仕事	天職を発見する機会。意味深い行動。満足感。仕事の役目での平和と満足。
	人間関係	深い愛の体験。大きな満足感を見出す。ロマンチックな雰囲気。献身。
	警告	夢想的な空想にふける。期待が裏切られる。何事も起きず失望。片思い。失恋。改革の必要性。
Cups 2 **愛** **- 相思相愛の** **特定な関係**	一般	蟹座の金星。幸福な関係。協力。一致。和解。楽しい出会い。
	仕事	よい仕事環境。信頼できるチームワーク。クライアント、取り引き先とのよい接触。ビジネスパートナー。
	人間関係	穏やかな出会い。魂のパートナー。仲直り。大きな愛の体験。プロポーズ。精神的・肉体的結合。
	警告	不安、調和を切望し、原則を破る。もろい関係。人間関係のトラブル。わけのわからない一時的別れ。執念。
Cups 3 **豊かさの確立**	一般	蟹座の水星。満足感。喜び。受精。感謝。健康。豊かな収穫。
	仕事	気持ちよい取引。よいチームワーク。働く喜び。見込みある計画。よい期待の持てる契約。
	人間関係	愛の幸福。調和的連帯感。実り多い関係。結婚。
	警告	収穫を得る前から利益をあてこんだ分配（使う）。浪費。スランプ。意に反して賛成せざるを得ない。喪失。

キーポイント　　607

	マイナーカード		
Cups 4 感情的な満足	一般	蟹座の月。陽気に騒ぐ。人生を楽しむ。感情的安全。安全な感覚。満ち足りている安らぎ。家庭の幸せ。
	仕事	なれた仕事。愉快に過ごす。楽しい商取引。確立したチーム。
	人間関係	十分に愛を楽しむ。お互いを満たし合う。家族の中で安心感を持つ。思いやり深くいっしょにいる。
	警告	すべてこのままでよいと信じる世間知らずな考え。弱さ。むなしさ。疲労。退屈。成功の終わり。わがまま。失業。
Cups 5 完全な失望	一般	蠍座の火星。失望。しぼんだ希望。憂鬱。痛い思い。転換期の危機。
	仕事	期待外れの計画。ビジネスの損失。突然のキャンセル。失敗。
	人間関係	死んでいる感じ。人間関係で窮地に陥れられた状態。終局のはじまり。失望。失恋。婚約破棄。
	警告	過剰な楽天主義と誇張された期待。感情的な甘さが招いた挫折。心の平静さを取り戻せ。対抗処置を考えよ。不屈の精神を持て。
Cups 6 喜びのはじまり	一般	蠍座の太陽。ふたたび目覚める精神。物事に深い興味を持つ。満足を見出す。感情的な回復。健康またはヒーリング。
	仕事	創造のチャンス。仕事の楽しみ。楽しい課題。
	人間関係	感じているものの開花。深い幸福。古い恋人との再会。官能的な喜び。性的満足。
	警告	大食と貪欲。過去の影響を切り捨てられない。油断してつけ込まれる。

マイナーカード		
Cups 7 **安逸を貪る** Debauch	一般	蠍座の金星。災難。危険な誘惑。甘えすぎた考え。薬の常用。詐欺。脅迫的災難。非現実的。幻の成功。反省して心を入れかえる。
	仕事	危険な陰謀。汚されたビジネス協定。冒険の失敗。宿命的な従属。
	人間関係	毒のある雰囲気。縛りつける。セックスに溺れる。男性の女性に対する暴力。よくない世界、汚いビジネス取り引きに巻き込まれる。
	警告	現実からの遊離と墜落への誘惑。心配事の不安から目をそらす。
Cups 8 **心のむなしさ** Indolence	一般	魚座の土星。弱さ。壊れた希望。落胆。引退。自分の苦労が周囲の人に理解されない。やりすぎる。自分を変える必要。沈滞。意気消沈。
	仕事	ダメな雰囲気の仕事。不振な取引。エネルギー不足。予想の失望。絶滅に瀕した仕事。誤った管理。
	人間関係	死んでいる感じ。トラブルを起こす。信頼の欠乏。見込みのない関係。あきらめる。
	警告	腐敗したものに執着する。成功の見込みのない物事を開始。見当違いな努力によって疲れ果てる。
Cups 9 **幸福** **（ウィッシュカード）** Happiness	一般	魚座の木星。至福。楽観主義。意味深い経験。チャリティー。運命を信じる。完全な幸福。心の安定が招く幸福。望むものの実現。
	仕事	仕事の楽しみ。よい感触の取引。チーム精神。契約の有利な結論。
	人間関係	愛の幸福。心の温かさ。深い愛情。感情的・肉体的満足。
	警告	甘ったるい横柄さ。錯誤を犯す。怠けすぎ。

キーポイント　609

マイナーカード		
Cups 10 絶頂からの はじまり	一般	魚座の火星。満足感。絶頂。完成。感謝。社交上手。深い満足から変化のはじまり。新しいことをはじめる。
	仕事	上出来な仕事。よい取引。前向きな仕事の情勢。引退。カウンセラー、セラピスト、スピリチュアルワークの仕事。
	人間関係	幸福。満足な時。感情を大いに楽しむ。互いに満足させる。
	警告	頂点の後に続く衰退。予期せぬ敵の出現。裏切り。事故に注意。家族、周囲の誰かの死。

ロイヤルティカード		
プリンセス 永遠を求めて無条件の愛と真実を捧げる人	一般	秋の性質。敏感な若い女性。うっとりするような魅惑的な女性。空想家。瞑想者。結合への切望。求愛。深い感覚。空想的。静かな喜び。
	仕事	職業上の決定でのよい直観。本能的に正しいことをする。毎日の仕事の中で自分の感覚を信頼する。
	人間関係	互いに優しく用心深く近づく二人。優しい感じのする愛。相手を熱望する。
	警告	魅惑的ななまめかしさと自然すぎる自己欺瞞。人間関係の信用を失う。ルーズ。ジェラシー。気まぐれ。押し流される。
プリンス 上辺を捨てて 本心で生きる	一般	蠍座。優しい。ロマンチックな人。誘惑者。魅力的な人。温かい人柄。ほとばしる熱狂。上辺を捨てて本音で生きる。
	仕事	直観と知識、社会的献身、芸術的な活動などとインナーワークがうまく結合した成功。スピリチュアルワーク。公務員。医学。
	人間関係	ロマンチックで創造的な交換。愛のアプローチ。過去の知り合い。別れた後の出会い。愛の不思議。
	警告	愛情あふれるふりをする。心に秘められた暴力。嫉妬。恋人の裏切り。約束を破る。しつこい。スキャンダル。

ロイヤルティカード		
ナイト 心の誠実さと 人を 信頼すること	一般	魚座。感情的な深さ。芸術的な才能。仲介する能力。想像力。敏感。成熟した役に立つデリケートな人。直観的なアドバイザー。
	仕事	仕事と自分の要求を調和させ、感情的な力を仕事に生かす。直観力、想像力、深い理解力が必要な仕事。芸術的で社交的な活動。
	人間 関係	感情的な開放性。思いやり。深い連帯感。深い理解。豊かな感情。安心感のあるつき合い。
	警告	蜃気楼（はかない夢）の後を追う。優柔不断。身持ちの悪さ。
クイーン 他者の心を 繊細に 察する人	一般	蟹座。デリケート。献身的な世話。衝撃性。インスピレーション。同情心に厚い。受容的。慈愛。直観的、成熟した芸術的な女性。妊娠。
	仕事	スピリチュアルな仕事。芸術的なインスピレーション。創造的な目的の休み。媒介的、セラピー的な活動。子どもに関する仕事や看護師などの仕事。
	人間 関係	感情のこもった理解。ソウル・メイト。優しい愛情。献身。深い思い。結合に対する切望。
	警告	自分の不機嫌さをそのまま態度に出す。希望的観測に夢中。甘い話にだまされる。同情しすぎてだまされる。

キーポイント　　611

表16. Swords（風）

マイナーカード		
Swords Ace 風の根源	一般	知的な関心。知識の渇望。理性の力。はっきりさせるいい機会。思慮して明確な決断を下す。発明の才能。独創的な考え。
	仕事	いい考え。分析的なアプローチ。新しい計画を練る。問題の解決法を見出す。よく考えた上で決断を下す。計画がまとまる。
	人間関係	問題と誤解の解明。はっきりした出来事と明白な決断。重要な理解。
	警告	つまらないことにうるさい。あまりにも打算的なアプローチ。仕事で穴を開ける。
Swords 2 心の平和	一般	天秤座の月。バランスの均衡が取れた状態。リラクゼーション。思いやり。公正。妥協。行動前に状況分析が必要。慎重に行えば戦いは避けられる。
	仕事	巧妙な戦略。公平な交渉。バランスの取れた仕事日。闘争の解決。
	人間関係	平和な関係。パートナーとしてともにいる。平等な権利。調和。仲直り。
	警告	無慈悲さと平和なふり。誤伝。不安定で変わりやすい。不公平。
Swords 3 悲しみ	一般	天秤座の土星。悪い知らせ。失望。弱さ。迷う。悲しみ。無力。傷つけられる。混沌。幻滅。放棄。損失。分離。病気。
	仕事	失敗。破産。脅威。誤算。試練が続く。悪い便り。
	人間関係	愛の苦痛。失う恐怖。傷害。三角関係。関係の終わり。望みが断たれる。
	警告	必然的に失望に至る希望的観測。解任される。苦悩。孤立。同盟を結ぶことの失敗。

			マイナーカード
Swords 4 休戦 - よりよい変化	一般		天秤座の木星。解決すべき状況がある。一時的な後退により問題解決を図る。嵐の前の静けさ。立ち止まって考える。隔離。自分の力の増強。
	仕事		動かなくなった状態。限られた時間内の仕事。短期間の仕事。集中休暇。未来への期待の欠乏。延期された対立。
	人間関係		疑わしい対立の回避。関係の再考。間を置いて様子を見る。危機関係修復のための中断。セラピー効果のある助けを探す。
	警告		すべてがふたたび申し分ないという錯覚。臆病。追放。極度の疲労と論争。
Swords 5 敗北への恐怖	一般		水瓶座の金星。降伏。密告。妨害。悪い噂話。屈辱。苦しい難破。下品。判断の誤り。批判を受ける。損失と後悔。
	仕事		失敗。大惨事。卑劣な企み。名誉棄損。押し寄せる。破産。
	人間関係		意地悪。傷つけ合う。邪悪な勢力争い。復讐する。離婚。失敗。
	警告		失敗の運命にある危険な開発とプロジェクト。友人か家族の面倒を見る必要が生じる。
Swords 6 合理的思考	一般		水瓶座の水星。認識。進歩。開放。洞察。客観的。知性。未知の世界に挑む。困難の後の成功。緻密に調べる。
	仕事		チームワーク。仕事の全般的な方法。フリーター。調査。革新的な考え。科学的な仕事。ネットワークビジネス。発明。
	人間関係		対等なつき合い。何か新しいことを試す。親友。はっきりとした議論により協定。
	警告		あまりにも非現実的。あまりにも理論的。魂のない考え方。なかなか解決できない。旅行の遅延。問題の再発。

キーポイント　　613

マイナーカード		
Swords 7 無益	一般	水瓶座の月。予期せぬ障害。損傷。自己欺瞞。詐欺。臆病。無駄な考え。新しい方向。希望と忍耐。よいアドバイスを受ける。
	仕事	裏取引。仕事でだまされる。いかがわしいことをする。組織的妨害（組織ぐるみ）。新事業をはじめる。望ましい前兆。野心と熱望。
	人間関係	不正直。偽善。偽の調和。陰謀。一貫性がない。
	警告	外部と内部の抵抗を過小評価して勝った気でいる。考えるだけで実行しない。リタイア。秘密が漏れる。努力が続かない。
Swords 8 考えすぎる	一般	双子座の木星。あまりに多くの考えや情報のために結論が出せない。内的矛盾。疑い。注意散漫。誤り。気まぐれ。他者の判断次第。拘束される。
	仕事	仕事の計画が乱される、破壊される。向かうべき分野が不明確。予期せぬ障害がさらに仕事を困難にする。厳しい条件の仕事。
	人間関係	共通の目的の不一致。求めるものの相違。それぞれの道に立つ。はっきりした同意を得るのに手こずる。第三者による関係の混乱。
	警告	中断といらだちを過小評価。非難される。裏切りと密告。
Swords 9 自己批判	一般	双子座の火星。不運。無力。失敗。罪悪感。悩み。疑い。パニック。憂鬱な感情が自分の可能性を信じられなくさせる。心の苦しみと涙。絶望。
	仕事	心配な状態。チャレンジできない。仕事状況の苦しみ。憎まれる仕事を強制される。試されることへの恐怖。高い立場への恐怖。
	人間関係	強烈な恐れ。冷酷さ。別れの苦痛。感情的に残酷な行為。愛憎関係。復讐を熱望。ショック。
	警告	遅かれ早かれ後悔する不愉快な展開と行動。問題に巻き込まれる。過去の苦痛体験が甦る。

614　第4部　魔術師のトート・タロットを読み解く鍵

マイナーカード		
Swords 10 目的の破滅	一般	双子座の太陽。任意の終了。物事を一掃。終止符を打つ。降伏。破壊的なエネルギー。共同体、家族の中での戦いと分裂。神経衰弱。
	仕事	突然の発射。計画の打ち切り。断念。破産。
	人間関係	仲違い。苦痛に満ちた別れ。破壊的狂乱により高価なものを破壊。
	警告	破壊的な力と失敗すると決まっている計画。

ロイヤルティカード		
プリンセス 現実的に考える人	一般	冬の性質。若い人。知的な女性。鋭い心と知識豊かな女性反抗者。機知に富む。実際的、現実的な考え。考えを実行。精神の更新。刺激。
	仕事	有言実行。仕事上での戦い。立場をめぐる闘争。論点を明確にする。更新するための反乱。
	人間関係	共通の関心を持つ人たち。見解の相違を争う。憎しみ合う雰囲気。討論。恋愛感情に溺れない。（否定的な場合：卑劣な企み）
	警告	攻撃と辛辣な批判の直撃。不安。根っからの喧嘩好き。相手の気持ちを逆なでする。収拾がつかない。考えが伝わらない。
プリンス 独創的・直観的に 考える人	一般	水瓶座。知識人。雄弁な人。専門技術者。いくつにも役柄を変えられる人。思考の柔軟性。独立。旅行。配置替え。分析的な精神。突然の変化。
	仕事	発明。独創的。霊感が湧く。素早い決断。突飛。最先端の技術。（否定的な場合：コンセプトの欠乏。組織立っていない仕事の傾向。頭を混乱させる考え）
	人間関係	冷静になる。独立願望。離れていく雰囲気。鋭い言葉。理性的に納得させられた関係。
	警告	転落する危険のある突飛な空想。思った方向へ進まない。自己コントロールの欠乏。無目的。軽薄。ずる賢い。皮肉。

ロイヤルティカード		
ナイト 目的や意志決定 ために情報を集め 広く学ぶ人 	一般	双子座。多才。識別力。柔軟性。知的。客観的。あまりに理性の強調をしすぎる。計算。利口。雄弁。輝き。目的志向の人。経験あるアドバイザー。
	仕事	分析的能力。公平なチーム精神。よいアドバイスを受ける。価値ある接触。目的志向の考え方。戦略上重要なアドバイス。調停する行動。
	人間関係	簡単につき合うが不安定な関係。ためしにつき合う。あまり会いたくない。交際好きで自然に多くの人とつき合う。どっちつかずな交際が基本。
	警告	自分自身を理論的な考えだけで決めようとする。高飛車。無責任。不安定。落ち着きがない。
クイーン 先入観に囚われない 透明さのある人 	一般	天秤座。アイデア豊富。知的な態度。独立的。素早い機知。洗練された美的感覚。理性的な女性。物事を耕す人。批判的な人。利口な女性。個人主義的な女性。
	仕事	根回しする能力。並はずれた独立。頭脳ワーク。能力を生かす。アドバイスまたは調停する行動。コンサルタント。カウンセラー。
	人間関係	公平で対等にいっしょにいる。実務を協力し合う。情熱のない関係。独身。締めつける関係を終わりにする。
	警告	皮肉、冷静な計算。うわの空。手応えがない。恋愛のトラブル。

表 17. Disks（地）

マイナーカード		
Disks Ace 地の根源 	一般	裕福。物質的幸福。健康。内外的力。安定。最高の成功。永続的な成功へのチャンス。進歩。成長。官能的。
	仕事	お金を稼ぎ仕事を発展させるよい機会。仕事の安定。有望なビジネス取引。協力が新しいものを生む。儲かるベンチャービジネス。
	人間関係	永続的な固く結びついた関係。肉体的魅力。官能的な喜びの楽しみ。
	警告	純粋な物質主義。貪欲な姿勢。繁栄には責任がともなう。苦労が水の泡。買い占め。お金で判断する。
Disks 2 変化 	一般	山羊座の木星。人生の再調和のための変化。拡大と安定。周期的変化。柔軟な交換。相互の結実。多様。
	仕事	仕事の変化。建て直し。達成されたものの安定化。合併に成功した後の新しい成長。
	人間関係	日常生活での多種多様な交際。新しいものの勢い。安定した交際の中で変化する。中立の浮気者。
	警告	自分のエネルギーの浪費。無意味な変化。適応力がない。迷う。詳細への配慮が足りない。屈辱を受ける。気まぐれ。
Disks 3 堅固な構築 	一般	山羊座の火星。魅力ある具体的段階。考えを現実にする。組織をつくる。ゆっくりだが絶え間ない前進。熟練と成長。忍耐。合併。
	仕事	変化の後の安定。前進。計画の実現。仕事の発展的段階。創造力。成功するベンチャービジネス。勤勉と効率。堅実な仕事。実務的な技術。
	人間関係	健全な関係を築く。安定的。互いに毎日の生活に慣れる。仲よくいっしょに働く。
	警告	目的のない行動。計画だけの先行。仕事への弱気な姿勢。評価が低い。自信がない。

キーポイント　　617

マイナーカード		
Disks 4 ヴァイタリティー	一般	山羊座の太陽。安定。保護される。現実感覚。管理。制御。組み立てる。質問事項に関して拡大、建設、発展。評価を求める強い欲望。物質的利益。
	仕事	安定と力の増大。概念の明確なデザイン。限界の健全な設定。問題の熟知。秩序をつくる。組織的能力。
	人間関係	関係が強くなる。はっきりした状況をつくる。外の脅威に対して交際を守るために隠す。
	警告	間抜けな見方。居場所、立場がなくなる。損する。計画の遅延。管理することが多すぎて手が回らない。独り占め。
Disks 5 悩み	一般	牡牛座の水星。無力さ。失う恐怖。結果が出ない苦しみ。何もうまくいかない。財源の浪費。欲求不満。逆境。不安。孤独。一時的困難。アドバイス、助けを切望する。
	仕事	経済的危機。見込みの欠如。不安な立場。何かが押し寄せる。破壊された研究計画に取り組む。無力な計画。借金せずに済ませようともがく。
	人間関係	神経を苦しめる関係。お互いに否定的な影響を与える。危機的関係。失う恐怖。お互いに傷つけ合う。不快なやり方でいつまでもお互いを非難し続ける。
	警告	ますます絶望的な状態に巻き込まれる。手抜かり。見落としがある。自分のせいでトラブルの発生。財産の浪費。
Disks 6 成功	一般	牡牛座の月。増大。物質的利益と成功。好ましい相互作用。発展が続く。同情、支援を得る。状況の改善。
	仕事	実り多いチームワーク。よい財政状態。儲かる仕事。大きな仕事がまとまる。見込みのあることを新しくはじめる。よい計画と調整。
	人間関係	調和。有益な関係。お互いに支え合う。幸福な愛。寛容と思いやり。（否定的な場合：嫉妬）
	警告	偏見やえこひいきによってバランスが崩れる。秘密の取引。負債の蓄積。ぬか喜び。

マイナーカード		
Disks 7 失敗への恐怖	一般	牡牛座の土星。打ち砕かれた希望。悪い状況。不運。不幸。悲観。損失。厳しい競争。発展の望みがない。忍耐。
	仕事	計画の失敗。望みのない出資への警告（実らぬ投機など）。破産。リストラ。失業。
	人間関係	病的な時。危機。失う恐れ。仲直りの失敗。人間関係の破壊。
	警告	失敗、弱くなっていく状況。やりすぎる。問題が再発する可能性。漁夫の利を狙う人がいる。
Disks 8 思慮分別、 収穫	一般	乙女座の太陽。新しいことを慎重にはじめる。節度。熟練。注意深さ。忍耐。辛抱強く技術を身につける。念入りな準備。
	仕事	戦術的に巧妙な進め方。優れた交渉力。慎重な見通し。好ましい機会を待つ。時間を有効に使う。仕事と報酬を楽しむ。雇用される。プロ技術の修得。組織立った仕事。
	人間関係	用心深くつき合いはじめる。互いに慎重に対する。成熟した関係。家族での歓待。現実的な期待。
	警告	未熟な考えと早すぎた収穫。怠惰。不満足な仕事。五月病。忍耐が足りない。
Disks 9 物質的利益、 恩恵	一般	乙女座の金星。よりよいものに変わる。健康。物質の増大。外交手腕。忍耐。名誉。先見の明が成功をもたらす。約束を守り幸運がやってくる。
	仕事	儲かるチャンスをつかむ。価値ある仕事。変化の歓迎。昇給。仕事の達成。利益。
	人間関係	楽しい出会い。いっしょにいる満足。喜びの発展。幸せな出来事。信頼できる。頼りになる。
	警告	当然利益を得られるときに失敗する（甘い、抜けが多い）。快楽の追求。安易なほうへ流される。放蕩。浅はかさ。他者に見下される。

キーポイント　　619

マイナーカード		
Disks 10 物質的繁栄、富	一般	乙女座の水星。堅い成功。確立と永続性。富と繁栄を楽しむ。財産。安全な状況。目的に到達。家庭と家族に恵まれる。仲間や一族の集まり。遺産がある。家系の伝統を守る。
	仕事	よい取引。最適な仕事状況。取引の成功。日常の仕事の満足。安全。使命を完遂した報酬。考えていたことの実現。
	人間関係	友情から恋愛へ。感謝する関係。安定した人間関係のネットワーク。いっしょにいる楽しみ。リッチな関係を楽しむ。
	警告	怠惰。無意味で物質的な持ち物の蓄積。恋愛のトラブル。思い違い。破産。お金が原因で生じる家庭内の争い。支持者の欠乏。

ロイヤルティカード		
プリンセス 創造性の習得と新しい形態を生む人	一般	春の性質。若い人。有能で実際的、現実感覚のすぐれた人。官能的魅力。子どもを産める女性。自然派。創造性。成長。妊娠。いい知らせをもたらす人。粘り強く信頼できる人。
	仕事	自然のなかでの仕事。自然を扱う仕事。実務的な活動。クラフト。動物または植物を相手にする仕事。儲かる見込み。創造性。鋭いビジネス感覚。
	人間関係	性的関係。あたたか味のある愛。長期にわたって実り多い関係。家族に加わる。いっしょに何かを築く。子どもを産む。
	警告	物質的な価値に一方的になる、固着する。イマジネーションの欠乏。気が小さい労働者。惰性。

ロイヤルティカード		
プリンス 新しい世界を建設するための訓練と必要なものの習得	一般	牡牛座。エネルギッシュな若い男。原動力になる人。容易に動じない落ち着いた力を持つ人。正直で勤勉な人。現実派。忍耐力。スタミナ。集中。イニシアチブ。重要なニュース、提案をもたらす人。
	仕事	絶えず決めた目標に向かって働く。ビジネスの才能。有用な活動。長期雇用。農業と造園。スポーツ。建築。デザイン。音楽。
	人間関係	安定。性的体験を求める。信頼。ほっとする。いっしょに何事かを発展させる。
	警告	可能性についてのつまらない妄想。頑固。他者の考えや夢を抑圧。役立たず。物質主義者。
ナイト 収穫と繁栄をもたらす実力者、ヒーラー	一般	乙女座。堅い。まじめ。忍耐心。安定した価値。信頼性。でしゃばり。成熟。官能的な男性。リアリスト。実用主義者。安全の保証。成功したビジネスマン。保護、正確な見通しなど。
	仕事	責任ある立場。譲歩しないアプローチ。よい取引。安定した収入。実務的な能力。堅実な不動産感覚。ヒーラー。大地と自然を愛する。
	人間関係	安定した関係。官能性。相互に認め合う。信頼。
	警告	頑固さと無意味なものの蓄積。卑劣な対抗者。権威主義者。支配的。従業員騒動。
クイーン 人生のダイエットと必要なものに関する熟練者	一般	山羊座。肥沃。安全の感覚。官能性。成熟した経験豊かな女性。辛抱強い。富、安定、独立。信頼できる。強いビジネス感覚を持つ寛大で堂々とした女性。主張に影響力のある人。
	仕事	自発的に責任を取る意志。やりがいのある計画。強い個性。
	人間関係	互いに信じ合う。忍耐。成熟した関係。忠誠。家族としてスタートする。安全な感覚。
	警告	骨折り仕事と乏しい想像をめぐらせるむなしい努力。疑いと恐怖、混乱。安全が脅かされる。所有欲。

●●●● 用語解説 ●●●●

クロウリーの魔術用語を理解し、トート・タロットをより深く理解するための基本用語解説。

あ行

赤いテンクトール（チンキ）
男性性の最も高い性質で浄化された硫黄（スルフル）。トート・タロットでは、「#4.The Emperor 皇帝」のカードがこれを表す。

アイン・ソフ・アウル
ヘブライ語で「無限光」を意味する。生命の木のケテルより上部の未顕現なエネルギー運動で「否定的な存在の3つのヴェール」を指す。

アエティール
ゴールデンドーンのエノク魔術の用語で秘儀参入の「霊的領域」を意味する。

アストラル界
太陽と地球の関係のように現実の物質界を円環して協同に存在している眼に見えない領域。一つの領域の変化は、他の領域の変化の原因になる。

アダム・カドモン
生命の木に投影された人体。原人間。エデンの園から転落する以前の人間。

アツィルト
ヘブライ語。カバラ四界の最初の世界で、元型と神的な世界。生命の木では、第1のセフィラー「ケテル」がこれにあたる。

アッシャー
ヘブライ語。カバラ四界の最後の世界で、行動と物質の世界。生命の木では、一番下位の第10のセフィラー「マルクト」がこれにあたる。

アデプト（達人）
心の内面的な葛藤を統合する知識と訓練に達した人。ゴールデンドーンのシステムでは、「アデプタス・マイナー（小達人）」の位階に達した人をいう。

622　　第4部　魔術師のトート・タロットを読み解く鍵

［内陣魔術師までの位階を下位から順に表記］
- ・ニオファイト（参入者、見習い）
- ・ジェレイター（セフィロトはマルクト。エレメントは地）
- ・テオリカス（セフィロトはイェソド。エレメントは風）
- ・プラクティカス（セフィロトはホド。エレメントは水）
- ・フィロソファス（セフィロトはネツァク。エレメントは火）
- ・ポータル（セフィロト対応はなし。エレメントは霊）
- ・アデプタス・マイナー（セフィロトはティファレト。エレメント対応はなし）

アビス（深淵）

理想と現実を分離する生命の木の「至高のセフィロト（ケテルからビナーまで）」と「低次セフィロト（ヘセドからマルクトまで）」の間の底なしの虚空をいう。タロットはこれを打破するための霊的なシステムである。これを超えた位階の人を「神殿の首領」と呼び、クロウリーは自らそう名乗った。

イェツィラー

ヘブライ語。カバラ四界の第3の領域で、「形成界」と「風」を表す。

イシスのアイオーン

2000年紀の第一のアイオーンで母権性と大地の崇拝、多神教が特徴。

エーテル

Ether ＝アーカーシャに同じ。

古代ギリシアの概念で、天空の明るく澄んだ領域、もしくはそこに充満している気のようなもの。混沌から生まれた闇と夜が交わってエーテルと昼が生まれたという。トート・タロットでは「黒い卵」によって象徴される。アリストテレスの『天体論』では昼の世界を構成する第五元素とされている。

エレメントの武器

伝統的な魔術作業に使われる4つの道具は、4つのエレメントに対応している。タロットでは4つのスートの象徴（棒、カップ、剣、円盤）になる。

大いなる業

人間と宇宙の結合。ミクロコスモス（小宇宙）とマクロコスモス（大宇宙）の融合。本書の学びでは、タロットの霊フールの中に探求者が獲得されることをいう。

オシリスのアイオーン

2000年紀の第二のアイオーンで父権性と犠牲、死、復活を示す神の崇拝が特徴。また「古いアイオーン」とも呼ばれる。

用語解説　623

か行

カバラ四界

4つのレベルから成る宇宙が発生するモデル。生命の木を4つに分け、上からアツィルト界、ブリアー界、イェツィラー界、アッシャー界のレベルになる。

- アツィルト界（元型界）：火に対応。テトラグラマトンの「ヨッド」を表す。
- ブリアー界（創造界）：水に対応。テトラグラマトンの上の「ヘー」を表す。
- イェツィラー界（形成界）：風に対応。テトラグラマトンの「ヴァウ」を表す。
- アッシャー界（物質界）：地に対応。テトラグラマトンの下の「ヘー」を表す。

[テトラグラマトンと生命の木の関係]

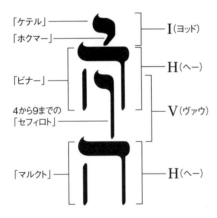

神のエクイノックス（春秋分点）

「ホルスのアイオーン」のはじまりをいう。
特に1904年3月20日の春分点。

ゲマトリア

ヘブライ文字の数字を合計したり、文字の意味を使用して行うカバラの数秘術。文字を数に直して合計し、同じ値になる単語には特別な関係もしくは同じ意味があると考える方法。

獣（テーリオン）

「テレーマの僧院」において、「獣」は男性神格2人の主要な性質のうちの一つで、ハディトがもう一方の存在である。生命の木では、「獣」は第

2 のセフィラー、ホクマーに結びつけられる（ベイバロンはビナーに対応）。ホクマーの知恵は混乱と切り離せない関係にあり、カオス（混乱）の側面が獣（テーリオン）である。

「テレーマの司祭」：元型的な男性。ベイバロンと対をなし、結合する。

ケルビム

ライオン、鷲、人間、牡牛の 4 体の生きもので象徴される黄道十二宮のフィクスド・サインと四大エレメントを表す。それぞれライオンは獅子座、鷲は蠍座、人間は水瓶座、牡牛は牡牛座を象徴。

さ行

蠍座の三態様

蠍座に割り当てられている 3 つの象徴。
　・蠍、蛇、鷲（またはフェニックス）
　・人生の 3 つの周期（誕生、生、死）
　・3 つの様態（固体、液体、ガス）

ジオマンシー

地面や石を使う土占い。トート・タロットでは、スートカードの一部にこの考え方が採用されている。

至高の三角形

生命の木の最初のケテル、ホクマー、ビナーの 3 つのセフィロトを指す。

シェムハメフォラーシュ

モーセが葦の海を渡る際に用いた 72 の神の名の総称。黄道十二宮の全デーカンを 2 倍にした数。タロットでは、「#21.The Universe 楽園回復」のカードにこの象徴が用いられている。

ジェレイター

ゴールデンドーンの秘儀参入の第 2 段階を表す。地のエレメントとマルクトに結びつけられる。

白いテンクトール（チンキ）

女性性の最も高い性質で浄化された塩（ソルト）。トート・タロットでは、「#3.The Empress 女帝」がこれを表す。

（錬金術の）水銀

交換的、創造的、統合的、中性的、または両性具有的などの言葉で表される錬金術的な要素。トート・タロットでは、「#1.The Magus 魔術師」がこれを表す。

スフィンクスのパワー

アデプト（達人）になるために訓練されなければならない美徳。現実の

矛盾や葛藤を統合する内面的な力。トート・タロットでは「#10.Fortune 運命の輪」がこのパワーを表す。

スルフル（硫黄）
錬金術の三元素の一つ。火のような、爆発しやすい、拡張的、活発、男性的などの言葉で表される。トート・タロットでは「#4.The Emperor 皇帝」のカードがこの要素に対応する。

聖なる守護天使の知識と会話に達する
心の内面的な葛藤を統合する道に達することをいう。この道に到達した人が「アデプタス・マイナー（小達人）」と呼ばれる（通称アデプト）。

セフィロト（単数形はセフィラー）
「球体」を意味する。生命の木の形に10個のセフィラーが生じる。

ソルト（塩）
錬金術の元素。固さ、重さ、固定、不活性、受容性、女性性などの言葉で表される。トート・タロットでは「#3.The Empress 女帝」がその性質と結びついている。

た行

第一質料
原初の不純な物質。錬金術作業によって変容する。

タットワ
インドの「大地の潮流」に対応する五大エレメントを表現するシステム。タロットでは、「ディスクの5」にこの象徴が使われている。

チャクラ
インドのシステムにもとづく人間の肉体と霊性の健康状態を保つ7つのエネルギーセンター。

沈黙のサイン
ニオファイト（魔術の参入者）の儀式のサイン。オーラを閉じてエネルギーを防御する。タロットでは「#20.The Aeon アイオーン」でこのサインが使われている。

デーカン
1サインは30度で構成されている。それを10度ずつに区切り、その特色を考える区分方法。
トート・タロットは、スートカードの体系にこの方法を採用している。12サインは各々三分割され、第1デーカンから第3デーカンまである。たとえば牡羊座を表すスートカードは3枚あり、そのうち「ワンドの2」は「牡羊座の第1デーカン」になり、「ワンドの3」は「牡羊座の第2デー

カン」、「ワンドの4」は「牡羊座の第3デーカン」になる。次の「ワンドの5」は「獅子座の第1デーカン」になる。

『Tの書』（ブックT）

ゴールデンドーンが伝えたタロット体系の総合的な解説書。メジャーカードの解説は簡単な紹介のみで、大半はマイナーカードを解明した体系を提示している。

テオリカス

ゴールデンドーンの秘儀参入の第3段階を表す。風のエレメントとイェソドに結びつけられる。

哲学者の石

錬金術でつくり出す目的物。健康と長寿をもたらす物質のこと。賢者の石ともいう。

テトラグラマトン

ヘブライ語。神の名前を表すヨッド、へー、ヴァウ、へーの4文字。上から下に文字を縦に配列すると生命の木のカバラ四界を表す構成になる。

テレーマ

ギリシア語。「意志」を意味する言葉。現在の「ホルスのアイオーン」の「法」を意味する。「テレーマ」の伝授者の本当の目的は、自分の「真の意志」を発見することであり、それがトート・タロットを学ぶ目的である。本書では、タロットの霊フールの意志に従うことを意味する。

な行

ニオファイト

ゴールデンドーン系魔術の最初の秘儀参入段階。また魔術の新参者や経験の未熟な魔術師を指す。

ヌイト

『法の書』における第一の神格。夜空と結びついた無限空間を意味する女神。

ネフェシュ

生き残りとはじまりの原始的な本能の意識の中心。人間の動物的な魂として表される。ネフェシュはイェソドとマルクトに対応する。

ネシャマー

理解と直観を表す。ビナーに対応する。

は行

ハーポクラテス

ギリシア語。「#20.The Aeon アイオーン」に出てくるエジプトの沈黙の神。ヘル・ラ・ハ（エジプト語で「太陽の息」を意味）としてのホルスの性質。

ハディト

カルデア語。「セト」を意味する。極小の点でありながら最高の力を秘めた点を表す。ヌイトと結合して新しい宇宙を生む。その状態は、タロットでは「#20.The Aeon アイオーン」のカードによって表される。ハディトは空間の中の点、あるいは羽根をつけた太陽の球体として象徴され、無限に収縮する神である。ハディトはヌイト（空間）に対する地球であり、人間の意識では自我にあたる。クロウリーのテレーマ哲学では、第一神格ヌイトに対し第二神格となる。

薔薇十字

達成されるべき「大いなる業」の象徴。通常五弁の薔薇（人間）と6つの正方形の交差（神格）から成る。

ピラミッドの都市

アビス（深淵）を超えていくアデプト（達人）の到達地。「聖なる守護天使の知識と会話」に達したアデプトは、「神殿の首領」としてこの都市の守護人になる。スートカードの「ディスクの3」は、このピラミッドを表している。ここは「ビナー」の場所である。

フィロソファス

ゴールデンドーンの秘儀参入の第5段階を表す。火のエレメントと「ネツァク」に結びつけられる。

フェニックスの杖

火のエレメントに結びつけられるワンド。アデプタス・マイナー（小達人）の魔術儀式で使われる。

プラクティカス

ゴールデンドーンの秘儀参入の第4段階を表す。水のエレメントと「ホド」に結びつけられる。

ブリアー

カバラ四界のうちの第2の世界。水の領域であり、創造界を表す。生命の木のセフィロトでは、第2のセフィラー「ホクマー」、第3のセフィラー「ビナー」がこれにあたる。

ベイバロン

『ヨハネの黙示録』に出てくる「大いなる母」「緋色の女」、そして「テレーマの女司祭」。ヌイトと並ぶもう一つの女性神格。時間と周期の女神。元

型的な女性。ビナーに対応する。ヌイトとハディトが対をなすように、ベイバロンはテーリオンと対をなす。トート・タロットの「#11.Lust 夜明けの女神」は、ベイバロンとテーリオンの結合を表す。

ヘキサグラム
神性とマクロコスモスを象徴。太陽を中心とした七大惑星で構成される六芒星。

ヘル・ラ・ハ
エジプト語。『法の書』におけるホルス（エジプト語でヘル）の名前の一つ。ラ・ホール・クイトとホール・パアル・クラアト（ハーポクラテス）の結合した形態。

ペンタグラム
人間とミクロコスモスを象徴。四大エレメント＋エーテルを表す五芒星。

『法の書』
1904 年にクロウリーに伝授されたテレーマの基本的な聖典。トート・タロットをつくる考えの基になった。

ポータル
ゴールデンドーンの秘儀参入の第 6 段階を表す。「霊」の要素に結びつけられる。

ホルスのアイオーン
2000 年周期において現在が第三のアイオーンを指す。「法のもとの愛」のはじまり。本書では「法」とはタロットの霊フールの支配をいう。子どものアイオーンまたは、ニュー・アイオーンとして特徴づけられる。トート・タロットは、ニュー・アイオーンのタロットともいわれる。

ホルス
「戴冠した子ども」で表される現在の顕現宇宙。オシリスとイシスの子どもで、現在の新しい 2000 年紀のアイオーンの支配者。タロットでは「#20. The Aeon アイオーン」に登場する。

ま行

マクロコスモス
神。神性。永遠の大宇宙。

魔術
基本的には、意味あるものが何もない世界（アビス）において、タロットの霊フールの力で無からの創造を行うこと。タロットでは「#12.The Hanged Man オシリスの死」からが魔術的な世界のはじまりになる。

用語解説　　629

魔術師

本書では、タロットの霊フールと結びつくことによって、アビスを完全に渡り終え、フールの力によって無から意味あるものを創造する人をいう。

ミクロコスモス

人間。内的主観的小宇宙。

メガ・テーリオン

ギリシア語。「大いなる獣」を意味する。クロウリーの魔術師名としては、英語表記でマスター・セリオンが使われた。この獣は、主として蛇の怪物を意味する。したがってメガ・テーリオンは、「完全な脱皮」という意味にもなる。タロットでは、「ディスクのエース」にこの文字が現れる。

ら 行

ラ・ホール・クイト

『法の書』の第三神格。太陽神。ヘル・ラ・ハとしてのホルスの側面。

錬金術的な結婚

相反する原理の儀式的結合。通常は男と女、太陽と月の結婚として表される。

ロゴス

ギリシア語。「言葉」を意味する。創造の言葉でキリストを指す（『ヨハネの福音書』第1章）。

ロータス・ワンド

水のエレメントと結びついた棒。アデプタス・マイナー（小達人）の魔術儀式で使われる。

アレイスター・クロウリー年表

1875 年	10 月 12 日英国ウォリックシャー州に誕生（シェイクスピアと同郷）。
1887 年	父エドワード・クロウリー（ビール工場を経営）逝去。
1895 年	ケンブリッジ大学トリニティ・カレッジ（入寮制）入学。父親の遺産を相続。
1896〜7 年	ストックホルムでの休暇中、最初の神秘体験をする。その後、神秘学やカバラの勉強をはじめる。
1898 年	ケンブリッジ大学を離れる。セシル・ジョーンズ（分析化学者）と出会い、魔術結社ゴールデンドーンへ入団。
1899 年	アラン・ベネット（英国仏教協会の創始者の一人）と出会い、共同生活をしながら魔術の研究に没頭。ボレスキン館を買い取り、そこでアブラメリン魔術を実践。ゴールデンドーンのリーダー、マグレガー・マザーズと知り合う。
1900 年	パリにてマザーズはクロウリーをゴールデンドーンの「小達人」の位階へと導く。アブラメリン魔術によってボレスキン館全体を包む奇妙な影が現れ、館の他の人たちを狂気に追い込む。その結果、館にいられなくなりメキシコへ旅立つ。
1901 年	オスカー・エッケンシュタインとともにメキシコにて登山。セイロン（スリランカ）にてアラン・ベネットと再会。ヨーガの修行に没頭。ヨーガの訓練でディヤーナ（瞑想）を体験。ヨーガに対する確信を深める。
1901〜2 年	インド放浪。
1902 年	K 2 へ遠征。パリ滞在。モームやロダンと交流。
1903 年	ボレスキン館へ帰還。ローズ・ケリーと出会い、結婚。
1903〜4 年	新婚旅行。パリ、ナポリ、カイロ、インドを巡り再びカイロへ。
1904 年	4 月、妻ローズの啓示により、3 日間にわたる自動書記を通して聖守護霊エイワスより『法の書』を授かる。
1905〜7 年	クロウリー著作集を出版。
1906 年	家族とともに南中国を旅行。 妻ローズ・ケリーがアルコール中毒に陥り、また、愛娘リリスが死亡。クロウリーも体調を壊し、手術の失敗も影響。アブラメリンの魔術を再度実践。クロウリーの重要な魔術書『777 の書』を執筆し、1909 年に初版発行。

アレイスター・クロウリー年表　　631

1907 年	魔術結社 A∴A∴銀の星を設立。
1908 年	スペイン横断。ヴィクター・ノイバーグとともにモロッコへ。パリにてエノク魔術の実践を行う。
1909 年	A∴A∴銀の星の機関誌『エクイノックス』発刊。ローズ・ケリーと離婚。サハラ砂漠において「霊視と幻聴」の魔術作業を行い「深淵」の知識を得る。パートナーはノイバーグ。カバラの位階「神殿の首領」に昇進。
1911 年	マリー・デステ・スタージズと出会い、彼女の前に現れた魔道士から『第四の書』の執筆を促される。
1912 年	『第四の書（ヨーガと魔術の書）』第一部および二部を出版。東方聖堂騎士団（以下 O.T.O. と表記）の 2 代目世界首領セオドア・ロイスによって O.T.O. の英国支部長に任命される。
1913〜4 年	ノイバーグとともに悪名高き「パリ活動（性魔術）」を行う。アメリカ合衆国へと旅立つ。
1915 年	カナダ、バンクーバーのフラター・エイカドとともに O.T.O. の英国支部の仕事に没頭。カバラの「メイガス」の位階に昇進。
1917 年	母エミリー逝去。『インターナショナル』誌の編集者になる。
1918 年	『アレフの書』完成。ロディー・マイナーとともにアマラントラ魔術の実践を行う。リア・ハーシグに出会い、彼女をモデルに奇怪な油絵を描きはじめる。
1919 年	『ブルー・エクイノックス』出版。O.T.O. の宣伝を行う。リア・ハーシグとともに英国へ帰還。
1920 年	シチリアのチェファルーにクロウリー独自の魔術の学院「テレーマの僧院」を設立。リア・ハーシグとの間に授かった娘アンの死亡。
1921 年	カバラの最高位である「イプシシマス」の位階へ昇進。
1922 年	小説『麻薬常用者の日記』の出版。
1923 年	テレーマの僧院にて、クロウリーの予言通りに弟子のフレデリック・ラヴディ死亡。性魔術やドラッグなどの黒い噂によって、クロウリーはムッソリーニからイタリアを追放される。O.T.O. の 2 代目首領セオドア・ロイス死亡。

1924 年	ドイツ人の O.T.O. のメンバー、トレンカーの招待を受け「ウエイダ会議」に出席。セオドア・ロイスの跡目を継いで O.T.O. の 3 代目世界首領に就任。
1926 〜 8 年	フランス、ドイツ、北アフリカを旅行。
1928 年	若きリガルディーがパリにいるクロウリーの秘書になるため渡仏。
1929 年	イタリアでの黒い噂によって、クロウリーとリガルディーはフランスから追放。ドイツでマリア・テレサ・ド・ミラマールと結婚。英国へ帰還。代表作の一つ、『魔術　その理論と実践』を出版。
1929 〜 30 年	『アレイスター・クロウリーの告白』最初の 2 冊が出版される。
1930 〜 4 年	ドイツ、ポルトガルを放浪。
1936 〜 8 年	ドイツ滞在。
1937 年	『神々の春秋分点』が O.T.O. によって出版される。
1938 年	レディ・フリーダ・ハリスが聖守護霊エイワスの指示を受け、クロウリーとともに「トート・タロット」の制作を行うよう促され、取りかかる（完成するまでに 5 年を要す）。
1944 年	レディ・フリーダ・ハリスとの共同でトート・タロットが人生の集大成として完成。その解説書『トートの書』を出版（トート・タロットのカードの発行は 1969 年になってから実現）。
1947 年	12 月 1 日、英国ヘイスティングスにて死亡（享年 72）。

●●●● タロット研究をより深めるために ●●●●
- 文献紹介 -

『魔術師のトート・タロット』を理解し、タロットの実践と探求をさら
に発展させていくための参考文献。

　以下に紹介する文献は、トート・タロットを占いのツールとして考え
ることに満足せず、人生と人間の精神史と大宇宙との関わりを、トート・
タロットによって統合的有機的に理解しようとする人たちにとって、欠
かせない気づきを与えてくれるだろう。

【クロウリー＝ハリス版トート・タロット関連】

★ Angeles Arrien, *The Tarot Handbook: Practical Applications Of Ancient Visual Symbols,* Sonoma, Arcus Publishing Company, 1987.

　　エンジェレス・アリーンは、ジェームス・ウォンレスとともに、
現代タロットの運命学に革命を起こした。この書籍はその画期的な
解説書。トート・タロットに関して、象徴学、色彩学、占星学、神
話学、ヌメロロジィ（数秘術）、カバラ、タロット・コンステレーショ
ンなどの側面から、総合的に徹底的な解明を試みた最初の書。

　　特筆すべきは、エジプトの『生者の書』に対応する「人生の13
の障害」を暴き出し、そこから「人間解放の内的武器」としてタロッ
トを位置づけた。それはタロット解釈に革命的な転換をもたらした。
トート・タロットの世界的な普及は、ここからはじまったといって
も過言ではない。

★ James Wanless, Ph.D., *New Age Tarot: Guide to the Thoth Deck,* Carmel, California, Merrill-West Publishing, 1986.

　　ジェームス・ウォンレスによる簡単な入門用の解説書だが、トー
ト・タロットの象徴的な研究では、世界に先駆けている。

★ P.C.Tarantino, *Tarot for the New Aeon: A Practical Guide to the Power and Wisdom of the Thoth Tarot,* Pebble Beach, California, Alternative Insights Publishing, 2007.

『New Age Tarot』と同一の見解に沿って研究され、さらにそれを発展させた解説書。特にヌメロロジィとタロットの関係に一章を割くほど、生年月日が持つ意味を重要視している。タイトルに「ニューアイオーン」と銘打たれているように、全体として未来志向にカードリーディングが研究されている良書。

★ Akron & Hajo Banzhaf, *The Crowley Tarot: The Handbook to the Cards by Aleister Crowley and Lady Frieda Harris,* Stamford, U.S. Games Systems, 1995.

タロット・コンステレーションの研究が取り上げられていないことを別にすれば、現在ではトート・タロットに関する最も詳細な解説書である。象徴学、神話、クロウリー自身のカード解釈、色彩、カバラ、占星学、宝石との簡単な対応などが含まれ、その他にもクロウリー＝ハリス版の主要な問題点にほとんど触れている。ただ、著者の視点が有機的、体系的、魔術的（総合的）とは言いがたい。

★ Hajo Banzahf & Brigitte Theler, *Key Words for the Crowley Tarot,* York Beach, ME, Weiser Books, 2001.

上記 *"The Crowley Tarot"* を、同じ著者を中心にコンパクトにまとめた解説書。トート・タロットについて、カードの象徴の意味やヘブライ語をはじめとする他の象徴体系との関係、占いの場合の代表的な意味など一枚一枚のカードについて2ページ以内にまとめている。完全ではないが、トート版初心者にはたいへんわかりやすく見やすい。占いの実践には役立つ。

★ Lon Milo Duquette, *Understanding Aleister Crowley's Thoth Tarot,* York Beach, ME, Red Wheel/Weiser, 2003.

カバラ的、象徴学的な観点を中心に、クロウリーが関係したO.T.O.（東方聖堂騎士団）の団員によってまとめられた研究書。その意味で、これまでのトート・タロットの解説書のなかでは、最

もクロウリーに近いタロット論が展開されている。カードの製作中にハリスがクロウリーに宛てた手紙などが数多く引用され、参考になるところが多い。ゴールデンドーン系カバラの基礎知識がないとやや難解かもしれない。

★ Michael Osiris Snuffin, *The Thoth Companion: The Key to the True Symbolic Meaning of the Thoth Tarot,* Woodbury, Minnesota, Llewellyn Publications, 2007.

著者は O.T.O. の団員で、カバラと占星学と神話を中心に非常にコンパクトにまとめた、トート・タロットの素晴らしい入門書である。しかし、「テレーマ哲学」に精通していない読者にとっては少々難解かもしれない。トート・タロットへの魔術的な視点からの入門書として最適。

★ Gerd Ziegler, *Tarot: Mirror of the Soul: Handbook for the Aleister Crowley Tarot,* York Beach, ME, Weiser Books, 1988.

コンパクトにまとめられた入門用の良書。カード一枚一枚の基本的な象徴の意味や、スプレッドの紹介などがとてもわかりやすい。

★ Susan Levitt, *Introduction to Tarot,* Stamford, U.S. Games Systems, 2003.

トート版とライダー版のカードがセットになってついていて、両方のカードについて簡単に解説した入門書。トート版やライダー版にこだわらず、タロットに触れて体験したい人向き。

★アレイスター・クロウリー（榊原宗秀訳）『トートの書』新装版、国書刊行会、2004 年

トート・タロットの著者本人の解説書。カバラ、グノーシス思想、錬金術、神話、数秘術、占星学などとの関連が、著者の「テレーマの哲学」思想に基づいて論じられている。

占いの実践に役立つとはいえないが、トート・タロットを研究する場合は、アレイスター・クロウリーの観点を無視して解明することはできない。ただ、現在のタロットの実践的な解釈は、クロウリー

のものとはほど遠くなってきている。現代の我々は、もはや旧来の
カバラの教義にだけ囚われてタロットを解釈するわけにはいかない。
ドグマからの解放がこれからのタロット研究の方向づけでなければ
ならないだろう。本書『魔術師のトート・タロット』は、その立場
からトート・タロットの研究に取り組み、旧来のカバラの教義を超
えた、トート・タロットの象徴学的・神話学的総合体系のタロット
論を指向したものとなっている。

【タロットの魔術的な研究関連】

★ Robert Wang, *The Qabalistic Tarot: A Textbook of Mystical Philosophy,*York Beach,ME, Weiser Books, 1983.

　　ゴールデンドーン版タロットカードの解説書で、ゴールデンドー
ン系カバラの「生命の木」の宇宙体系に対応させてカードが研究さ
れている。ゴールデンドーン版自体が著者ロバート・ウォンの制作
なので、制作者自身の解説書である。カバラ系のタロットの解説書
としてはゴールデンドーンの正統派であり、タロットを魔術的に研
究したものとして世界的にベストブックとの呼び声が高い。

★ Gareth Knight, *The Magical World of the Tarot: Fourfold Mirror of the Universe,*London, Aquarian Press, 1991.

　　ガレス・ナイトのタロット研究での功績は、なんといってもタロッ
トそれ自体のメカニズムのなかから、タロットの魔術的体系を発見
したことであろう。しかもそのタロットの構造は平面的ではなく、
立体的なメカニズムである。

　　ガレス・ナイトが発見したタロットの魔術的なメカニズムは、従
来のタロット論に対してタロットの持つ圧倒的なパワーを引き出す
ことができる。本書は、これを「第三次タロット革命」として位置
づけ、ガレス・ナイトのこの著書の論点をふまえて、その先を探究
したものである。

★ Caitlin & John Matthews, *Hallowquest: The Arthurian Tarot Course,* London, Thorsons (HarperCollins Publishers), 1997.

『アーサー王のタロット』へのガイダンスだが、この書は、タロットに対する視野を画期的に広げてくれるものである。タロットが持つ神秘性とストーリー性のスケールの大きさを、アーサー王物語との関連性のなかで見せてくれる。Caitlin & John Matthews のタロット論は、まさに研究するに値するものといえるだろう。2015 年 3 月、*The Complete Arthurian Tarot : Classic Deck With Coursebook* として Connections Book Publishing より新装版も発行された。

★ケイトリン＆ジョン・マシューズ（松田アフラ訳／アレクサンドリア木星王監修）『アーサー王のタロット』、魔女の家 BOOKS、1991 年
　　前述のケイトリンとジョン・マシューズ夫妻の "*Hallowquest*" を抜粋して翻訳したもの。聖杯探求物語に少しでも関心があれば、簡単な解説書ながら日本語で読める最高の入門書。マシューズ夫妻のタロット理解は、他の追随を許さぬ群を抜いたものであることが垣間見られる。タロットの真髄に触れる一書である。現在は『英国タロット占術』として、同社から訳者を変更して発行されている。

【ゴールデンドーン系カバラ、ゴールデンドーン、クロウリー思想などに関連】

★アレイスター・クロウリー（島弘之、植松靖夫、江口之隆訳）『魔術——理論と実践』新装版、国書刊行会、1997 年
　　テレーマの哲学とクロウリーの魔術儀式の実践について総合的にまとめてある。

★アレイスター・クロウリー（島弘之訳）『アレイスター・クロウリー著作集 1　神秘主義と魔術』、国書刊行会、1986 年
　　クロウリーの思想の最も深い部分と、その限界を端的に把握することができる、クロウリー最高の書。

★アレイスター・クロウリー（島弘之、植松靖夫訳）『法の書』初版、国書刊行会、1984 年
　　トート・タロットを考案する元になった「テレーマの哲学」に、

クロウリーが決定的に目覚めていく発端になった聖守護天使エイワスからの啓示を書き留めた書。2022年に増補新訳版が出ている。

★江口之隆、亀井勝行『黄金の夜明け』（世界魔法大全1）、国書刊行会、1983年

　　ゴールデンドーン魔術の理論と実践、歴史などを総合的にまとめたもの。ゴールデンドーンへの入門書としてわかりやすく、日本人の手によるベストブック。

★ダイアン・フォーチュン（大沼忠弘訳）『神秘のカバラー』新装版、国書刊行会、1994年

　　ゴールデンドーン系カバラの解説書としては古典中の古典だが、「生命の木」について体得された理解の深さは、やはり今でも群を抜いている。古くなった面もあるが、未だにゴールデンドーン系のカバラ世界観を「生命の木」として学ぶ上では他の類書の追随を許さない。

★マンリー・P・ホール（大沼忠弘、山田耕士、吉村正和訳）『古代の密儀』（象徴哲学大系Ⅰ）、人文書院、1980年

　　トートやイシス、ミトラなどの古代密儀全般を研究したすぐれた解説書。特に「死にゆく神の神話」の研究などは、トート・タロットの本質を根源的に追求する上で、重要な視点を提供してくれる。世界的に高名なホール氏は単なる文献の研究家ではなく、密儀の習得に生涯を費やした。他の著書も含めて内容は深く、研究に値する。密儀的な神話学への欠かせない入門書だといえる。

【発展的に神話学を学ぶ】

★ジョン・マシューズ（日本語版総監修本村凌二）『アーサー王と中世騎士団　シリーズ絵解き世界史4』、原書房、2007年

　　アーサー王物語が生まれた背景や聖杯探求物語の意味、物語の登場人物などについて数多くの図版を取り入れて詳細に解説している。アーサー王の研究では第一人者であるジョン・マシューズの著書だ

けに、内容の深さと新しさには目を見張るものがある。アーサー王と聖杯探求物語は、世界の古代神話の集大成である。

★ジョン＆ケイトリン・マシュウズ（中野節子訳）『アーサー王物語日誌——冒険とロマンスの365日』、東洋書林、2003年

　　ジョンとケイトリン・マシューズ夫妻の「アーサー王物語」。「アーサー王伝説」を、個々の冒険譚やロマンスがあった日を割り出しながら、一年365日で物語る。挿し絵も多く、新しい味わいのある中世の騎士たちの物語集。

★ジョナサン・ディー（山本史郎、山本泰子訳）『図説エジプト神話物語』、原書房、2000年

　　トート・タロットとは切り離せないオシリスとイシス、アメン・ラー、ファラオなどの物語を、著者は深い造詣によって生き生きと解き明かしてくれる。神話に今まで興味もなかったという人も、一度目を通してみることをお奨めする。私たちが現代をいかに生きるべきかを理解する上で、神話は感動的なものの見方を示してくれることがわかるだろう。

★ジョーゼフ・キャンベル（飛田茂雄訳）『時を超える神話』、角川書店、1996年

　　神話を無機質な学問から生き生きと現代に甦らせたのが、キャンベルの神話学である。エジプト、ギリシア、ローマ、ユダヤ、ケルト、インドなどの神話から、人間の意識の元型をえぐり出すキャンベルの眼は、まさしく現代の魔術師の眼であり、その手法は魔術師の手であった。他の著書に『神話の力』『神の仮面』など多数あるが、どの書籍もキャンベルの血が通っていて素晴らしい。

★ヘルムート・ヤスコルスキー（城真一訳）『迷宮の神話学』、青土社、1998年

　　ギリシア神話の総体を、人間の胎蔵マンダラである「迷宮」としてとらえていく。ギリシア神話の見方、考え方を教えてくれる書。ギリシア神話が面白くなり、それがなぜトート・タロットと切って

も切れない関係にあるのかを理解できるようになる。

★ワルター・F・オットー（西澤龍生訳）『ディオニューソス——神話
　と祭儀』、論創社、1997 年
　　　ニーチェと並び、近代精神の限界を神話の研究から問い続けたワ
　ルター・F・オットーのディオニューソス論。ニーチェの『ツァラ
　トゥストラ』に匹敵するこの書なくして、本書の「タロットの霊フー
　ル」論も大きくは発展させられなかったといえる。トート・タロッ
　トのメジャーアルカナ０番が、なぜギリシアのディオニュソスと最
　も深く結びつかなければならなかったのかを解明できたのは、この
　書があったからである。

★オウィディウス（中村善也訳）『変身物語（上下）』、岩波文庫、1981、
　1984 年
　　　古代ローマの詩人オウィディウスによる、ギリシア・ローマの神
　話と伝説の集大成。トート・タロットの背景にある神話思想を理解
　する上で欠かせない、「イアソンとメディア」の物語、「アリアドネ
　とテセウス」の物語、「オルペウスとエウリュデケ」の物語などが
　紹介されている。

Epilogue
「秘儀参入のタロット」への道

　青年期より縁あって、私は内村鑑三にはじまる無教会三代目の神学者・高橋三郎先生の講座に入門を許されて師事し、そこで自分の生きる確かさを探求するようになる。そして師のもとで、その人格を通して「絶対者」に出会うという体験を得る。

　その後、社会人として一般組織と人間関係に関わるなかで、「人間の魂の複雑さ」を深刻に経験する。人間の魂の複雑さとは、私たちの人間としての魂が囚われの状態にあって、まったく自由には生きられないという問題である。それに直面する過程で、「新しい人間精神の時代を築くこと」をテーマとするクロウリー＝ハリス版トート・タロット[*1]に出会った。1974年のことである。

　そのころトート・タロットはまだ日本に輸入されておらず、ショップなどでも見かけることはなかった。はじめて見たのは、雑誌に掲載された写真をたまたま目にしたときのことである。私はひと目見てその絵の迫力と心を奪う力にとらえられ、このトート・タロットの真の意味が理解できれば、私が経験している人間対人間の矛盾および人間の内面的矛盾の苦しみに取り組む視点を見出していけると直観したのである。

　しかし、そのころ入手できるタロットの解説書には、私が直面してきた問題を根源からとらえられるように促し、それを乗り超える立場が得られると感じさせてくれるようなものは見当たらなかった。

　やがて1991年、イギリスのガレス・ナイトがマルセイユ版タロットカードの解説書として、『タロットの四重構造論』[*2]を発表した。それはマルセイユ版カードを中心にしたタロット全体の構造を、ネオ・プラトニズムの立場からイデア論に基づいて解説した素晴らしいものであった。

　だがその四重構造論は、そのままでは、私がぶつかった「人間存在が囚われの状態にある」という深い苦悩は克服できない。四重構造はいいとしても、タロットのとらえ方に「存在の変容の必要性と、変容への動体的な取り組み姿勢」がないため、私が直面してきた問題は乗

642　エピローグ

り超えられない。それが率直な感想であった。

　また、それとは別に、1920年代以来の世界の神話学が追求してきた「迷宮神話の法則」──迷宮を完全にたどる者は、その探求にともなう精神的成熟によって世界精神を変える能力を獲得する──という基本原理がある。その原理と、タロットの四重構造論とを一体化させることに成功すれば、私の直面してきた人間精神の内面深く立ちはだかる厚い壁を乗り超える道が開けるのではないか。しかもそれによって、人間の生き方に決定的な変化を起こすことができるかもしれないと感じたのである。

　さらに、タロットの「道行き（パスワーキング）」の探求と「迷宮神話の法則」との一体化は、神話の法則の不十分さ──すなわち、「迷宮の探求者が王（または英雄）に変容してこの世界へ帰還する」という変容論の限界──を克服し、進化させ、「大宇宙と融合できる、莫大な人間存在の変容論」へと画期的に発展させることができる。

　もしもそれが明確にできれば、このタロット四重構造論は、マルセイユ版やその他のタロットカードよりも、世界神話を素材として構成されたトート・タロットのほうがはるかに的確に対応するのではないかと思われたのである。しかもそれによって、トート・タロットもまた、旧来のカバラのなかに埋没した教理くさいものではなくなり、現代の日常生活のなかで生き生きと躍動するものに変わりうると感じられた。

　トート・タロットによる人間の生き方の根源的な変容は、はたして可能なのかどうか。それは、私が青年期から痛切に苦しんできた「人間の魂の複雑さ」がもたらす、生きることにつきまとう矛盾を、完全に乗り超えられる道を開いてくれるものなのかどうか、という問題である。

　だから、私が探求したトート・タロットは、クロウリーが示した道ではない。「私がいかに生きるか」の研究である。自分の道の探求においてトート・タロットに出会ったのであり、それはきっとクロウリーにおいても同様だったのではなかろうか。彼と弟子のフリーダ・ハリスが制作したトート・タロットが他のタロットカードと決定的に違うのは、「自分がこの人生をどう生きるか」ということを徹底的に追求した結果生まれた作品だからだろう。クロウリーの最後の到達点とも

いえるトート・タロットは、自分の進んでゆく道を発見してきた総体だと私はとらえている。

　私は若き日の探求において、「神の現臨に触れる」という体験を得たが、社会人になりビジネス社会に身を置きながら、そこでの「人間の魂の複雑さ」が招く深刻な矛盾に苦しんだ。政治的、ビジネス的な社会は、人を真実に生かそうとはしない場なのである。そこには、人をズルズルと虚偽へ引きずり込もうとする「鉄のような法則」が働いている。そこで自らの真実を貫いて生きようとするには、私の経験や知識は弱すぎた。そこでは、トート・タロットでいう「#15.The Devil パーンの祝祭」の大木のような骨太さと、そこにどっかとあぐらをかいて居座れる成熟、ゆとりが必要なのだった。そんなとき、私はトート・タロットに出会えたのである。
　苦難のさなか長期間の研究と実践を通して、私は「人間存在の根源的変容への法則」としての「魔術師の神殿体系」の確立を試みた。この道の修練は、カバラが語ってきた「聖なる守護天使の知識と会話」という大いなる業を超えて、現実社会のなかで「神の現臨」と「この世を霊的創造の場として生きること」を一連に結合させる力を獲得させてくれるものである。
　この学習体系に従って学んでいけば、それが実現できることを、本書で明確にできたと考えている。

　それしても私たちは弱い人間である。どんなに誠実に生きようとして人生に取り組んでも、ときに脇道に逸れたり転んだりする。が、しかし、このタロットの道は強力である。私たちは脇道に逸れても、スッと帰ってこれる。「タロットの霊フール」が実在するこの道は強力である。私たちはすぐに立ち上がれる。「タロットの霊」が私たちをしっかりつかまえてくれていて、離さないからである。たとえ病気や生活の現実や天災などでつらいことがあっても、「タロットの霊」に支えられていれば、ジッとそれを耐え忍ぶことができる。
　トート・タロットには"車輪"の象徴がよく出てくる。車輪があるということは、当然「車」があるわけだ。この「魔術師の神殿体系」の道に沿ってタロットを探求していくと、みんなタロットという車に

乗って道を行くことになる。しかもこの車は、この世の道路を走る車ではなく、「タロットの霊」という霊風に乗って、この世の〈苦〉を超えた空中を走る車なのである。だから、この人生につらさを抱えるようなことがあっても、生きることが本当に楽しくなる。タロットの秘密は「タロットの霊」なのであって、決してクロウリーが使用した言葉の分析や教理の研究ではないのである。

　本書が明らかにしたトート・タロットの特色を要約して言うならば、「人生のどうにもならない矛盾、〈苦〉に直面し、それを乗り超える〈絶対的な道〉へと出ていき、この日々の現実を霊的な創造の場に変えていく能力を引き出すことができるタロット」ということになるだろう。

レオン・サリラ

＊1　クロウリー＝ハリス版トート・タロット
　　　後にトート・タロットの小型版が発行されて 1986 年から輸入されはじめると、日本でも常時入手できるようになった。
＊2　ガレス・ナイトの『タロットの四重構造論』
　　　Gareth Knight, *The Magical World of the Tarot : Fourfold Mirror of the Universe*, The Aquarian Press.

注

プロローグ
注 1：Gareth Knight, *The Magical World of the Tarot*, HarperCollins Publishers, 1991, p.17.

第 1 部　時を超えるタロット

第 1 章　タロットの歴史
注 1：Mary Katherine Greer, *Tarot Constellations: Patterns of Personal Destiny*, A Newcastle Book, 1987, Appendix B, The "Schools" of Tarot の項より。

第 2 章　『ブック T』から始まったタロット革命
注 2：Angeles Arrien, *The Tarot Handbook: Practical Applications of Ancient Visual Symbols*, Arcus Publishing Compny, 1st Edition.

注 3：Gareth Knight, *The Magical World of the Tarot,* HarperCollins Publishers, 1991.

第 3 章　トート・タロットの誕生
注 4：アレイスター・クロウリー（島弘之、植松靖夫訳）『法の書』国書刊行会、1984 年、225 頁。

注 5：Lon Milo Duquette, *Understanding Aleister Crowley's Thoth Tarot*, Weiser Books, 2003, Chapter Three, 及び、ジェームス・ワッシァーマン（ヘイズ中村訳）『アレイスター・クロウリーの「トート・タロット」』トライアングル出版、1990 年、5 〜 6 頁。

第 4 章　カバラ思想との関係
注 6：アレイスター・クロウリー（島弘之訳）『クロウリー著作集 I　神秘主義と魔術』国書刊行会、1986 年、第四の書、第一部「前口上」より抜粋。

第 5 章　偉大な知恵の宝庫
注 7：オウィディウス（中村善也訳）『変身物語（上）』岩波文庫、1981 年参照。

第 6 章　タロットの霊フールとの接触
注 8：Israel Regardie, *The Golden Dawn*, Llewelln Publications, 1988, p.540, 及 び Robert Wang, *The Qabalistic Tarot: A Textbook of Mystical Philosophy*, Samuel Weiser, Inc., 1987, Introduction の「Book"T"」参照。

注 9：Gareth Knight, *A Practical Guide to Qabalistic Symbolism*, Samuel Weiser, Inc., 1978, p.290, "Postscript Practical Work on the Paths and Tarot"．

第 2 部　ヴェールを脱いだ魔術師のトート・タロット

第 1 章　トート・タロットを現代に甦らせる
注 1：アレイスター・クロウリー（榊原宗秀訳）『トートの書』国書刊行会、2004 年、134 頁。

注 2：ジョーゼフ・キャンベル（浅輪幸夫、高橋進、伊藤治雄、竹内洋一郎、春日

恒男、平田武靖訳）『千の顔をもつ英雄（上）』〈オンデマンド版〉人文書院、2004年、15〜16頁、及びジョーゼフ・キャンベル（飛田茂雄訳）『時を超える神話』角川書店、1996年、第1章の要約を含む。

第3章　カード解説

注3：アルフレッド・ダグラス（栂正行訳）『タロット―その歴史・意味・読解法』河出書房新社、1995年。

注4：ワルター・F・オットー（西澤龍生訳）『ディオニューソス―神話と祭儀』論創社、1997年、194頁。

注5：アレイスター・クロウリー（榊原宗秀訳）『トートの書』国書刊行会、1991年、102頁。

注6：『新約聖書』マタイによる福音書（第2章）。

注7：アレイスター・クロウリー（榊原宗秀訳）『トートの書』国書刊行会、1991年、129頁。

注8：前掲書、127-128頁。

注9：前掲書、194頁。

注10：前掲書、198頁。

注11：前掲書、199頁。

注12：前掲書、205頁。

注13：前掲書、206頁。

注14：前掲書、207頁。

注15：『新約聖書』マタイによる福音書（第18章21節〜22節）、ルカによる福音書（第17章3節〜4節）。

注16：アレイスター・クロウリー（榊原宗秀訳）『トートの書』国書刊行会、1991年、213頁。

注17：Israel Regardie, *The Golden Dawn,* Llewellyn Publications, Fifth Edition, 1988, p.243, 及び Michael Osiris Snuffin, *The Thoth Companion: The Key to the True Symbolic Meaning of the Thoth Tarot,* Llewellyn Publications, 2007, p.155.

注18：アレイスター・クロウリー（榊原宗秀訳）『トートの書』国書刊行会、1991年、218頁。

注19：P. C. Tarantino, *Tarot for the New Aeon: A Practical Guide to the Power and Wisdom of the Thoth Tarot*, Alternative Insights Publishing, 2007, p.265, 及びマンガラ・ビルソン（伊藤アジータ訳）『直感のタロット―意識のためのツール』市民出版社、2009年、356頁。

注20：アレイスター・クロウリー（榊原宗秀訳）『トートの書』国書刊行会、1991年、163頁。

注21：アレイスター・クロウリー（江口之隆訳）『777の書』アレイスター・クロウリー著作集5、国書刊行会、1992年、万物照応表の動物の項。この表によれば、魚、イルカは29となる。29は生命の木のパスの数字を表し、タロットのメジャーカードの「#18.The Moon 月」（魚座）に対応する。

注22：前掲書、78頁。

注23：アレイスター・クロウリー（榊原宗秀訳）『トートの書』国書刊行会、1991年、160頁。

注24：James Wanless, *New Age Tarot: Guide to the Thoth Deck*, Merrill-West Publishing, 1986, p.150.

注25：アレイスター・クロウリー（江口之隆訳）『777の書』アレイスター・クロ

ウリー著作集 5、国書刊行会、1992 年、78 頁。

注 26：Michael Osiris Snuffin, *The Thoth Companion: The Key to the True Symbolic Meaning of the Thoth Tarot*, Llewellyn Publications, 2007, p.97.

注 27：カール・ケレーニイ（高橋英夫、植田兼義訳）『ギリシアの神話（英雄の時代）』中央公論社、1971 年、60-70 頁、及び、オウィディウス（中村善也訳）『変身物語（上）』岩波文庫、1981 年、170-176 頁。ローマ神話のユピテルはギリシア神話のゼウスと同一。

注 28：アレイスター・クロウリー（榊原宗秀訳）『トートの書』国書刊行会、1991 年、161 頁。

プロフィール

レオン・サリラ（1944年生まれ）法政大学第一法学部卒業。

∴タロット王国主宰。
魔術的タロット、クリスチャン・カバラの実践家、研究家。
西洋神秘主義思想の研究家。

18歳から「生の探求」をはじめ、無教会主義第三世代の高橋三郎を生涯の師とし入門。パウロ神学、新約学、宗教社会学を学ぶ。また哲学者・谷川徹三を訪ねて入門し「生の哲学」を学ぶ。一方、原水禁運動を起こした安井郁の杉並講座で、平和と人間の問題を探求する。

29歳、タロットのプロ活動に入り、「タロットの魔術的理論と実践」の追求と研究を行う。1986年小型版トート・タロットカード発行を契機に、トート版の本格的な研究と実践に入る。2003年まではタロット教室を主宰しながら、東京、横浜などで占い館の企画、設立、運営に携わる。2003年以降「魔術師の神殿体系」を魔術師のトート・タロットとして確立し、その実践と教育、クリスチャン・カバラ体系を学ぶ場として∴タロット王国を設立。人材育成に努める。

摩風（マシュー）ゆみ（1962年熊本県生まれ）

∴タロット王国代表公認ティーチャー。
タロット運命学、象徴学、神話学、西洋占星学、数秘術について修得。
1998年 グラフィックデザイナーを経験後、レオン・サリラに師事。
2003年 レオン・サリラとともに、∴タロット王国を設立、運営。
2011年 iPhoneタロットアプリ「Fortune Catcher（フォーチュンキャッチャー）」をリリース。

∴タロット王国　https://studiodgtarot.com

決定版 **魔術師のトート・タロット**

2025 年 4 月 8 日　　第1刷発行

著　者　　レオン・サリラ

発行人　　川畑勝

編集人　　中村絵理子

発行所　　株式会社 Gakken
　　　　　〒 141-8416　東京都品川区西五反田 2-11-8

印刷所　　中央精版印刷株式会社

この本に関する各種お問い合わせ先
●本の内容については、下記サイトのお問い合わせフォームよりお願いします。
　https://www.corp-gakken.co.jp/contact/
●在庫については　Tel 03-6431-1250（販売部）
●不良品（落丁、乱丁）については　Tel 0570-000577（学研業務センター）
　〒 354-0045 埼玉県入間郡三芳町上富 279-1
●上記以外のお問い合わせは　Tel 0570-056-710（学研グループ総合案内）

© Leon Sharira 2025 Printed in Japan
本書の無断転載、複製、複写（コピー）、翻訳を禁じます。
本書を代行業者等の第三者に依頼してスキャンやデジタル化することは、
たとえ個人や家庭内の利用であっても、著作権法上、認められておりません。

学研グループの書籍・雑誌についての新刊情報・詳細情報は、下記をご覧ください。
学研出版サイト　https://hon.gakken.jp/

本書は 2015 年に駒草出版より発刊された『魔術師のトート・タロット』を増補改訂の上、再編集したものです。